Zulässige Anordnungen zur Bauzeit

Europäische Hochschulschriften Recht

European University Studies in Law

Publications Universitaires Européennes de Droit

Band/Volume 6683

Nils Markus Kahle

Zulässige Anordnungen zur Bauzeit

PETER LANG

Bibliografische Information der Deutschen Nationalbibliothek
Die Deutsche Nationalbibliothek verzeichnet diese Publikation in der Deutschen Nationalbibliografie; detaillierte bibliografische Daten sind im Internet über http://dnb.d-nb.de abrufbar.

Zugl.: Marburg, Univ., Diss., 2021.

Gedruckt auf alterungsbeständigem, säurefreiem Papier.
Druck und Bindung: CPI books GmbH, Leck

D 4
ISSN 0531-7312
ISBN 978-3-631-86139-4 (Print)
E-ISBN 978-3-631-86342-8 (E-PDF)
E-ISBN 978-3-631-86343-5 (EPUB)
DOI 10.3726/b18930

Peter Lang – Berlin · Bern · Bruxelles · New York · Oxford · Warszawa · Wien

Diese Publikation wurde begutachtet.

www.peterlang.com

Meiner Familie

Vorwort

Die Zulässigkeit bauzeitlicher Anordnungen stellt ein bereits seit langer Zeit streitig diskutiertes Thema dar. Vor Einführung des Bauvertrags als eigenen Vertragstypus in das BGB spitzte sich die Diskussion zumeist auf die Frage zu, ob die VOB/B als zu vereinbarendes Standardregelwerk für den Bauvertrag – insbesondere durch das Anordnungsrecht des § 1 Abs. 3 VOB/B – dem Auftraggeber das Recht zubilligt, die Bauzeit einseitig ändern zu können. Durch das Gesetzgebungsverfahren zum Bauvertrag hat diese Diskussion eine zusätzliche Dynamik erfahren. Das neue Bauvertragsrecht regelt zwar das inhaltliche Änderungsrecht des Bestellers, eine explizite Regelung zur Bauzeit wurde entgegen dem Vorschlag der vorbereitenden Arbeitsgruppe und des Referentenentwurfs nicht Bestandteil der gesetzlichen Regelungen. Ob und inwieweit bauzeitliche Anordnungen im Rahmen des eingeführten § 650 b BGB zulässig sind, wird nun auch für die gesetzliche Regelung unterschiedlich bewertet. Durch die Einführung des gesetzlichen Anordnungsrechts hat sich die Diskussion um die Zulässigkeit bauzeitlicher Anordnungen um eine Vielzahl neuer inhaltlicher und dogmatischer Aspekte erweitert. Dies sowie die Entstehungsgeschichte der gesetzlichen Regelung hat die inhaltliche Auseinandersetzung mit dieser Thematik sehr interessant gestaltet.

Die Arbeit wurde im Wintersemester 2020/2021 vom Fachbereich Rechtswissenschaften der Philipps-Universität Marburg angenommen. Literatur und Rechtsprechung sind bis Oktober 2020 berücksichtigt.

Herzlich bedanken möchte ich mich bei Herrn Prof. Dr. Voit für die Betreuung meiner Arbeit. Herr Prof. Dr. Voit stand jederzeit für einen motivierenden fachlichen Austausch zur Verfügung und hat mich mit seiner wertschätzenden und kollegialen Art bei der Erstellung meiner Arbeit sehr unterstützt. Eine derartige Betreuung wie auch das Format der angebotenen baurechtlichen Seminarreihe sollten beispielhaft sein.

Neben Herrn Prof. Dr. Voit möchte ich mich auch bei Herrn Prof. Dr. Helms und Herrn Prof. Dr. Kling herzlich dafür bedanken, dass es ihnen trotz des ungewöhnlichen Formats der Disputation gelungen ist, diese so zu gestalten, dass sie mir als anregende und spannende Diskussion in einer angenehmen Atmosphäre in guter Erinnerung bleiben wird.

Ganz besonders liebevoller Dank gebührt meiner Familie für Ihre wertvolle Unterstützung. Insbesondere bei meiner Frau, Dr. Stephanie Kahle, möchte ich mich herzlich für die inhaltlichen Gespräche, die moralische Unterstützung und die wiederholten Korrekturlesungen meiner Arbeit bedanken. Ohne die Unterstützung meiner Familie wäre die Erstellung der Arbeit nicht möglich gewesen.

Inhaltsübersicht

Vorwort 7

Zulässige Anordnungen zur Bauzeit 27

A. Einleitung 29

B. Gesetzliches bauzeitliches Anordnungsrecht 33

I. Konstellationen bauzeitlicher Änderungen 33

1. Zu betrachtende Parameter 33
2. Formen bauzeitlicher Auswirkungen 36
3. Fazit 38

II. Rechtslage vor Einführung des Bauvertrags als eigenen Vertragstypus 38

1. Leistungsbestimmungsrecht aus dem Wesen des Bauvertrags ... 39
2. Ergänzende Vertragsauslegung 42
3. Leistungsbestimmungsrecht gemäß § 315 BGB 43
4. Treu und Glauben und Kooperationspflicht 43
5. Ergebnis 49

III. Einführung eines Anordnungsrechts in das BGB 49

IV. Diskussionsstand nach Einführung des Bauvertrags in das BGB 52

1. Kein bauzeitliches Anordnungsrecht im Rahmen von § 650 b Abs. 2 BGB 53
2. Bauzeitliches Anordnungsrecht gemäß § 650 b Abs. 2 BGB 53
3. Zwischenfazit 55

V. Bauzeitliche Anordnungen gemäß § 650 b Abs. 2 BGB 56

1. Änderung des vereinbarten Werkerfolgs 56
2. Änderung, die zur Erreichung des vereinbarten Werkerfolgs notwendig ist 154

3. Ergebnis ... 156

VI. Bauzeitliche Anordnungen gemäß § 650 b Abs. 2 BGB im Wege der Rechtsfortbildung ... 156

1. Erst-Recht-Schluss I: Bauzeitliche Anordnungen als generelles Minus gegenüber Werkerfolgsänderungen ... 158

2. Erst-Recht-Schluss II: Bauzeitliche Anordnungen als Minus gegenüber Anordnungen zur Änderung des Werkerfolgs mit mittelbaren bauzeitlichen Folgen ... 160

3. Analoge Anwendung des § 650 b Abs. 1 S. 1 Nr. 1 BGB ... 164

VII. Verhältnis zur Kooperationspflicht ... 211

1. Weitere Anwendung der Kooperationspflicht ... 212

2. Rechtsfolgen ... 212

3. Verfahrensangleichung ... 215

4. Ergebnis ... 218

C. Vertragliche Anordnungsrechte ... 219

I. Bauzeitliches Anordnungsrecht im Rahmen der VOB/B ... 219

1. Änderung des Bauentwurfs, § 1 Abs. 3 VOB/B ... 219

2. Verlangen zusätzlicher Leistungen, § 1 Abs. 4 VOB/B ... 258

3. Andere Anordnungen, § 2 Abs. 5 VOB/B ... 260

4. Anordnungen, die zur vertragsgemäßen Ausführung der Leistung notwendig sind, § 4 Abs. 1 Nr. 3 S. 1 VOB/B ... 260

5. Ergebnis ... 261

II. Vertragliche Vereinbarung eines bauzeitlichen Anordnungsrechts ... 261

1. Individualvertragliche Vereinbarung ... 262

2. Bauzeitliches Anordnungsrecht in AGB ... 262

D. Gesamtergebnis und Regelungsvorschlag ... 267

I. Ergebnis der Analyse der Gesetzeslage und der Regelungen der VOB/B ... 267

II. Regelungsvorschlag ... 269

E. Zusammenfassung der wichtigsten Ergebnisse 271

Literaturverzeichnis 275

Inhaltsverzeichnis

Vorwort 7

Zulässige Anordnungen zur Bauzeit 27

A. Einleitung 29

B. Gesetzliches bauzeitliches Anordnungsrecht 33

I. Konstellationen bauzeitlicher Änderungen 33
1. Zu betrachtende Parameter 33
a) Ausführungsbeginn 33
b) Fertigstellungstermin 35
c) Zwischenzeitliche Ausführungshindernisse 35
d) Änderung des Leistungsumfangs 35
e) Änderung des Leistungsinhalts 36
2. Formen bauzeitlicher Auswirkungen 36
a) Vorverlegung der Bauzeit 36
b) Bauzeitverschiebung nach hinten 37
c) Bauzeitverkürzung 37
d) Verlängerung der Bauzeit 37
e) Mittelbare Bauzeitänderung 38
3. Fazit 38

II. Rechtslage vor Einführung des Bauvertrags als eigenen Vertragstypus 38
1. Leistungsbestimmungsrecht aus dem Wesen des Bauvertrags 39
2. Ergänzende Vertragsauslegung 42
3. Leistungsbestimmungsrecht gemäß § 315 BGB 43
4. Treu und Glauben und Kooperationspflicht 43
a) Kooperationspflicht 44
b) Kein Recht zur Anordnung 45

c) Anspruch auf Verhandlung ... 48
d) Zwischenergebnis ... 48
5. Ergebnis ... 49
III. Einführung eines Anordnungsrechts in das BGB ... 49
IV. Diskussionsstand nach Einführung des Bauvertrags in das BGB ... 52
1. Kein bauzeitliches Anordnungsrecht im Rahmen von § 650 b Abs. 2 BGB ... 53
2. Bauzeitliches Anordnungsrecht gemäß § 650 b Abs. 2 BGB ... 53
3. Zwischenfazit ... 55
V. Bauzeitliche Anordnungen gemäß § 650 b Abs. 2 BGB ... 56
1. Änderung des vereinbarten Werkerfolgs ... 56
a) Wortlaut ... 57
b) Systematische Betrachtung ... 58
aa) Werkerfolg (§ 631 Abs. 2 BGB) ... 59
(1) Werkvertraglicher Erfolg ... 59
(2) Synallagma ... 60
(3) § 631 Abs. 2 BGB ... 61
(4) Fazit ... 61
bb) Art und Umfang der Verweisung ... 61
cc) Ergebnis ... 62
c) Historische Auslegung ... 62
aa) Arbeitsgruppe Bauvertragsrecht ... 63
bb) Referentenentwurf des Bundesministeriums der Justiz und für Verbraucherschutz ... 64
cc) Regierungsentwurf ... 65
dd) 3.-5. Deutscher Baugerichtstag ... 66
ee) Mögliche Folgerungen ... 67
ff) Bewertung ... 68
d) Teleologische Betrachtung ... 70
aa) Intention der Einführung des Bauvertrags als eigenen Vertragstypus ... 70
(1) Grundlegende zivilrechtliche Wertungen ... 70

(2) Grundsätzliche Intention der Gesetzesänderungen ... 73
(3) Zwischenergebnis ... 74
bb) Intention der Einführung des Anordnungsrechts des § 650 b BGB ... 74
cc) Mittelbare Bauzeitanordnungen ... 77
(1) Zielrichtung der Anordnung ... 77
(2) Mittelbare Folgen ... 77
(a) Änderung des Leistungsumfangs ... 77
(aa) Mehrleistung ... 78
(bb) Minderleistung ... 83
(b) Verschiebung der Bauzeit ... 84
(c) Vorverlegung der Bauzeit ... 86
(d) Zwischenfazit ... 86
(3) Kompensation ... 87
(4) Ergebnis ... 87
dd) Isolierte Bauzeitanordnungen ... 87
(1) Bauzeitverschiebung ... 88
(a) Bedürfnis eines Anordnungsrechts zur Bauzeitverschiebung ... 88
(aa) Bedürfnis trotz Kooperationspflicht ... 89
(α) Kein Entfall der Kooperationspflicht ... 89
(β) Verhältnis der Kooperationspflicht zum Anordnungsrecht des § 650 b BGB ... 90
(γ) Änderungsbegehren zur Bauzeit . 91
(bb) Bedürfnis trotz „Behinderungsregelungen“ ... 92
(α) Behinderungskonstellationen ... 92
(αα) Zeitliche Komponente der Behinderung ... 93

(ββ) Kompensationsmechanismen in Behinderungsfällen ... 96
(γγ) Ergebnis ... 97
(β) Erfordernis einer Behinderung ... 98
(αα) Wortlaut § 642 BGB und § 6 Abs. 1 VOB/B ... 98
(ββ) Recht auf Baustopp als Minus zur Kündigung ... 99
(γγ) Baustopp als rechtsmissbräuchliches Verhalten ... 100
(δδ) Befolgter Baustopp ... 102
(εε) Zwischenergebnis ... 104
(γ) Umfang der zeitlichen Verschiebung ... 104
(δ) Vermeidung behinderungsbedingter Rechtsfolgen ... 105
(ε) Fazit ... 105
(cc) Vergleich Generalunternehmervertrag mit der Einzelvergabe ... 106
(α) Einzelvergabe ... 106
(β) Generalunternehmervertrag ... 107
(γ) Zwischenergebnis ... 107
(dd) Ergebnis hinsichtlich des Bedürfnisses eines Anordnungsrechts zur Bauzeit ... 108
(b) Beeinträchtigung der betrieblichen und der Bauablaufplanung des Unternehmers ... 108
(c) Zwischenergebnis ... 109
(d) Wertende Betrachtung ... 110
(aa) Vergleich mit Behinderungskonstellationen ... 110
(α) Vergleich zeitliche Komponente 110

(β) Vergleich finanzielle Kompensation 110
(γ) Vergleich der Interessenlage 114
(αα) Anpassungsbedürfnis des Bestellers gegenüber dem Dispositionsinteresse des Unternehmers 114
(ββ) Quantität der Änderungen 115
(γγ) Umfang der bauzeitlichen Verschiebung 116
(δδ) §§ 650 b, c BGB statt §§ 642, 643 BGB 117
(εε) Ergebnis 119
(δ) Fazit des Vergleichs zu Behinderungskonstellationen 119
(bb) Vergleich mit mittelbaren Bauzeitänderungen 120
(α) Zeitliche Komponente 120
(β) Weitere Folgen der Anordnung . 121
(γ) Vergleich der Interessenlagen 121
(δ) Fazit des Vergleichs zur mittelbaren Bauzeitanordnung .. 122
(cc) Gesamtbetrachtung 122
(α) Flexibilität zu Lasten einer möglichen Erhöhung der Anzahl bauzeitlicher Verschiebungen 122
(β) Finanzielle Kompensation über § 650 c BGB oder § 642 BGB 123
(γ) Ausschluss Kündigungsrecht gemäß § 643 BGB 125
(δ) Unterschiedliche Folgen im Generalunternehmervertrag gegenüber der Einzelgewerkvergabe 125

(ε) Wahlrecht des Bestellers 126
(ζ) Fazit zur Interessenlage 127
(dd) Fazit der wertenden Betrachtung 128
(e) Ergebnis 128
(2) Bauzeitverkürzung 128
(a) Bedürfnis für eine Bauzeitverkürzung 128
(b) Beeinträchtigung der Planbarkeit und Risikostruktur 130
(c) Zwischenergebnis 131
(d) Wertende Betrachtung hinsichtlich der Bauzeitverkürzung 132
(aa) Erfolgspflicht 132
(bb) Beschleunigung generell unzumutbar 133
(cc) Keine Drucksituation durch Ausschluss der Beschleunigungsmöglichkeit 135
(dd) Kein Primäranspruch 136
(ee) Beweislastverteilung 136
(α) Zumutbarkeit 137
(β) Umfang des Mehrvergütungsanspruchs 138
(γ) Fazit 139
(ff) Gesamtwürdigung und Ergebnis 139
(α) Beeinträchtigung des Unternehmerinteresses 140
(β) Verhandlungssituation aufgrund des Eingriffs in die Risikoverteilung 140
(γ) Beweislast 141
(δ) Zumutbarkeit aufgrund des Eingriffs in die Risikostruktur nicht ausreichend 142
(ζ) Ergebnis 143
(3) Vorverlegung des Ausführungszeitraums 143

(4) Bauzeitverlängerung 144

(5) Zusammenfassung isolierte Bauzeitanordnungen 146

(a) Bedürfnis 146

(b) Interessenabwägung 147

(c) Fazit 149

ee) Ergebnis der teleologischen Betrachtung 150

(1) Kein einheitliches Ergebnis 150

(2) Kein Differenzierungskriterium 151

(3) Ergebnis zur Bauzeit insgesamt 152

e) Ergebnis der Auslegung 153

2. Änderung, die zur Erreichung des vereinbarten Werkerfolgs notwendig ist 154

3. Ergebnis 156

VI. Bauzeitliche Anordnungen gemäß § 650 b Abs. 2 BGB im Wege der Rechtsfortbildung 156

1. Erst-Recht-Schluss I: Bauzeitliche Anordnungen als generelles Minus gegenüber Werkerfolgsänderungen 158

2. Erst-Recht-Schluss II: Bauzeitliche Anordnungen als Minus gegenüber Anordnungen zur Änderung des Werkerfolgs mit mittelbaren bauzeitlichen Folgen 160

a) Bauzeit nicht von jeder Inhaltsänderung betroffen 160

b) Verknüpfung 161

c) Mittelbare Bauzeitanordnung – durch die Inhaltsanordnung gerechtfertigter Eingriff 161

d) Vergleich hinsichtlich Quantität und Qualität der Risikoerhöhung 162

e) Ergebnis 163

3. Analoge Anwendung des § 650 b Abs. 1 S. 1 Nr. 1 BGB 164

a) Regelungslücke 165

b) Zweck der Norm 165

c) Vergleichbarkeit 165

aa) Mittelbare Bauzeitveränderungen 165

(1) Verknüpfung zwischen inhaltlicher Anordnung und zeitlicher Anpassungsmöglichkeit 167

(a) Verknüpfung innerhalb eines Vertragsverhältnisses ... 167

(b) Durch Werkerfolgsänderung in einem anderen Vertragsverhältnis verursachte Verschiebungen ... 169

(aa) Bauinhaltliche Gesamtwerkerfolgsänderung mit bauinhaltlicher und zeitlicher Anordnungsnotwendigkeit in mehreren Vertragsverhältnissen ... 169

(bb) Bauinhaltliche Änderung wirkt sich (nur) zeitlich auch in anderen Vertragsverhältnissen aus ... 171

(cc) Bauinhaltliche Gesamtwerkerfolgsänderung bei inhaltlicher Betroffenheit nur des funktionalen Werkerfolgs ... 172

(dd) Zwischenergebnis ... 173

(2) Kausalität hinsichtlich des Umfangs der zeitlichen Änderung ... 175

(a) Zeitliche Auswirkung der Inhaltsänderung .. 175

(b) Weitere Verschiebungen ... 178

(c) Nachweispflicht ... 179

(d) Zwischenergebnis ... 180

(3) Sonderfall: Einigungsphase ... 181

(a) Möglichkeit der Unterbrechung ... 182

(b) Dogmatische Ansätze ... 182

(c) Auslegung des Begehrens ... 183

(d) Entwicklung nach Stillstand in der Einigungsphase ... 184

(aa) Erfassung in der späteren Einigung 184

(bb) Keine explizite Erfassung in der Einigung ... 185

(cc) Keine Einigung ... 185

(dd) Fazit ... 186

(e) Würdigung und Ergebnis ... 187
(4) Sonderfall: Planungsänderungserfordernis ... 188
(5) Zwischenergebnis zu mittelbaren Bauzeitanordnungen ... 189
(6) Vergleich mit isolierten Bauzeitanordnungen ... 190
(a) Mittelbare Anordnung ... 190
(b) Einigungs- und Planungsphase ... 191
(c) Ergebnis ... 192
bb) Ähnlichkeit hinsichtlich der Zielsetzung ... 192
cc) Ergebnis zur Vergleichbarkeit ... 193
d) Planwidrigkeit der Lücke ... 194
aa) Pacta sunt servanda ... 198
bb) Dispositionsbefugnis des Unternehmers ... 199
cc) Umgehung von § 642 BGB ... 199
(1) Folgen der Ausschlussmöglichkeit ... 199
(a) Möglicher finanzieller Nachteil ... 199
(b) Einschränkung des Anwendungsbereichs des § 642 BGB ... 200
(2) Rechtfertigung der Ausschlussmöglichkeit ... 201
(a) Interessenlage der Bauvertragsparteien ... 201
(b) Befolgte Anordnungen ... 201
(c) Systematik ... 201
(d) Ergebnis ... 202
dd) Ausschluss der Kündigungsfolge nach § 643 BGB ... 202
(1) Zielrichtung des § 643 BGB ... 202
(2) Verbleibender Bedeutungsgehalt ... 203
(3) Vergleich mit mittelbaren Bauzeitanordnungen ... 204
(4) Normative Betrachtung ... 205
(a) Klarheit statt Umgehungspotential ... 205
(b) Wirtschaftliche Betrachtung ... 206
(c) Korrektiv durch Zumutbarkeit ... 206
(d) Ergebnis ... 207

ee) Wahlrecht des Bestellers zwischen Behinderung und Anordnung ... 207
ff) Verfassungsrechtliche Bedenken ... 208
gg) Keine Analogie bei Ausnahmeregelungen ... 209
e) Ergebnis ... 211
VII. Verhältnis zur Kooperationspflicht ... 211
1. Weitere Anwendung der Kooperationspflicht ... 212
2. Rechtsfolgen ... 212
3. Verfahrensangleichung ... 215
4. Ergebnis ... 218

C. Vertragliche Anordnungsrechte ... 219

I. Bauzeitliches Anordnungsrecht im Rahmen der VOB/B ... 219
1. Änderung des Bauentwurfs, § 1 Abs. 3 VOB/B ... 219
a) Anordnung ... 219
b) Bauentwurf ... 221
aa) Auslegungsansätze ... 221
(1) Weite Auslegung ... 222
(2) Enge Auslegung ... 225
(3) Differenziertes Anordnungsrecht ... 228
(4) Auslegung je nach Verwender ... 229
(5) Rechtsprechung ... 230
(6) Zwischenfazit ... 231
bb) Auslegungsgrundsätze ... 232
(1) Grundsätze Vertragsauslegung ... 232
(2) Auslegungsgrundsätze für Allgemeine Geschäftsbedingungen ... 232
(3) Gesetzliche Auslegungsgrundsätze aufgrund des Rechtsnormcharakters der VOB/B ... 233
(4) Wertung und Konsequenz ... 234
cc) Wortlaut ... 236
(1) „Bauentwurf“ und Entwurfsplanung ... 236

(2) Umfassender Bedeutungsinhalt 237
(3) Differenzierter Umfang nach Art der bauzeitlichen Anordnung 239
(4) Bewertung und eigene Einordnung 239
(5) Ergebnis 240
dd) Früheres Verständnis der beteiligten Verkehrskreise 241
ee) Interessenlage 242
ff) Zwischenergebnis zur Auslegung des Begriffs „Bauentwurf“ 243
gg) Weitere Argumentation gegen ein bauzeitliches Anordnungsrecht 243
(1) Transparenzgebot 243
(2) Inhaltskontrolle 244
(a) Verbrauchermaßstab 244
(b) Kein Verbraucher 244
(aa) VOB/B ohne inhaltliche Abweichung insgesamt 244
(bb) Isolierte Inhaltskontrolle 245
(3) Ergebnis 248
hh) Argumente aus einer gesetzlichen Auslegungsmethodik 248
(1) Zulässigkeit 249
(2) Materielle Tragweite 249
(a) Systematik 249
(aa) § 2 Abs. 5 VOB/B 249
(bb) Generalklausel zur Änderung spezieller bauzeitlicher Regelungen ... 249
(cc) Fazit 250
(b) Historische Entwicklung 250
(aa) Änderung der VOB/B 2006 250
(bb) Abschlussbericht der Arbeitsgruppe Bauvertragsrecht 251
(cc) Einführung des § 650 b BGB 251
(dd) Fazit 252

(c) Sinn und Zweck ... 253
(aa) VOB/B als umfassendes Regelwerk oder Ergänzung der bestehenden gesetzlichen Regelungen ... 253
(bb) Folgerung für die bauzeitlichen Anordnungen ... 254
(3) Ergebnis ... 254
ii) Weitere Argumente der Befürworter eines differenzierten Anordnungsrechts ... 254
(1) Kein Ansatz für eine Differenzierung nach Art der bauzeitlichen Anordnung ... 255
(2) Keine Differenzierung je nach Verwender der VOB/B ... 257
(3) Ergebnis zur differenzierten Anordnungsmöglichkeit ... 258
c) Ergebnis zu den Anordnungsmöglichkeiten aus § 1 Abs. 3 VOB/B ... 258
2. Verlangen zusätzlicher Leistungen, § 1 Abs. 4 VOB/B ... 258
3. Andere Anordnungen, § 2 Abs. 5 VOB/B ... 260
4. Anordnungen, die zur vertragsgemäßen Ausführung der Leistung notwendig sind, § 4 Abs. 1 Nr. 3 S. 1 VOB/B ... 260
5. Ergebnis ... 261
II. Vertragliche Vereinbarung eines bauzeitlichen Anordnungsrechts 261
1. Individualvertragliche Vereinbarung ... 262
2. Bauzeitliches Anordnungsrecht in AGB ... 262
a) Einbeziehung der Verkürzung und Vorverlegung ... 262
b) Abbedingung des Einigungsverfahrens ... 264
c) Abbedingung der 30-Tage-Frist ... 265
d) Abbedingung der Textform ... 266

D. Gesamtergebnis und Regelungsvorschlag ... 267
I. Ergebnis der Analyse der Gesetzeslage und der Regelungen der VOB/B ... 267
II. Regelungsvorschlag ... 269

E. Zusammenfassung der wichtigsten Ergebnisse 271

Literaturverzeichnis 275

Zulässige Anordnungen zur Bauzeit

A. Einleitung

Der Bauherr sagt zu dem Trockenbauer:

> *„Mach schneller, der Bau hat schon drei Monate Verzug, die Schule muss zum Schuljahresbeginn fertig sein."*

Dieser antwortet:

> *„Alle meine Mitarbeiter sind auf der Baustelle, mehr Personal habe ich nicht. Außerdem sollte ich für dich im April arbeiten, für Juli hatte ich bereits einen anderen Auftrag angenommen. Was kann ich dafür, dass du die Vorarbeiten erst jetzt beendet hast."*

Dieses Gespräch stellt beispielhaft eine Situation dar, wie sie im Rahmen eines Bauvertrags häufig vorkommt, nahezu typisch ist.

Einem Bauvertrag ist es immanent, dass er nicht nur auf einen punktuellen Leistungsaustausch gerichtet ist, sondern sich die Bauphase über einen längeren Zeitraum erstreckt. Während dieser Bauphase können verschiedene Störungen Einfluss auf den Bauablauf nehmen (z.B. verzögerte Erteilung der Baugenehmigung, Kampfmittelfunde, verspätete Leistung des Vorunternehmers, noch nicht getroffene Auswahlentscheidung etc.). Dies kann dazu führen, dass die vertragliche Bauleistungsverpflichtung eines ausführenden Gewerkes nicht zu dem Zeitpunkt ausgeführt werden kann, der vertraglich vorgesehen ist. Auch können sich Umstände ergeben, die dazu führen, dass die Leistungen des Unternehmers in einem kürzeren Zeitfenster ausgeführt werden sollen, um Nachteile für den Besteller zu vermeiden. Beispielsweise kann der Besteller ein großes Interesse daran haben, dass das Bauvorhaben trotz der oben beispielhaften dargestellten Störungen des Bauablaufs zum ursprünglich vorgesehenen Ausführungstermin fertig gestellt wird.

Selbstverständlich steht es den Bauvertragsparteien jederzeit frei, insoweit eine vertragsändernde Vereinbarung zu treffen, wenn derartiger Änderungsbedarf erkannt wird. Dies setzt jedoch voraus, dass die Parteien eine Vertragsänderung anstreben und sich über die zu regelnden Punkte einigen.

Wie in dem Dialog dargestellt, können sich dabei unterschiedliche Interessen der Vertragsparteien gegenüberstehen. Der Bauherr möchte, dass sein Bauwerk zeitnah errichtet wird bzw. dass das konkrete Gewerk zu einem bestimmten Zeitpunkt ausgeführt wird. Neben rein finanziellen Interessen, z.B. Mietausfall für den Fall der Vermietung des Objekts oder drohenden Ansprüchen Dritter ihm gegenüber, kann auch einfach die zeitnahe Nutzung beispielsweise zu Wohnzwecken oder wie in dem Beispiel der beabsichtigen

Nutzung zu einem bestimmten Zweck, in diesem Fall „Schulbetrieb", sein Interesse sein. Es stellt sich daher die Frage, ob dem Besteller ein gesetzliches Recht zusteht, durch einseitige Anordnung den Unternehmer dazu zu verpflichten, seine Ausführungszeit entsprechend den Vorgaben des Bestellers anzupassen. Sofern kein vollumfassendes gesetzliches Anordnungsrecht bestehen sollte, stellt sich weiter die Frage, ob ein solches Recht aus dem für den Baubereich entwickelten standardisierten Regelwerk der VOB/B folgt und ob ein solches Recht in einem standardisierten Regelwerk überhaupt wirksam Vertragsinhalt werden kann.

Dem Interesse des Bestellers an einer flexiblen Anpassung an seine Bedürfnisse stehen auf der anderen Seite die Interessen des Unternehmers gegenüber, der einen Betrieb zu führen hat, für den er eine Vielzahl von Belangen beachten muss. Neben den reinen Mehrkosten, die ihm aus der Verschiebung oder Unterbrechung seines vorgesehenen Ausführungszeitraums entstehen können, muss er den Einsatz der ihm zur Verfügung stehenden Ressourcen, insbesondere seine Mitarbeiter und Arbeitsgeräte, koordinieren. Aus seiner Sicht ist es am einfachsten, er kann weit vorausschauend sowohl den Personal- und Materialeinsatz als auch die daraus resultierenden Einnahmen planen. Jede zeitliche Verschiebung stellt einen Eingriff in seine Planung dar, der sich auch auf andere Aufträge, die er angenommen hat, auswirken kann. Sein Interesse ist es daher regelmäßig, dass die einmal im Vertrag – in welcher Form auch immer – festgelegte Ausführungszeit weiter bestand hat und nicht einseitig durch den Besteller geändert werden kann.

Vor dem Hintergrund der widerstreitenden Interessen der Bauvertragsparteien wird im Folgenden der Frage nachgegangen, ob der Besteller die Möglichkeit hat, ohne Vereinbarung mit dem Unternehmer eine Veränderung der Bauzeit vorzunehmen.

Unter Bauzeit wird hierbei der vertraglich vereinbarte Ausführungszeitraum verstanden, innerhalb dessen der Unternehmer seine Leistungspflicht erfüllen soll. Dieser Zeitraum kann durch rechtsgeschäftliche Vereinbarung geändert werden und es können auch gesetzliche oder vertragliche Regelungen zum Tragen kommen, die zu einer Veränderung dieser Bauzeit führen. Davon zu unterscheiden ist der tatsächliche Ausführungszeitraum. Dieser kann deckungsgleich mit der vertraglichen Bauzeit sein, kann sich aber auch davon unterscheiden (z.B. beim Verzug des Unternehmers).

Die Frage, ob in einem Bauvertrag dem Besteller bzw. Auftraggeber[1] ein Recht zusteht bzw. zustehen sollte, die Bauzeit einseitig und für den

1 Im Folgenden erfolgt eine synonyme Verwendung des im BGB verwendeten Begriffs

Unternehmer bzw. Auftragnehmer[2] verpflichtend ändern zu können, wird seit langer Zeit streitig diskutiert. Bereits vor Inkrafttreten der gesetzlichen Regelungen zum Bauvertrag gemäß §§ 650 a ff. BGB zum 1.1.2018 bestanden Bestrebungen, entsprechende Rechte aus dem BGB und insbesondere der VOB/B herzuleiten. Nach Inkrafttreten der gesetzlichen Regelungen zum Bauvertrag als eigenen Vertragstypus des BGB stellt sich diese Frage – wenn auch unter anderen Vorzeichen – bezogen auf das gesetzliche Anordnungsrecht des § 650 b Abs. 2 BGB erneut.

Neben der Einführung eines bauvertraglichen Anordnungsrechts ist auch eine systematische Änderung dahingehend eingetreten, dass mit der Einführung des Bauvertrags als Vertragstypus eine gesetzliche Regelung geschaffen bzw. konkretisiert wurde, die einen gesetzlichen Grundgedanken darstellen könnte, an dem sich insbesondere standardisierte vertragliche Regelungen wie die VOB/B messen lassen müssen.

Vor diesem Hintergrund erfolgt im Rahmen dieser Betrachtung zunächst eine Analyse der gesetzlichen bauvertraglichen Anordnungsrechte des § 650 b Abs. 2 BGB (B.). Hierzu werden zunächst die verschiedenen Konstellationen bauzeitlicher Anordnungen (B., I.) und die Rechtslage vor Einführung des Bauvertragsrechts betrachtet (B., II.). Sodann wird die gesetzliche Neuerung dargestellt (B., III.). Im Anschluss erfolgt eine Betrachtung des aktuellen Diskussionsstandes zu der Frage, ob § 650 b Abs. 2 BGB ein bauzeitliches Anordnungsrecht beinhaltet (B., IV.). Anschließend werden die Anordnungsmöglichkeit zum Werkerfolg, § 650 b Abs. 2 S. 1 i. V. m. § 650 b Abs. 1 S. 1 Nr. 1 BGB, und die Möglichkeit zur Anordnung von Änderungen, die zur Erreichung des Werkerfolgs nötig sind, § 650 b Abs. 2 S. 1 i. V. m. § 650 b Abs. 1 S. 1 Nr. 2 BGB, eingehend analysiert (B., V.). Nachfolgend wird untersucht, ob bauzeitliche Anordnungsmöglichkeiten im Wege der Rechtsfortbildung aus § 650 b Abs. 2 BGB in Verbindung mit Abs. 1 S. 1 Nr. 1 BGB hergleitet werden können (B., VI.) und ob die Einführung von § 650 b BGB Auswirkungen auf die Kooperationspflicht im Zusammenhang mit Änderungsbegehren zum Bauvertrag hat (B., VII.).

---

des „Bestellers“ und des in VOB/B gleichbedeutend verwendeten Begriffs des „Auftraggebers“.

2 Im Folgenden erfolgt eine synonyme Verwendung des im BGB verwendeten Begriffs des „Unternehmers“ und des in VOB/B gleichbedeutend verwendeten Begriffs des „Auftragnehmers“.

Anschließend erfolgt eine Betrachtung der Möglichkeit, durch standardisierte Vertragsbedingungen ein umfassendes bauzeitliches Anordnungsrecht in den Bauvertrag einbeziehen zu können (C.).

Abschließend wird aus dem ermittelten Gesamtergebnis (D., I.) ein Vorschlag zur Anpassung der gesetzlichen Regelung abgeleitet (D., II.).

B. Gesetzliches bauzeitliches Anordnungsrecht

Zum 1. Januar 2018 sind umfangreiche Änderungen des BGB in Kraft getreten. Neben verschiedenen Änderungen im bisherigen Werkvertragsrecht ist als weiterer Vertragstyp der „Bauvertrag" in das BGB eingeführt worden. Systematisch handelt es sich um einen besonders geregelten Typus des Werkvertrags, für den die Regelungen des nunmehr als allgemeinen Teil bezeichneten Werkvertrags weiter gelten, sofern sich nicht aus der Einführung der §§ 650 a ff. BGB Besonderheiten ergeben. Es soll in der Folge untersucht werden, ob durch die neu geschaffenen Regelungen zum Bauvertrag auch ein Recht des Bestellers zur Erteilung bauzeitlicher Anordnung vorgesehen wurde.

I. Konstellationen bauzeitlicher Änderungen

Um bei der Prüfung der Anordnungsmöglichkeit zur Bauzeit das gesamte Spektrum der bauzeitlichen Änderungen im Blick zu behalten, wird vorab untersucht, in welchen unterschiedlichen Konstellationen und Formen eine Veränderung der Bauzeit in Betracht kommen kann.

1. Zu betrachtende Parameter

Für den Bauvertrag ist als zeitbezogener Parameter der zeitliche Rahmen zu betrachten, innerhalb dessen die Leistung zu erfolgen hat. Dieser Rahmen wird durch den Zeitpunkt des Baubeginns und den Fertigstellungstermin definiert. Es können auch Zwischentermine vereinbart werden, bei denen es sich dann in der Regel um Fertigstellungstermine für Teilleistungen handelt.

Den weiteren Parameter stellt die Leistungspflicht des Unternehmers dar, die innerhalb des Zeitrahmens erbracht werden soll. Wird diese hinsichtlich ihres Leistungsumfangs oder ihres Inhalts geändert, kann das Auswirkungen auf den Zeitrahmen haben. Letztlich lassen sich auch verschiedene Änderungen kombinieren.

a) Ausführungsbeginn

Wird der Bauablauf chronologisch betrachtet, ist als Erstes eine mögliche Veränderung des Ausführungsbeginns zu betrachten. Dabei sind zwei Konstellationen denkbar: Zum einen die Vorverlegung des Ausführungsbeginns und zum anderen die Verschiebung des Ausführungsbeginns nach hinten. In beiden Fällen kann weiter unterschieden werden, ob der Fertigstellungstermin beibehalten oder auch entsprechend zeitlich angepasst werden soll.

Bei Beibehaltung des Ausführungszeitraums würde eine Vorverlegung auch zu einer Vorverlegung des Fertigstellungstermins und somit der gesamten Bauzeit führen (B., I., 2., a)).

Es kann weiter unterschieden werden, ob ein vertraglicher Ausführungsbeginn definiert wurde oder nicht.

Ist ein vertraglicher Ausführungsbeginn vereinbart, würde jedes Verlangen eines früheren Beginns eine Vorverlegung darstellen.

Ist kein vertraglicher Ausführungsbeginn vereinbart, besteht gemäß § 271 Abs. 1 BGB im reinen BGB-Vertrag grundsätzlich sofortige Fälligkeit, soweit sich aus den Umständen nichts anderes ergibt. Da eine sofortige Leistung bei einem zu errichtenden Bauwerk nicht möglich ist, ergibt sich „aus den Umständen" i. S. d. § 271 Abs. 1 BGB, dass dem Unternehmer eine angemessene Bauzeit zur Verfügung stehen muss.[3] Die versprochene Leistung wird fällig zu dem Zeitpunkt, der sich aus einer zügigen Bearbeitung ergibt.[4] Es wird gefolgert, dass der Unternehmer „alsbald" mit den Arbeiten zu beginnen hat und sie in „angemessener Zeit" zu Ende führen muss.[5]

Eine Vorverlegung des Beginns ist in diesem Fall nicht möglich, da bereits mit Vertragsschluss die Ausführung zu beginnen ist.

Handelt es sich um einen Vertrag, in den die VOB/B einbezogen wurde, hat der Auftragnehmer gemäß § 5 Abs. 2 VOB/B zwölf Werktage nach Aufforderung durch den Auftraggeber zu beginnen. Denkbar ist in diesem Fall somit auch eine Vorverlegung dahingehend, dass der Zeitraum verkürzt wird, nach Aufforderung mit den Arbeiten zu beginnen. Diese Konstellation ist dann vergleichbar mit der Vorverlegung eines vertraglich vereinbarten Termins für den Ausführungsbeginn.

Bei einer Vorverlegung des Ausführungsbeginns bei Beibehaltung des bisherigen Fertigstellungstermins tritt eine Verlängerung des Ausführungszeitraums ein (B., I., 2., d)).

Auch bei einer Verschiebung des Ausführungsbeginns (nach hinten) kann wiederum unterschieden werden, ob eine Verschiebung des Ausführungsbeginns unter Beibehaltung des vereinbarten Ausführungszeitraums, also bei

---

3 Kues/Freiheit, BauR 2019, 1671, 1672.

4 Kniffka, BauR 2020, 329, 345.

5 BGH NJW RR 2001, 806.

gleichzeitiger Verschiebung des Fertigstellungstermins gemeint ist (B., I., 2., b)) oder ob es sich um eine Verkürzung der Bauzeit durch ein Hinausschieben des Beginns unter Beibehaltung des Fertigstellungstermins handelt (B., I., 2., c)).

b) Fertigstellungstermin

Des Weiteren bestehen die Möglichkeiten einer Vorverlegung des Fertigstellungstermins oder einer Verschiebung nach hinten.

Ein Vorverlegen des Fertigstellungstermins führt bei Beibehaltung des Ausführungsbeginns wiederum zu einer Bauzeitverkürzung (B., I., 2., c)).

Ein Vorverlegen des Fertigstellungstermins führt bei entsprechender Vorverlegung auch des Ausführungsbeginns, wie bereits dargestellt, zu einer Vorverlegung des gesamten Ausführungszeitraums (B., I., 2., a)).

Eine Verschiebung des Fertigstellungstermins nach hinten kann wiederum isoliert (also bei Beibehaltung des ursprünglichen Starttermins) zu einer Verlängerung der Bauzeit führen (B., I., 2., d)) oder aber – im Falle des gleichzeitigen späteren Beginns – zu einer Verschiebung der Bauzeit führen (B., I., 2., b)).

c) Zwischenzeitliche Ausführungshindernisse

Als weitere Konstellation kommt in Betracht, dass die Rahmenbedingungen sich zu Lasten des Unternehmers im Hinblick auf seine Ausführungszeit ändern. Treten Ereignisse wie z.B. eine Kampfmittelräumung ein, die die Ausführung beeinträchtigen, muss sich die vereinbarte Leistung entweder auf die verbleibenden Zeiten innerhalb des Start- und Endtermins verteilen, so dass sich die Leistungspflicht pro Zeiteinheit erhöht und somit eine Bauzeitverkürzung eintritt (B., I., 2., c)) oder der Fertigstellungstermin muss nach hinten angepasst werden, um die Beibehaltung der ursprünglich angenommenen Leistung pro Zeiteinheit beibehalten zu können. Hierbei würde es sich dann um eine Verschiebung (B., I., 2., b)) von Teilen der Leistung handeln.

d) Änderung des Leistungsumfangs

Während bisher lediglich zeitliche Fixpunkte angepasst wurden, käme es auch in Betracht, den Leistungsumfang zu verändern. Fraglich ist, wie sich dies auf die vereinbarten zeitlichen Fixpunkte auswirkt.

Wird beispielsweise vertraglich vereinbart, dass eine Teilfläche von 100 qm eines Tanzsaales in einem Zeitraum von 5 Tagen mit Parkett ausgelegt werden soll, stellt sich die Frage, ob und wie es sich zeitlich auswirkt, wenn der

Leistungsumfang in zulässigerweise dahingehend erweitert würde, dass eine Teilfläche von 200 qm mit Parkett ausgelegt werden soll.

Es erscheint interessengerecht, wenn durch diese Änderung des Leistungsumfangs dem Unternehmer auch eine entsprechend längere Ausführungszeit zugestanden würde. Werden besondere Baustelleneinrichtungszeiten unberücksichtigt gelassen, könnte entsprechend der Erhöhung des Leistungsumfangs davon ausgegangen werden, dass ein Ausführungszeitraum von 10 Tagen zugrunde zu legen ist. Die Bauzeit verlängert sich also um 5 Tage. Hierbei handelt es sich aber nicht um eine Bauzeitverlängerung in dem Sinne, dass sich die zur Verfügung stehende Zeit im Verhältnis zu der zu erbringenden Leistung verlängert. Vielmehr wird das Verhältnis von Leistung zu Zeiteinheit beibehalten. Auch ist die Zielrichtung der Änderung nur auf den Leistungsumfang bezogen. Es soll nur der Leistungsumfang geändert werden. Die Auswirkung auf die Bauzeit erfolgt lediglich mittelbar (B., I., 2., e)).

Sollen Baubeginn und Fertigstellungstermin hingegen beibehalten werden, müsste die Leistung pro Zeiteinheit erhöht werden, was einer Bauzeitverkürzung entspricht (B., I., 2., c)).

e) Änderung des Leistungsinhalts

Die Leistung könnte aber nicht nur hinsichtlich ihres Umfangs, sondern auch hinsichtlich ihres Inhalts verändert werden. Hier müssten die unterschiedlichen Leistungen im Hinblick auf den Aspekt Leistung pro zur Verfügung stehender Zeit ins Verhältnis gesetzt werden, um zu ermitteln, ob auch eine Änderung des Leistungsumfangs eingetreten ist. Im Hinblick auf den Leistungsumfang käme dann Vorstehendes (B., I., 1., d) zum Tragen.

2. Formen bauzeitlicher Auswirkungen

Aus den dargestellten Änderungen der Parameter können sich somit folgende Änderungen ergeben, die gegebenenfalls auch in Kombination auftreten können:

a) Vorverlegung der Bauzeit

Hierunter ist die Verschiebung des Start- und des Fertigstellungstermins bei Beibehaltung des Ausführungszeitraums vor den vertraglich vorgesehenen Start- und Endtermin zu verstehen.

b) *Bauzeitverschiebung nach hinten*

Eine Bauzeitverschiebung nach hinten kann durch verschiedene Parameteränderungen erfolgen. Beispielsweise können der Start- und der Endtermin unter Beibehaltung des Ausführungszeitraums auf spätere Termine verschoben werden. Es kann auch ein Ereignis eintreten, dass die Ausführung behindert. Für die bis dahin noch nicht ausgeführten Leistungen verschiebt sich der Ausführungszeitraum nach hinten, wenn die Leistung je Zeiteinheit gleichbleiben soll.

c) *Bauzeitverkürzung*

Unter Bauzeitverkürzung bzw. Beschleunigung wird die Ausführung der Leistung in einem kürzeren als dem vertraglich vorgesehen Ausführungszeitraum verstanden. Es wird somit die Leistung je verfügbarer Zeiteinheit erhöht. Bauzeitverkürzungen können durch ein Hinausschieben des Ausführungsbeginns bei Beibehaltung des Fertigstellungstermins oder durch ein Vorverlegen des Fertigstellungstermins bewirkt werden. Darüber hinaus gibt es weitere Konstellationen während des Ausführungszeitraums, die zu einer Verkürzung der Bauzeit führen können. Dazu können grundsätzlich Behinderungen des Bauablaufs und zusätzliche Leistungen zählen, bei denen gleichzeitig ein Festhalten am ursprünglichen Fertigstellungstermin gefordert wird, so dass sich die Leistung je verfügbarer Zeiteinheit erhöhen muss.

Hinsichtlich der Bauzeitverkürzung oder Beschleunigung könnte noch weiter danach differenziert werden, ob diese dem Zweck dient, Verzögerungen zu vermeiden oder wieder aufzuholen oder aber dem isolierten Ziel der Verkürzung dienen soll.[6] Aus dieser Differenzierung lassen sich gegebenenfalls unterschiedliche Rechtsfolgen herleiten. Eine andere Konstellation der Bauzeitveränderung folgt hieraus jedoch nicht.

d) *Verlängerung der Bauzeit*

Als weitere Konstellation bauzeitlicher Änderungen kommt die Bauzeitverlängerung in Betracht. Diese kann durch Vorverlegung des Ausführungsbeginns bei Beibehaltung des Fertigstellungstermins und durch Hinausschieben des Fertigstellungstermins bei Beibehaltung des Ausführungsbeginns oder durch eine Kombination aus beidem erfolgen.

6 Wirth/Würfele, Jahrbuch Baurecht 2006, 119, 160 f.

e) Mittelbare Bauzeitänderung

Als weitere Konstellation ist die sogenannte mittelbare Bauzeitänderung zu betrachten. Diese kann durch eine Änderung des Leistungsumfangs und des Leistungsinhalts in Betracht kommen. Hierbei besteht jedoch nicht die Intention, die Bauzeit als solches, also einen der Parameter des Start- oder Endtermins zu verändern. Es wird eine Änderung der Leistung quantitativer oder qualitativer Art vorgenommen, so dass sich bei Beibehaltung des vorherigen Verhältnisses von Leistungsumfang und verfügbarer Zeiteinheit mittelbare Auswirkungen auf die Bauzeit ergeben. Wird trotz Erhöhung des Leistungsumfangs eine Einhaltung des ursprünglichen Fertigstellungstermins verlangt, tritt neben die inhaltliche Änderung, die bei gleichbleibendem Verhältnis von Leistung und Zeiteinheit zu einer Verlängerung führen würde, eine Bauzeitverkürzung. In diesem Kontext sind auch die Konstellationen zu betrachten, in denen dem Auftragnehmer innerhalb der vertraglichen Ausführungszeit Pufferzeiten zur Verfügung stehen. Hier stellt sich die Frage, wer über diese Zeiten verfügen kann und ob bei einer mittelbaren Anpassung der Bauzeit nur der tatsächliche Ausführungszeitraum entsprechend der Mehrleistung verlängert wird oder ob weitere zeitlichen Anpassungen berücksichtigt werden können.

3. Fazit

Bauzeitliche Veränderungen könnten durch Verschiebungen des vereinbarten Start- und Endtermins herbeigeführt werden. Durch Veränderungen dieser Parameter könnten sich – auch in unterschiedlichen Kombinationen – Veränderungen in Form der Bauzeitverlängerung, der Bauzeitverkürzung, der Bauzeitvorverlegung und der Bauzeitverschiebung nach hinten ableiten.

Durch eine Veränderung des Leistungsumfangs können sich ebenfalls Auswirkungen auf die Bauzeit ergeben.

II. Rechtslage vor Einführung des Bauvertrags als eigenen Vertragstypus

Um die aktuelle Diskussion um den Umfang des gesetzlichen Anordnungsrechts des nunmehr eingeführten „Bauvertrags" einordnen zu können, soll vorab die bis zum 31.12.2017 geltende Rechtslage und der diesbezügliche Diskussionsstand betrachtet werden.

Ein ausdrückliches gesetzliches Anordnungsrecht war bis zum 31.12.2017 für den Werkvertrag nicht vorgesehen. Jedoch wurde ein bauzeitliches Leistungsbestimmungsrecht zum Teil aus dem Wesen des Bau- bzw. des Werkvertrags hergeleitet (B., II., 1.). Zum Teil wurde ein Anordnungsrecht im Wege der Vertragsauslegung ermittelt (B., II., 2.) oder es wurde aufgrund einer (entsprechenden) Anwendung des § 315 BGB für möglich erachtet (B., II., 3.). Auch wurde zumindest ein Anspruch auf Vertragsanpassung aus § 242 BGB bzw. der Kooperationspflicht (B., II., 4.) gefolgert.

1. Leistungsbestimmungsrecht aus dem Wesen des Bauvertrags

Zum Teil wurde ein einseitiges Änderungsrecht direkt aus der Natur des Bauvertrags bzw. dem Wesen des Werkvertrags[7] hergeleitet.

Der Ansatz von Matz stellt darauf ab, dass die einzelnen Leistungspflichten beim Werkvertrag sich erst nach und nach konkretisieren. Es könne vom Einräumen eines Stammrechts des Bestellers gesprochen werden. Die eigentlichen Leistungspflichten entstünden aus diesem Stammrecht erst durch einen konkretisierenden Gestaltungsakt des Bestellers.[8] Der Vertrag regele, welche Parameter vom Besteller bestimmt werden können. Dieser stecke ein bestimmtes vom Unternehmer angebotenes Tätigkeitsspektrum als verbindliches Leistungsspektrum ab.[9]

Beim Werkvertrag sei zwischen dem Amortisierungsinteresse und dem Beschaffungsinteresse zu differenzieren.[10] Aus dem Beschaffungsinteresse folge die Möglichkeit, innerhalb des durch den Vertrag bestimmten Leistungsspektrums bzw. Leistungsrahmens die Leistungen des Unternehmers bestimmen zu können.[11] Unter diese Anordnungen falle auch die Möglichkeit zeitlicher Anordnung als Modalitäten der Bauleistung.[12] Ausschlaggebend ist bei diesem Ansatz die Frage, ob die Bauzeit im konkreten Fall als Modalität der Leistung, ohne dass ein Fixgeschäft vereinbart wurde, ein Identitätsmerkmal der vertraglich geschuldeten Leistung darstelle und die Leistungszeit dadurch zum Beschaffungsinteresse zu zählen sei, für das ein einseitiges Bestimmungsrecht zuzulassen sei.[13] Mit Beschaffungsinteresse ist dabei das Interesse gemeint, durch die Leistung in die Lage versetzt zu werden, die Leistung der subjektiven Idee entsprechend zu verwenden.[14]

---

7 Matz, Die Konkretisierung des Werks durch den Besteller.
8 Matz, Die Konkretisierung des Werks durch den Besteller, S. 223 f.
9 Matz, Die Konkretisierung des Werks durch den Besteller, S. 223 f.
10 Matz, Die Konkretisierung des Werks durch den Besteller, S. 123 f.
11 Vgl. Matz, Die Konkretisierung des Werks durch den Besteller, S. 145 f.
12 Matz, Die Konkretisierung des Werks durch den Besteller, S. 210 ff.
13 Matz, Die Konkretisierung des Werks durch den Besteller, S. 212.
14 Matz, Die Konkretisierung des Werks durch den Besteller, S. 124 f.

Dieser Ansatz versucht die subjektive Interessenlage des Bestellers im Rahmen eines Werkvertrags „objektiv“ zu betrachten und dieser gerecht zu werden. Dies stellt die Anforderung an den Unternehmer, nicht nur die konkreten Leistungspflichten nebst dem übergeordneten „funktionalen Werkerfolg“ zu erfüllen, sondern darüber hinaus auch subjektive Komponenten des Bestellers berücksichtigen zu müssen.

Es bleibt unscharf, wie in weniger eindeutigen Fällen als beispielsweise in den von Matz vergleichend dargestellten Fällen des Klavierkonzerts, bei dem der Pianist einmal seine Verfügbarkeit nur an einem Abend zusagt und das andere Mal für mehrere Auftritte in einem Festival gebucht wird,[15] eine Abgrenzung erfolgen soll. Abgegrenzt werden müsste, welche Aspekte zu berücksichtigen sind und wie bedeutend diese sein müssten, um zum Beschaffungsinteresse des Bestellers gezählt werden zu können.

Weiterhin stellt sich die Frage, ob der Unternehmer auch seine subjektiven Komponenten in ähnlicher Form darstellen könnte, um gewisse Leistungsänderungen wiederum auszuschließen. Es stellt sich die Frage, ob ein im Sinne moderner Standardisierungsverfahren tätiger Handwerker, der seinen Betrieb z.B. aus Effizienzgründen nur auf bestimmte Arbeiten aus dem Leistungsspektrum eines spezifischen Fachunternehmens ausrichtet, im Vorfeld die Einschränkung auf seinen Spezialisierungsschwerpunkt kommunizieren müsste, auch wenn die vertraglich vorgesehene Leistung genau in seinen Spezialbereich fällt. Es müssten im Vorfeld alle Erwartungen des Bestellers und alle etwaigen Vorbehalte bezüglich Leistungs- und Termineinschränkungen des Unternehmers kommuniziert werden. Anderenfalls könnte der Unternehmer gezwungen sein, auch spezialisierungsfremde Arbeiten auszuführen. Ein solches Leistungsänderungsrecht anzunehmen, ohne dass eine explizite Anknüpfungsgrundlage hierfür existierte, wie sie nunmehr für den Bauvertrag vorgesehen ist, erscheint zu weitgehend. Besteht hingegen ein solches Recht wie es mit § 650 b Abs. 2 BGB für den Bauvertrag eingeführt wurde, dann hat der Unternehmer dieses Risiko mit Vertragsschluss bewusst übernommen.

Der Grundsatz, dass Verträge einzuhalten sind, gilt im Werkvertragsrecht nicht weniger als bei anderen Verträgen.[16] Der Vertragsgegenstand kann ohne bestehendes Anpassungsrecht vom Besteller nicht beliebig einseitig verändert

---

15 Matz, Die Konkretisierung des Werks durch den Besteller, S. 211.

16 Ganten, Festschrift zum 70. Geburtstag von Professor Rudolf Jochem, Architektenrecht aktuell 2014, S. 203, 206.

werden.[17] Zur Vertragsanpassung bedarf es (gesetzlicher oder) vertraglich vorzusehender Regelungen, andernfalls könnte der Unternehmer die gewünschte Leistungsänderung ablehnen.[18] Der Unternehmer könnte jedoch aus der gegenseitigen Förderungspflicht auf Basis der vertraglichen Vertrauensbasis zu Verhandlungen über eine Vertragsanpassung verpflichtet sein, die jedoch nicht nur an der (abstrakten) Leistungsfähigkeit des Unternehmers, sondern auch im Rahmen einer Zumutbarkeitsabwägung zu bewerten ist.[19]

Gerade im Rahmen eines komplexen Bauvertrags, bei dem eine Vielzahl von Vertragswerken und Subunternehmerketten ineinandergreifen, erscheint eine Differenzierung nach subjektiven Erwartungen, wie der individuellen Bedeutung der Leistung für den Besteller, nicht praktikabel. Für einen Generalunternehmer würde dies bedeuten, diese Erkenntnisse auch an seine Subunternehmer weitergeben zu müssen, damit er im Verhältnis zu diesen auch entsprechende Änderungsrechte generieren kann. Auch dürfte es zu einem extremen Aufwand für die gerichtliche ex-post-Betrachtung führen, wenn aus verschiedenen Einzelaspekten im Nachgang gefolgert werden müsste, welche Bestandteile der subjektiven Interessenlage in welcher Form zurzeit des Vertragsschlusses kommuniziert wurden und ob sie für den Unternehmer auch von ihrer Bedeutung her erkennbar gewesen sind.

Im Ergebnis konnte aus den dargestellten Gründen einem derartig weitreichenden im Vertrag angelegten Leistungsbestimmungsrecht bereits vor Einführung des § 650 b BGB nicht gefolgt werden. Nach Einführung des gesetzlichen Bauvertragsrechts spricht ergänzend gegen ein entsprechendes Verständnis, dass es der gesetzlichen Regelung zum Anordnungsrecht im Werkvertrag nicht bedurft hätte, wenn bereits ein entsprechendes Recht bestanden hätte. Nach der Gesetzesbegründung des neuen Bauvertragsrechts sollte es sich hierbei auch nicht nur um die Festlegung von Verfahrensregelungen, sondern um die konstitutive Schaffung eines bisher nicht bestehenden Anordnungsrechts handeln.[20]

---

17 Ganten, Festschrift zum 70. Geburtstag von Professor Rudolf Jochem, Architektenrecht aktuell 2014, S. 203, 206.

18 Ganten, Festschrift zum 70. Geburtstag von Professor Rudolf Jochem, Architektenrecht aktuell 2014, S. 203, 206.

19 Vgl. Ganten, Festschrift zum 70. Geburtstag von Professor Rudolf Jochem, Architektenrecht aktuell 2014, S. 203, 209.

20 BT-Drs. 18/8486, S. 53.

2. Ergänzende Vertragsauslegung

Zum Teil wird die ergänzende Vertragsauslegung als mögliches Instrument eines Anordnungsrechts bemüht.[21]

Für die Fälle, bei denen sich mit dem konkreten Leistungsinhalt der Leistungsbeschreibung der werkvertragliche Erfolg nicht erreichen lässt, erscheint diese Lösung für die Zeit vor Einführung des § 650 b Abs. 2 BGB i. V. m. § 650 b Abs. 1 S. 1 Nr. 2 BGB sachgerecht. Lässt sich mit den Planungsvorgaben bzw. der vorgegebenen Leistungsbeschreibung der werkvertragliche Erfolg nicht herstellen, muss der Konflikt zwischen dem sogenannten Leistungssoll[22] bzw. Bausoll[23], also der vereinbarten Leistung, die mit der vereinbarten Vergütung abgegolten ist,[24] und der funktionalen Werkerfolgspflicht durch Anpassung in die eine (Vergütung) oder andere Richtung (Werkerfolg) gelöst werden.[25] Bis zur Einführung des neuen Bauvertragsrechts sah das Gesetz kein explizites Anordnungsrecht im BGB vor. Dogmatisch betrachtet, musste der Unternehmer seine Bedenken anzeigen, dass der werkvertragliche Erfolg mit den Vorgaben nicht erreichbar ist. Um die daraus resultierende Behinderung des Unternehmers aufzulösen, musste der Besteller eine Bestimmung vornehmen, wie den Bedenken Rechnung zu tragen ist. Es wurde somit im Wege ergänzender Vertragsauslegung angenommen, dass dem Besteller insoweit ein Leistungsbestimmungsrecht zustehe, das durch die Notwendigkeit, den Vertrag anpassen zu müssen, und die Möglichkeit des Unternehmers, die Anpassung ausführen zu können, begrenzt werde.[26]

Von dieser Argumentation werden aber nicht die Fälle erfasst, bei denen keine Notwendigkeit einer Anpassung zur Werkerfolgserreichung besteht.[27] In diesen Fällen mag es im Einzelfall Ansätze geben, aus denen im Wege einer ergänzenden

21 Kniffka in: Kniffka/Koeble/Jurgeleit/Sacher, Kompendium des Baurechts, Teil 4, Rn. 219 ff.

22 Kniffka in: Kniffka/Koeble/Jurgeleit/Sacher, Kompendium des Baurechts, Teil 4, Rn. 105.

23 Kapellmann in: Kapellmann/Messerschmidt, VOB/B, § 2 Rn. 31 ff.

24 Kapellmann in: Kapellmann/Messerschmidt, VOB/B, § 2 Rn. 31 ff.; Kniffka in: Kniffka/Koeble/Jurgeleit/Sacher, Kompendium des Baurechts, Teil 4, Rn. 105.

25 Vgl. Kapellmann in: Kapellmann/Messerschmidt, VOB/B, § 2 Rn. 35; Kniffka in: Kniffka/Koeble/Jurgeleit/Sacher, Kompendium des Baurechts, Teil 4, Rn. 105.

26 Kniffka in: Kniffka/Koeble/Jurgeleit/Sacher, Kompendium des Baurechts, Teil 4, Rn. 219; von Rintelen in: Kapellmann/Messerschmidt, VOB/B, § 1 Rn. 56.

27 Kniffka in: Kniffka/Koeble/Jurgeleit/Sacher, Kompendium des Baurechts, Teil 4, Rn. 222.

Vertragsauslegung gefolgert werden kann, dass Anpassungen der vertraglichen Inhalte möglich sein sollten, auch wenn diese nicht explizit vereinbart wurde.

Ein losgelöst von entsprechenden Umständen generell bestehendes Anpassungsrecht bezogen auf den Vertragsinhalt und insbesondere die Bauzeit kann auf diesem Wege jedoch nicht hergeleitet werden.

3. Leistungsbestimmungsrecht gemäß § 315 BGB

Zum Teil wurde aus § 315 BGB, zumindest in analoger Anwendung,[28] ein Leistungsbestimmungsrecht zur Bauzeit hergeleitet.

Hiergegen spricht, dass § 315 BGB gerade voraussetzt, dass die Parteien einen Vertrag geschlossen und die Bestimmung der Leistung einer Partei anheimgestellt haben.[29] § 315 BGB setzt somit das Leistungsbestimmungsrecht voraus und begründet es nicht. Eine analoge Anwendung kann das Wesen der Regelung nicht dahingehend ändern, ein Recht zu begründen, welches es in direkter Anwendung voraussetzt. Damit würde nicht nur der Anwendungsbereich auf einen vergleichbaren Fall übertragen, sondern die Rechtsnatur der gesetzlichen Regelung verändert.

Auch inhaltlich greift die Begründung, die für ein Leistungsbestimmungsrecht nach § 315 BGB (analog) angebracht wird, zu kurz. Im Wesentlichen wird darauf abgestellt, dass als Ausgleich für das Anordnungsrecht auch ein Vergütungsanspruch bestehe.[30] Diese Argumentation widerspricht dem grundsätzlich bestehenden Konsensprinzip,[31] da sowohl die ursprüngliche Leistungspflicht als auch die Gegenleistungspflicht keinen Bestand mehr hätten. Auch bliebe das Dispositionsrecht des Unternehmers gänzlich unberücksichtigt.

Ein Leistungsbestimmungsrecht ist aus § 315 BGB auch in analoger Anwendung somit nicht zu folgern.

4. Treu und Glauben und Kooperationspflicht

Im Folgenden wird geprüft, ob ein entsprechendes Leistungsbestimmungsrecht aus § 242 BGB folgen kann.

---

28 Vgl. Peters, NZBau 2012, 615, 619.

29 MüKoBGB/Würdinger, BGB, § 315 Rn. 13; Staudinger/Rieble, BGB, § 315 Rn. 277.

30 Vgl. Peters, NZBau 2012, 615, 618 ff.

31 Kniffka in: Kniffka/Koeble/Jurgeleit/Sacher, Kompendium des Baurechts, Teil 4, Rn. 222.

a) Kooperationspflicht

Den Bauvertragsparteien obliegt eine für den BGB-Vertrag aus § 242 BGB, beim VOB/B-Vertrag ergänzend aus den in den VOB/B-Regelungen enthaltenen Kooperationsregeln, abgeleitete Kooperationspflicht.[32] Weil es sich bei dem Bauvertrag um einen komplexen Langzeitvertrag handelt, sind die Parteien zu einer besonderen Kooperation verpflichtet.[33] Die interessengerechte Abwicklung eines Bauvertrags erfordert Verhaltensmaßregeln beider Bauvertragsparteien, die über den Regelungsgehalt der gesetzlichen Bestimmungen hinausgehen.[34] Bei der Kooperationspflicht handelt es sich nicht um eine bestimmte einzelne Pflicht, sondern um ein die vertraglich bestehenden Haupt- und Nebenpflichten umspannendes Prinzip, aus dem sich konkrete vertragliche Nebenpflichten oder Obliegenheiten ergeben können.[35]

Für Anpassungsmöglichkeiten bezüglich vertraglicher Inhalte wie z.B. der Bauzeit bedeutet dies, dass sich beide Parteien im Fall eines (bauzeitlichen) Anpassungsbedarfs darum bemühen müssen, den Vertrag so zu Ende zu bringen, dass trotz der sich aus der Dauer oder der Komplexität des Bauvertrags ergebenden Anpassungsbedarfe eine Fortführung im beiderseitigen Einvernehmen möglich ist.[36] Der Bauvertrag stellt aufgrund der Dauer und Komplexität erhöhte Anforderungen an das Zusammenwirken der Parteien zum Zwecke der Durchführbarkeit des Vertrags, insbesondere an die gegenseitigen Informations-, Mitwirkungs- und Verhandlungspflichten.[37] Hieraus folgt die Pflicht, über bauzeitliche Änderungsbedarfe ernsthaft zu verhandeln.[38] Die Verletzung der aus der Kooperationspflicht folgenden Verhandlungspflicht kann zur Auflösung des Vertrags berechtigen.[39]

---

32 BGH NJW 1996, 2158 f.; von Rintelen in: Messerschmidt/Voit, Privates Baurecht, II. Teil, § 631, Rn. 114; MüKoBGB/Bachmann, BGB, § 241, Rn. 93.

33 BGH NJW 1996, 2158 f.; von Rintelen in: Messerschmidt/Voit, Privates Baurecht, II. Teil, § 631, Rn. 114; MüKoBGB/Bachmann, BGB, § 241, Rn. 93.

34 BGH NJW 1996, 2158, 2159 f.

35 Von Rintelen in: Messerschmidt/Voit, Privates Baurecht, II. Teil, § 631, Rn. 114.

36 BGH NJW 2000, 807, 808.

37 BGH NJW 1996, 2158 f.; von Rintelen in: Messerschmidt/Voit, Privates Baurecht, II. Teil, § 631, Rn. 114.

38 BGH NJW 2000, 807, 808.; von Rintelen in: Messerschmidt/Voit, Privates Baurecht, II. Teil, § 631, Rn. 121 ff.

39 Von Rintelen in: Messerschmidt/Voit, Privates Baurecht, II. Teil, § 631, Rn. 125.

b) Kein Recht zur Anordnung

Fraglich ist aber, ob aus der Kooperationspflicht auch ein einseitiges Leistungsbestimmungsrecht folgt. Der BGH hat in einer Entscheidung zu einem Vertrag, in den die VOB/B einbezogen war, ausgeführt, dass sich das in § 1 Nr. 4 S. 1 VOB/B geregelte Gestaltungsrecht im Einzelfall im BGB-Vertrag aus Treu und Glauben als Vertragspflicht ergeben kann.[40] Der BGH lässt jedoch offen, woraus sich diese Vertragspflicht dogmatisch begründet.[41]

Denkbar erscheint es, dass ein Leistungsbestimmungsrecht in den bereits dargestellten Fällen, bei denen die Leistung zur Erzielung des Werkerfolgs erforderlich ist, der Werkerfolg also ohne die Leistung nicht realisierbar wäre, anzunehmen ist.[42] In diesen Fällen erfolgt die Anordnung aber um die werkvertragliche Erfolgspflicht zu erreichen. Bezogen auf die Leistungspflicht zur Erreichung des Werkerfolgs liegt somit keine Änderung vor.

Im Falle einer Leistungsänderung, die nicht zur Erreichung des werkvertraglichen Erfolgs erforderlich ist, besteht hingegen keine Leistungspflicht deren Erfüllung durch die Anordnung erst eröffnet würde. Es würde durch die Anordnung die Leistungspflicht einseitig geändert. Ein solch weitreichendes einseitiges Änderungsrecht folgt aus § 242 BGB nicht. Hierbei ist zu berücksichtigen, dass es bei der Frage, ob ein Anordnungsrecht besteht, um die Unterscheidung zwischen einem einseitigen Leistungsbestimmungsrecht auf der einen und einer Pflicht zur ernsthaften Verhandlung über das Änderungsbegehren auf der anderen Seite geht. Aus § 242 BGB folgt die Pflicht, über Änderungsbegehren des Bestellers ernsthaft zu verhandeln. Ein darüberhinausgehendes Anordnungsrecht kann aus § 242 BGB hingegen nicht abgeleitet werden, da dies der grundsätzlich im BGB verankerten Privatautonomie entgegensteht. Auch würde die im Rahmen von § 242 BGB angelegte Interessenabwägung bei Annahme eines Leistungsbestimmungsrechts bereits zu Gunsten des Bestellers vorweggenommen, da im ersten Schritt von einem Anordnungsrecht ausgegangen würde. Bezogen auf den Unterschied zwischen dem Anordnungsrecht auf der einen und der Pflicht zum ernsthaften Verhandeln auf der anderen Seite erscheint es sachgerecht, dem Anpassungsinteressenten die dem Prinzip der Privatautonomie entsprechende Pflicht aufzuerlegen, sein Begehren im Verhandlungswege durchsetzen zu müssen.

---

40 BGH NJW 1996, 1346, 1347.

41 BGH NJW 1996, 1346, 1347; Voit in: Messerschmidt/Voit, Privates Baurecht, I. Teil, H., Rn. 58.

42 S.o. B, II. 2.

Die Kooperationspflicht ist daher bezogen auf die bis zum 31.12.2017 geschlossenen Bauverträge nicht so weit auszudehnen, dass aus dieser bereits eine Verpflichtung zur Ausführung und nicht nur zur ernsthaften Verhandlung hierüber gefolgert wird.[43] Soweit vertreten wird, dass unter dem Gesichtspunkt der bauvertraglichen Kooperationspflichten sich in seltenen Einzelfällen die Verpflichtung des Unternehmers ergeben könnte, Maßnahmen zu ergreifen, um das Bauwerk früher fertig zu stellen, als dies nach dem Vertrag geschuldet wäre,[44] wird oftmals nicht genau zwischen der unmittelbaren Pflicht zur Ausführung nach den gewünschten neuen Zeiten und der Frage unterschieden, ob die Parteien in Verhandlungen einsteigen müssen, um eine entsprechende Vertragsänderung herbeizuführen. Auch bleibt in Teilen die dogmatische Begründung für ein Anordnungsrecht offen. So soll im Ausnahmefall eine Verpflichtung zur Beschleunigung von Leistungen einzelner Gewerke im Rahmen einer komplexen Baumaßnahme bestehen, wenn die Nachteile des Bestellers im Einzelfall unverhältnismäßig höher sind, als die Beeinträchtigungen, die der Unternehmer erleidet.[45] Gleiches soll gelten, wenn die ursprünglichen Ausführungsfristen gemäß § 6 Abs. 2 VOB/B verlängert werden und durch die Verzögerung der Nutzungszweck des Bestellers vereitelt würde.[46] Woraus in diesen Fällen dogmatisch eine weitergehende Pflicht als die Pflicht zum ernsthaften Verhandeln gefolgert wird, bleibt offen. Die Vergütungsfolge für derartige Anordnungen soll vor Ausführung getroffen werden und soll – wenn keine explizite Vereinbarung erfolgt – aus § 2 Abs. 5 VOB/B folgen, da es sich um „andere Anordnungen" im Sinne von § 2 Abs. 5 VOB/B handele.[47] Damit wird zwar einerseits dem Anordnungsrecht gegenüber der ernsthaften Verhandlungspflicht im Einzelfall der Vorrang eingeräumt, aber hinsichtlich der Vergütung dennoch eine Einigung im Verhandlungswege angeraten. Auch der Rückgriff auf § 2 Abs. 5 VOB/B im Falle der Nichteinigung über die Vergütung überzeugt inhaltlich nicht. In der VOB/B müsste demnach eine Vergütungsregelung getroffen worden sein, die sich auf ein nur im Ausnahmefall bestehendes, inhaltlich zur Verhandlungspflicht nicht abgegrenztes Anordnungsrecht aus § 242 BGB stützt. Zumindest

---

43 Vgl. von Rintelen in: Kapellmann/Messerschmidt, Privates Baurecht, VOB/B, § 1 Rn. 56.

44 Vgl. Althaus in: Ganten/Jansen/Voit, VOB/B, § 5 Abs. 1 Rn. 62.

45 Althaus in: Ganten/Jansen/Voit, VOB/B, § 5 Abs. 1 Rn. 63.

46 Althaus in: Ganten/Jansen/Voit, VOB/B, § 5 Abs. 1 Rn. 62.

47 Althaus in: Ganten/Jansen/Voit, VOB/B, § 5 Abs. 1 Rn. 64.

als Begründung dafür, dass im Einzelfall ein solches Anordnungsrecht bestehen soll, lässt sich § 2 Abs. 5 VOB/B nicht heranziehen.

Zum einen bestünde ein Zirkelschluss bei der Schlussfolgerung, die VOB/B sehe eine konkrete Regelung für den Vergütungsmodus für ein gesetzlich nicht klar geregeltes und nur im Einzelfall bestehendes Anordnungsrecht vor und deshalb sei von einem solchen Anordnungsrecht auszugehen.

Zum anderen könnten im Rahmen ernsthafter Verhandlungen über die zeitliche Anpassung die Vergütungsansprüche mitverhandelt werden, so dass es dann keiner expliziten Regelung bedürfte. Folgt der Unternehmer dem Änderungsbegehren nicht und verhandelt hierüber auch nicht, kann dies zu einem Kündigungsrecht führen.[48] Ein zwingender inhaltlicher Grund, in den genannten Konstellationen ein Anordnungsrecht zu begründen, ist somit nicht gegeben.

Letztlich ist es Sinn und Zweck des Kooperationsgedankens, dass über die beidseitigen Interessen eine Verständigung erzielt werden soll. Würde über die Kooperationspflicht eine unmittelbare Ausführungs- und nicht nur eine Verhandlungspflicht begründet, bauzeitlichen Änderungswünschen nachzukommen, bliebe die Vergütung als Gegenleistungspflicht unberücksichtigt. Diesbezüglich würde der Unternehmer auf die gesetzlichen oder vertraglichen Regelungen verwiesen. Die Verhandlungspflicht als Teil der Kooperationspflicht führt dazu, dass ein ernsthaftes Verhandeln erforderlich ist, bei der keine Schlechterstellung durch Nichtberücksichtigung der Vergütung erfolgen soll. Es ist sowohl einem schutzwürdigen Anpassungsbedürfnis des Bestellers als auch der Zumutbarkeitsgrenze des Unternehmers im Rahmen der Anforderungen an die Verhandlungspflicht Rechnung zu tragen.[49] Das Leistungsverweigerungsrecht und die Kündigung stellen insoweit ein wirkungsvolles aber auch einschneidendes Sanktionspotential dar.[50]

Im Ergebnis liefe es auf eine unzulässige Analogie zu den Regelungen der VOB/B hinaus, wenn aus § 242 BGB ein Gestaltungsrecht entsprechend § 1 Abs. 3 und § 1 Abs. 4 VOB/B abgeleitet würde.[51]

---

48 Vgl. von Rintelen in: Messerschmidt/Voit, Privates Baurecht, II. Teil, § 631, Rn. 125.

49 Voit in: Messerschmidt/Voit, Privates Baurecht, I. Teil, H., Rn. 60.

50 Fuchs, Kooperationspflichten, S. 378.

51 Voit in: Messerschmidt/Voit, Privates Baurecht, I. Teil, H., Rn. 59.

c) *Anspruch auf Verhandlung*

Fraglich ist weiter, ob aus der Kooperationspflicht ein einklagbarer Anspruch auf Zustimmung folgen kann oder nur die Pflicht, ernsthaft über den Anspruch zu verhandeln.

Entstehen während der Vertragsdurchführung Meinungsverschiedenheiten zwischen den Parteien eines Bauvertrags über die Notwendigkeit oder die Art und Weise einer Anpassung des Vertrags oder seiner Durchführung an geänderte Umstände, sind die Parteien grundsätzlich verpflichtet zu versuchen, durch Verhandlungen eine einvernehmliche Beilegung der Meinungsverschiedenheiten zu erreichen.[52] Hieraus folgt, dass es keine Pflicht zur Einigung gibt, aber auf beiden Seiten die Pflicht besteht, sich ernsthaft um eine Einigung zu bemühen.

Ernsthaftes Bemühen wiederum setzt voraus, dass keine sachfremden Aspekte in die Verhandlungen einbezogen werden. So kann beispielsweise die unberechtigte Einstellung der Arbeiten zur Durchsetzung eines Nachtrags als schwerwiegende Verletzung der baurechtlichen Kooperationspflicht einen wichtigen Grund zur Kündigung des Bauvertrags darstellen und Schadensersatzansprüche auslösen.[53] Auch können Vergütungsforderungen, die nicht aus der begehrten Änderung abgeleitet werden, als sachfremde Aspekte dem ernsthaften Bemühen entgegenstehen.

Aus der Weigerung, ernsthaft zu verhandeln, folgt nicht der Kontraktionszwang zu einem „redlichen“ Ergebnis. Vielmehr kann der Nichtabschluss einer Vertragsanpassung aufgrund einer gegen die Kooperationspflicht verstoßenden Weigerungshandlung zu einer außerordentlichen Kündigung berechtigen bzw. eine „erpresste“ Vergütungsvereinbarung möglicherweise noch angepasst werden. Ein einklagbarer Anspruch auf Abschluss einer Vereinbarung kann bei einer Weigerungshaltung nicht geltend gemacht werden.[54]

d) *Zwischenergebnis*

Im Ergebnis ist festzustellen, dass aus der Kooperationspflicht ein Anspruch auf ernsthaftes Verhandeln, nicht aber ein Anordnungsrecht gefolgert werden kann.

---

52 BGH ZfBR 2000, 170 f.; Fuchs, Kooperationspflichten, S. 378.

53 OLG Frankfurt NJW-RR 2011, 1655, 1656 f.

54 Vgl. Fuchs, Kooperationspflichten, S. 378.

5. Ergebnis

Ein bauzeitliches Leistungsbestimmungsrecht für den Werkvertrag sah das bis zum 31.12.2017 gültige Werkvertragsrecht nicht vor. Aus der Kooperationspflicht folgte lediglich die Pflicht, ernsthaft über Streitigkeiten oder Interessen einer Vertragspartei zu verhandeln.

III. Einführung eines Anordnungsrechts in das BGB

Zum 1.1.2018 ist das in § 650 b Abs. 2 BGB geregelte Anordnungsrecht des Bestellers im Bauvertrag in Kraft getreten. Es lautet:

> *„(2) Erzielen die Parteien binnen 30 Tagen nach Zugang des Änderungsbegehrens beim Unternehmer keine Einigung nach Absatz 1, kann der Besteller die Änderung in Textform anordnen. Der Unternehmer ist verpflichtet, der Anordnung des Bestellers nachzukommen, einer Anordnung nach Absatz 1 Satz 1 Nummer 1 jedoch nur, wenn ihm die Ausführung zumutbar ist. Absatz 1 Satz 3 gilt entsprechend."*

Vorgesehen ist somit ein zweistufiges Verfahren, nach dem erst das in § 650 b Abs. 1 S. 1 BGB vorgesehene Einigungsverfahren zu durchlaufen ist, bevor ein Anordnungsrecht möglich ist.

Damit ist in gewisser Weise ein Mittelweg zwischen der bisherigen Rechtslage im BGB, der Einigungsnotwendig, und der VOB/B, dem Anordnungsrecht, gewählt worden.[55]

Die auf den Bauvertrag anzuwendenden Regelungen des BGB sahen bisher ein grundsätzliches Festhalten an den einmal vereinbarten Vertragsinhalten vor. Es bedurfte einer Einigung zwischen den Parteien, um die Vertragsinhalte zu ändern. Den Besonderheiten des Bauvertrags wurde durch die Kooperationspflicht der Bauvertragsparteien Rechnung getragen.[56] Danach sind die Parteien verpflichtet an der Erreichung einer sachgerechten Einigung mitzuwirken. Für Änderungswünsche des Bestellers kann dies für den Unternehmer bedeuten, dass er sich den Verhandlungen über eine Einigung über die gewünschten Änderungen nicht grundlos verschließen darf. Eine Weigerung, an der Verständigung mitzuwirken, kann im Einzelfall ein Verhalten darstellen, das den Besteller zur Vertragsbeendigung berechtigen kann.[57]

---

55 Von Rintelen in: Kapellmann/Messerschmidt, VOB/B, § 1 Rn. 57.

56 S.o. B., II., 4.

57 S.o. B., II., 4.

Die VOB/B-Regelungen der § 1 Abs. 3 und § 1 Abs. 4 VOB/B sehen hingegen vor, dass ein Anordnungsrecht des Bestellers besteht und grundsätzlich keine Einigung über die Vergütung für die Wirksamkeit der Anordnung erforderlich ist, § 2 Abs. 5 S. 2 VOB/B und § 2 Abs. 6 Nr. 2 S. 2 VOB/B. Der sich im Falle einer Anordnung nach § 1 Abs. 3 VOB/B ergebende neue Preis soll zwar unter Berücksichtigung der Mehr- und Minderkosten vereinbart werden. Eine Einigung bzw. Vereinbarung über die Mehrvergütung nach § 2 Abs. 5 S. 2 VOB/B ist vor der Ausführung aber nicht erforderlich. Damit wird die Wirksamkeit der Anordnung durch die Nichteinigung über die Vergütung grundsätzlich nicht beeinträchtigt.[58] Etwas anderes solle nur dann gelten, wenn eine Vergütung von vorneherein bereits dem Grunde nach abgelehnt[59] oder ein detailliert anhand der Vertragspreise berechnetes Angebot pauschal zurückgewiesen werde.[60] Derartige Einschränkungen müssen jedoch aus allgemeinen Rechtsgrundsätzen hergeleitet werden. Aus der VOB/B-Regelung ergeben sich diese Einschränkungen nicht unmittelbar.

Ähnlich ist auch für die Anordnung zusätzlicher Leistungen gemäß § 1 Abs. 4 VOB/B ein Preisanpassungsmechanismus in § 2 Abs. 6 VOB/B vorgesehen. Zwar wird verlangt, dass der Vergütungsanspruch vor Ausführung angezeigt werden muss (§ 2 Abs. 6 Nr. 1 S. 2 VOB/B), die sich ergebende Vergütung ist aber nur „möglichst" vor Beginn der Ausführung zu vereinbaren (§ 2 Abs. 6 Nr. 2 S. 2 VOB/B). Da die Zusatzvergütung nach den Grundlagen der Vertragspreise bestimmt wird, besteht theoretisch auch kein wesentliches Streitpotential, über das eine Einigung herbeigeführt werden müsste. Der Besteller sagt, was er haben möchte. Die Preise passen sich nach den Kalkulationsgrundsätzen automatisch an. Es steht außer Frage, dass in der Praxis natürlich erhebliches Streitpotential darüber besteht, ob und in welcher Höhe die Vergütung anzupassen ist, da sowohl über den Umfang der zu ändernden Einzelleistungen, die in der Dispositionsbefugnis des Unternehmers liegen, soweit sie nicht explizit definiert wurden, als auch über die Frage der Herleitung der Vergütungsanpassung eine Vielzahl von Streitfragen entstehen können.

Mit der gesetzlichen Änderung in Form der Einführung des § 650 b BGB wird somit auf der einen Seite der gegenüber der Starrheit des BGB erhobenen Kritik begegnet, dass es an der Möglichkeit für den Bauherrn mangele, flexibel auf

58 BGH NJW 1968, 1234, 1235; BeckOK VOB/B/Kandel, VOB/B, § 2 Abs. 5 Rn. 102.

59 OLG Brandenburg NZBau 2010, 51; BeckOK VOB/B/Kandel, VOB/B, § 2 Abs. 5 Rn. 104.

60 BeckOK VOB/B/Kandel, VOB/B, § 2 Abs. 5 Rn. 107.

die sich im Laufe eines komplexen und langdauernden Bauverlaufs verändernden Anforderungen reagieren zu können.[61] Auf der anderen Seite wird die im Rahmen der VOB/B sehr weitreichende Befugnis des Bestellers eingeschränkt, Veränderungen einseitig durchsetzen zu können. Durch Einführung des vorgeschalteten Einigungsverfahrens und die expliziten Regelungen zur Zumutbarkeit wird dem Umstand Rechnung getragen, dass die Anordnungsrechte der VOB/B oftmals mit belastenden Eingriffen in die Betriebsplanung des Unternehmers verbunden sind. Auch führt die unmittelbare Ausführungspflicht des § 1 Abs. 3 VOB/B dazu, dass der Unternehmer oftmals Schwierigkeiten hatte, hinreichend dafür vorsorgen zu können, seine angepassten Vergütungsansprüche nach Ausführung nachvollziehbar darzulegen und durchzusetzen.[62]

Bei genauer Betrachtung des § 650 b BGB lässt sich erkennen, dass der Gesetzgeber die widerstreitende Interessenlage erkannt und versucht hat, diesen widerstreitenden Interessen gerecht zu werden. Diese Intention, einen Interessenausgleich zu schaffen, spiegelt sich zum einen innerhalb des § 650 b Abs. 1 BGB wider. Es wird sowohl zwischen den notwendigen Änderungen und sonstigen Änderungen des Werkerfolgs als auch danach unterschieden, wer die Planungsverantwortung trägt.

Zum anderen bringt auch die Reihenfolge der Regelungen die gesetzgeberische Intention zum Ausdruck: Erst wird das Einigungsverfahren geregelt (§ 650 b Abs. 1 BGB). Anschließend folgt das Anordnungsrecht des § 650 Abs. 2 BGB. Die Auswirkungen auf die Vergütung werden im nachfolgenden § 650 c BGB geregelt, wobei in Teilen auch bereits innerhalb des § 650 b BGB auf § 650 c BGB verwiesen wird. Hierdurch wird deutlich, dass der Einigung der Parteien vorrangige Bedeutung eingeräumt wird.

Es stellt sich die Frage, ob unter das Anordnungsrecht des § 650 b BGB auch Anpassungen hinsichtlich der Bauzeit fallen und somit aus § 650 b Abs. 2 BGB im Falle eines erfolglos durchgeführten Einigungsverfahrens die Möglichkeit folgt, Anordnungen zur Bauzeit treffen zu können. Hinsichtlich des Änderungsbegehrens sieht § 650 b Abs. 1 BGB vor, dass die Änderungsbegehren des Bestellers auf zwei verschiedene Zielrichtungen ausgerichtet sein können. Es wird zwischen dem Begehren nach der Änderung des vereinbarten Werkerfolgs (§ 631 Abs. 2 BGB) gemäß § 650 b Abs. 1 S. 1 Nr. 1 BGB und dem Begehren nach einer Änderung, die zur Erreichung des vereinbarten Werkerfolgs gemäß § 650 b Abs. 1 S. 1 Nr. 2 BGB notwendig ist, unterschieden. Damit erfolgt eine

61 BT-Drs. 18/8486, S. 53.

62 Vgl. BT-Drs. 18/8486, S. 53 ff.

Differenzierung, die – anders als die Differenzierung in § 1 Abs. 3 VOB/B und § 1 Abs. 4 VOB/B zwischen geänderten und zusätzlichen Leistungen – auf die Frage abstellt, ob die Änderung zur Erreichung des Werkerfolgs notwendig ist.

IV. Diskussionsstand nach Einführung des Bauvertrags in das BGB

Da vor Einführung der Regelungen zum Bauvertrag zum 1.1.2018 ein gesetzliches Anordnungsrecht überwiegend abgelehnt wurde, bestanden zunehmende Bestrebungen, ein solches aus den Regelungen der VOB/B zu folgern.[63] Die diesbezügliche Diskussion konzentrierte sich im Wesentlichen auf das Anordnungsrecht gemäß § 1 Abs. 3 VOB/B und entwickelte sich bis zur Einführung des Bauvertrags in das BGB dahingehend, dass zum Teil die Befürworter und zum Teil die Gegner als „herrschende Meinung" zu dieser Thematik bezeichnet wurden.[64] So sehr sich die jeweiligen Sichtweisen in der grundlegenden Beurteilung unterschieden, ob ein bauzeitliches Anordnungsrecht aus den Regelungen der VOB/B folge[65] oder nicht[66], so sahen die jeweiligen Sichtweisen durchaus die Schwierigkeit, dass ein völliger Ausschluss bzw. eine völlige Gewährung dieses Rechts zu Unbilligkeiten im Einzelfall führten.

So wollten die Vertreter, die ein Anordnungsrecht grundsätzlich befürworteten, dieses für besonders belastende bauzeitliche Anordnungen, insbesondere für Fälle der Beschleunigung, in Teilen wieder einschränken. Andersherum wollten Teile der Gegenansicht insbesondere die Fälle der bauzeitlichen Verschiebung im Einzelfall für möglich erachten. Zum Teil wurde bereits bei der Frage, ob ein Anordnungsrecht bestehe, eine differenzierte Betrachtung nach der Art der bauzeitlichen Anordnungen vorgenommen. Ob die Regelungen der VOB/B ein bauzeitliches Änderungsrecht beinhalten, wird unter (C.) noch näher betrachtet. An dieser Stelle soll lediglich der Diskussionsstand skizziert werden, auf den die

---

63 Vgl. von Rintelen in: Kapellmann/Messerschmidt, VOB/B, § 1 Rn. 68 ff.

64 Kniffka/Retzlaff, BauR 2017, 1747, 1789 für die Befürworter; von Rintelen in: Kapellmann/Messerschmidt, VOB/B, § 1 Rn. 68 für die Gegner.

65 So u. a. Zanner/Keller NZBau 2004, 353, 354 ff.; Kniffka noch in: Kniffka/Koeble, Kompendium des Baurechts, 3. Auflage, Teil 5, Rn. 83; Jansen in: Ganten/Jansen/Voit, VOB/B, § 1 Abs. 3, Rn. 35; Keldungs in: Ingenstau/Korbion/Leupertz/von Wietersheim, VOB/B, § 1 Abs. 3 Rn. 7.

66 So u. a. von Rintelen in: Kapellmann/Messerschmidt, VOB/B, § 1 Rn. 68; Voit in: Messerschmidt/Voit, Privates Baurecht, III. Teil, A., § 1 Rn. 6; Kimmich, BauR 2008, 263, 265; Thode, BauR 2008, 155, 159; Armbrüster/Bickert, NZBau 2006, 153, 159.

auf § 650 b Abs. 2 BGB bezogene Diskussion, ob ein bauzeitliches Anordnungsrecht erfasst sei, aufsetzt.

Auch zu § 650 b BGB werden unterschiedliche Sichtweisen vertreten, ob die Bauzeit von dem Anordnungsrecht des § 650 b Abs. 2 BGB erfasst wird.

1. Kein bauzeitliches Anordnungsrecht im Rahmen von § 650 b Abs. 2 BGB

Zum Teil wird vertreten, dass das aus § 650 b BGB folgende Anordnungsrecht nicht jegliche Vertragsänderung regeln solle. Änderungsanordnungen, die die Bauzeit oder die Art der Bauausführung betreffen, könne der Besteller nicht nach § 650 b BGB anordnen.[67] Bei Änderungen, die die Bauzeit und die Bauausführung betreffen, bleibe es beim Konsensualprinzip. Dies folge aus dem Wortlaut des Gesetzes[68] und aus dessen Entstehungsgeschichte.[69] Der Gesetzgeber habe ein bauzeitliches Änderungsrecht bewusst abgelehnt. Dies folge daraus, dass in dem der beschlossenen Gesetzesfassung vorausgegangenen Referentenentwurf Anordnungen zur Bauzeit und zur Bauausführung noch ausdrücklich erwähnt wurden, diese Regelung in den Regierungsentwurf, der die Basis der beschlossenen Gesetzesfassung darstellt, nicht übernommen worden seien.[70]

2. Bauzeitliches Anordnungsrecht gemäß § 650 b Abs. 2 BGB

Anfänglich wurde die Frage, ob Anordnungen zur Bauzeit auch unter die Anordnungsmöglichkeiten des § 650 b BGB zu fassen seien, in Teilen als „offen geblieben" bezeichnet.[71] Ob mittels § 650 b BGB auch bauzeitrelevante Anordnungen erteilt werden können, werde noch durch die Rechtsprechung zu klären sein.[72] Solange es nur um die Verschiebungen von Zeitfenstern gehe, wird es nicht als ausgeschlossen angesehen, dass diese unter § 650 b BGB zu fassen seien.[73]

67 BeckOGK BGB/Mundt, BGB, § 650 b Rn. 49; Maase, BauR 2017, 929, 941; Reiter, JA 2018, 161, 166; von Rintelen in: Messerschmidt/Voit, Privates Baurecht, II. Teil, BGB, § 650 b Rn. 17.

68 Leupertz/Halfmeier in: Prütting/Wegen/Weinreich, BGB, 15. Auflage, § 650 b Rn. 15.

69 BeckOGK BGB/Mundt, BGB, § 650 b Rn. 50.

70 Kniffka/von Rintelen, ibr-online-Kommentar Bauvertragsrecht, § 650 b Rn. 62 ff. und Rn. 197; Oberhauser, NZBau 2019, 3.

71 Vgl. Leupertz noch in: Prütting/Wegen/Weinreich, BGB, 12. Auflage, Anhang zu § 631-651 Rn. 7.

72 Kniffka/Retzlaff, ibr-online-Kommentar Bauvertragsrecht, § 642 Rn. 144.

73 Kniffka/Retzlaff, ibr-online-Kommentar Bauvertragsrecht, § 642 Rn. 144.

Dass die Einhaltung eines bestimmten Terminplans nicht zum werkvertraglich geschuldeten Erfolg gehöre, wird hingegen als Gegenargument angesehen, bauzeitliche Anordnungen unter § 650 b BGB zu fassen.[74]

Während die anfänglichen Befürwortungen somit überwiegend noch recht vorsichtig blieben, erstarkten im Folgenden die Stimmen, die auch bauzeitliche Änderungen von dem Anordnungsrecht des § 650 b Abs. 2 BGB als erfasst ansehen.[75]

Joussen sieht die zeitlichen Vorgaben als unmittelbar vom Werkerfolg erfasst und somit als Fall des § 650 b Abs. 1 S. 1 Nr. 1 BGB an.[76] Die Gesetzesmaterialien zum neuen Bauvertragsrecht belegten dies. Der Referentenentwurf habe die Bauzeitanordnungen unter besondere Anforderungen gestellt. Anordnungen zur Bauzeit sollten nur zulässig sein, wenn „schwerwiegende Gründe" vorlägen, die „bei der Abwägung der beiderseitigen Interessen die Interessen des Bestellers an der Anordnung deutlich überwiegen".[77] Dies passe systematisch nur dann, wenn die Bauzeit auch zu dem Anordnungsrecht zum Werkerfolg zähle. Die Streichung der besonderen Voraussetzungen müssten dann zu dem Schluss führen, dass eben nur die besonderen Voraussetzungen gestrichen werden sollten, nicht aber das grundsätzliche Verständnis geändert werde, dass die Bauzeit unter den Werkerfolg fiele.[78] Grundsätzlich sei auch die Beschleunigung als mögliche bauzeitliche Anordnung erfasst, wobei die Verzugshaftung die Frage der Zumutbarkeit in einem besonderen Maße beeinträchtigen könne.[79] Es könne sich daher anbieten, statt einer bauzeitlichen Anordnung eine Anordnung von zusätzlichen Leistungen (z.B. einen zweiten Kran) vorzunehmen, da insoweit keine Erfolgspflicht hinsichtlich der erhofften Beschleunigung bestehe und dies wiederum die Zumutbarkeitsfrage anders beurteilen ließe.[80]

Teilweise wird das bauzeitliche Anordnungsrecht auch als Fall der notwendigen Änderung zur Erreichung des Werkerfolgs angesehen.[81] Der Anwendungsbereich sei jedoch klein und käme nur in Betracht, wenn die vertragliche

---

74 Kniffka/Retzlaff, ibr-online-Kommentar Bauvertragsrecht, § 642 Rn. 144.
75 Joussen, BauR 2018, 151, 156 ff.; Abel/Schönfeld, BauR 2017, 2047, 2057.
76 Joussen, BauR 2018, 151, 156 ff.
77 Joussen, BauR 2018, 151, 156 ff.
78 Joussen, BauR 2018, 151, 156 ff.
79 Joussen, BauR 2018, 151, 159 ff.
80 Joussen, BauR 2018, 151, 159 ff.
81 Abel/Schönfeld, BauR 2017, 2047, 2057; Funke in: Nicklisch/Weick/ Jansen/Seibel, VOB/B, § 1 Rn. 114.

Ausführungszeit daran scheitere, dass es unmöglich sei, zu dieser Zeit eine behördliche Genehmigung zu erlangen.[82]

Zum Teil wird für die Veränderung von Zeitfenstern, nicht hingegen für die Beschleunigung vertreten, dass die Änderung des Bauablaufs durch den Besteller durchaus als notwendige Änderung im Sinne von Nr. 2 aufgefasst werden könne, weil dies vom Wortlaut erfasst werde.[83] In den meisten Fällen sei die Veränderung der Zeitfenster nämlich durchaus zur Erreichung des Werkerfolgs notwendig. Dies gelte jedenfalls dann, wenn zuvor wegen einer Störung oder des Verzugs eines Vorgewerks keine Baufreiheit bestanden habe.[84]

Zum Teil wird auch argumentiert, dass die Bauzeit deshalb erfasst sein könnte, weil Bauzeitänderungen überwiegend als Leistungsänderung im Sinne der VOB/B bewertet worden seien.[85]

Die Streichung im Regierungsentwurf spreche auch nicht gegen eine Erfassung der Bauzeit, da die Streichung ohne nähere Begründung geschah und es daher keinen Hinweis auf eine Richtungsentscheidung des Gesetzgebers gebe[86] und die Entscheidung der weiteren Entwicklung überlassen bliebe.[87]Auch der Fall der Beschleunigung könne eine gewillkürte Änderung gemäß Nr. 1 darstellen. Allerdings könnte die Zumutbarkeit einer solchen Anordnung im Einzelfall problematisch sein.[88]

3. Zwischenfazit

Die grundsätzliche Bewertung der Interessenlagen der Bauvertragsparteien hat sich durch die Einführung der gesetzlichen Regelungen nicht verändert. Inwieweit die eine oder andere Sichtweise auf Basis der gesetzlichen Änderung tragfähig ist, bedarf einer tiefergehenden Betrachtung. Anders als bisher bei § 1 Abs. 3 VOB/B muss der Schwerpunkt der Diskussion nicht im Rahmen einer vertraglichen (AGB)-Regelung, sondern anhand einer Auslegung der gesetzlichen Tatbestandsmerkmale erfolgen.

Zu untersuchen ist also, ob ein bauzeitliches Änderungsbegehren ein Änderungsbegehren hinsichtlich des vereinbarten Werkerfolgs gemäß § 650 b Abs. 1

82 Abel/Schönfeld, BauR 2017, 2047, 2057.
83 Kniffka/Retzlaff, BauR 2017, 1747, 1789.
84 Kniffka/Retzlaff, BauR 2017, 1747, 1789.
85 Kniffka/Retzlaff, BauR 2017, 1747, 1789.
86 Kniffka/Retzlaff, BauR 2017, 1747, 1789.
87 BeckOK BGB/Voit, BGB, § 650 b Rn. 9.
88 Kniffka/Retzlaff, BauR 2017, 1747, 1790.

S. 1 Nr. 1 BGB (B., V., 1.) oder eine Änderung, die zur Erreichung des Werkerfolgs notwendig ist, gemäß § 650 b Abs. 1 S. 1 Nr. 2 BGB (B., V., 2.) darstellen kann.

V. Bauzeitliche Anordnungen gemäß § 650 b Abs. 2 BGB

Bevor diese Untersuchung erfolgt, ist zunächst einzuordnen, wie das dem Besteller gewährte Recht „anordnen" zu qualifizieren ist. Bisher war dieser Begriff im gesetzlichen Werkvertragsrecht nicht vorgesehen. Er wird jedoch in der VOB/B verschiedentlich als Recht des Bestellers erwähnt. Zu § 1 Abs. 3 VOB/B und § 1 Abs. 4 VOB/B hat der BGH eine Qualifizierung vorgenommen und das Anordnungsrecht (§ 1 Abs. 3 VOB/B) bzw. das „Verlangen" (§ 1 Abs. 4 VOB/B) entgegen anderer Einordnungen als Verpflichtungsermächtigung oder Kontrahierungszwang[89] als rechtsgeschäftliche Willenserklärung qualifiziert, die die vertraglichen Pflichten des Unternehmers ändern.[90] Diese Einordnung als Gestaltungsrecht ist auch für das Anordnungsrecht des § 650 b Abs. 2 BGB anzunehmen.[91] Der Besteller wird ermächtigt, die Leistungsverpflichtung des Unternehmers durch einseitige Erklärung zu ändern oder zu erweitern. Anders als im Fall der Verhandlungspflicht aufgrund der Kooperationspflicht besteht nach erfolgter (zulässiger) Anordnung die Möglichkeit, die gemäß der Anordnung geänderte Leistung auch durchsetzen zu können.[92] Außerhalb eines bestehenden Anordnungsrechts bestünde im Falle des erfolglosen Verhandelns letztlich nur die Möglichkeit der Vertragsbeendigung durch Kündigung.[93]

Im Hinblick auf die Frage, ob ein bauzeitliches Anordnungsrecht besteht, stellt sich die Frage, ob und unter welches Änderungsbegehren des § 650 b Abs. 1 BGB eine begehrte Änderung zur Bauzeit gefasst werden könnte.

1. Änderung des vereinbarten Werkerfolgs

Zu untersuchen ist, ob bauzeitliche Änderungen unter Änderungen des Werkerfolgs gefasst werden können.

89 Vgl. Quack, ZfBR 2004, 107 ff.

90 BGH NJW-RR 1995, 80, 81.

91 Abel/Schönfeld, BauR 2018, 1, 7.

92 Kapellmann/Schiffers, Vergütung, Nachträge, Behinderungsfolgen beim Bauvertrag, Bd. 1, Rn. 783.

93 Keldungs in: Ingenstau/Korbion/Leupertz/von Wietersheim, VOB/B, § 1 Abs. 3 Rn. 7, 13.

§ 650 b Abs. 1 S. 1 Nr. 1 BGB lässt offen, was unter *„Änderung des vereinbarten Werkerfolgs"* zu verstehen ist und beschränkt sich auf einen Klammerzusatz (§ 631 Abs. 2 BGB). Es bedarf somit einer Auslegung des Begriffs „Werkerfolgs".

a) Wortlaut

Dem Begriff „Werkerfolg" lässt sich sprachlich in „Werk" und „Erfolg" trennen, so dass es zum einen um die Erstellung eines Werks geht und ein Erfolg eingetreten sein muss. Unter Erfolg wird nach dem allgemeinen Sprachgebrauch das „positive Ergebnis einer Bemühung" bzw. das „Eintreten einer beabsichtigten, erstrebten Wirkung" verstanden.[94]

Das positive Ergebnis einer Bemühung kann auch die Einhaltung eines vorgegebenen Zeitziels darstellen. Die bauzeitlichen Vertragstermine insbesondere zur Fertigstellung stellen Zeitziele dar, so dass Sie grundsätzlich vom Wortlaut des Begriffs „Erfolg" erfasst sein können.

Die explizite Bezugnahme auf § 631 Abs. 2 BGB durch den Klammerzusatz stellt im Hinblick auf den durch den Verweis ebenfalls betroffenen Wortlaut des § 631 Abs. 2 BGB keine weitergehende Einschränkung dar. Der Begriff „Werkerfolg" findet sich in § 631 BGB nicht gleichlautend wieder. Es wird in § 631 Abs. 2 BGB festgelegt, dass ein *„durch Arbeit oder Dienstleistung herbeizuführender Erfolg"* Gegenstand des Werkvertrags sein kann. Grundsätzlich stehen somit die nach dem allgemeinen Sprachgebrauch dem Wort „Erfolg" zugeordneten Bedeutungen auch in dieser Formulierung nicht der Annahme entgegen, dass das Erreichen einer zeitlichen Vorgabe erfasst sein kann.

Wird die weitere implizite Verweisung des § 631 Abs. 2 BGB auf § 631 Abs. 1 BGB mit einbezogen, so folgt auch daraus – bezogen auf den Wortlaut – keine Einschränkung. Aus § 631 Abs. 1 BGB folgt, dass der Unternehmer zur Herstellung des Werks und der Besteller zur Entrichtung der vereinbarten Vergütung verpflichtet sind. Damit wird das Synallagma von (Haupt-)leistung und Gegenleistung dargestellt. Ein aus dem Wortlaut zu folgernder Rückschluss darauf, dass die Bauzeit nicht zum Werkerfolg des § 650 b BGB zählt, folgt daraus nicht. Auch ist für das Fixgeschäft anerkannt, dass die zeitliche Komponente vom Synallagma erfasst wird und somit auch zum Werkerfolg zählt.[95] Damit können grundsätzlich auch zeitliche Komponenten einen Bestandteil des Erfolgs darstellen.

---

94 „Erfolg" auf Duden-online https://www.duden.de/node/41623/revision/41652.

95 Oberhauser, NZBau 2019, 3.

Der Wortlaut schließt somit nicht aus, dass unter die Änderungsbegehren von § 650 b Abs. 1 S. 1 Nr. 1 BGB auch Änderungsbegehren zur Bauzeit gefasst werden können, so dass das Anordnungsrecht des § 650 b Abs. 2 BGB zur Anwendung kommen könnte.

b) Systematische Betrachtung

Fraglich ist, ob aus der Gesetzessystematik ein Rückschluss auf den Inhalt gefolgert werden kann.

Systematisch betrachtet erfolgt durch den Klammerzusatz hinter dem Wort „Werkerfolg", eine konkrete inhaltliche Bezugnahme auf § 631 Abs. 2 BGB. Diese Bezugnahme ist jedoch nicht eindeutig, da § 631 Abs. 2 BGB nur festlegt, welche Pflicht Gegenstand des Werkvertrages sein kann und zwar ein *„durch Arbeit und Dienstleistung herbeizuführender Erfolg"*. § 631 Abs. 2 BGB legt somit – in Abgrenzung zum Dienstvertrag – fest, was überhaupt Gegenstand einer Vereinbarung sein muss, damit es sich um einen Werkvertrag handelt. Aus der positiven Formulierung kann der Rückschluss gezogen werden, dass kein Gegenstand eines Werkvertrags vorliegt, wenn kein herbeizuführender Erfolg geschuldet ist. Der Erfolg ist somit eine Voraussetzung des Vertragsgegenstands des Werkvertrags. Eine Definition des Erfolgs enthält § 631 Abs. 2 BGB hingegen nicht.

Ergänzend ist zu betrachten, dass § 650 b BGB den Begriff „Werkerfolg" enthält, exakt dieser Begriff in § 631 Abs. 2 BGB jedoch nicht verwendet wird. Dort wird lediglich der „Erfolg" als Gegenstand des Werkvertrags genannt.

Selbst wenn dies unbeachtet bliebe und mit „Werkerfolg" der Erfolg als Gegenstand des Werkvertrags angesehen würde, folgt aus § 631 Abs. 2 BGB im Sinne der systematischen Betrachtung lediglich, dass der Erfolg „durch Arbeit oder Dienstleistung" herbeizuführen sein soll. Dieser weite Umstand lässt umfangreiche Bezugspunkte für das Änderungsbegehren zu. Auch die Einhaltung der Bauzeit kann einen durch Arbeit oder Dienstleistung herbeizuführenden Erfolg darstellen. Dies ergibt sich bereits daraus, dass auch das Fixgeschäft im Bauvertrag grundsätzlich gegeben sein kann. Dies ist beispielsweise der Fall, wenn neben einer Hauptbaumaßnahme (z.B. Errichtung einer Schulkantine) auch die Errichtung eines Provisoriums (z.B. in Form eines zeitlich beschränkten Umbaus der Aula zur Essenseinnahmefläche) beauftragt wurde und das Provisorium erst zu einer Zeit fertig gestellt würde, zu der die Schulkantine bereits fertig gestellt ist und das Provisorium aufgrund der Fertigstellung der Kantine wieder zurückgebaut werden sollte. Hier wäre der Erfolg nicht mehr nachholbar. Die zeitliche Zielerreichung kann somit grundsätzlich einen Erfolg i.S.v. § 631 BGB darstellen, unabhängig davon, ob im konkreten Fall die zeitliche Komponente einen Erfolg im Sinne von § 631 BGB darstellt.

In der Folge ist daher näher zu betrachten, welche möglichen Bedeutungen der Verweisung hinsichtlich des Werkerfolgs auf § 631 Abs. 2 BGB beigemessen werden können. Im Rahmen der systematischen Betrachtung ist weiter der Zusammenhang zwischen § 631 Abs. 2 BGB und § 631 Abs. 1 BGB zu betrachten.

aa) Werkerfolg (§ 631 Abs. 2 BGB)

Hinsichtlich der Frage, wie der „Erfolg" in § 631 Abs. 2 BGB zu verstehen ist, ist näher zu betrachten, in welchen Fällen der Erfolg nicht eingetreten ist.

(1) Werkvertraglicher Erfolg

In einem ersten Schritt ist festzustellen, dass es weitestgehend anerkannt ist, dass in einem Werkvertrag neben dem Abarbeiten eines konkreten Leistungsverzeichnisses oder der sonstigen Baubeschreibungsmerkmale ein darüber hinausgehender Erfolg geschuldet ist, der sich danach bestimmt, welche Funktion das Werk nach dem Willen der Parteien erfüllen soll.[96] Solange dieser Erfolg nicht herbeigeführt ist, ist der Vertrag nicht erfüllt.[97] Wird ein Unternehmer umfassend mit Dachsanierungsarbeiten beauftragt, ist der werkvertragliche Erfolg nicht eingetreten, wenn durch das Dach Wasser eintritt, auch wenn die einzelnen Positionen eines Leistungsverzeichnisses abgearbeitet wurden. Dieser neben den Einzelleistungen geschuldete Erfolg kommt oft unter dem Aspekt „funktionaler Mangelbegriff" zum Tragen. Der Unternehmer darf sich nicht darauf beschränken, das Leistungsverzeichnis abzuarbeiten, wenn damit der Erfolg nicht erreicht wird.[98] Er muss alles tun, was erforderlich ist, um den vereinbarten Leistungserfolg herbeizuführen.[99] Andersherum ist das Werk auch nicht mangelfrei, wenn trotz Erreichung der Funktionstauglichkeit nicht die gewünschten Einzelmerkmale der Leistungsbeschreibung erfüllt werden. Auch wenn ein Dach

96 BGH NJW-RR 2000, 465, 466 f; BGH NJW 2008, 511, 512 ff.; Sass, NZBau 2013, 132; Moufang/Koos in: Messerschmidt/Voit, Privates Baurecht, II. Teil, BGB, § 633 Rn. 14 ff.; Kniffka/Jansen/von Rintelen, ibr-online-Kommentar Bauvertragsrecht, § 631, Rn. 234; Leupertz, BauR 2010, 273, 274.

97 Kniffka/Jansen/von Rintelen, ibr-online-Kommentar Bauvertragsrecht, § 631, Rn. 234; Leupertz, BauR 2019, 409, 410.

98 Kniffka/Jansen/von Rintelen, ibr-online-Kommentar Bauvertragsrecht, § 631, Rn. 234; Leupertz, BauR 2019, 409, 411.

99 Leupertz, BauR 2010, 273, 274.

kein Wasser mehr durchlässt, ist das Werk mangelhaft, der geschuldete Erfolg nicht eingetreten, wenn statt des vorgegebenen Flachdachs ein Pultdach realisiert wurde. Es sind also sowohl die vorgegebenen Einzelleistungen als geschuldete Leistungen zu realisieren als auch die Gesamtfunktionalität herzustellen.

Die Hinterlegung des Begriffs „Erfolg“ sowohl mit dem vertraglichen Einzelleistungssoll als auch mit dem darüberhinausgehenden Gesamtziel wird zumeist unter dem Gesichtspunkt der Nichterreichung des Werkerfolgs aufgrund eines Mangels der Bauleistung behandelt. § 633 BGB stellt in Abs. 1 die Verpflichtung auf, dass der Unternehmer dem Besteller das Werk frei von Sach- und Rechtsmängeln verschaffen muss. § 633 Abs. 2 BGB nennt dann die Voraussetzungen, nach denen das Werk frei von Sachmängeln ist. Dabei wird neben dem offenkundigen Abweichen des Ist-Zustands vom vertraglich geschuldeten Soll-Zustand im Falle eines Abweichens vom expliziten Leistungsinhalt (z.B. des Leistungsverzeichnisses) auch ein Abweichen von dem nicht zwingend in den expliziten vertraglichen Regelungen enthaltenen funktionalen Erfolg als Sachmangel qualifiziert.[100] Aus dieser Negativ- bzw. Sachmangeldefinition wird dann der – in §§ 631, 633 BGB nicht explizit genannte – „funktionale Werkerfolg“ abgeleitet.[101]

Diesem Rückschluss ist zuzustimmen. Wenn die nicht erreichte Funktionstauglichkeit einen Mangel darstellt, dann muss diese Pflicht auch zum Werkerfolg zählen, auch wenn diese Pflicht bzw. deren Ausgestaltung in Einzelpflichten nicht bei Vertragsschluss explizit vereinbart wurde.

(2) Synallagma

Beiden Aspekten des werkvertraglichen Erfolgs ist gemein, dass sie die unmittelbar im Synallagma stehenden Leistungspflichten betreffen. Die Verknüpfung mit der Gegenleistungs-, der Vergütungspflicht, gilt für die vereinbarte Bauzeit in der Regel nicht. Die Vergütungspflicht auf der einen und die Leistungspflicht auf der anderen Seite stehen sich bezüglich der Bauzeit nicht synallagmatisch gegenüber. Mit Ausnahme des absoluten Fixgeschäfts entfällt die Vergütungspflicht nicht, wenn der vereinbarte Fertigstellungstermin nicht eingehalten wird.[102] An eine Ausführungsfristüberschreitung werden die Rechtsfolgen des Verzugs geknüpft. Es erfolgt lediglich eine Kompensation des aus der Ausführungsfristüberschreitung resultierenden Schadens. Unter Umständen werden Vertragsstrafen für den

100 BGH NJW-RR 2000, 465, 466 f.; BGH NJW 2008, 511, 512 ff.

101 Vgl. Leupertz, BauR 2019, 409, 410.

102 Oberhauser, NZBau 2019, 3 f.

Fall einer Ausführungsfristüberschreitung vereinbart. Aus einer solchen Vereinbarung folgt jedoch auch, dass der Besteller eben auch nach dem Fertigstellungstermin noch ein Interesse an der Leistung hat. Ein Entfallen der Vergütung käme allenfalls dann in Betracht, wenn die Werkleistung für den Besteller nur bis zu einem bestimmten Zeitpunkt von Interesse ist. Gerade für den Bauvertrag dürfte dies nur in Ausnahmefällen, z.B. für die Errichtung eines Provisoriums, wenn inzwischen bereits das endgültige Werk erstellt wurde, in Betracht kommen.

Die Einhaltung des Fertigstellungstermins stellt somit – abgesehen von der genannten Ausnahme des Fixgeschäfts – keine im Gegenseitigkeitsverhältnis stehende Leistungsverpflichtung des Unternehmers dar. Gleiches gilt auch für die Art der Ausführung, soweit sie nicht im Sinne definierter Einzelleistungserfolge als vertraglich geschuldete Leistung vereinbart wurde.

(3) § 631 Abs. 2 BGB

Damit ist aber nur klargestellt, dass der geforderte Erfolg die synallagmatische Pflicht betrifft. Fraglich ist, woraus gefolgert werden kann, dass § 631 Abs. 2 BGB – nur hierauf verweist § 650 b Abs. 1 S. 1 Nr. 1 BGB direkt – einen Werkerfolg definiert, der nur die im Gegenseitigkeitsverhältnis stehenden Leistungspflichten betrifft. Denkbar wäre es, dass neben den synallagmatischen Leistungspflichten auch weitere „Erfolge" erfasst werden.

Systematisch stellt § 631 Abs. 2 BGB eine Konkretisierung der Leistungspflicht nach § 631 Abs. 1 BGB dar. Die Leistungspflicht des § 631 Abs. 1 BGB bildet das Pendant zur Vergütungspflicht. Die systematische Bezugnahme des § 650 b Abs. 1 S. 1 Nr. 1 BGB auf § 631 Abs. 2 BGB, der wiederum die Leistungspflicht des § 631 Abs. 1 BGB konkretisiert, spricht somit dafür, dass auch § 650 b Abs. 1 S. 1 Nr. 1 BGB nur Änderungen der synallagmatischen Hauptleistungspflichten betreffen soll.

(4) Fazit

Da die zeitlichen Vorgaben für die Erstellung des Werks nicht mit der Vergütungspflicht im Gegenseitigkeitsverhältnis stehen, solange es sich nicht um Vertragsbedingungen in Form eines absoluten Fixgeschäftes handelt, ließe sich hieraus folgern, dass die rechtzeitige Fertigstellung grundsätzlich keinen Erfolg im Sinne des Werkvertrags darstellt.

bb) Art und Umfang der Verweisung

Ob der soeben erfolgt Schluss möglich ist, hängt jedoch von der Art der Verweisung ab.

Wenn der Erfolg im Sinne des § 631 BGB grundsätzlich nicht, in den Ausnahmefällen des Fixgeschäftes aber schon, die Bauzeit umfasst, stellt sich die Frage, ob es sich bei der expliziten Verweisung von § 650 b BGB auf § 631 Abs. 2 BGB und bei der Verweisung von § 631 Abs. 2 auf Abs. 1 BGB um eine abstrakte oder eine konkrete Bezugnahme handelt, also ob der Aspekt – hier die Bauzeit – im konkreten Fall als Werkerfolg vereinbart worden sein muss oder ob es sich nur um einen grundsätzlich vereinbarungsfähigen Erfolg im Sinne des § 631 Abs. 2 BGB handeln muss.

§ 650 b Abs. 1 S. 1 Nr. 1 BGB stellt auf den „vereinbarten" Werkerfolg ab, hinsichtlich dessen eine Änderung begehrt wird. Damit wird deutlich, dass im konkreten Fall ein entsprechender Werkerfolg vereinbart worden sein muss, wie es beim absoluten Fixgeschäft der Fall wäre. Der Verweis ist somit konkret zu verstehen.

Des Weiteren stellt sich die Frage, ob der Verweis bewusst nur auf § 631 Abs. 2 BGB gewählt wurde und sich hieraus möglicherweise eine andere Inhaltsausfüllung ergeben könnte. § 631 BGB führt nur im Rahmen einer gemeinsamen Betrachtung von Abs. 1 und Abs. 2 zu der Erkenntnis, dass die Gegenleistungspflicht einen Erfolg voraussetzt. Der Verweis, isoliert auf § 631 Abs. 2 BGB bezogen, könnte somit nur einen Teilaspekt betreffen.

Dagegen spricht jedoch, dass gerade der Erfolg in § 631 Abs. 2 BGB genannt wird und sich § 631 Abs. 2 BGB sowohl inhaltlich als auch systematisch auf § 631 Abs. 1 BGB bezieht. Somit erscheint es fernliegend, dass der isolierte Verweis auf § 631 Abs. 2 BGB dazu führen soll, eine andere Bedeutung in Bezug zu nehmen, als sich aus dem Zusammenhang zwischen § 631 Abs. 1 BGB und § 631 Abs. 2 BGB bei gemeinsamer Betrachtung ergibt.

cc) Ergebnis

Die systematische Betrachtung spricht somit dagegen, dass die Bauzeit von dem Begriff „Werkerfolg" des § 650 b Abs. 1 S. 1 Nr. 1 BGB erfasst wird. Sie führt aber nicht dazu, dass ein anderes Verständnis gänzlich ausgeschlossen werden kann.

c) Historische Auslegung

Bei der historischen Betrachtung sind die Vorstellung, der Wille und die Motive des Gesetzgebers zu betrachten.[103] Hinweise hierzu können sich aus den Gesetzesmaterialien und aus der Entstehungsgeschichte ergeben.[104]

---

103 Vgl. Möllers, Juristische Methodenlehre, S. 147 ff.; Meier/Jocham, JuS 2015, 490, 493 f.
104 Vgl. Möllers, Juristische Methodenlehre, S. 147 ff.; Meier/Jocham, JuS 2015, 490, 493 f.

aa) Arbeitsgruppe Bauvertragsrecht

In der chronologischen Abfolge ging dem ersten Referentenentwurf des Gesetzes zur Reform des Bauvertragsrechts[105] ein Arbeitsauftrag der Bundesregierung an die Arbeitsgruppe Bauvertragsrecht voraus, die Problembereiche im Bauvertragsrecht zu identifizieren, einen sich daraus ergebenden gesetzgeberischen Handlungsbedarf zu prüfen und Vorschläge zu machen, wie die Probleme durch gesetzgeberische Maßnahmen gelöst werden können. Der Abschlussbericht der Arbeitsgruppe wurde am 18. Juni 2013 vorgelegt.[106] Da die Gesetzesbegründung sowohl des Referentenentwurfs als auch der beschlossenen Gesetzesvorlage an mehreren Stellen explizit auf die Arbeitsgruppe Bauvertragsrecht und deren Vorschläge verweist,[107] ist festzustellen, dass nicht nur die Initiative zur Gesetzesänderung, sondern auch die Willensbildung des Gesetzgebers mit den Ausführungen der Arbeitsgruppe im Zusammenhang steht, so dass auch der Abschlussbericht der Arbeitsgruppe Bauvertragsrecht beim Bundesministerium der Justiz im Rahmen der historischen Auslegung zu betrachten ist. In dem Abschlussbericht wird unter dem Punkt 6.1.1 „Einseitiges Anordnungsrecht des Bestellers zur Änderung des Werkerfolgs" ausgeführt:[108]

> *„Dem Besteller soll bei Bauverträgen ein einseitiges Anordnungsrecht zustehen, um rechtsgeschäftliche Änderungen des Werkerfolgs zu erreichen. Hierzu sollen entsprechende Änderungen in das BGB aufgenommen werden. Das Verfahren zur Ausübung des einseitigen Anordnungsrechts des Bestellers soll wie folgt ausgestaltet werden:*
> *[...]*
> *• Anordnungen des Bestellers, die die Art der Ausführung der Bauleistung und die Bauzeit betreffen, sollen nur zu befolgen sein, wenn schwerwiegende Gründe vorliegen und bei der Abwägung der beiderseitigen Interessen die Interessen des Bestellers an der Anordnung deutlich überwiegen."*

Hieraus folgt, dass die Arbeitsgruppe Bauvertragsrecht vorgeschlagen hat, eine gesetzliche Regelung zu schaffen, die dem Besteller ermöglicht, durch

---

105 Referentenentwurf des Bundesministeriums der Justiz und für Verbraucherschutz vom 28.09.2015 (https://www.bmjv.de/SharedDocs/Gesetzgebungsverfahren/DE/Bauvertragsrecht.html).

106 Abschlussbericht der Arbeitsgruppe Bauvertragsrecht beim Bundesministerium der Justiz vom 18. Juni 2013 (www.bmjv.de/SharedDocs/Gesetzgebungsverfahren/Dokumente/Abschlussbericht_AG_Bauvertragsrecht.html).

107 BT-Drs. 18/8486, S. 25.

108 Abschlussbericht der Arbeitsgruppe Bauvertragsrecht beim Bundesministerium der Justiz vom 18. Juni 2013 S. 21 ff. (www.bmjv.de/SharedDocs/Gesetzgebungsverfahren/Dokumente/Abschlussbericht_AG_Bauvertragsrecht.html).

Anordnungen rechtsgeschäftliche Änderungen des Werkerfolgs herbeizuführen. Dies entspricht inhaltlich der umgesetzten Regelung des § 650 b Abs. 1 Nr. 1 BGB. Hinsichtlich des Verfahrens führt die Arbeitsgruppe in ihrem Bericht aus, dass Anordnungen, die die Bauzeit betreffen, nur unter besonderen Voraussetzungen zu befolgen sein sollen. Aus diesem Verfahrensvorschlag kann der Rückschluss auf das inhaltliche Verständnis der Arbeitsgruppe zum Inhalt des Begriffs „Werkerfolg" dahingehend gezogen werden, dass die Arbeitsgruppe die Bauzeit als Bestandteil des Werkerfolgs angesehen hat. Die Bauzeit wurde ohne weitere Begründung unter die „Änderungen des Werkerfolgs" subsumiert und deren Änderungsmöglichkeit mit besonderen Anforderungen versehen.

bb) Referentenentwurf des Bundesministeriums der Justiz und für Verbraucherschutz

Am 28. September 2015 legte das Bundesministerium der Justiz und für Verbraucherschutz einen Referentenentwurf zum neuen Bauvertragsrecht vor. Dieser sah hinsichtlich eines Änderungsbegehrens des Bestellers vor[109]:

> *„§ 650b*
> *Anordnungsrecht des Bestellers*
> *(1) Der Besteller kann*
> *1. Anordnungen treffen, um eine Änderung des Werkerfolgs (§ 631 Absatz 2) zu erreichen, oder*
> *2. Leistungen anordnen, die zur Erreichung des vereinbarten Werkerfolgs notwendig sind, soweit die Planung des Bauwerks durch den Besteller oder einen von ihm Beauftragten erfolgt ist.*
> *(2) Der Unternehmer ist verpflichtet, der Anordnung des Bestellers nach Absatz 1 nachzukommen, einer Anordnung nach Absatz 1 Nummer 1 jedoch nur, wenn ihm die Ausführung zumutbar ist. Macht der Unternehmer betriebsinterne Vorgänge für die Unzumutbarkeit einer Anordnung nach Absatz 1 Nummer 1 geltend, trifft ihn die Beweislast hierfür. Betrifft eine Anordnung nach Absatz 1 Nummer 1 die Art der Ausführung der Bauleistung oder die Bauzeit, muss der Unternehmer sie nur befolgen, wenn schwerwiegende Gründe vorliegen und bei der Abwägung der beiderseitigen Interessen die Interessen des Bestellers an der Anordnung deutlich überwiegen."*

Hieraus folgt, dass der Verfasser des Referentenentwurfs zum einen eine Anordnung zur Bauzeit und zur Art der Bauausführung als Anordnung im Sinne von § 650 b Abs. 1 S. 1 Nr. 1 BGB-Entwurf (BGB-E) angesehen hat. Es wird

---

109 Referentenentwurf des Bundesministeriums der Justiz und für Verbraucherschutz vom 28.09.2015 S. 12 (https://www.bmjv.de/SharedDocs/Gesetzgebungsverfahren/DE/Bauvertragsrecht.html).

im Rahmen der Verpflichtung, einer Anordnung nachzukommen, differenziert, welchen Gegenstand die Anordnung hat. Die Anordnung nach Abs. 1 S. 1 muss grundsätzlich zumutbar sein. Für Anordnungen zur Bauzeit und zur Art der Ausführung wird weiter ausgeführt, dass diesen nur zu folgen ist, wenn schwerwiegende Gründe vorliegen und bei der Abwägung der beiderseitigen Interessen die des Bestellers deutlich überwiegen. Damit wird klar zum Ausdruck gebracht, dass die Anordnungen zur Bauzeit unter § 650 b Abs. 1 S. 1 Nr. 1 BGB des Referentenentwurfs fallen sollen, für die Befolgungspflicht jedoch höhere Hürden vorgesehen werden als für andere Anordnungen zum Werkerfolg.

Hieraus folgt, dass im Rahmen des Referentenentwurfs ebenso wie auch schon im Abschlussbericht der Arbeitsgruppe Bauvertragsrecht, die Anordnungen zur Bauzeit und zu den Bauumständen unter die Anordnungsbefugnis zur Änderung des Werkerfolgs fallen sollte. Eine Auseinandersetzung mit der Problematik, dass die Bauzeit und die Art der Ausführung nicht unter das klassische Verständnis des Erfolgs im Werkvertrag fallen,[110] erfolgt nicht.

cc) Regierungsentwurf

Der Regierungsentwurf[111] sah gegenüber dem Referentenentwurf eine Vielzahl von Änderungen vor.

Es wurde zum einen die Systematik verändert. Während § 650 b Abs. 1 des Referentenentwurfs noch vorsah, dass der Besteller Anordnungen treffen kann und in Abs. 2 dann differenziert wurde, unter welchen Voraussetzungen der Unternehmer diesen Anordnungen Folge leisten muss, wurde in den Regierungsentwurf, der insoweit auch als Gesetz beschlossen wurde, in § 650 b Abs. 1 BGB lediglich ein Änderungsbegehren formuliert, über das die Parteien eine Einigung anstreben sollen. Erst wenn diese Einigung nicht binnen 30 Tagen erzielt werden kann, soll die Möglichkeit einer Anordnung bestehen. Die Konstellationen in § 650 b Abs. 1 S. 1 Nr. 1 BGB des Referentenentwurfs wurde hierbei nur in geringfügigem Umfang angepasst. Nr. 1 erhielt im beschlossenen Gesetzestext gegenüber der Fassung des Referentenwurfs den Zusatz des „vereinbarten" Werkerfolgs.

Zum anderen erfolgte abweichend vom Referentenentwurf und den Vorschlägen der Arbeitsgruppe Bauvertragsrecht zudem die Änderung, dass die Bauzeit keine Erwähnung mehr findet. Während der Referentenentwurf besondere Voraussetzungen für die bauzeitlichen Anforderungen vorsah, findet die Bauzeit im

110 S.o. B., V., 1., b), aa), (2).

111 BT-Drs. 18/8486, S. 53 f.

Regierungsentwurf keine Erwähnung mehr. Es erfolgt auch keine anderweitige Konkretisierung innerhalb des Gesetzestextes. In der Gesetzesbegründung lassen sich ebenfalls keine Anhaltspunkte finden, wie der Begriff Werkerfolg zu verstehen ist. Auch finden sich keine Hinweise darauf, welche Gründe der Streichung der expliziten Nennung von Bauzeit und Art der Ausführung gegenüber dem Referentenentwurf zugrunde lagen. Die Änderung, die die Streichung der expliziten Nennung von Bauzeit und Art der Bauausführung vorsieht, wird in der Gesetzesbegründung nicht thematisiert.

dd) 3.-5. Deutscher Baugerichtstag

Der Vollständigkeit halber wird erwähnt, dass auch den Deutschen Baugerichtstagen vom 7./8.5.2010, 11./12.5.2012 und 23./24.5.2014 unterschiedliche Präferenzen entnommen werden können, ob es ein bauzeitliches Anordnungsrecht geben solle oder nicht. Auch wenn dies im Rahmen der historischen Betrachtung der gesetzlichen Regelung nicht unmittelbar herangezogen werden kann, da ein unmittelbarer Bezug zwischen der Entstehungsgeschichte der gesetzlichen Regelung und den Baugerichtstagen nicht besteht, spiegelt auch die dortige Behandlung des Themas die Diskussionsstände wider.

Während die 4. Empfehlung des 3. Baugerichtstags (7./8.5.2010) noch vorsah, dass die Bauzeit erfasst sein solle, aber nicht bezogen auf die Beschleunigung,[112] sah der 4. Baugerichtstag (11./12.5.2012) vor, die 4. Empfehlung des 3. Baugerichtstages neu zu diskutieren.[113] Der 5. Baugerichtstag (23./24.5.2014), der nach der Vorlage des Abschlussberichts der Arbeitsgruppe Bauvertragsrecht tagte, sah zu diesem Thema zwei gegenläufige Empfehlungen vor. Die Empfehlung 1, ein Anordnungsrecht auch auf die Bauzeit zu beziehen, für dieses aber engere Grenzen als für das sonstige Anordnungsrecht vorzusehen („schwerwiegende Gründe", die im Rahmen einer Interessenabwägung „deutlich überwiegen"), fand dabei keine Mehrheit.[114] Die Gegenthese (Empfehlung 2), eine gesetzliche Regelung einzuführen, nach der der Besteller grundsätzlich nicht berechtigt ist, Anordnungen zur Bauzeit (insbesondere keine Bauunterbrechungen und

112 Empfehlungen des 3. Deutschen Baugerichtstages an den Gesetzgeber, Arbeitskreis I, 4. Empfehlung (https://baugerichtstag.de/wp-content/uploads/2019/03/3ak_alle.pdf).

113 Empfehlungen des 4. Deutschen Baugerichtstages an den Gesetzgeber, Arbeitskreis I, 5. Empfehlung (https://baugerichtstag.de/wp-content/uploads/2019/03/4ak_alle.pdf).

114 Empfehlungen des 5. Deutschen Baugerichtstages an den Gesetzgeber, Arbeitskreis I, 1. Empfehlung (https://baugerichtstag.de/wp-content/uploads/2019/03/5ak_alle.pdf).

Beschleunigungen) in Abweichung zu den vertraglichen Festlegungen zu treffen, wurde mehrheitlich unterstützt.[115]

ee) Mögliche Folgerungen

Aus dieser zeitlichen und inhaltlichen Entwicklung lassen sich verschiedene Schlussfolgerungen hinsichtlich der Willensbildung des Gesetzgebers ableiten:

Zum einen ließe sich daraus, dass in dem Abschlussbericht der Arbeitsgruppe Bauvertragsrecht wie auch im Referentenentwurf die Bauzeit ohne weiteres explizit unter das auf den Werkerfolg bezogene Änderungsrecht gefasst wurde, ableiten, dass der Gesetzgeber die Bauzeit von dem Werkerfolgsbegriff als erfasst angesehen habe.[116] Da der Gesetzgeber die Abweichung von dem Referentenentwurf und auch von dem Abschlussbericht nicht weiter thematisiert habe, könnte er mit der Streichung der besonderen Anforderungen für bauzeitliche Anordnungen auch keine inhaltskonkretisierende Einschränkung des Begriffs „Werkerfolg" bezweckt haben, sondern lediglich die Anforderungen an die Anordnungen zur Art der Ausführung und zur Bauzeit herabsetzen wollen.[117] Soweit er auch die Herabsetzung der Anforderungen für diese Anordnungen nicht thematisiert hat, ließe sich argumentieren, dass diese Änderung – anders als eine Änderung des Verständnisses von dem Begriff Werkerfolg – aus dem Wortlaut der Norm unmittelbar ersichtlich wäre und daher eher eine Erläuterung hätte erfolgen müssen, wenn das Verständnis eines Begriffes geändert wird.

Abschließend lässt sich insoweit jedenfalls feststellen, dass sich der Regierungsentwurf und die Beschlussempfehlung des Rechtsausschusses jedenfalls nicht gegen eine Einbeziehung der Bauzeit aussprechen.[118]

Zum anderen könnte die Streichung der besonderen Anforderungen an die Anordnungen zur Bauzeit und zur Art der Ausführung eine Abkehr von dem Verständnis darstellen, dass die Bauzeit und die Art der Ausführung überhaupt von dem Werkerfolg erfasst werden sollten.[119] Hierzu ließe sich mit dem werkvertraglichen Erfolgsverständnis argumentieren, nach dem die Bauzeit nicht erfasst werde.

---

115 Empfehlungen des 5. Deutschen Baugerichtstages an den Gesetzgeber, Arbeitskreis I, 2. Empfehlung (https://baugerichtstag.de/wp-content/uploads/2019/03/5ak_alle.pdf).

116 Joussen, BauR 2018, 151, 156.

117 Joussen, BauR 2018, 151, 155 f.

118 Kniffka/Retzlaff, BauR 2017, 1747, 1789.

119 BeckOGK BGB/Mundt, BGB, § 650 b Rn. 50 ff.; Kniffka/von Rintelen, ibr-online-Kommentar Bauvertragsrecht, § 650 b Rn. 197 i.V.m. Rn. 63 ff.; Oberhauser, NZBau 2019, 3; von Rintelen in: Messerschmidt/Voit, Privates Baurecht, II. Teil, BGB, § 650 b Rn. 27.

Zeitlich passen würde hierzu die Entwicklung der Diskussion in den Fachkreisen von einer Befürwortung des bauzeitlichen Änderungsrechts (3. Baugerichtstag, Abschlussbericht der Arbeitsgruppe Bauvertragsrecht) hin zu einer Ablehnung (5. Baugerichtstag).

Da jedoch kein Hinweis darauf enthalten ist, dass auch von der bisher unproblematisch erfassten Bauzeit abgewichen werden soll, könnte dieser Punkt auch – möglicherweise bewusst, aber leider nicht explizit – offengelassen worden sein.

ff) Bewertung

Da der letztlich verabschiedeten Fassung der gesetzlichen Änderungen nebst Begründung kein inhaltlicher Ansatzpunkt zu entnehmen ist, ob die Bauzeit von der Regelung des § 650 b Abs. 1 S. 1 Nr. 1 BGB erfasst sein soll, lässt die historische Betrachtung beide Möglichkeiten zu.

Soweit zum Teil gerade aus dieser Änderung gegenüber dem Referentenentwurf gefolgert wird, dass eine Abkehr von der Einbeziehung der Bauzeit bezweckt worden sei,[120] lässt diese Argumentation unberücksichtigt, dass es auch in der Gesetzesbegründung keinen expliziten Hinweis auf die Änderung gibt, so dass die Änderung auch die Beibehaltung des im Referentenentwurf dargestellten Verständnisses beinhalten kann und lediglich eine Anpassung hinsichtlich der Voraussetzungen (Streichung der zusätzlichen Anforderungen) angestrebt wurde.[121]

Zwar ist die ausdrückliche Nennung der Möglichkeit von Anordnungen zur Bauzeit und zur Art der Ausführung entfallen, so dass davon ausgegangen werden könnte, dass diese nun nicht mehr erfasst sein sollen. Allerdings setzte die ursprüngliche Formulierung voraus, dass die Bauzeit unter das Anordnungsrecht falle und ließ diesbezügliche Anordnungen nur unter erschwerten Voraussetzungen zu. Bei dieser Art der Darstellung ist es gerade nicht zwingende Folge, dass bei Streichung der expliziten Erwähnung auch die Möglichkeit in Gänze entfallen sollte. Vielmehr sah die explizite Nennung der bauzeitlichen Anordnungen vor, zusätzliche Voraussetzungen für ein von dem Anordnungsrecht erfassten Bereich der Bauzeit und der Art der Ausführung zu konstituieren. Mit der Streichung können somit auch lediglich die zusätzlichen Voraussetzungen für diese Anordnungsarten entfallen sein.

Den Änderungen im Begründungsteil des Regierungsentwurfs oder auch des beschlossenen Gesetzes sind keine Hinweise darauf zu entnehmen, dass mit der

---

120 BeckOGK BGB/Mundt, BGB, § 650 b Rn. 50; Kniffka/von Rintelen, ibr-online-Kommentar Bauvertragsrecht, § 650 b Rn. 197 i.V.m. Rn. 63 ff.

121 Joussen, BauR 2018, 151, 156 ff.; Kniffka/Retzlaff, BauR 2017, 1747, 1789.

textlichen Anpassung eine Abkehr von dem im Referentenentwurf zum Ausdruck gebrachten Verständnis des Umfangs des Anordnungsrechts bewusst erfolgt ist.

Im Ergebnis wird somit im Rahmen der Gesetzgebung keine eindeutige Aussage getroffen. Eine ausdrückliche Nennung der Bauzeit erfolgt weder im Gesetzestext noch in der Gesetzesbegründung. Die historische Entwicklung des Gesetzestextes lässt damit eine Auslegung in zwei Richtungen zu: Entweder kann die Streichung der ausdrücklichen Nennung bauzeitlicher Anordnungen als grundsätzliche Abkehr von der Einbeziehung der bauzeitlichen Anordnungen angesehen werden, auch wenn dies aus den Gesetzesmaterialien nicht explizit folgt. Die Gründe für die Änderung werden nicht erwähnt.

Ebenso lässt sich argumentieren, dass die Bauzeit weiterhin erfasst wird, allerdings nicht mehr unter den verschärften Voraussetzungen (schwerwiegende Gründe, deutliches Überwiegen).

Für letzteres Verständnis spricht weiter, dass der Referentenentwurf im Wesentlichen auf den Vorschlägen des Abschlussberichts der Arbeitsgruppe Bauvertragsrecht beim Bundesministerium der Justiz beruhte. Dort wird zum einen unter „6.1.1 Einseitiges Anordnungsrecht des Bestellers zur Änderung des Werkerfolgs" eine Passage zur Bauzeit eingeführt.[122] Der Abschlussbericht der Arbeitsgruppe ordnete die Bauzeit somit unter dem Werkerfolg ein. Darüber hinaus findet sich dort bereits die Grundlage für die im Referentenentwurf abgebildete Differenzierung zwischen den Anordnungen zur Bauzeit und zur Art der Ausführung auf der einen und den sonstigen Anordnungen zum Werkerfolg auf der anderen Seite. Auch dort sollte die Anordnung zur Bauzeit und zur Art der Ausführung nur unter engeren Voraussetzungen zulässig sein.

Der Regierungsentwurf stellt an vielen Stellen den Bezug zu den Vorschlägen der Arbeitsgruppe zum Bauvertragsrecht her und erläutert Abweichungen von dortigen Vorschlägen. Bezüglich der Abweichungen bezogen auf Anordnungen zur Bauzeit erfolgt jedoch keine Bezugnahme. Auch dies lässt eine Argumentation in beide Richtungen zu, denn die Bezugnahme und Erläuterung der Abweichung wäre sowohl in Richtung der Streichung der engeren Voraussetzungen als auch in Richtung der vollständigen Herausnahme wünschenswert gewesen.

Letztlich lässt sich der Wille des Gesetzgebers nicht eindeutig feststellen. Der Gesetzgeber könnte diese Frage auch der Auslegung durch die Gerichte überlassen haben. Hierfür spricht die in dieser Frage bestehende Uneinigkeit in Expertenkreisen, die wiederholt Empfehlungen an den Gesetzgeber adressiert haben.

---

122 Abschlussbericht der Arbeitsgruppe Bauvertragsrecht beim Bundesministerium der Justiz vom 18. Juni 2013 S. 21 f. (www.bmjv.de/SharedDocs/Gesetzgebungsverfahren/Dokumente/Abschlussbericht_AG_Bauvertragsrecht.html).

Die Uneinigkeit in dieser Frage wird besonders deutlich, wenn die unterschiedlichen Empfehlungen des Deutschen Baugerichtstags betrachtet werden.[123]

Der Gesetzgeber ist letztlich beiden Empfehlungen nicht gefolgt und hat keine ausdrückliche Klarstellung getroffen. Im Ergebnis lässt sich somit aus der historischen Betrachtung kein eindeutiger Wille des Gesetzgebers ableiten.

d) Teleologische Betrachtung

Letztlich stellt sich die Frage, ob die Regelung ihrer Zielrichtung bzw. ihrem Sinn und Zweck entsprechend dahingehend auszulegen ist, dass die Bauzeit unter das Anordnungsrecht zum Werkerfolg zu fassen ist. Hierbei ist der Sinn und Zweck der Gesetzesänderungen im Zusammenhang mit der Zielrichtung der Einführung des Bauvertragsrechts insgesamt (B., V., 1., d), aa)) und bezogen auf die konkrete Regelung des § 650 b BGB zu betrachten (B., V., 1., d), bb)). Zudem sind die mittelbaren Bauzeitanordnungen näher zu betrachten (B., V., 1., d), cc)), bevor eine detaillierte Betrachtung der isolierten Bauzeitanordnungen erfolgt (B., V., 1., d), dd)).

aa) Intention der Einführung des Bauvertrags als eigenen Vertragstypus

Es ist zu untersuchen, welche gesetzlichen Wertungen und Prinzipien bereits vor Einführung des Bauvertrags als gesonderte Vertragsform in das BGB den Regelungen des Werkvertrags insbesondere für den Bauvertrag beigemessen wurden bzw. wie diese auf den Bauvertrag Anwendung gefunden haben. Sodann werden die Intentionen betrachtet, die mit der Einführung des Bauvertragsrechts als eigenen Vertragstypus verbunden wurden. Abschließend ist dann zu betrachten, inwieweit sich aus den grundlegenden gesetzlichen Wertungen des BGB und den mit der Einführung des Bauvertrags verbundenen Zielen ein Rückschluss darauf ergeben kann, ob die Bauzeit von dem Begriff „Werkerfolg" erfasst wird.

(1) Grundlegende zivilrechtliche Wertungen

Bereits vor der Einführung des Bauvertragsrechts einschließlich des Anordnungsrechts des § 650 b Abs. 2 BGB in das BGB stellte sich die Frage, ob Änderungsanordnungen im Werkvertrag zulässig seien.[124] Als wesentliche widerstreitende Interessen standen sich auf der einen Seite das schutzwürdige Vertrauen des Unternehmers auf den Bestand der vereinbarten Vertragsinhalte

---

123 S.o. B., V., 1., c), dd).

124 S.o. B., II.

und insbesondere der damit verbundene Schutz vor Eingriffen in seine Dispositionsbefugnis[125] und auf der anderen Seite der sich insbesondere vor dem Hintergrund der Komplexität des Bauvorhabens sowie der oftmals langen Zeit des Ausführungsstadiums, der Erfüllungsphase, ergebende Anpassungsbedarf auf „sein" Bauvorhaben[126] gegenüber.

Für dieses Spannungsverhältnis wurden aus den Besonderheiten des Bauvertrags besondere Argumentationen für die Behandlung des Bauvertrags als „Werkvertrag" abgeleitet. Für den Bauvertrag als eine Form des Werkvertrages gemäß § 631 ff. BGB wurde eine höhere Flexibilität für erforderlich erachtet. Diesen Besonderheiten wurde versucht im Rahmen der Kooperationspflicht Rechnung zu tragen.[127] Der historische Gesetzgeber des Werkvertrags hatte den Vertrag mit dem Schuhmacher und dem Schneider oder dem Friseur im Vordergrund gesehen, bei dem ein unmittelbarer Leistungsaustausch und weniger inhaltliche Einflussnahme auf den Erstellungsprozess des Herstellers liegt.[128] Deshalb sollten für den Bauvertrag, der auf eine höhere Komplexität und Dauer angelegt ist, flexiblere Regelungen möglich sein.[129]

Durch die Einführung eines speziellen Bauvertragsrechts lässt sich dieses Argument für eine erweiternde Auslegung der gesetzlichen Regelungen in dieser Form nicht mehr aufrecht halten. Der Gesetzgeber hat nunmehr ein gerade auf den Bauvertrag zugeschnittenes Regelwerk erlassen. Hieraus lassen sich zwei Folgerungen ableiten:

Zum einen wird die Flexibilisierung auf den Bauvertrag beschränkt. Zum anderen soll mit der Flexibilisierung durch die gesetzlichen Regelungen des § 650 b BGB den Besonderheiten des Bauvertrags Rechnung getragen werden.[130] Dies führt dazu, dass das Argument, aufgrund der Komplexität und der zeitlichen Dauer des Bauvertrags müssten die gesetzlichen Regelungen erweiternd ausgelegt werden, eine bedeutende Grundlage verloren hat. Es gibt nunmehr spezifische bauvertragliche Regelungen, so dass eine besondere Auslegung der Regelungen des Bauvertrags, aber auch des Werkvertragsrechts und

---

125 Von Rintelen in: Kapellmann/Messerschmidt, VOB/B, § 1 Rn. 74; Oberhauser, BauR 2010, 308, 312 ff.
126 BGH NJW 2000, 807, 808; von Rintelen in: Messerschmidt/Voit, Privates Baurecht, II. Teil, § 631, Rn. 114 f.
127 BGH NJW 2000, 807, 808; von Rintelen in: Messerschmidt/Voit, Privates Baurecht, II. Teil, § 631, Rn. 121.
128 Vgl. Reiter, JA 2018, 161.
129 BT-Drs. 18/8486 S. 1 ff.
130 BT-Drs. 18/8486 S. 53 f.

des allgemeinen Schuldrechts nicht mehr bzw. nur noch eingeschränkt darauf gestützt werden können, dass der Gesetzgeber diesen Vertragstypus nicht vor Augen hatte.

Zum anderen lässt sich anführen, dass der Grundsatz des *pacta sunt servanda* durch § 650 b BGB nunmehr (ohnehin) durchbrochen wird. Dies gilt zumindest, wenn er dahingehend verstanden wird, dass der Vertrag in seiner ursprünglichen Fassung erhalten bleiben soll.

Es lässt sich auch vertreten, dass mit § 650 b BGB die Möglichkeit eröffnet wurde, einen Vertrag gerade durch die Möglichkeit zur Anpassung zu erhalten. Scheiterte eine Einigung über eine Vertragsanpassung im Rahmen des aus der Kooperationspflicht abgeleiteten „ernsthaften Verhandelns" wäre eine Kündigung des nicht mehr gewünschten Vertragsinhalts und Neubeauftragung des nunmehr gewünschten Vertragsinhalts erforderlich. Dies könnte entweder in Form der freien Kündigung gemäß § 648 S. 1 BGB mit der Vergütungsfolge des § 648 S. 2 BGB oder – bei Verweigerung des ernsthaften Verhandelns – in Form einer Kündigung aus wichtigem Grund gemäß § 648 a BGB erfolgen.

Ein Vertrauen des Unternehmers darauf, dass ein einmal geschlossener Vertrag unveränderlich bleibt, besteht vor dem Hintergrund der Regelung des § 650 b BGB jedenfalls nicht mehr. Allerdings war eine solche Vorstellung auf Seiten des Unternehmers bezogen auf den Bauvertrag auch bisher nicht uneingeschränkt gegeben, wollte der Unternehmer nicht das Risiko einer Kündigung riskieren. Wie bereits dargestellt, war der Unternehmer auch vor Einführung des neuen Bauvertragsrechts im Rahmen seiner Kooperationspflicht zur ernsthaften Verhandlung über Änderungsbegehren verpflichtet.[131] Dennoch konnte die Tatsache, dass kein Änderungsrecht bestand, zu der Vorstellung beitragen, dass ein Recht auf Beibehaltung der einmal vereinbarten Vertragsinhalte bestehe. Der Vorstellung, dass dieses Interesse an einer völligen Unveränderbarkeit schutzwürdig sei, hat der Gesetzgeber durch die Regelung in § 650 b BGB eine explizite Grenze aufgezeigt und eine Änderungsmöglichkeit nach Durchlaufen einer verpflichtenden Einigungsphase zugelassen.

Zur Beurteilung der Frage, ob die Bauzeit vom Änderungsrecht erfasst wird, lässt sich somit aus dem Grundsatz *pacta sunt servanda* keine Aussage herleiten. Dieser Grundsatz wird aber bereits durch die Regelung des 650 b BGB durchbrochen, so dass auch eine erweiternde Auslegung nicht an diesem Grundsatz scheitern muss. Der Grundsatz *pacta sunt servanda* könnte darüber hinaus auch für eine möglichst weite Auslegung der Regelung sprechen, damit statt einer

131 S.o. B., II., 4.

Kündigung eine vertragserhaltende Anpassung erfolgen kann und somit der Vertrag als solches eher erhalten bliebe.

(2) Grundsätzliche Intention der Gesetzesänderungen

Es sind weiter die mit der Gesetzesänderung verfolgten Ziele zu betrachten. Im allgemeinen Teil der Gesetzesbegründung zum neuen Bauvertragsrecht heißt es:

> *„Das geltende Werkvertragsrecht ist mit Blick auf die unterschiedlichen möglichen Vertragsgegenstände sehr allgemein gehalten. Für die komplexen, auf eine längere Erfüllungszeit angelegten Bauverträge sind die Regelungen des Werkvertragsrechts häufig nicht detailliert genug. Die Komplexität des Baugeschehens und während des Baus auftretende Veränderungen erfordern spezielle Regelungen. Diese bietet das allgemeine Werkvertragsrecht nicht. Wesentliche Fragen des Bauvertragsrechts sind nicht gesetzlich geregelt, sondern der Vereinbarung der Parteien und der Rechtsprechung überlassen. Das Fehlen klarer gesetzlicher Vorgaben erschwert eine interessengerechte und ökonomisch sinnvolle Gestaltung und Abwicklung von Bauverträgen. Einer konfrontativen Vertragskultur mit unklaren oder unvollständigen Ausschreibungen und intransparenten Kalkulations- und Abrechnungspraktiken wird dadurch Vorschub geleistet.“*[132]

Mit der Einführung eines Verfahrens zur Vertragsanpassung einschließlich dem Anordnungsrecht wurde dem genannten Ziel, passende Regelungen für komplexe und auf einen längeren Erfüllungszeitraum gerichtete Bauverträge zu schaffen, Rechnung getragen. Dem Ziel, einer konfrontativen Vertragskultur entgegenzuwirken, dient das der Anordnung vorgeschaltete Einigungsverfahren. Weiter soll mit den gesetzlichen Vorgaben eine interessengerechte und ökonomisch sinnvolle Gestaltung und Abwicklung von Bauverträgen ermöglicht werden.

Für die Frage des Umfangs des Anordnungsrechts fehlt es jedoch bezogen auf die Bauzeit an einer klaren Regelung. Dennoch spricht die grundsätzliche Gesetzesintention dafür, dass (zumutbaren) Änderungswünschen Rechnung getragen werden soll. Vor dem Hintergrund dieser allgemeinen Zielsetzung erscheint ein umfangreiches Änderungsrecht sachgerecht. Es erscheint schwer nachvollziehbar, weshalb eine umfassende Leistungsinhaltsänderung grundsätzlich erfasst wäre und nur durch die Interessenabwägung im Rahmen der Unzumutbarkeitsprüfung beschränkt würde, während kleinste bauzeitliche Verschiebungen, unabhängig von ihrer Eingriffsintensität grundsätzlich nicht erfasst würden. Nachvollziehbarer erschiene es, auch diese Änderungen einer Interessenabwägung im Rahmen der Zumutbarkeit zu unterziehen. Auch treten bauzeitliche Änderungen aufgrund der Komplexität und

132 BT-Drs. 18/8486, S. 24.

Dauer der Bauvorhaben genauso auf wie andere Änderungsbegehren, so dass auch dies keine Differenzierung begründet.

Darüber hinaus treten bauzeitliche Änderungen häufig auch im Zusammenhang mit anderen Änderungsbegehren auf und wären von diesen, sofern diese den Werkerfolg betreffen und zumutbar sind oder zur Erreichung des Werkerfolgs erforderlich sind, mit umfasst.[133] Weshalb isolierte Bauzeitänderungen grundsätzlich nicht erfasst werden sollten, während kleinste inhaltliche Anordnungen, die gegebenenfalls aufgrund von Lieferzeiten des Unternehmers zu einer erheblichen bauzeitlichen Verschiebung führen können, erfasst würden, soweit sie noch zumutbar sind, erschließt sich nicht.

Das dann auch für die bauzeitlichen Änderungen vorgeschaltete Einigungsverfahren würde der Zielsetzung der Vermeidung konfrontativer Auseinandersetzungen auch für die Bauzeit gerecht werden.

Die grundsätzliche Intention der Änderungen für den Bauvertrag im BGB sprechen somit für einen weiten Anwendungsbereich.

Da sich aus der Gesetzesbegründung aber keine Gewichtung der Änderungsmöglichkeiten zu anderen vertraglichen Inhalten entnehmen lässt, ist davon auszugehen, dass nicht in das grundsätzliche vertragliche Risikogefüge eingegriffen werden soll.

(3) Zwischenergebnis

Im Ergebnis lässt sich aus den Zielen des Gesetzgebers im Rahmen der Einführung des Bauvertrags als spezielle Form des Werkvertrags keine eindeutige Aussage ableiten, ob das Änderungsrecht die Bauzeit erfasst wird. Die mit der Gesetzesänderung verfolgte Zielsetzung spricht jedoch für einen weiten Anwendungsbereich.

bb) Intention der Einführung des Anordnungsrechts des § 650 b BGB

Neben diesen allgemeinen Zielsetzungen sind auch die konkret mit dem neu geschaffenen § 650 b BGB angestrebten Ziele zu betrachten. In der Gesetzesbegründung heißt es hierzu:[134]

> *„Die werkvertraglichen Regelungen im Bürgerlichen Gesetzbuch kennen bisher ein Anordnungsrecht des Bestellers nicht. Damit wird das Werkvertragsrecht dem auf eine längere Erfüllungszeit angelegten Bauvertrag und dem komplexen Baugeschehen häufig nicht gerecht, insbesondere, wenn während der Ausführung des Baus Veränderungen eintreten.*

133 Kniffka/von Rintelen, ibr-online-Kommentar Bauvertragsrecht, § 650 b Rn. 181.
134 BT-Drs. 18/8486, S. 53.

> *In der Vertragsordnung für Bauleistungen Teil B wurde diesem Bedürfnis bereits Rechnung getragen; § 1 Absatz 3 und 4 VOB/B enthält entsprechende Regelungen."*

Hieraus ergeben sich keine weitergehenden Erkenntnisse. Es wird allgemein auf die längere Erfüllungszeit und das komplexe Baugeschehen verwiesen. Diese Argumente betreffen eine bauzeitliche Änderungsnotwendigkeit gleichermaßen wie eine Leistungsänderung. Aus dem Verweis auf § 1 Abs. 3 und 4 VOB/B könnte gefolgert werden, dass die Bauzeit wie bei § 1 Abs. 3 und 4 VOB/B behandelt werden müsste. Abgesehen davon, dass es dogmatisch schwierig erscheint, durch den Verweis auf eine Allgemeine Geschäftsbedingung – auch wenn sie einen gewissen Sonderstatus genießt – in einer Gesetzesbegründung den Inhalt des Gesetzes zu definieren, so ist es für § 1 Abs. 3 VOB/B hoch umstritten, ob ein bauzeitliches Änderungsrecht erfasst wird.[135] Somit kann durch einen solchen Verweis keine Konkretisierung erfolgen. Hinzu kommt, dass im Rahmen von § 650 b BGB nicht die Formulierungen von § 1 Abs. 3 und 4 VOB/B übernommen wurden und auch der Anwendungsbereich zumindest begrifflich nicht identisch ausgestaltet wurde. Anders als die VOB/B sieht das BGB ein vorgeschaltetes Einigungsverfahren innerhalb einer zeitlichen Frist vor, verwendet nicht den Begriff „Bauentwurf" der VOB/B und sieht explizit das Kriterium der Zumutbarkeit vor.

In der Gesetzesbegründung heißt es weiter:[136]

> *„Der Entwurf verfolgt das Ziel, möglichst auf ein Einvernehmen der Vertragsparteien hinzuwirken, bevor der Besteller von seinem Anordnungsrecht Gebrauch macht. Dies ist regelmäßig im Interesse beider Parteien, weil ein Streit über eine Vertragsänderung die Zusammenarbeit bei der weiteren Ausführung des Baus erheblich belasten kann. Absatz 1 Satz 1 sieht daher vor, dass die Vertragsparteien Einvernehmen über die Änderung und die infolge der Änderung zu leistende Mehr- oder Mindervergütung anstreben, wenn der Besteller eine Änderung des vereinbarten Werkerfolgs (Nummer 1) oder eine Änderung, die zur Erreichung des vereinbarten Werkerfolgs notwendig ist (Nummer 2), wünscht.*
>
> *Eine Änderung des Werkerfolgs nach Absatz 1 Satz 1 Nummer 1 ist nicht an bestimmte Ziele gebunden. So kann sie darauf zurückzuführen sein, dass sich die Vorstellungen des Bestellers geändert haben oder er bei der Planung Umstände, etwa unterzubringende Möbel oder sonstige Gegenstände, nicht berücksichtigt hat."*

Auch diese weitere Passage bietet keinen Ansatzpunkt für die Reichweite des Änderungsrechts. Allenfalls ließe sich hieraus ableiten, dass das Motiv aus dem die Änderung begehrt wird, nicht ausschlaggebend sein soll. Eine solche weite

135 S.u. C., I., 1., b), aa).

136 BT-Drs. 18/8486, S. 53.

Gestaltung spricht für ein weit verstandenes Anordnungsrecht. Eine konkrete Grenze folgt daraus aber nicht.

Es heißt in der Gesetzesbegründung weiter:[137]

> *„Sowohl die Pflicht des Unternehmers, ein Angebot über die Mehr- oder Mindervergütung zu erstellen, als auch das Anordnungsrecht nach Absatz 2 soll in den Fällen der Änderung des vereinbarten Werkerfolgs nach Absatz 1 Satz 1 Nummer 1 nicht uneingeschränkt bestehen. Absatz 1 Satz 2 und Absatz 2 Satz 2 legen fest, dass der Unternehmer dazu nur verpflichtet ist, wenn ihm die Ausführung der Änderung zumutbar ist. Dieses Zumutbarkeitskriterium kann beispielsweise die technischen Möglichkeiten, die Ausstattung und Qualifikation des Bauunternehmers betreffen, aber auch betriebsinterne Vorgänge.*

Hieraus könnte gefolgert werden, dass nur die Zumutbarkeit eine Begrenzung der Reichweite darstelle, so dass die bauzeitliche Anordnung als Form der Änderungsanordnung grundsätzlich erfasst würde. Es wird aber auch der Bezug zur „Änderung des vereinbarten Werkerfolgs" hergestellt, so dass es wiederum auf die Frage, hinausläuft, ob die Bauzeit zum Werkerfolg zähle. Somit kann diese Passage der Ausfüllung des Tatbestandsmerkmals „Werkerfolg" nicht dienen.

In der Begründung wird weiter ausgeführt:[138]

> *„Bei der Abwägung, welche Leistungen für den Unternehmer zumutbar sind, sind die Interessen beider Parteien zu berücksichtigen und müssen in einem ausgewogenen Verhältnis in die Bewertung einfließen. Zu berücksichtigen ist einerseits, dass der Unternehmer durch die Anordnung zu Leistungen verpflichtet wird, die nicht der ursprünglichen Vereinbarung der Parteien entsprechen. Die Schwelle für die Unzumutbarkeit einer Anordnung soll daher unterhalb der des allgemeinen Leistungsverweigerungsrechts wegen Unzumutbarkeit (§ 275 Absatz 2 und 3) liegen. Andererseits ist zu berücksichtigen, dass beide Vertragsparteien in dem Stadium der Abwicklung des Bauvertrags aneinandergebunden sind und ein Wechsel des Vertragspartners für den Besteller nur schwer möglich und mit hohen Kosten verbunden ist."*

Auch hieraus folgt keine weitere Erkenntnis für die Frage, ob bauzeitliche Anordnungen erfasst werden. Es werden im Wesentlichen Anforderungen an die dem Interessenausgleich dienende Zumutbarkeitsprüfung gestellt.

Im Ergebnis lässt sich somit aus den aus den Gesetzesmaterialien abgeleiteten Zielen im Rahmen der Einführung des § 650 b BGB keine eindeutige Aussage ableiten, ob das bauzeitliche Änderungsrecht erfasst wird. Es ist jedoch grundsätzlich davon auszugehen, dass der Komplexität und Dauer des Bauvertrags durch Anpassungsmöglichkeiten begegnet werden soll. Da diese Möglichkeit

---

137 BT-Drs. 18/8486, S. 53.

138 BT-Drs. 18/8486, S. 53 f.

außer der Zumutbarkeit keinen Beschränkungen unterliegt, ist von einem grundsätzlich weiten Anwendungsbereich auszugehen.

Da die Gesetzesbegründung stark den konsensualen Aspekt betont, der auch insbesondere durch das Einigungsverfahren im Gesetz selbst zum Ausdruck kommt, ist davon auszugehen, dass durch die Anpassungsmöglichkeit nur den wechselnden Anforderungen begegnet werden soll, nicht aber in das grundsätzliche vertragliche Risikogefüge eingegriffen werden soll.

cc) Mittelbare Bauzeitanordnungen

Da aus den Zielrichtungen der Gesetzesänderungen nicht eindeutig abgeleitet werden kann, ob die Bauzeit von dem Anordnungsrecht erfasst wird, sind die Interessenlagen der verschiedenen Bauzeitänderungen zu betrachten. Hierbei sind zunächst die bauzeitlichen Änderungen zu betrachten, die sich als Folge einer gemäß § 650 b Abs. 2 i. V. m. § 650 b Abs. 1 S. 1 Nr. 1 BGB erfolgenden Inhaltsänderung ergeben können.

(1) Zielrichtung der Anordnung

Anders als in den Konstellationen, bei denen ein zeitlicher Parameter verändert wird, steht bei den mittelbaren Bauzeitänderungen nicht die Änderung der Bauzeit, sondern die Änderung der vertraglichen Leistungspflicht im Mittelpunkt.

Unter mittelbaren Bauzeitänderungen werden die Änderungen verstanden, die sich nur als mittelbare Folge einer – aus vertraglichen oder gesetzlichen Regelungen abgeleiteten – zulässigen bauinhaltlichen Anordnung ergeben. Soll der Fußboden eines Einfamilienhauses statt der ursprünglich vorgesehenen 80 qm nunmehr auf einer Fläche von 100 qm mit Parkett ausgelegt werden, stellt sich die Frage, wie sich diese Werkerfolgsänderung auf die Bauzeit auswirkt.

(2) Mittelbare Folgen

Zu prüfen ist, welche Auswirkungen eine inhaltliche Leistungsänderungsanordnung auf die zeitliche Komponente mittelbar hat.

(a) Änderung des Leistungsumfangs

Es ist zu untersuchen, ob und welche bauzeitlichen Auswirkungen Anordnungen zum Werkerfolg, die den Leistungsumfang ändern, haben können. Es sind die Auswirkungen anordnungsbedingter Mehr- und Minderleistung zu betrachten.

(aa) Mehrleistung

In dem oben genannten Beispiel, bei dem statt auf einer Fläche von 80 qm nunmehr auf einer Fläche von 100 qm Parket verlegt werden soll, liegt eine Werkerfolgsänderung vor, bei der sich der Leistungsumfang erhöht.

Führt eine Werkerfolgsänderung in Form der Leistungsmehrung zu einer entsprechenden Verlängerung des Ausführungszeitraums, bliebe das in dem Vertrag ursprünglich angelegte Verhältnis der Leistungspflicht zum verfügbaren Ausführungszeitraum gleich. Die Erweiterung des Leistungsumfangs würde zu einer Änderung der Bauzeit führen. Es würde also durch eine inhaltliche Werkerfolgsanordnung – mittelbar – die Bauzeit geändert.

Führte die Werkerfolgsänderung nicht zu einer Anpassung des Ausführungszeitraums, dann wäre durch den Unternehmer plötzlich ein „Mehr" an Leistung in der ursprünglichen Zeit zu erbringen. Er müsste seine Tätigkeit „beschleunigen" bzw. bezogen auf das ursprüngliche Verhältnis von Leistungsumfang zu der zur Verfügung stehenden Zeit würde eine Bauzeitverkürzung dergestalt eintreten, dass innerhalb der verfügbaren Zeit mehr Leistung erbracht werden müsste.

Der dem eingeführten Anordnungsrecht des § 650 b Abs. 2 BGB zugrundgelegte Gesetzeszweck ist es, den Besonderheiten des Bauvertrags, insbesondere seiner Komplexität und Dauer durch eine Anpassungsmöglichkeit des Bestellers gerecht werden zu können.[139]

Hierbei wird auch durch die korrespondierenden Vergütungsregelungen des § 650 c BGB versucht, ein ausgewogenes Verhältnis zwischen den Bauvertragsparteien zu wahren.[140] Dies kommt durch die Vorschaltung eines Einigungsverfahrens vor dem Anordnungsrecht zum Ausdruck, da im Verhandlungswege ein Ausgleich der konkreten Interessen erzielt werden kann. Darüber hinaus wird durch das Kriterium der Zumutbarkeit zum Ausdruck gebracht, dass ein Abwägen der jeweiligen Interessenlagen erfolgen soll. Letztlich wird auch dem wirtschaftlichen Interesse des Unternehmers ein hoher Stellenwert eingeräumt. Dies kommt beispielsweise dadurch zum Ausdruck, dass § 650 c Abs. 3 S. 1 BGB vorsieht, dass der Unternehmer Abschlagszahlungen von bis zu 80% seines im Einigungsverfahren abgegebenen Angebots hinsichtlich der sich aus der Leistungsänderung ergebenden Mehrvergütung beanspruchen kann.

Zur Bauzeit wird darüber hinaus in der Gesetzesbegründung zu § 650 c BGB explizit zum Ausdruck gebracht, dass die in der Urkalkulation zugrunde gelegten

---

139 BT-Drs. 18/8486, S. 1 ff., S. 53.

140 Vgl. Kniffka, BauR 2020, 329, 345.

Bezugsgrößen und Ansätze u.a. bei der Berechnung der Vergütungsanpassung widerleglich vermutet werden[141].

Hieraus wird deutlich, dass das Anordnungsrecht der inhaltlichen Anpassung des Bauvertrags dient, aber nicht zu einem einseitigen Eingriff in das vertragliche Gleichgewicht führen soll. Dies bringt auch die explizite Nennung und Differenzierung hinsichtlich der vertraglichen Planungsverantwortlichkeiten in § 650 b Abs. 1 S. 4 BGB zum Ausdruck. Gleiches gilt für die Beweislastregel des § 650 b Abs. 1 S. 3 BGB.

Hieraus folgt, dass in die vertragliche Risikoverteilung durch das Anordnungsrecht zum Leistungsinhalt grundsätzlich nicht eingegriffen werden soll. Für die mittelbare Bauzeitanordnung bedeutet dies, dass eine angestrebte inhaltliche Änderung nicht zu einer Schlechterstellung des Unternehmers bezogen auf seine sonstige vertragliche Stellung führen soll.[142]

Vor dem Hintergrund der Feststellung, dass durch eine Änderung der inhaltlichen Leistungspflicht kein Eingriff in die vertragliche Risikoverteilung erfolgen soll, muss die dem Unternehmer zur Leistungserbringung zugestandene Bauzeit bei einer Erhöhung des Leistungsumfangs verlängert werden.

Eine verhältnismäßig zur bisherigen Bauzeit eintretende Verlängerung der vertraglichen Bauzeit würde die ursprüngliche Risikoverteilung bezogen auf den Leistungsumfang je Zeiteinheit und damit auch auf die an den Endtermin gebundenen Risiken einer Schadensersatzpflicht aus Verzug beibehalten. Durch eine Bauinhaltsänderung wird im Falle der Leistungsmehrung somit automatisch auch ein „Mehr" an Leistungszeit zugestanden. Bei einer Beibehaltung des ursprünglichen Ausführungszeitraums trotz Erhöhung des Leistungsumfangs würde nicht nur in die Planung des Ressourceneinsatzes eingegriffen, es würde auch die Risikostruktur im Hinblick auf die Verzugshaftung erhöht. Zu Recht werden daher derartige mittelbare bauzeitliche Auswirkungen so verstanden, dass eine Mehrleistung auch zu einem zeitlichen „Mehr" an Ausführungszeit führen muss.[143]

Da aus dieser Risikobetrachtung folgt, dass eine Anpassung der Bauzeit erfolgen muss, stellt sich daran anschließend die Frage, ob Werkerfolgsänderungen

---

141 BT-Drs. 18/8486, S. 56.

142 Vgl. Kniffka, BauR 2020, 329, 345.

143 Kniffka, BauR 2020, 329, 345.; Kniffka/von Rintelen, ibr-online-Kommentar Bauvertragsrecht, § 650 b Rn. 181.; Joussen, BauR 2018, 151, 155; Zu § 1 Abs. 3 VOB/B: Armbrüster/Bickert, NZBau 2006, 153, 159; von Rintelen in: Kapellmann/Messerschmidt, VOB/B, § 1 Rn. 64, 68; Voit in: Messerschmidt/Voit, III. Teil, A., § 1, II., 1, Rn. 2; Jansen in: Ganten/Jansen/Voit, VOB/B, § 1 Abs. 3 Rn. 106; Kapellmann/Schiffers, Vergütung, Nachträge, Behinderungsfolgen beim Bauvertrag, Bd. 1, Rn. 785.

überhaupt zulässig sind, wenn sie zu derartigen mittelbaren Auswirkungen auf die Bauzeit führen. Würden von § 650 b Abs. 1 S. 1 Nr. 1 BGB (gar) keine Anordnungen erfasst, die die Bauzeit ändern, würde dies bedeuten, dass das Anordnungsrecht zum Werkerfolg dahingehend beschränkt würde, dass nur Werkerfolgsänderungen zulässig wären, die keine Auswirkungen auf die Bauzeit hätten. Wären jedoch sämtliche Werkerfolgsänderungen bereits deshalb unzulässig, weil sie auch zu einer Änderung der Bauzeit führten, würde das Anordnungsrecht zum Werkerfolg nahezu bedeutungslos. Vor diesem Hintergrund werden mittelbare Bauzeitänderungen grundsätzlich für zulässig erachtet.[144] Werkerfolgsänderungen sind nicht bereits deshalb unzulässig, weil sie auch zu einer Bauzeitänderung führen. Die sich ergebenden Bauzeitänderungen sind aber insoweit zu berücksichtigen, dass sie in die Zumutbarkeitserwägungen mit einzustellen sind. Es stellt sich somit die Frage, ob die Inhaltsänderung in Verbindung mit der sich ergebenden zeitlichen Änderung zumutbar ist.[145] Fraglich ist, wie die Bauzeit angepasst wird.

Es wird vertreten, dass § 271 BGB auf Basis des neuen Leistungsinhalts zum Tragen kommen kann, wenn keine Bauzeit vereinbart ist.[146] Dies erscheint inhaltlich sachgerecht, da der Unternehmer dann mit den Arbeiten nunmehr bezogen auf die neue Leistungspflicht „alsbald" zu beginnen hat und sie in „angemessener Zeit" zu Ende führen muss.[147]

Ist jedoch eine Bauzeit vereinbart, wird dogmatisch eine Anpassung auf Basis des Wegfalls der Geschäftsgrundlage und der ergänzenden Vertragsauslegung in Betracht gezogen.[148] Fraglich ist, ob diese Konstruktion vor dem Hintergrund des § 650 b BGB erforderlich ist. § 650 b BGB sieht ein Verfahren vor, mit dem der Besteller ein Änderungsbegehren zum Werkerfolg durchsetzen kann. Aus einer Vielzahl von Änderungsbegehren folgt eine Anpassung des Leistungsumfangs. Hieraus resultiert ein Anpassungsbedarf hinsichtlich der Bauzeit. Dieser ist Bestandteil des Änderungsbegehrens. Anderenfalls müsste eine Aufteilung des Änderungsbegehrens in zwei isolierte Bestandteile, die inhaltliche und die zeitliche Anpassung, erfolgen.

---

144 Vgl. Kniffka/von Rintelen, ibr-online-Kommentar Bauvertragsrecht, § 650 b Rn. 181.; zu § 1 Abs. 3 VOB/B: Funke in: Nicklisch/Weick/Jansen/Seibel, VOB/B, § 1 Rn. 113; von Rintelen in: Kapellmann/Messerschmidt, VOB/B, § 1 Rn. 64.

145 Von Rintelen in: Kapellmann/Messerschmidt, VOB/B, § 1 Rn. 64.

146 Kniffka, BauR 2020, 329, 346.

147 BGH NJW RR 2001, 806.

148 Kniffka, BauR 2020, 329, 346.

Eine derartige Aufteilung des bauinhaltlichen Änderungsbegehrens widerspricht jedoch dem Sinn und Zweck der Regelung. Die Anpassungsmöglichkeit im Bauvertrag soll einerseits dem Besteller die Möglichkeit geben, auf die Besonderheiten des Bauvertrags reagieren zu können. Andererseits soll das vertragliche Risikogefüge im Übrigen nicht beeinträchtigt werden. Zur Lösung dieses Interessenkonfliktes soll im ersten Schritt ein Einigungsverfahren durchgeführt werden. Hierzu kann die Änderung aber nur ganzheitlich, also inklusive der zeitlichen Implikationen betrachtet werden. Die getroffene Einigung hätte wenig wert, wenn die Parteien von unterschiedlichen zeitlichen Implikationen ausgingen.

Damit ist bereits unmittelbar in § 650 b BGB verankert, dass die Bauzeit Bestandteil des Einigungsverfahrens und auch des nachfolgenden Anordnungsrechts sein muss. Die Bauzeit stellt einen wesentlichen Bestandteil der für die Angebotserstellung erforderlichen Kalkulation dar. Auch ist die zeitliche Auswirkung im Rahmen der Zumutbarkeitsprüfung zu berücksichtigen. Vor diesem Hintergrund muss die bauzeitliche Auswirkung Bestandteil des bauinhaltlichen Änderungsbegehrens zum Werkerfolg sein. Eine Trennung in die Bereiche inhaltliche Änderung, für die die Regelungen des § 650 b BGB zum Tragen kommen, und zeitliche Änderung, für die auf den Wegfall der Geschäftsgrundlage oder eine ergänzende Vertragsauslegung zurückgegriffen wird, würde den Mechanismen des § 650 b BGB entgegenstehen. Der Unternehmer wird oftmals kein Angebot erstellen bzw. der Besteller auf Basis des Angebotes keine Entscheidung treffen können, ob er das Angebot annimmt, auf die Änderung verzichtet oder eine Anordnung trifft, wenn die zeitliche Komponente in dem Verfahren keine Berücksichtigung gefunden hat. Im Sinne des gesetzlich angelegten Verfahrens und auch der Zielsetzung der Streitvermeidung ist die zeitliche Komponente grundsätzlich im Zusammenhang mit der Werkerfolgsänderung zu betrachten und insgesamt zu berücksichtigen. Voraussetzung ist jedoch, dass die zeitliche Auswirkung eine Folge der bauinhaltlichen Anforderung und keinen davon unabhängigen Eingriff in das Zeitgefüge darstellt. Wird der Leistungsumfang erhöht, verlängert sich auch die Bauzeit. Würde dennoch auf die ursprüngliche Ausführungszeit bestanden, stellt dies einen Eingriff gegenüber dem Grundsatz der entsprechend anzupassenden Bauzeit dar und müsste somit als isolierte Bauzeitanordnung betrachtet werden.

Fraglich ist weiter, in welchem Umfang eine Zeitanpassung zu Gunsten des Unternehmers erfolgen müsste. Im Beispiel des Parkettlegers erscheint es nachvollziehbar, dass der für die Leistung geplante Ausführungszeitraum entsprechend zeitanteilig verlängert wird. Dies ist zumindest für den Fall anzunehmen, bei dem eine konstante Ausführung durch den Auftragnehmer geplant ist. Ist der dem Auftragnehmer zugestandene Ausführungszeitraum so bemessen, dass der Auftragnehmer über Pufferzeiten verfügt, stellt sich die Frage, ob auch diese sich gemäß dem bisherigen Verhältnis der vertraglichen Ausführungszeit erhöhen oder ob nur der reine aktive Ausführungszeitraum entsprechend verlängert werden müsste.

Hierbei ist zu betrachten, worauf der Zeitraum der Nichtausführung beruht. Pufferzeiten stellen Zeiträume innerhalb der vertraglichen Ausführungszeit des Unternehmers dar, die der Unternehmer bei Umsetzung der von ihm im Rahmen seiner Dispositionsbefugnis geplanten Ausführung nicht benötigt.[149] Diese dienen in der Regel dem Zweck, dem Auftragnehmer zu ermöglichen, zwischen verschiedenen Aufträgen flexibel disponieren zu können und als Risikopuffer für vom Auftragnehmer zu vertretene Verzögerungen seiner Ausführung.[150] Sie unterliegen der Disposition des Unternehmers und können deshalb durch den Besteller nicht einfach genutzt bzw. gestrichen werden.[151]

Fraglich ist jedoch, ob dem Auftragnehmer zusätzliche Puffer zu gewähren sind, wenn die Art der Arbeit im Wesentlichen gleich und nur vom Umfang mehr geworden ist. Risiken, die nicht mit der Ausführung verbunden sind, sondern einmalig auftreten können, wie z.B. verspätete Lieferung von Materialien, die der Auftragnehmer bei einem Lieferanten bestellt hat, erhöhen sich nicht, wenn die Ausführungsmenge erhöht wird. Anders könnte es allenfalls dann sein, wenn die Mehrmenge auch zu einer erneuten Lieferung führt.

Es könnte jedoch auch zwingende Gründe für diese Zeiträume geben, die auch bei Mehrleistung in entsprechend erhöhtem Umfang anfallen. Beispielsweise könnte der Auftragnehmer mit seinen Arbeitnehmern oder Subunternehmern vereinbart haben, dass z.B. nach neun Wochen Arbeit eine Woche arbeitsfrei ist. Erhöht sich dann der Leistungsumfang, ändert sich die Vereinbarung zwischen dem Auftragnehmer und seinen Arbeitern bzw. Subunternehmern nicht, sodass diese Zeiträume zur Beibehaltung der vertraglichen Risikostruktur entsprechend berücksichtigt werden müssten. Als Differenzierungskriterium für die Frage, ob auch die Pufferzeiten gemäß der Ausführungszeitänderung zu erhöhen sind, ist zu betrachten, ob ein Eingriff in die Risikostruktur erfolgt.

Neben der Betrachtung der Verlängerung des Ausführungszeitraums zum Schutz des Unternehmers stellt sich die Frage, ob der Besteller über den Zeitraum der reinen Ausführungszeitanpassung im konkreten Vertragsverhältnis

149 Markus, NZBau 2014, 92, 93 f.; Wessel, ZfBR 2010, 527, 528 ff.
150 Markus, NZBau 2014, 92, 93 f.; Wessel, ZfBR 2010, 527, 528 ff.
151 Vgl. OLG Düsseldorf NZBau 2011, 674, 680; Markus, NZBau 2014, 92, 93 f.

hinaus berechtigt ist, die Bauzeit weiter anzupassen, insbesondere zu verschieben. Ohne diese Frage an dieser Stelle im Detail zu betrachten, erscheint eine Beschränkung auf die reine Änderung der erforderlichen Ausführungszeit mit den Zielen der Einführung des Anordnungsrechts nebst Vergütungsfolge des § 650 c BGB nicht in Einklang zu stehen. Ergänzende zeitliche Auswirkungen, die z.B. aus einer Anpassung von Leistungen des Vorgewerks bzw. aus Planungsänderungserfordernissen resultieren, könnten bei dem Folgegewerke zeitlich sonst nicht berücksichtigt werden. Damit würde eine Behinderungssituation eintreten, bis die geänderte inhaltliche Leistung nebst darauf bezogener zeitlicher Ausführungszeitanpassung zur Ausführung kommen kann.

Aus Vorstehendem folgt somit, dass eine Erhöhung des Leistungsumfangs zu einer Verlängerung zumindest des Ausführungszeitraums führt und dabei die bisherige vertragliche Risikostruktur beibehalten wird. Diese zeitliche Anpassung ist als Einheit mit der inhaltlichen Werkerfolgsänderung zu behandeln, so dass die Regelungen des § 650 b BGB auf diese Änderung insgesamt Anwendungen finden. Inwieweit neben der Ausführungszeitanpassung weitere zeitliche Änderungen mit der Werkerfolgsänderung transportiert werden können, wird an späterer Stelle noch näher betrachtet.[152]

(bb) Minderleistung

Fraglich ist, ob für den Fall einer anordnungsbedingten Leistungsreduzierung gilt, dass auch der Ausführungszeitraum reduziert werden kann. Das Verhältnis von Leistungsumfang zur verfügbaren Ausführungszeit könnte auch bei einer Reduzierung des verfügbaren Ausführungszeitraums beibehalten werden.

Hierbei ist jedoch zu berücksichtigen, dass mit der Anordnungsmöglichkeit nicht in das grundsätzliche Vertragsgefüge und insbesondere in die vertragliche Risikostruktur eingegriffen werden soll.

Der Unternehmer ist innerhalb des zur Verfügung gestellten Zeitfensters grundsätzlich frei in seiner Arbeitsorganisation.[153] Es bleibt seiner Dispositionsbefugnis überlassen, wann er mit welchem Ressourceneinsatz tätig wird, solange er den Fertigstellungstermin einhält.[154] In diese Dispositionsfreiheit würde eingegriffen, wenn bestimmte Zeiten aus dem ursprünglichen Ausführungszeitraum nicht mehr zur Verfügung stünden. Auch könnte sich die Risikostruktur

---

152 S.u. B., VI., 3., c), aa), (2).

153 Funke in: Nicklisch/Weick/Jansen/Seibel, VOB/B, § 1 Rn. 107; Kniffka/von Rintelen, ibr-online-Kommentar Bauvertragsrecht, § 650 b Rn. 66.

154 Kues/Freiheit, BauR 2019, 1671, 1672.

bezogen auf seine Verzugshaftung erhöhen, wenn beispielsweise die Fertigstellung zu einem früheren Zeitpunkt erfolgen müsste, der Unternehmer in seiner Planung aber einen Schwerpunkt seiner Tätigkeit in das nicht mehr zur Verfügung stehende Zeitfenster gelegt hatte. Ausnahmen von diesem Grundsatz können sich aus dem Kooperationsgebot ergeben.[155] Dies setzt jedoch wiederum ernsthafte Verhandlungen voraus.[156]

Da durch die Änderung des Leistungsinhalts kein Eingriff in das Vertragsgefüge im Übrigen erfolgen soll, kann aufgrund einer Verringerung des Leistungsumfangs durch eine Änderungsanordnung zum Werkerfolg keine Festlegung auf ein verkürztes Zeitfenster innerhalb des ursprünglichen Zeitfensters erfolgen. Führt die bauinhaltliche Änderung somit zu einer Verringerung des Leistungsumfangs, so kann dies zwar zu einer Verkürzung der faktischen Bauzeit führen, wenn beispielsweise die letzten Leistungskomponenten komplett entfallen.[157] Es folgt daraus aber nicht zwingend eine Reduzierung des dem Unternehmer zur Verfügung stehenden Ausführungszeitraums, da der Unternehmer grundsätzlich nicht zu einer zeitlichen Umdisposition gezwungen ist, um erst dadurch eine zeitliche Verkürzung zu realisieren.[158] Soweit vertreten wird, dass der Unternehmer dann verpflichtet sei, die geänderten Leistungen innerhalb der gegebenenfalls anzupassenden Fristen auszuführen,[159] bleibt offen, wie diese Anpassung erfolgt. Der Auftragnehmer hat, soweit der Bauablauf nicht im Einzelnen vertraglich geregelt ist, insoweit eine Dispositionsfreiheit.[160] Eine Verkürzung der vertraglichen Bauzeit kann somit nicht durch eine Inhaltsanordnung mittelbar erreicht werden. Es kommt jedoch in Betracht aufgrund des verringerten Leistungsumfangs im Rahmen der Kooperationspflicht, neue Fristen im Verhandlungswege zu vereinbaren.

(b) Verschiebung der Bauzeit

Es wurde festgestellt, dass Leistungsumfangsänderungen zu einer Verlängerung, nicht hingegen zu einer Verkürzung, des dem Unternehmer für die

155 Kues/Freiheit, BauR 2019, 1671, 1676.

156 S.o. B., II., 4., c).

157 Von Rintelen in: Kapellmann/Messerschmidt, VOB/B, § 1 Rn. 79, 126.

158 Von Rintelen in: Kapellmann/Messerschmidt, VOB/B, § 1 Rn. 127; Jansen in: Ganten/Jansen/Voit, VOB/B, § 1 Abs. 3 Rn. 108.

159 Funke in: Nicklisch/Weick/Jansen/Seibel, VOB/B, § 1 Rn. 113.

160 Sonntag in: Nicklisch/Weick/Jansen/Seibel, VOB/B, § 6 Rn. 11.

Bauausführung zur Verfügung stehenden Zeitrahmens führen können. Fraglich ist, ob mittelbar auch eine Verschiebung der Bauzeit herbeigeführt werden kann.

Dies käme beispielsweise dann in Betracht, wenn eine geänderte Ausführung verlangt wird, für die der Unternehmer Materialien neu bestellen muss. In diesem Fall wäre der Unternehmer gehindert, seine – geänderte – vertragliche Pflicht zu erfüllen. Er könnte erst dann fortsetzen, wenn die neuen Materialien zur Verfügung stehen.

Da in diesem Fall der Unternehmer in der Beschaffungspflicht hinsichtlich der Materialien ist, erscheint es sachgerecht, dass auch der Zeitraum der Beschaffung von der anordnungsbedingten mittelbaren Bauzeitänderung erfasst wird. Würde dieser Zeitraum nicht als erfasst angesehen, würde dem Unternehmer durch die Anordnung des Bestellers eine deutliche Risikoerhöhung im Hinblick auf die Einhaltung des Fertigstellungstermins aufgebürdet. Die Ausführungszeit verschiebt sich somit auch um den Zeitraum der Lieferzeit.

Wäre hingegen der Besteller in der Pflicht, die Materialien zu beschaffen, käme es auch in Betracht, den Lieferzeitraum als Zeitraum der Behinderung des Unternehmers bezogen auf die sich aus der reinen Inhaltsänderung ergebenden neuen Bauzeit zu betrachten. Es stellte sich die Frage, ob die mittelbare Bauzeitveränderungsmöglichkeit auf den Umfang beschränkt ist, den die Änderung fachlich erfordert oder ob mit der Änderung auch zeitliche Änderungen verbunden werden können, die über die reine Ausführungsänderung, hier den Zeitraum der Beschaffung durch den Besteller, hinausgehen. In dem dargestellten Beispiel würde es somit zu unterschiedlichen Folgen für den Zeitraum der Lieferung kommen, je nachdem ob der Besteller die Beschaffung der neuen Materialien bei sich oder beim Unternehmer verortet.

Ohne an dieser Stelle ins Detail zu gehen, ist festzustellen, dass es dem Sinn und Zweck der gesetzlichen Regelung zuwiderliefe, wenn die mit der Bauinhaltsänderung verbundene zeitliche Änderung auf die rein ausführungsbedingte Anpassung beschränkt würde und nicht auch eine zeitliche Koordination der verschiedenen Gewerke zu einem sinnvollen Gesamtwerk erfolgen könnte.

Sind für die geänderten Leistungen eines Vertragsverhältnisses, z.B. soll statt einer Klinkerfassade ein Wärmedämmverbundsystem zum Tragen kommen, Planungsschritte erforderlich, die nicht durch den ausführenden Unternehmer vorzunehmen sind, dann würde es der Anordnungsmöglichkeit zuwiderlaufen, wenn nur zeitliche Änderungen der eigentlichen Ausführung, nicht aber eine Wartezeit bis zum Abschluss der Planung von der Änderungsanordnung miterfasst würde. Gleiches gilt für die Konstellationen, bei denen mehrere aufeinander aufbauende Gewerke von der Änderung betroffen sind. Soll beispielsweise der Rohbauer seine Leistung so ändern, dass der Dachdecker eine andere Dachform ausführen kann, dann sollte die Änderungsanordnung an den Dachdecker auch die Verschiebung seiner Ausführung bis zum Abschluss der geänderten Rohbauarbeiten umfassen können.

Demnach ließen sich auch Verschiebungen der Bauzeit mittelbar mit einer Anordnung zum Werkerfolg verknüpfen.

(c) Vorverlegung der Bauzeit

Fraglich ist, ob mittelbar auch eine Vorverlegung der Bauzeit herbeigeführt werden kann.

Es lassen sich schwer Konstellationen konstruieren, bei denen sich durch eine Bauinhaltsänderung eine Vorverlegung der Bauzeit ergeben könnte.

Fallen einzelne Leistungen aus dem vertraglichen Leistungsumfang heraus, führt dies wie bei der Leistungsminderung nicht zu einer Bauzeitverkürzung. Diese Konstellation würde darüber hinaus, da sie den Starttermin unberührt ließe, auch nur zu einer Bauzeitverkürzung und nicht zu einer Vorverlegung führen.

Eine Vorverlegung kann nur dann in Betracht kommen, wenn aufgrund eines kürzeren, schnelleren oder entfallenen Leistungsteils des Vorgewerkes sich eine mehrere Gewerke umfassende Gesamtwerkerfolgsänderung dahingehend auswirken würde, dass früher begonnen werden könnte. Ein solche Vorverlegung kann jedoch aus zwei Gründen nicht in zulässigerweise mittelbar herbeigeführt werden:

Zum einen sind die einzelnen Vertragsverhältnisse jeweils für sich zu betrachten. Die Vorverlegung müsste die mittelbare Folge der Inhaltsänderung in dem konkreten Vertragsverhältnis darstellen. Ansonsten würde sie für dieses Vertragsverhältnis keine mittelbare Anordnung, sondern eine isolierte bauzeitliche Anordnung darstellen.

Zum anderen wurde bereits festgestellt, dass mittelbare Eingriffe deshalb für zulässig erachtet werden, weil sonst der Sinn und Zweck der Inhaltsänderung nicht gewährleistet würde. Für die Erhaltung dieses Sinn und Zwecks ist die Möglichkeit der Vorverlegung nicht erforderlich. Die inhaltliche Leistungsänderung könnte auch zu dem ursprünglichen Zeitpunkt realisiert werden.

(d) Zwischenfazit

Durch zulässige bauinhaltliche Anordnungen zum Werkerfolg kann die vertragliche Bauzeit geändert werden. Diese mittelbaren bauzeitlichen Änderungen können nur zu einer Verschiebung der Bauzeit oder zu einer Verlängerung der Bauzeit führen.

(3) Kompensation

Anordnungen zum Werkerfolg ziehen die Vergütungsanpassung gemäß § 650 c BGB nach sich. Demnach sind grundsätzlich die tatsächlichen Mehr- oder Minderkosten der Änderung mit angemessenen Zuschlägen für die Allgemeinen Geschäftskosten, Wagnis und Gewinn vorzusehen. Führen inhaltliche Anordnungen zum Werkerfolg zu den mittelbaren Folgen einer bauzeitlichen Veränderung, so sind auch diese über § 650 c BGB zu behandeln.[161] Für die mittelbaren bauzeitlichen Änderungen sind die Regelungen der §§ 642, 643 BGB nicht einschlägig, da durch die mittelbare Auswirkung der zulässigen Anordnung sich die vertragliche Bauzeit anpasst. Bezogen auf die angepasste Bauzeit liegt keine Behinderung vor.

(4) Ergebnis

Bauinhaltlich zulässige Änderungsanordnungen gemäß § 650 b Abs. 2 BGB i. V. m. § 650 b Abs. 1 S. 1 Nr. 1 BGB können somit mittelbar zu zulässigen Anpassungen der Bauzeit in Form der Verschiebung und der Verlängerung führen. Die finanzielle Kompensation erfolgt zusammen mit der „mittelnden" bauinhaltlichen Anordnung über die Anpassungsregelung des § 650 c BGB. Aufgrund der Anpassung der vertraglichen Bauzeit liegt auch kein Fall der Behinderung vor, so dass die §§ 642, 643 BGB bzw. § 6 VOB/B keine Anwendung finden.

dd) Isolierte Bauzeitanordnungen

Fraglich ist, ob das Anordnungsrecht des § 650 b BGB von seiner Zielsetzung auch isolierte bauzeitliche Anordnungen erfasst. Bei den isolierten bauzeitlichen Anordnungen fehlt es – anders als bei den mittelbaren bauzeitlichen Anordnungen an einer bauinhaltlichen Anordnung zum Werkerfolg als Transmitter der bauzeitlichen Anpassung.

Da aus den Gesetzesmaterialien kein eindeutiger Rückschluss auf die Bauzeit insgesamt gezogen werden kann,[162] bedarf es einer Betrachtung der verschiedenen bauzeitlichen Anpassungsmöglichkeiten im Hinblick auf die Zielsetzung

161 Kniffka/von Rintelen, ibr-online-Kommentar Bauvertragsrecht, § 650 c Rn. 35; Kapellmann/Schiffers, Vergütung, Nachträge, Behinderungsfolgen beim Bauvertrag, Bd. 1 Rn. 1089; Langen in: Langen/Berger/Dauner-Lieb, § 650 c Rn. 17 und 27.

162 BeckOK BGB/Voit, BGB, § 650 b Rn. 9; Kniffka/Retzlaff, ibr-online-Kommentar Bauvertragsrecht, § 642 Rn. 144; Leupertz in: Prütting/Wegen/ Weinreich, BGB, 12. Auflage, Anhang zu § 631-651 Rn. 7.

des Anordnungsrechts und einer Betrachtung der jeweiligen Interessenlage der Bauvertragsparteien.

(1) Bauzeitverschiebung

Zu Beginn wird die Interessenlage hinsichtlich der Bauzeitverschiebung betrachtet. Hierbei ist das Bedürfnis des Bestellers an einem Anordnungsrecht zu untersuchen und zu der damit verbundenen Belastung des Unternehmers auch vor dem Hintergrund eines Vergleichs mit anderen Konstellationen bauzeitlicher Änderungen ins Verhältnis zu setzen.

(a) Bedürfnis eines Anordnungsrechts zur Bauzeitverschiebung

Im ersten Schritt soll hierbei der Frage nachgegangen werden, inwieweit ein Bedürfnis an einer isolierten Bauzeitanordnung in Form der Bauzeitverschiebung besteht.

Auf Bestellerseite besteht ein hohes Interesse daran, den Bauablauf unterbrechen zu können. Hierbei bestehen Konstellationen, bei denen bereits faktisch keine Ausführung der vertraglichen Leistung erfolgen kann. So kann der Dachdecker das Dach nicht decken, wenn der Dachstuhl noch nicht erstellt ist. Aber auch in weniger eindeutigen Fällen besteht ein Interesse daran, dass (noch) nicht ausgeführt wird. Es ist z.B. nicht im Interesse des Bestellers, wenn der Dachdecker das Dach auf einen Dachstuhl montiert, der aufgrund grober Mangelhaftigkeit wesentlich überarbeitet werden muss. Die soeben dargestellte Interessenlage kann auch in den Fällen bestehen, in denen der Besteller die Ausführung hinausschieben möchte, ohne dass ein Ausführungshindernis bzw. ein baufachlicher Zwang hierfür besteht. Der Besteller könnte schlicht noch nicht ausführen wollen, obwohl dies baufachlich möglich wäre. So könnte der Dachstuhl im obigen Beispiel mangelfrei sein, der Besteller wünscht aber eine Änderung des Dachstuhls. Auch dann hat er ein hohes Interesse daran, dass das Dach noch nicht gedeckt wird. Das Interesse könnte auch aus nicht baulichen Aspekten resultieren, z.B. könnte der Besteller die Leistung verschieben wollen, weil er noch nicht genug Miet- oder Kaufinteressenten für ein Wohnungsbauprojekt gefunden hat.

Verschiebungen hinsichtlich der Leistungserbringung könnten jedoch auch ohne ein bauzeitliches Anordnungsrecht im Wege der Kooperationsverhandlungen durchgesetzt werden. Auch könnten Verschiebungen durch Behinderungen entstehen. Es ist daher zu untersuchen, ob ein Bedürfnis hinsichtlich eines entsprechenden Anordnungsrechts besteht.

(aa) Bedürfnis trotz Kooperationspflicht

Es stellt sich die Frage, ob zur Befriedigung des Verschiebungsbedürfnisses nicht die Kooperationspflicht ausreicht. Hierzu ist zu prüfen, ob die Kooperationspflicht nach der Einführung des Bauvertragsrechts überhaupt noch eine eigenständige Bedeutung hat und ob der zur bisherigen Rechtslage festgestellte Anwendungsbereich bezogen auf die Bauzeit[163] durch die gesetzlichen Neuerungen Änderungen erfahren hat.

(α) Kein Entfall der Kooperationspflicht

Zunächst ist zu klären, ob es nach Einführung des neuen Bauvertragsrechts noch einer aus § 242 BGB hergeleiteten Kooperationspflicht bedarf. Die Kooperationspflicht wurde entwickelt, um den Besonderheiten des Bauvertrags Rechnung zu tragen.[164] Nunmehr wurde der Bauvertrag als Spezialform des Werkvertrags im BGB geregelt. Damit soll der Besonderheit des Bauvertrags, insbesondere dessen Dauer und Komplexität, Rechnung getragen werden.

Das Kooperationsprinzip stellt erhöhte Anforderungen an das Zusammenwirken der Parteien zum Zwecke der Durchführung des Vertrags, insbesondere an die Informations-, Mitwirkungs- und Verhandlungspflichten.[165] Hierzu zählt insbesondere, dass die Parteien während der Vertragsdurchführung grundsätzlich gehalten sind, im Wege der Verhandlung eine Klärung und eine einvernehmliche Lösung zu versuchen.[166]

Das neue Bauvertragsrecht sieht nur wenige Verfahrensregelungen vor (z.B. zum Einigungsverfahrens des § 650 b BGB) und stellt keinen vollständigen Regelungskatalog dar, mit denen abschließend alle bauvertraglichen Grundsätze geregelt werden. Auch ist nur in geringem Umfang eine Erweiterung der Verteilung von Rechten und Pflichten gegenüber dem bisherigen Werkvertragsrecht erfolgt. Von daher ist ein grundsätzlich weiterhin bestehender Bedarf hinsichtlich der Kooperationspflichten festzustellen.

Wird die Intention des Gesetzgebers in seinem historischen Ablauf betrachtet, dann war bereits der Auftrag des BMJV an die Arbeitsgruppe Bauvertragsrecht darauf ausgerichtet, regelungsbedürftige Themenkomplexe zu identifizieren und Regelungsansätze aufzuzeigen und nicht ein umfassendes Regelwerk zu

---

163 S.o. B., II., 4., d).

164 S.o. B., II., 4., a).

165 BGH NJW 1996, 2158 f.; von Rintelen in: Messerschmidt/Voit, Privates Baurecht, II. Teil, § 631, Rn. 114.

166 BGH NJW 2003, 807, 808.

erarbeiten, das sämtliche Hinweis-, Informations- und Verhandlungspflichten abschließend für den Bauvertrag regelt.[167] Somit folgt aus der Einführung des Bauvertragsrechts nicht, dass das Kooperationsprinzip aus dem Bereich des Bauvertrags durch die gesetzliche Regelung ausgeschlossen werden sollte.

Auch stellen die Kooperationspflichten einen Ausdruck von Treu und Glauben dar. § 242 BGB findet im Rahmen der gesetzlichen Wertungen weiterhin Anwendung.

Mit der Einführung des Bauvertrags sind die aus § 242 BGB hergeleiteten Kooperationspflichten somit nicht entfallen.

(β) Verhältnis der Kooperationspflicht zum Anordnungsrecht des § 650 b BGB

Fraglich ist jedoch, inwieweit noch Raum für die Kooperationspflicht in den Fällen verbleibt, die grundsätzlich in den Anwendungsbereich der gesetzlichen Regelungen des Bauvertrags fallen.

Soweit explizite Regelungen in den Bereichen bestehen, auf die bisher die Kooperationspflichten Anwendung gefunden haben, dürfte den gesetzlichen Regelungen zumindest der Vorrang einzuräumen sein, da diese die kodifizierten und gegenüber § 242 BGB die spezielleren darstellen. Soweit der Gesetzgeber aber keine expliziten Regelungen getroffen hat und sich auch aus den Gesetzesmaterialien kein Rückschluss ziehen lässt, dass der Gesetzgeber die bisher aus allgemeinen Rechtssätzen oder § 242 BGB abgeleiteten Pflichten mit den eingeführten Gesetzesänderungen ausschließen wollte, ist grundsätzlich weiterhin ein Anwendungsbereich eröffnet.

Unabhängig von der aus § 242 BGB abgeleiteten Kooperationspflicht können aus § 242 BGB auch weiterhin Grenzen der bauvertraglichen Regelungen hergeleitet werden (z.B. rechtsmissbräuchliches Verhalten).

Bezogen auf § 650 b BGB bedeutet dies, dass für Änderungsbegehren zum Werkerfolg oder für Änderungsbegehren, die zur Erreichung des Werkerfolgs erforderlich sind, das Verfahren gemäß § 650 b BGB grundsätzlich einzuhalten ist.

Fraglich ist, wie mit Änderungsbegehren umzugehen ist, die vom Anwendungsbereich des § 650 b BGB nicht erfasst werden.

---

167 Abschlussbericht der Arbeitsgruppe Bauvertragsrecht beim Bundesministerium der Justiz vom 18. Juni 2013 S. 4. (www.bmjv.de/SharedDocs/Gesetzgebungsverfahren/Dokumente/Abschlussbericht_AG_Bauvertragsrecht.html).

Zum einen können Änderungsbegehren bestehen, die sich als unzumutbar darstellen. Da die Zumutbarkeitsprüfung aber bereits eine Interessenabwägung voraussetzt, die auch im Rahmen einer aus § 242 BGB abgeleiteten Verhandlungspflicht anzustellen wäre, folgt für die aus diesem Grund aus dem Anwendungsbereich von § 650 b BGB entfallenden Anordnungsbegehren auch keine ernsthafte Verhandlungspflicht auf Basis der Kooperationspflicht. Über unzumutbare Änderungsbegehren muss auch auf Basis von Treu und Glauben nicht verhandelt werden.

Zum anderen kommen zumutbare Änderungsbegehren in Betracht, die nicht den Werkerfolg betreffen. Hier stellt sich die Frage, ob aus der Positivregelung des § 650 b BGB der Rückschluss folgt, dass für andere Änderungsbegehren auch keine Rechte und Pflichten, wie sie die Kooperationspflicht für Besteller und Unternehmer bisher vorsah, mehr bestehen sollen.

Neben dem Umstand, dass den Gesetzesmaterialien kein expliziter Hinweis hierzu zu entnehmen ist, ist auch hinsichtlich der Rechtsfolge keine Identität gegeben. Das Kooperationsprinzip sieht grundsätzlich nur eine Pflicht zur ernsthaften Verhandlungsbereitschaft gegenüber einem zumutbaren Änderungsbegehren vor. Die Verweigerung zur Verhandlung kann gegebenenfalls rechtsmissbräuchlich sein und eine Kündigung rechtfertigen.[168] Ein Anordnungsrecht folgt aus dem Kooperationsprinzip jedoch nicht.[169] Da somit aus dem Kooperationsprinzip kein Primäranspruch auf Ausführung folgt, besteht auch keine direkte Regelungskonkurrenz mit § 650 b BGB. Hinzu kommt, dass das Kooperationsprinzip aus § 242 BGB hergeleitet wird. Der in § 242 BGB normierte Grundsatz von Treu und Glauben kann als normative Korrekturmöglichkeit grundsätzlich ergänzend zu den expliziten Regelungen zur Anwendung kommen. Somit kann aus der Regelung des § 650 b BGB im Rückschluss nicht gefolgert werden, dass für Änderungsbegehren die nicht von § 650 b BGB erfassten werden, weder das Anordnungsrecht noch die Kooperationspflicht in Betracht kommt. Die Kooperationspflicht kann somit für die nicht von § 650 b BGB erfassten Fälle weiter Anwendung finden.

(γ) Änderungsbegehren zur Bauzeit

Für das Änderungsbegehren zur Bauzeit stellt sich somit die Frage, ob das bestehende Bedürfnis durch die aus § 242 BGB abgeleitete Kooperationspflicht erfüllt wird.

---

168 S.o. B., II., 4., a).
169 S.o. B., II., 4., b).

Dagegen spricht, dass aus dem Kooperationsprinzip nur ein Anspruch auf ernsthafte Verhandlung aber kein durchsetzbarer Anspruch auf Ausführung der Leistung in der gewünschten geänderten Form folgt.[170]

Hinzu kommt, dass die gesetzliche Regelung des § 650 b BGB gerade die Wertungsstufe aufstellt, dass für Änderungsbegehren zum Werkerfolg vorrangig eine Einigungsphase zu durchlaufen ist und bei einem Scheitern dieser Einigung ein Anordnungsrecht zum Tragen kommen soll. Für die nicht von § 650 b BGB erfassten Fälle bliebe es hingegen bei der Verhandlungspflicht des Kooperationsprinzips.[171] Die nächste Stufe der Anordnungsmöglichkeit fehlt dort. Es ist nicht ersichtlich, weshalb für bauinhaltliche Änderungen das Bedürfnis zur Anpassung mit der weiteren Eskalationsstufe der Anordnung bestehen sollte, für die bauzeitlichen Anordnungen hingegen nicht.

Hierbei ist auch für die Bauzeit zu berücksichtigen, dass die anpassungsbegehrende Seite im Vergleich zur bestandsinteressierten Seite im Verhandlungsverfahren eine schlechtere Verhandlungssituation einnimmt.[172]

Im Ergebnis ist somit festzustellen, dass das Gebot, ernsthafte Verhandlungen über ein Änderungsbegehren zu führen, nicht das Bedürfnis an einem entsprechenden Anordnungsrecht ausschließt.

(bb) Bedürfnis trotz „Behinderungsregelungen“

Fraglich ist, ob trotz der Regelungen der §§ 642, 643 BGB ein Bedürfnis zur Anordnung einer bauzeitlichen Verschiebung besteht. Hierzu sind die sogenannten „Behinderungsfälle“ und deren rechtliche Behandlung zu betrachten.

(α) Behinderungskonstellationen

Der Begriff „Behinderung“ wird im BGB nicht verwendet. § 642 BGB gewährt dem Auftragnehmer einen Anspruch, wenn für die Herstellung des Werkes eine Handlung des Bestellers erforderlich ist und der Besteller durch die Unterlassung der Handlung in Verzug der Annahme kommt. Der als Mitwirkungsverzug[173] bezeichnete Annahmeverzug durch Unterlassen der Mitwirkung tritt z.B. ein, wenn der Besteller dem Unternehmer nicht das für seine Leistungen „aufnahmebereite“ Baugrundstück bzw. Vorgewerk zur Verfügung stellt.[174] Gleiches

---

170 S.o. B., II., 4., c).

171 BeckOGK BGB/Mundt, BGB, § 650 b Rn. 50.

172 Von Rintelen in: Messerschmidt/Voit, Privates Baurecht, II. Teil, § 631, Rn. 123.

173 Kniffka/Retzlaff, ibr-online-Kommentar Bauvertragsrecht, § 642 Rn. 29.

174 BGH NJW 2003, 1601, 1602.

gilt für die vom Besteller zu treffenden Entscheidungen, die für die Bauausführung erforderlich sind.[175]

In § 6 VOB/B wird der Begriff der „Behinderung“ verwendet. Unter einer Behinderung sind solche Einflüsse auf den Bauablauf zu verstehen, die ein nachteiliges Abweichen vom ursprünglich vorgesehenen zeitlichen Ablauf der Bauausführung bewirken.[176] Auch wenn der Begriff nicht explizit im BGB erwähnt wird, werden derartige Konstellationen in der Folge unter dem Begriff der „Behinderung“ betrachtet, da sich der Begriff für den Bauvertrag etabliert hat.[177] In diesem Zusammenhang werden verschiedene Differenzierungen bemüht, welche Einflüsse auf den Bauablauf unter die Behinderungskonstellation gefasst werden.[178] Da die unterschiedlichen Einordnungen zum Teil von der Rechtsfolge rückgeleitet wirken, sind sie zu betrachten, soweit sie zu materiellen Unterschieden führen. Grundsätzlich fallen unter die Behinderungen alle Ereignisse, die den vertraglich vorgesehenen Bauablauf hemmen oder verzögern[179], wobei tatsächliche und rechtliche Ursachen in Betracht kommen.[180] Das tatsächliche Vorliegen einer Behinderung setzt voraus, dass der Auftragnehmer selbst leistungsbereit und -fähig ist.[181]

Es ist zu untersuchen, welche Rechtsfolgen im Falle der Behinderung sowohl für die Bauzeit als auch für die finanziellen Ansprüche des Unternehmers eintreten.

(αα) Zeitliche Komponente der Behinderung

Liegt eine tatsächliche Ausführungsbehinderung vor, kann faktisch nicht ausgeführt werden. Dies könnte zu einer Verlängerung der vertraglichen Bauzeit führen. Ausdrücklich in dieser Form geregelt wird dies in der VOB/B gemäß § 6 Abs. 2, 4 VOB/B. Danach wird die Bauzeit um den Zeitraum der Behinderung zuzüglich eines Zuschlags für die Wiederaufnahme verlängert, § 6 Abs. 4 VOB/B, soweit eine Behinderungsverursachung gemäß § 6 Abs. 2 VOB/B vorliegt. Es wird also bereits im Vertrag unter den Voraussetzungen von § 6 Abs. 1 und

175 Kniffka/Retzlaff, ibr-online-Kommentar Bauvertragsrecht, § 642 Rn. 21.
176 Berger in: Ganten/Jansen/Voit, VOB/B, § 6 Abs. 1, Rn. 30.
177 Jurgeleit in: Kniffka/Koeble/Jurgeleit/Sacher, Kompendium des Baurechts, Teil 7, Rn. 76.; vgl. Stickler in: Messerschmidt/Voit, Privates Baurecht, II. Teil, § 642 Rn. 33.
178 Vgl. Berger in: Ganten/Jansen/Voit, VOB/B, Vorbemerkungen § 6 Rn. 30 ff.
179 OLG Braunschweig BauR 2004, 1621, 1622.
180 BeckOK VOB/B/Oberhauser, VOB/B, § 6 Rn. 1.
181 BeckOK VOB/B/Oberhauser, VOB/B, § 6 Rn. 1.

Abs. 2 VOB/B eine Anpassung der vertraglichen Termine vereinbart, wenn die terminliche Planung durch einen der in § 6 Abs. 2 VOB/B genannten Umstände beeinträchtigt wird.[182]

Für den BGB-Vertrag findet sich diese Regelung nicht explizit im Gesetz. Allerdings soll auch hier gelten, dass sich bauzeitverlängernde Ereignisse aus dem Risikobereich des Bestellers zu Gunsten des Unternehmers auswirken.[183] So ergibt sich aus § 295 BGB für den Gläubigerverzug, dass der Schuldner den Gläubiger nur dann in Annahmeverzug setzen kann, wenn er selbst leistungsbereit ist. Bei analoger Anwendung von § 295 BGB folgt hieraus, dass der Gläubiger (Besteller) den säumigen Schuldner (Unternehmer) nur dann rechtswirksam mahnen kann, wenn er vor oder mit der Aufforderung zur Leistung eine ihm ggf. obliegende Handlung vornimmt bzw. anbietet.[184] Bei einem Ereignis aus dem Risikobereich des Bestellers, das die rechtzeitige Durchführung der Leistung durch den Unternehmer unmöglich macht, ist dies jedoch nicht der Fall, so dass der Unternehmer nicht in Verzug kommt.[185] Ob und inwieweit sich in diesem Fall die Bauzeit verlängert, folgt daraus – anders als nach § 6 Abs. 2 VOB/B – jedoch nicht.[186]

Zum Teil wird vertreten, dass diese vermeintliche „Lücke" durch eine Übertragung der Grundsätze von § 6 Abs. 2 VOB/B auf den BGB-Vertrag geschlossen werden könne.[187] Über §§ 242 und 271 BGB werde die Übertragung der genannten VOB/B-Vorschriften auch in den BGB-Vertrag ermöglicht.[188]

Eine analoge Anwendung ist dogmatisch jedoch nicht konstruierbar. Die Regelungen der VOB/B sind als Allgemeine Geschäftsbedingungen nicht analog auf die gesetzlichen Regelungen des Schuldrechts anwendbar.[189] Wegen der Rechtsnatur der VOB/B-Regelungen als Allgemeine Geschäftsbedingungen ist eine schlichte Übernahme auf den BGB-Vertrag nicht möglich.[190] In der VOB/B werden vielmehr Fälle wiedergegeben, die nach den Regelungen des Zivilrechts

---

182 BeckOK VOB/B/Oberhauser, VOB/B, § 6 Abs. 2.
183 Berger in: Ganten/Jansen/Voit, VOB/B, Vorbemerkungen § 6 Rn. 7; Vygen/Joussen in: Vygen/Joussen/Lang/Rasch, S. 191.
184 BGH NJW 1996, 1745, 1746; NJW RR 1988, 1396 f.
185 Roquette/Viering/Leupertz, Handbuch Bauzeit, Rn. 502.
186 Roquette/Viering/Leupertz, Handbuch Bauzeit, Rn. 502.
187 Berger in: Ganten/Janssen/Voit, VOB/B, Vorbemerkungen § 6 Rn. 7.
188 Berger in: Ganten/Janssen/Voit, VOB/B, Vorbemerkungen § 6 Rn. 2 ff.
189 Roquette/Viering/Leupertz, Handbuch Bauzeit, Rn. 502.
190 Von Rintelen in: Messerschmidt/Voit, Privates Baurecht, I. Teil, H, Rn. 139.

einem Verschulden des Unternehmers entgegenstehen.[191] Zum Teil wird im Sinne einer ergänzenden Vertragsauslegung bzw. aus § 242 BGB bzw. 313 BGB eine dem § 6 Abs. 2 VOB/B entsprechende Rechtsfolge der Bauzeitverlängerung hergeleitet.[192]

Für den BGB-Vertrag ist somit nicht wie im VOB/B-Vertrag geregelt, ob aus einer Behinderung durch den Besteller eine Verlängerung der Bauzeit für den Unternehmer folgt.[193] Anders als in § 6 Abs. 2 VOB/B vorgesehen, verlängerten sich die Ausführungsfristen nicht automatisch[194], sondern diese verlören durch die Behinderung entweder ihre Verbindlichkeit[195] oder der Unternehmer erlange einen Anspruch auf eine Anpassung der Vertragstermine nach Treu und Glauben.[196] Wenn der Unternehmer aufgrund einer verzögerten Mitwirkung des Bestellers sogar eine angemessene Entschädigung gemäß § 642 BGB verlangen kann, könne die Behinderung nicht zugleich ohne Einfluss auf die Ausführungsfristen bleiben.[197]

Aus diesen Einordnungsansätzen ist einheitlich zu folgern, dass dem Unternehmer bezogen auf die Nichteinhaltung der ursprünglichen Vertragstermine kein Nachteil durch ein Ereignis entstehen kann, dessen Risiko er nicht übernommen hat. Hierbei werden unterschiedliche Auffassungen vertreten, ob auch die vertragliche Bauzeit angepasst wird oder keine nachteiligen Rechtsfolgen an eine Überschreitung geknüpft werden, es aber nur zu einer faktischen Verschiebung der Ausführungszeit[198] kommt.

Im Ergebnis ist für den BGB-Vertrag wie auch für den VOB/B-Vertrag festzustellen, dass bei einer entsprechenden Behinderung zu einem späteren Zeitpunkt ausgeführt wird und keine gegenüber der Anpassung der vertraglichen Bauzeit abweichende Rechtsfolgen aus der Überschreitung der ursprünglichen Ausführungsfrist für den Unternehmer resultieren. Für die Frage, ob ein Bedürfnis an einem Anordnungsrecht zur Bauzeitverschiebung besteht, kommt es auf diese Unterscheidung somit nicht an.

Zu betrachten ist hierbei noch, wann die bauzeitrelevante Wirkung eintritt, also zu welchem Zeitpunkt die Verschiebung beginnt.

---

191 Roquette/Viering/Leupertz, Handbuch Bauzeit, Rn. 502.
192 Vygen/Joussen in: Vygen/Joussen/Lang/Rasch, S. 191.
193 Roquette/Viering/Leupertz, Handbuch Bauzeit, Rn. 502.
194 Von Rintelen in: Messerschmidt/Voit, Privates Baurecht, I. Teil, H, Rn. 139.
195 Kühne, BB 1988, 711, 714.
196 Staudinger/Peters BGB, § 642 Rn. 53.
197 Staudinger/Peters BGB, § 642 Rn. 5.
198 Von Rintelen in: Messerschmidt/Voit, Privates Baurecht, I. Teil, H, Rn. 139.

Für den VOB/B-Vertrag ist neben der Behinderung als solche noch die Anzeige der Behinderung erforderlich, sofern nicht die behindernde Tatsache und deren behindernde Wirkung offenkundig ist, § 6 Abs. 1 VOB/B. Für den BGB-Vertrag ist dies – unter Berücksichtigung der eigenen Leistungsbereitschaft – gegeben, wenn Mitwirkungsverzug[199] vorliegt. Aus der Kooperationspflicht wird jedoch auch hier eine zusätzliche Hinweispflicht des Unternehmers an den Besteller abgeleitet.[200]

Neben der Frage des Beginns der Verschiebung, also dem Zeitpunkt zu dem die Behinderung bzw. die Berücksichtigung der behindernden Wirkung (vgl. § 6 Abs. 1 S.2 VOB/B) eintritt, ist weiter zu betrachten, wann nach Wegfall der Behinderung die vertragliche Bauzeit wieder weiterläuft bzw. wann entsprechend der Zeitraum beginnt, nach dessen Ablauf Verzugsfolgen eintreten können. § 6 Abs. 3 S. 2 VOB/B sieht vor, dass der Unternehmer unverzüglich nach Wegfall der behindernden Wirkung die Arbeit wiederaufzunehmen hat und den Besteller darauf hinzuweisen hat. Für den sich anschließenden Zeitraum wird gemäß § 6 Abs. 4 VOB/B ein zeitlicher Zuschlag für die Wiederaufnahme der Arbeiten und eine etwaige Verschiebung in eine schlechtere Jahreszeit gewährt.

Für den BGB-Vertrag gilt hinsichtlich der Pflicht der Arbeitsaufnahme entsprechendes. Auch hier verbietet sich zwar eine Übertragung der Regelung der VOB/B-Regelung, allerdings folgt bereits aus dem Umstand, dass die Leistungen im BGB-Vertrag grundsätzlich sofort fällig sind, § 271 BGB, dass die Leistung nach Wegfall des Ausführungshindernisses fortzuführen ist. Auch hinsichtlich des zeitlichen Zuschlags für die Wiederaufnahme und die Verschiebung in eine ungünstigere Jahreszeit ergibt sich für den BGB-Vertrag zu § 6 Abs. 4 VOB/B entsprechendes. Nicht zuletzt aus § 242 BGB lässt sich herleiten, dass die zusätzliche Leistung, die in der Wiederaufnahme des Baustellenbetriebes liegt bzw. daraus resultiert, dass in einer schlechteren Jahreszeit die Leistung pro Zeiteinheit geringer sein kann, zu Gunsten des Unternehmers zu einer Verlängerung des Ausführungszeitraums führen kann.[201]

(ββ) Kompensationsmechanismen in Behinderungsfällen

Aus der dargestellten bauzeitlichen Anpassung aufgrund der Regelung des § 6 Abs. 2 VOB/B bzw. des auch im BGB geltenden Grundsatz, dass dem Unternehmer aus einer aus der Risikosphäre des Bestellers stammenden

---

199 S.o. B., V., 1., d), dd), (1), (a), bb), (α).

200 Von Rintelen in: Messerschmidt/Voit, Privates Baurecht, II. Teil, § 631 Rn. 117.

201 BGH NJW 2009, 2443, 2447 Rn. 48.; Kniffka, BauR 2020, 329, 346.

Behinderungssituation kein Nachteil hinsichtlich seiner vertraglichen Fertigstellungsverpflichtung in zeitlicher Hinsicht eintreten soll, folgt im ersten Schritt nur, dass der Unternehmer nicht gezwungen ist, innerhalb eines kürzeren Zeitfensters leisten zu müssen.

Darüber hinaus stellt sich für den Unternehmer die Frage, ob er auch eine Möglichkeit hat, einen finanziellen Ausgleich für den Zeitraum der Behinderung zu erhalten, sowie die Frage, ob er nun auf unbestimmte Zeit an das Vertragsverhältnis mit dem Besteller gebunden ist und bei seinen weiteren Planungen immer das Risiko berücksichtigen muss, dass die Behinderung aufgehoben ist und er seine Leistungspflichten erfüllen muss.

Zum einen sieht § 642 BGB vor, dass der Unternehmer eine angemessene Entschädigung erhält, wenn für die Herstellung eines Werkes eine Handlung des Bestellers erforderlich ist und der Besteller durch das Unterlassen der Handlung in Annahmeverzug gerät. Für den VOB/B-Vertrag ist vorgesehen, dass § 642 BGB auch dort Anwendung findet (§ 6 Abs. 2 S. 2 VOB/B). Bei Vereinbarung der VOB/B kann der Unternehmer aber auch Anspruch auf Ersatz seines nachweislichen Schadens beanspruchen, wenn der Besteller die hindernden Umstände zu vertreten hat. Es kann der entgangene Gewinn beansprucht werden, wenn Vorsatz oder grobe Fahrlässigkeit des Bestellers vorliegt, § 6 Abs. 6 VOB/B. Sofern die Mitwirkungspflicht im Einzelfall eine selbstständige Nebenpflicht darstellt, kann auch im BGB-Vertrag ein Anspruch auf Schadensersatz gemäß §§ 280, 286 BGB in Betracht kommen.[202]

Zum anderen gibt § 643 BGB dem Unternehmer die Möglichkeit, sich von dem Vertrag lösen zu können, wenn er dem Besteller zur Nachholung der erforderlichen Handlung eine angemessene Nachfrist setzt und mit der Erklärung bestimmt, dass er den Vertrag kündige, wenn die Handlung nicht bis zum Ablauf der Frist vorgenommen werde.

Im Ergebnis ist somit sowohl eine finanzielle Entschädigung vorgesehen als auch die Möglichkeit gegeben, sich aufgrund dieses Umstandes von der vertraglichen Bindung zu lösen.

(γγ) Ergebnis

Im Ergebnis lässt sich somit für die Fälle der Behinderung feststellen, dass eine zeitliche Verschiebung der vertraglichen Bauzeit, zumindest aber der faktischen Ausführungszeit durch die Behinderung eintritt. Dem Unternehmer drohen keine nachteiligen Folgen aus der daraus resultierenden

202 BGH NJW 2018, 544, 547 Rn. 34.

Ausführungsfristüberschreitung. Dem Unternehmer steht grundsätzlich die vor der Behinderung noch nicht verbrauchte vertragliche Bauzeit für die Fertigstellung zur Verfügung, gegebenenfalls verlängert um Wiederaufnahme- und Erschwerniszuschläge. Darüber hinaus hat der Unternehmer einen Anspruch auf Entschädigung, § 642 BGB. Für diese bauzeitliche Verschiebung benötigt der Besteller kein Anordnungsrecht.

(β) Erfordernis einer Behinderung

Für die Frage, ob dennoch ein Bedürfnis des Bestellers besteht, eine bauzeitliche Verschiebung anordnen zu können, ist in der Folge näher zu betrachten, welchen Voraussetzungen eine behinderungsbedingte Bauzeitverschiebung unterliegt, unter welchen Bedingungen also ein Behinderungstatbestand gegeben ist.

Eine Behinderung des Unternehmers setzt grundsätzlich ein Ereignis voraus, das die Ausführung für den Unternehmer zeitweise unmöglich macht. Hierzu werden verschiedene Abgrenzungen vertreten, ob tatsächliche oder auch rechtliche Gründe eine Rolle spielen, ob die Einwirkungen unplanmäßig sein müssen und inwiefern es eine Rolle spielt, aus welchem Risikobereich sie resultieren.[203] An dieser Stelle soll insoweit keine Detailbetrachtung erfolgen. Bereits denklogisch stellt ein fehlender Rohbau zum Zeitpunkt des vertraglichen Leistungszeitraums für den Fensterbauer ein Ausführungshindernis dar. Der Besteller ist seiner Mitwirkungspflicht, den Rohbau zu erstellen bzw. erstellen zu lassen, nicht nachgekommen, so dass er sich im Annahmeverzug befindet, wenn der Unternehmer seine Leistung anbietet.

Für die Frage, ob ein Bedürfnis zur Möglichkeit der Anordnung besteht, ist die entscheidende Frage, ob der Besteller auch das Recht hat, die Ausführung vorübergehend zu untersagen, wenn kein derartiger Grund vorliegt, der eine Unterbrechung erforderlich macht.

(αα) Wortlaut § 642 BGB und § 6 Abs. 1 VOB/B

§ 642 BGB setzt voraus, dass „zur Herstellung des Werkes" eine Handlung des Bestellers erforderlich ist, also ohne ein bestimmtes Verhalten gerade nicht ausgeführt werden kann. Auch § 6 Abs. 1 S. 2 VOB/B als Ausdruck, der sich aus Treu und Glauben ergebenden Grundsätze,[204] spricht von „Tatsache und deren hindernden Wirkung".

203 Vgl. Berger in: Ganten/Jansen/Voit, VOB/B, Vorbemerkungen § 6 Rn. 30 ff.
204 Berger in: Ganten/Jansen/Voit, VOB/B, Vorbemerkungen § 6 Rn. 1.

Ein reines „nicht Wollen" des Bestellers, dass dieser in Form eines baufachlich unbegründeten Baustopps zum Ausdruck bringt, würde somit nicht ausreichen. Er könnte ohne weitere Umstände außerhalb der reinen Willensbildung des Bestellers, eine – faktisch nicht behinderte – Ausführung nicht untersagen.[205] Es käme dann nur eine entsprechende Bauzeitanordnung in Betracht. Entsprechend wird die Möglichkeit des Baustopps verneint,[206] wenn derartige Bauzeitanordnungen als unzulässig qualifiziert würden.

Dem steht auch nicht entgegen, dass § 6 Abs. 6 VOB/B für den VOB/B-Vertrag ausdrücklich vorsieht, dass die Behinderung auch vorsätzlich erfolgen kann und dieses Verhalten mit der Rechtsfolge des Schadensersatzes verknüpft wird. Hieraus könnte gefolgert werden, dass, wenn sogar eine vorsätzlich herbeigeführte faktische Behinderung lediglich zu einem finanziellen Ausgleich führt, der Unternehmer nicht schutzwürdig hinsichtlich ausgesprochener Ausführungsuntersagungen ohne faktische Behinderung ist, da sein Äquivalenzinteresse durch die expliziten Anspruchsregelungen gewahrt bliebe. Hiergegen ist jedoch zum einen einzuwenden, dass die Rechtsfolgen einer vorsätzlichen Behinderung nur in der VOB/B entsprechend Erwähnung finden. Für den Bauvertrag, in den die VOB/B nicht einbezogen wurde, fehlt es bereits an einem entsprechenden Anknüpfungspunkt.

Aber auch innerhalb eines VOB/B-Vertrags ist zu beachten, dass die dortige Voraussetzung einer Behinderung in diesem Falle gerade nicht erfüllt würde. Für das Vorliegen einer Behinderung als solches erfolgt keine Differenzierung nach dem Grad eines Verursachungsverschuldens. Eine tatsächliche Behinderung liegt bei einer sachgrundlosen Aussprache eines „einfachen" Baustopps nicht vor.

(ββ) Recht auf Baustopp als Minus zur Kündigung

Teilweise wird ein Recht auf Baustopp als Minus zum freien Kündigungsrecht und damit als zulässig angesehen.[207] Zutreffend ist zwar, dass der Besteller das Recht hat, die Ausführung jederzeit zumindest durch freie Kündigung gemäß § 648 S. 1 BGB zu beenden. Fraglich ist jedoch, ob daraus auch der Rückschluss

205 Althaus in: Ganten/Jansen/Voit, VOB/B, § 5 Rn. 59.

206 Sacher in: Kapellmann/Messerschmidt, VOB/B, § 5 Rn. 41; Althaus in: Ganten/Jansen/Voit, VOB/B, § 5 Rn. 59; Thode, ZfBR 2004, 214, 222 f.

207 Berger in: Ganten/Jansen/Voit, VOB/B, § 6 Abs. 2, Rn. 52; vgl. Kniffka/Retzlaff, BauR 2017, 1747, 1788.

gezogen werden kann, dass deshalb auch ein Anordnungsrecht für einen Baustopp bestehe.

Da der Bauvertrag vom Besteller jederzeit gemäß § 648 BGB bzw. bei Einbeziehung der VOB/B gemäß § 8 Abs. 1 Nr. 1 VOB/B frei gekündigt werden kann, folgt daraus, dass kein Recht des Unternehmers auf Ausführung gegeben ist.[208] Hieraus folgt allenfalls ein Recht auf Einstellung der Arbeiten, aber nicht auf Fortsetzung zu einem späteren Zeitpunkt.[209] Da die Kündigung eine endgültige Vertragsbeendigung vorsieht, während eine „Unterbrechung" in den Produktionsprozess bei laufendem Vertrag eingreift, kann auch kein Erst-Recht-Schluss gezogen werden.[210]

Die „Unterbrechung" unterscheidet sich auch hinsichtlich der weiteren Rechtsfolgen von der Kündigung, so dass hinsichtlich der Interessenlage keine vergleichbare Situation wie bei der Vertragsbeendigung durch freie Kündigung gegeben ist.

Eine freie Kündigung zieht die für den Unternehmer günstige Vergütungsrechtsfolge des § 648 S. 2 BGB nach sich, während die Unterbrechung durch einen Baustopp im ersten Schritt (nur) zu finanziellen Kompensation gemäß § 642 BGB führt, die nicht identisch mit der Vergütung im Falle der freien Kündigung ist und auch ler aus seinem Besitzrecht bzw. der faktischen Einflusdie Ausführungspflicht weiter bestehen lässt.[211] Da somit andere Rechtsfolgen als im Falle der Kündigung eintreten, spricht gegen das Argument, der Baustopp sei als Minus zur freien Kündigung zulässig, dass dann auch die freie Kündigung einschließlich der damit verbundenen Rechtsfolgen gewählt werden muss.

(γγ) Baustopp als rechtsmissbräuchliches Verhalten

Der Besteller könnte jedoch z.B. ein befristetes Zugangsverbot aussprechen, so dass faktisch keine Ausführung erfolgen kann.

In diesem Fall käme in Betracht, in dem Baustopp, bei dem objektiv kein Ausführungshindernis vorliegt, ein unzulässiges bzw. sogar rechtsmissbräuchliches Verhalten zu sehen.[212] Ein solches kann dann angenommen werden, wenn die Mitwirkungshandlung als Pflicht[213] verstanden werde bzw. als

208 Vgl. Voit in: Messerschmidt/Voit, Privates Baurecht, III. Teil, A., § 1 Rn. 2; Berger in: Ganten/Jansen/Voit, VOB/B, § 6 Abs. 2 Rn. 52.

209 Berger in: Ganten/Jansen/Voit, VOB/B, § 6 Abs. 2 Rn. 52.

210 Althaus in: Ganten/Jansen/Voit, VOB/B, § 5 Abs. 1 Rn. 59.

211 Althaus in: Ganten/Jansen/Voit, VOB/B, § 5 Abs. 1 Rn. 59.

212 Kapellmann, NZBau 2011, 193, 197; Fuchs, Kooperationspflichten, S. 359.

213 Kapellmann, NZBau 2011, 193, 197.

Gläubigerobliegenheit, die in der Weise erstarkt sei, dass sie gleichzeitig zur Verletzung einer Schuldnerpflicht führe,[214] soweit durch die ausgebliebene Mitwirkungshandlung zugleich eine bestehende vertragliche Treuepflicht verletzt würde.[215]

Auch wenn der Gesichtspunkt des rechtswidrigen Verhaltens weitestgehend unter dem Aspekt eines weitergehenden finanziellen Anspruchs z.B. aus positiver Vertragsverletzung bzw. § 280 Abs. 1 BGB diskutiert wird, stellt sich hier die Frage, ob dann, wenn keine faktische Störung des geplanten Fertigungsablaufs des Unternehmers vorliegt, sondern der Besteller nur eine weitere Ausführung vorübergehend nicht wünscht, der Unternehmer verpflichtet ist, diesem Baustopp nachzukommen.

Zwar kann der Besteller aus seinem Besitzrecht bzw. der faktischen Einflussmöglichkeit heraus Einwirkungen auf das in seinem Besitz befindliche Objekt bzw. Grundstück untersagen. Er könnte den Zugang zur Baustelle behindern und ein „Baustellenverbot" aussprechen.[216]

Dann müsste diese Art der „Baustopp-Anordnung" aber auch als die Ausübung gerade dieses (Haus-) Rechts qualifiziert werden. Wird der Baustopp als eine solche sachgrundlose Untersagung des Zugangs ausgesprochen, kann dieses Verhalten als Vertragsverletzung gewertet werden,[217] die gegebenenfalls weitere Unternehmerrechte bis hin zu einer außerordentlichen Kündigung durch den Unternehmer auslösen könnte.

Ein Kündigungsrecht aus wichtigem Grund ist anzunehmen, wenn durch vertragswidriges Verhalten des Bestellers das Vertrauensverhältnis nachhaltig gestört oder die Erreichung des Vertragszwecks gefährdet ist.[218] So kann eine unberechtigte Kündigung des Vertrags aus wichtigem Grund zur Kündigung des Vertrags aus wichtigem Grund durch die andere Vertragspartei berechtigen.[219] Auch wenn die mangelnde Mitwirkung als solche nur als eine Obliegenheit betrachtet wird und daher Zurückhaltung bei der Annahme eines entsprechend qualifizierten vertragswidrigen Verhaltens geboten ist, kann der willkürliche

---

214 MüKoBGB/Busche, § 642 Rn. 21.

215 MüKoBGB/Busche, § 642 Rn. 21; Armbrüster/Bickert, NZBau 2006, 153, 154.

216 Markus in: Kapellmann/Messerschmidt, VOB/B, § 6 Rn. 59; Diehr, BauR 2001, 1507, 1509.

217 Markus in: Kapellmann/Messerschmidt, VOB/B, § 6 Rn. 59; Althaus in: Ganten/Jansen/Voit, VOB/B, § 5 Abs. 1 Rn. 59.

218 BGH NJW 1983, 2439, 2440.

219 BGH NJW 2009, 3717, 3719; NJW 2000, 807, 808.

Eingriff in die zeitliche Ausführung diese Voraussetzung erfüllen.[220] Dieses Kündigungsrecht aus wichtigem Grund kann auch neben der Möglichkeit, eine Kündigungsandrohung mit Fristsetzung auszusprechen, die bei fruchtlosem Fristablauf gemäß § 643 S. 2 BGB zur Aufhebung des Vertrages führt,[221] in Betracht kommen.[222]

Ohne faktische Behinderung ist somit kein Baustopp möglich, es sei denn, der Besteller stützt dies auf sein Besitz- bzw. Hausrecht, was den Unternehmer wiederum zu einer Kündigung aus wichtigem Grund berechtigen könnte.

(δδ) Befolgter Baustopp

Fraglich ist jedoch, wie ein solcher Baustopp zum Schutze des Unternehmers, der diesem nachkommt, behandelt werden müsste. Aus Sicht des Unternehmers erscheint es sachgerecht, wenn ein ausgesprochener Baustopp, den der Unternehmer befolgt, auch insoweit Auswirkungen auf die Bauzeit hätte, dass nicht mehr zu dem ursprünglichen, sondern zu dem sich aus dem Baustopp ergebenden späteren Fertigstellungstermin fertig gestellt werden müsste. Darüber hinaus müsste der Unternehmer eine Kompensation dafür erhalten, dass er eine Verschiebung der Ausführungszeit vornimmt.

Es käme einerseits in Betracht, den ausgesprochen Baustopp als Behinderung zu behandeln, auch wenn kein tatsächliches Ausführungshindernis vorliegt.

Es wäre auch denkbar, den ausgesprochenen Baustopp als eine Anordnung zur Bauzeit zu behandeln.

Im Rahmen der VOB/B wird zu der Frage, ob für den Fall einer befolgten unzulässigen Anordnung ein Anspruch aus § 2 Abs. 5 VOB/B besteht, zum Teil vertreten, dass die mangels Anordnungsrecht unberechtigte Anordnung keine Vergütungsfolgen nach § 2 Abs. 5 VOB/B auslösen könne.[223] Zum Teil wird die Auffassung vertreten, dass die Anordnung zur Bauzeit als Anordnung im Sinne des § 1 Abs. 3 VOB/B anzusehen sei, die eine Vergütungsfolge nach § 2 Abs. 5 VOB/B nach sich ziehe, selbst wenn die Bauzeit nicht unter § 1 Abs. 3 VOB/B gefasst werde.[224] Teilweise wird ein Wahlrecht des Unternehmers angenommen.[225]

---

220 Kniffka/Retzlaff, ibr-online-Kommentar Bauvertragsrecht, § 643 Rn. 32.

221 § 643 BGB wird in der Folge vereinfachend als Kündigungsrecht bezeichnet.

222 Vgl. Kniffka/Retzlaff, ibr-online-Kommentar Bauvertragsrecht, § 643 Rn. 32.

223 Thode, ZfBR 2004, 214, 219 ff.

224 Genschow, ZfBR 2004, 642, 643.

225 Vgl. Markus, NZBau 2006, 537, 539; Markus in: Kapellmann/Messerschmidt, VOB/B, § 6 Rn. 59.

Zum Teil wird darauf abgestellt, dass in der unzulässigen Anordnung eine Willenserklärung des Bestellers in Form eines Angebots auf Vereinbarung einer entsprechenden Vertragsänderung zu sehen sei, die durch die Ausführung angenommen werde.[226]

Für die Rechtsfolge, dass für eine befolgte Anordnung ein Vergütungsanspruch bestehen sollte, ist es weder im Rahmen des Anordnungsrechts des § 650 b Abs. 2 S. 1 BGB noch des § 1 Abs. 3 VOB/B erforderlich, dass dem Besteller ein Recht zustehen muss, eine bauzeitliche Änderung einfordern zu können. Im Falle einer befolgten Anordnung ist es möglich einen Vergütungsanspruch zu begründen, auch wenn das verlangte Begehren als Anordnung unzulässig wäre.[227] Da die Ausübung des Leistungsbestimmungsrechts eine Willenserklärung darstellt, fehlt es dieser nicht wie zum Teil vertreten[228] an einem Erklärungsbewusstsein oder am Rechtsbindungswillen.[229] Die Willenserklärung einer Anordnung unterscheidet sich gegenüber der Willenserklärung als Angebot für eine entsprechende Vertragsanpassung lediglich darin, dass die gewünschte Rechtsfolge der Vertragsanpassung in ersterer Konstellation automatisch, in letzterer erst durch die Annahme des Vertragspartners zustande kommt. Dieser Unterschied dürfte aber nicht ausreichen, zwei übereinstimmende Willenserklärungen abzulehnen, wenn der Unternehmer auf die als Anordnung unzulässige Willenserklärung des Bestellers zumindest durch Befolgung der Anordnung konkludent erklärt, er werde die Leistungen in der geänderten Form ausführen. Jedenfalls aber dürfte es dem Besteller nach dem Grundsatz des *venire contra factum proprium* verwehrt sein, sich selbst nach ausgesprochener Anordnung darauf zu berufen, dass ihm kein Anordnungsrecht zugestanden habe und unter Berufung auf die Unwirksamkeit seiner Anordnung die Vergütung nach Ausführung durch den Unternehmer zu verweigern. Zum einen kann im Falle der unberechtigten Anordnung von einer rechtsgeschäftlichen Vereinbarung ausgegangen werden. Zum anderen muss es dem Besteller zumindest verwehrt sein, sich selbst auf die Unwirksamkeit seiner Anordnung zu berufen.

Fraglich wäre im Falle einer nicht von § 650 b Abs. 2 BGB erfassten Anordnung lediglich, ob die Vergütungsfolge des § 650 c BGB zur Anwendung oder mangels Vereinbarung die übliche Vergütung zum Tragen käme.

---

226 BeckOK VOB/B/Oberhauser, VOB/B, § 6 Abs. 6 Rn. 9; vgl. Kapellmann, NZBau 2009, 538, 539.

227 von Rintelen in: Messerschmidt/Voit, Privates Baurecht, II. Teil, § 650 b Rn. 76.

228 Schwenker, ibr-online 2005, 4.

229 BeckOK VOB/B/Oberhauser, VOB/B, § 6 Abs. 6 Rn. 9.

Voraussetzung ist jedoch, dass dem ausgesprochenen Baustopp der Charakter einer Willenserklärung beizumessen ist. Hiervon ist auszugehen, wenn es sich nicht um eine reine Mitteilung über ein faktisches Ausführungshindernis handelt und auch kein Fall des Baustopps in Form der Einwirkungsuntersagung aus dem Besitzrecht des Bestellers heraus erfolgt. In beiden Fällen müsste dies jedoch aus der Erklärung ersichtlich sein, sei es durch die Nennung der konkreten Behinderung oder durch die Erklärung eines Zugangsverbots zur Baustelle. Andernfalls ist von einer Willenserklärung des Bestellers auszugehen, die der Unternehmer durch Befolgung annimmt. Zu Lasten des Unternehmers dürfte es sich somit weder in Bezug auf die finanzielle Kompensation noch im Hinblick auf seine Vertragstermine negativ auswirken, wenn er der erklärten „Anordnung" des Bestellers nachkommt, auch wenn diesem kein Recht zusteht, einen Baustopp verlangen zu können.

(εε) Zwischenergebnis

Im Ergebnis lässt sich feststellen, dass keine Pflicht des Unternehmers besteht, einem ausgesprochenen Baustopp als Behinderung nachzukommen, wenn keine tatsächliche Behinderung vorliegt. Der Besteller hat zwar die Möglichkeit, über eine Untersagung des Zugangs die Ausführung auch dann zu unterbinden, wenn keine objektive Behinderung vorliegt. Hierzu müsste er sich jedoch auch entsprechend vertragswidrig verhalten und könnte dadurch Rechtsnachteile erleiden. Ein Bedürfnis, eine bauzeitliche Änderung anzuordnen, kann jedoch auch in den Fällen bestehen, in denen eine Bauzeitverschiebung nicht in Form einer faktischen Behinderung möglich ist.

(γ) Umfang der zeitlichen Verschiebung

Ein Bedürfnis könnte sich auch daraus ergeben, dass ein Interesse des Bestellers besteht, die Bauzeit zeitlich unabhängig von der Dauer der Behinderung verschieben zu können.

Für die Fälle mittelbarer bauzeitlicher Anordnung wurde bereits festgestellt, dass es dem Sinn und Zweck des Anordnungsrechts zur Änderung des Werkerfolgs widerspräche, wenn die mittelbare bauzeitliche Änderungsmöglichkeit nur in genau dem Umfang möglich wäre, der für die konkrete inhaltliche Leistungsänderung in dem konkreten Vertragsverhältnis erforderlich wäre.[230]

---

230 S.o. B., V., 1., d), cc), (2), (b).

Der Umfang der Verschiebung, der sich aus den Fällen faktischer Behinderung ergibt, ist jedoch auf den Zeitraum der Behinderung gegebenenfalls zuzüglich eines Zuschlags für die Wiederaufnahme beschränkt.[231] Der Besteller könnte jedoch ein Interesse daran haben, den Umfang der Verschiebung im Sinne der Gesamtkoordination der Baumaßnahme insgesamt weiter zu fassen als nur auf den Zeitraum zu beziehen, in dem der Unternehmer tatsächlich in der Ausführung behindert ist. Ordnet der Besteller Änderungen auch beim bereits erstellten Vorgewerk an, bestünde keine Behinderung, wenn bereits auf die ursprüngliche Leistung des Vorgewerks aufgebaut werden könnte.

Auch könnte die Behinderung beispielsweise in einer Jahreszeit enden, in der die baulichen Anforderungen an einzelne Gewerke nur schwer und zu besonders hohen Kosten erfüllbar sind. Hier könnte ein Interesse bestehen, die Verschiebung über den Behinderungszeitraum als solchen auszudehnen, um in einer günstigeren Jahreszeit die Ausführung fortzusetzen. Auch hieraus kann ein Bedürfnis des Bestellers resultieren eine bauzeitliche Verschiebung anordnen zu können.

(δ) Vermeidung behinderungsbedingter Rechtsfolgen

Darüber hinaus kann sich auch daraus das Bedürfnis einer Anordnungsmöglichkeit ergeben, dass über eine Anordnung andere Rechtsfolgen als bei einer behinderungsbedingten Bauzeitverschiebung eintreten, die der Besteller vermeiden möchte. Durch eine entsprechende Anordnung würde die vertragliche Bauzeit angepasst. Es bestünde bezogen auf die neue Bauzeit keine Behinderung, so dass weder das entsprechende Kündigungsrecht noch die behinderungsbedingten Kompensationsfolgen eintreten. Ein Bedürfnis des Bestellers an einem entsprechenden Anordnungsrecht kann somit auch daraus resultieren, dass er das Risiko einer Vertragsbeendigung durch den Unternehmer vermeiden möchte. Möglicherweise kann es auch daraus resultieren, dass hinsichtlich der finanziellen Kompensation § 650 c BGB statt § 642 BGB zum Tragen kommen soll.

(ε) Fazit

Aus dem Vorstehenden folgt, dass trotz der im Falle einer Behinderung eintretenden Bauzeitverschiebungen ein Bedürfnis besteht, bauzeitliche Anordnungen der Verschiebung treffen zu können. Dies folgt insbesondere daraus, dass das Interesse an einer Bauzeitverschiebung unabhängig davon bestehen kann, ob ein

231 S.o. B., V., 1., d), dd), (1), (a), (bb), (α), (αα).

Ausführungshindernis besteht. Hinzu kommt, dass der Umfang der gewünschten zeitlichen Verschiebung über den Zeitraum der tatsächlichen Behinderung hinausgehen kann. Letztlich kann auch ein Interesse daran bestehen, dass die behinderungsbedingten Rechtsfolgen, insbesondere das Kündigungsrecht des § 643 BGB, nicht zum Tragen kommen sollen, damit nicht eine gegebenenfalls mit hohem Aufwand und Mehrkosten verbundene Neubeauftragung erfolgen muss.[232]

(cc) Vergleich Generalunternehmervertrag mit der Einzelvergabe

Letztlich ist für die Frage des Bedürfnisses des Bestellers an einem bauzeitlichen Anordnungsrecht der Bauzeitverschiebung ein Vergleich zwischen den Fällen der Einzelvergabe und der Vergabe an einen Generalunternehmer zu betrachten.

(α) Einzelvergabe

Wenn der Besteller sein Bauvorhaben im Wege der Einzelvergabe errichten möchte, schließt er mit den verschiedenen Unternehmern jeweils einzelne Verträge, die auch jeweils einzelne Ausführungszeiten vorsehen. Wird dann z.B. gegenüber dem Rohbauer eine bauinhaltliche Änderung angeordnet, können die zeitlichen Auswirkungen für den Rohbauer selbst mit der bauinhaltlichen Anordnung verknüpft werden.

Für die Folgegewerke besteht jedoch, da es sich um eigene Vertragsverhältnisse handelt, ohne ein isoliertes bauzeitliches Anordnungsrecht, keine Möglichkeit die bauzeitlichen Auswirkungen aus der bauinhaltlichen Änderung gegenüber dem Rohbauer im Wege der Anordnung zu berücksichtigen. Die mittelbare bauzeitliche Anordnungsmöglichkeit hilft nicht weiter, wenn die Folgegewerke von den Änderungen zum Werkerfolg nicht betroffen sind. Diese Gewerke wären, da ihre vertragliche Bauzeit durch eine bauinhaltliche Anordnung nur im Rahmen eines anderen Vertragsverhältnisses nicht mittelbar angepasst werden könnten, durch die Verzögerung des Vorgewerkes zwar gegebenenfalls faktisch behindert. Dann würden sich für diese die bereits für die Behinderungssituation dargestellten Rechtsfolgen in Form des § 642 BGB auf der finanziellen Kompensationsebene und die Kündigungsmöglichkeit nach § 643 BGB ergeben.

232 Von Kiedrowski, BauR 2019, 1503.

(β) Generalunternehmervertrag

Bei einem Generalunternehmervertrag besteht hingegen die Besonderheit, dass sich die bauinhaltlichen Änderungen bei einem Gewerk und deren zeitliche Auswirkungen auf die anderen Gewerke innerhalb eines Vertrags abspielen. Das bedeutet, dass mit einer bauinhaltlichen Änderungsanordnung z.B. beim Rohbau sämtliche daraus resultierende zeitliche Auswirkungen bei den Folgegewerken verknüpft werden könnten. Die Rechtsfolgen richten sich somit nach §§ 650 b, c BGB. Eine Behinderungssituation für die weiteren, durch die Änderung nicht betroffenen Gewerke ergibt sich nicht, da die Inhaltsänderung zu den zeitlichen Auswirkungen in einem Vertragsverhältnis führt und sich die geänderten Ausführungszeiten aller Gewerke entsprechend „mittelbar" durch die inhaltliche Änderung des Werkerfolgs ergeben. Die im Falle der Einzelgewerke bestehende Gefahr einer Kündigung einzelner Gewerke kommt somit nicht in Betracht.

Hat der Generalunternehmer auch die Planung übernommen, könnte auch eine Leistungsänderung in Form der Planungsänderung gefordert werden, die zu einer Unterbrechung der anderen Leistungsbestandteile führt.

Für den Generalunternehmer selbst besteht hingegen eine missliche Lage. Das Geschäftsmodell eines Generalunternehmers basiert darauf, dass er im Verhältnis zu seinem Besteller Unternehmer für sämtliche Bauleistungen ist, die Ausführungspflichten aber selbst auf verschiedene Nachunternehmer gewerkeweise verteilt. Während für ihn somit eine Leistungsänderung, die ein Gewerk betrifft, als Leistungsänderung des Gesamtvertrags dazu führt, dass die zeitlichen Auswirkungen für alle Gewerke mittelbar mit „angeordnet" werden können und er sich gegenüber seinem Besteller auch nicht von einzelnen Leistungsbestandteilen durch Kündigung trennen kann, hat er selbst keine Möglichkeit, die zeitlichen Auswirkungen an die von der Leistungsänderung nicht betroffenen Gewerke weiterzugeben. Es besteht somit die Gefahr, dass sich diese durch Kündigung gemäß § 643 BGB vom Vertrag lösen können. Dies kann zu erheblichen Schwierigkeiten bei der Einhaltung seiner Fertigstellungstermine führen.

Auch die wirtschaftlichen Folgen würden sich anders darstellen, da im Verhältnis zu den Subunternehmern dann § 642 BGB bzw. § 6 Abs. 6 VOB/B statt § 650 c BGB zum Tragen käme.

(γ) Zwischenergebnis

Ein Bedürfnis des Bestellers ließe sich somit auch aus der Gleichbehandlung des Generalunternehmervertrages mit der Einzelgewerkvergabe herleiten. Insbesondere aber besteht ein Bedürfnis für den Generalunternehmer, der verschiedene

Gewerke einzeln weitervergibt, die zeitlichen Änderungen, die sich aus mittelbaren bauzeitlichen Anordnungen aus seinem Vertragsverhältnis mit seinem Besteller ergeben, an seine Subunternehmer weitergeben zu können, auch wenn diese nicht von einer Bauinhaltsänderung betroffen sind.

(dd) Ergebnis hinsichtlich des Bedürfnisses eines Anordnungsrechts zur Bauzeit

Es besteht trotz der Behinderungsregelungen ein Bedürfnis an einer zeitlichen Anpassungsmöglichkeit auf Bestellerseite, da die Behinderungsregelungen eine tatsächliche Behinderung erfordern. Der Besteller ist nicht berechtigt, einen Baustopp wirksam aussprechen zu können, wenn keine faktische Behinderung vorliegt.

Ein Bedürfnis folgt auch daraus, dass der zeitliche Anpassungswille des Bestellers im Sinne einer Koordination der Gesamtbaumaßnahme von der bauzeitlichen Anpassung abweichen kann, die eine Behinderung verursacht.

Darüber hinaus kann das Bedürfnis aus der Vermeidung der behinderungsbedingten Rechtsfolgen, insbesondere der Vermeidung des Kündigungsrechts, resultieren.

Letztlich kann das Bedürfnis auch daraus resultieren, die zeitliche Folge einer bauzeitlichen Behinderung bei einem Gewerk auch an die inhaltlich nicht betroffenen Gewerke weitergeben zu können.

(b) Beeinträchtigung der betrieblichen und der Bauablaufplanung des Unternehmers

Im Folgenden wird geprüft, welche Interessen des Unternehmers dem Bedürfnis des Bestellers gegenüberstehen.

Für den Auftragnehmer wird die Planbarkeit hinsichtlich seines Personal-, Material- und Finanzmitteleinsatzes durch eine Verschiebung der Bauzeit beeinträchtigt.

Würde eine bauzeitliche Verschiebung in ihre Bestandteile zerlegt, dann wäre die erste Phase die „Nichtausführung“ und die zweite Phase die „Fortsetzung der Ausführung“ zu einem späteren Zeitpunkt. Bereits die erste Phase der „Nichtausführung“ einer Bauzeitverschiebung erfordert eine Neuorganisation des Ressourceneinsatzes für den behinderten Zeitraum. Auch wenn dem Unternehmer für den Zeitraum der Nichtausführung Kompensations- bzw. Vergütungsansprüche gegen den Besteller zustehen, so ist er in der grundsätzlichen Verpflichtung einen anderweitigen Einsatz der Ressourcen in der Phase der „Nichtausführung“ zu befördern, was in § 642 BGB durch die Formulierung

„durch anderweitige Verwendung seiner Arbeitskraft erwerben kann" zum Ausdruck kommt.[233]

Insbesondere aber beeinträchtigt eine Verschiebung der gesamten oder Teile der Leistung den Unternehmer in seiner Dispositionsbefugnis bezogen auf den Zeitraum, der nach den ursprünglichen vertraglichen Regelungen nicht mehr Ausführungszeitraum des betroffenen Vertragsverhältnisses sein sollte. Die über den Einzelauftrag hinausgehende Unternehmensplanung des Unternehmers erfordert es, zur Kapazitätsauslastung Folgeaufträge für den Zeitraum anzunehmen, der sich an den ursprünglich vertraglich vereinbarten Ausführungszeitraum anschließt. Für diesen Anschlussauftrag besteht – bei noch zu realisierender Ausführung aus dem Vorvertrag – das Risiko, dass Termine nicht eingehalten werden können und hieraus gegebenenfalls Schadensersatzansprüche aufgrund von Verzug oder eine Vertragsstrafe drohen können. Aber auch ohne eine besondere Ersatzpflicht kann es auch aus Kundenbindungsaspekten oder schlicht dem eigenen Willen zur Vertragstreue beim Folgeauftrag im Interesse des Unternehmers liegen, dass keine Verschiebung der Bauzeit beim vorhergehenden Auftrag erfolgt. Hinzu kommen Auswirkungen auch auf die innerbetriebliche sowie die persönliche Planung z.B. von Urlaubszeiten.

Auch können die erzielbaren Einnahmen im Falle eines zeitlich nicht beeinträchtigten Bauablaufs gegenüber den Kompensationsansprüchen oftmals lukrativer und vor allem planbarer sein.

Seitens des Unternehmers ergibt sich bezogen auf seine Interessenbeeinträchtigungen jedoch kein Unterschied daraus, ob es sich um eine Verschiebung aus baufachlichen Gründen oder aus sonstigen Gründen des Bestellers handelt.

Das Risiko baufachlicher Verschiebungen ist er jedoch bereits mit Vertragsschluss eingegangen. Diese Fälle werden durch die im Falle der Behinderungen eingreifenden Regelungen des §§ 642, 643 BGB bzw. § 6 VOB/B erfasst. Im Falle der Anordnungsmöglichkeit könnte von einer quantitativen Erhöhung der Verschiebungen auszugehen sein und es kämen die abweichenden Rechtsfolgen der §§ 650 b, c BGB zur Anwendung.

(c) Zwischenergebnis

Es ist festzustellen, dass ein Bedürfnis des Bestellers hinsichtlich der Möglichkeit besteht, Bauzeitverschiebungen anordnen zu können. Diesem Bedürfnis steht insbesondere das Dispositionsinteresse des Unternehmers gegenüber, in das

233 MüKoBGB/Busche, § 642, Rn. 18.

eingegriffen wird. Es ist in der Folge eine Abwägung dieser unterschiedlichen Interessen vorzunehmen.

(d) Wertende Betrachtung

Im Rahmen der wertenden Betrachtung sind die widerstreitenden Interessen gegenüberzustellen und zu gewichten. Hierzu ist vorab ein Vergleich zu den bereits identifizierten rechtlichen Möglichkeiten bauzeitlicher Einflussnahmen, der Behinderung und der mittelbaren Bauzeitanordnung zu ziehen.

(aa) Vergleich mit Behinderungskonstellationen

Im ersten Schritt ist der Vergleich mit der auch bereits vor Einführung des gesetzlichen Bauvertragsrechts zulässigen Form der Bauzeitverschiebung in Form der Behinderung zu betrachten.

(α) Vergleich zeitliche Komponente

Es wurde bereits festgestellt, dass im Wege der Behinderung grundsätzlich die gleiche bauzeitliche Änderung wie im Fall einer angeordneten Verschiebung eintreten kann. Die Qualität des Eingriffs in die Dispositionsbefugnis des Unternehmers im Falle der Behinderung der Anordnung einer bauzeitlichen Verschiebung ist somit identisch, da in beiden Fällen eine Bauzeitverschiebung zu entsprechend belastenden Auswirkungen auf Seiten des Unternehmers führen kann. Eine Veränderung der Risikoverteilung erfolgt insoweit nicht.

Es können sich jedoch der zeitliche Umfang der Verschiebung und eine quantitative Erhöhung von bauzeitlichen Verschiebungen ergeben.

(β) Vergleich finanzielle Kompensation

Fraglich ist, wie sich die finanziellen Ausgleichsansprüche im Falle einer Behinderung zu einer Anordnung darstellen. Hierbei sind zwei Aspekte zu unterscheiden: Zum einen die Frage, welcher Zeitraum erfasst wird und zum anderen, welche Positionen die jeweiligen Ansprüche erfassen.

§ 650 c Abs. 1 S. 1 BGB sieht für die anordnungsbedingten Vergütungsanpassungen vor, dass die Höhe des Vergütungsanspruchs für den infolge einer Anordnung des Bestellers nach § 650 b Abs. 2 BGB vermehrten oder verminderten Aufwand nach den tatsächlich erforderlichen Kosten mit angemessenen Zuschlägen für allgemeine Geschäftskosten, Wagnis und Gewinn zu ermitteln ist. Darüber hinaus kann der Unternehmer gemäß § 650 c Abs. 2 S. 1 BGB zur Berechnung der Vergütung für den Nachtrag auf die Ansätze in einer vereinbarungsgemäß hinterlegten Urkalkulation zurückgreifen. Es wird vermutet, dass die auf Basis der Urkalkulation fortgeschriebene Vergütung der Vergütung nach Absatz 1 entspricht, § 650 c Abs. 2 S. 2 BGB.

Hierzu wird in der Gesetzesbegründung zu § 650 c BGB ausgeführt:

> *„Bei der Ermittlung des veränderten Aufwandes nach den tatsächlichen Kosten ist die Differenz zwischen den hypothetischen Kosten, die ohne die Anordnung des Bestellers entstanden wären, und den Ist-Kosten, die aufgrund der Anordnung tatsächlich entstanden sind, zu bilden. Diese Differenz ist die Grundlage für die Vergütung für den geänderten Aufwand.*
> *Die Zuschläge für allgemeine Geschäftskosten, Wagnis und Gewinn müssen angemessen sein. Der bloße Verweis des Unternehmers auf die Urkalkulation genügt nicht, um die Angemessenheit der Zuschlagssätze darzulegen. Innerhalb einer Nachtragsberechnung darf es keine Kombination zwischen den tatsächlich erforderlichen Kosten einerseits und den kalkulierten Kosten andererseits geben, um keine Anreize für spekulative Kostenverschiebungen zu schaffen. Damit scheidet im Rahmen des Absatzes 1 ein Rückgriff auf die hinterlegte Urkalkulation aus.“*[234]

Im Rahmen von § 650 c BGB sind somit grundsätzlich alle Mehr- oder Minderkosten ansatzfähig, die durch die Änderung in Bezug auf den konkreten Vertrag verursacht werden.[235] Entscheidendes Kriterium ist die Kausalität.[236] Die Kosten müssten also entweder zur Erreichung des geänderten Leistungsziels eingesetzt oder durch die Veränderung des Leistungsziels verursacht worden sein.[237]

Da alle durch die Änderung verursachten Mehr- bzw. Minderkosten zu berücksichtigen sind, sind auch mittelbare Auswirkungen der Leistungsänderung auf bauinhaltlich unveränderte Leistungen zu berücksichtigen.[238] Werden z.B. Decken geändert und hat das Auswirkungen auf die Taktzeiten des gesamten Betonbaus, sodass nunmehr auch die Wandschalung länger vorgehalten werden müsse, handele es sich bei diesen Zusatzkosten um vergütungspflichtige mittelbare Auswirkungen.[239] Das betreffe auch sonstige Störungen des Bauablaufs oder bauzeitliche Auswirkungen auf nachfolgende Leistungen.[240]

---

234 BT-Drs. 18/8486, S. 56.

235 Langen in: Langen/Berger/Dauner-Lieb, § 650 c Rn. 17; Kniffka/von Rintelen, ibr-online-Kommentar Bauvertragsrecht, § 650 c Rn. 32 ff.

236 Kniffka/von Rintelen, ibr-online-Kommentar Bauvertragsrecht, § 650 c Rn. 32.

237 Kniffka/von Rintelen, ibr-online-Kommentar Bauvertragsrecht, § 650 c Rn. 32.

238 Langen in: Langen/Berger/Dauner-Lieb, § 650 c Rn. 17 und 27; Kniffka/von Rintelen, ibr-online-Kommentar Bauvertragsrecht, § 650 c Rn. 35; Kapellmann/Schiffers, Vergütung, Nachträge, Behinderungsfolgen beim Bauvertrag, Bd. 1 Rn. 1089.

239 Kapellmann/Schiffers, Vergütung, Nachträge, Behinderungsfolgen beim Bauvertrag, Bd. 1, Rn. 1088; Kniffka/von Rintelen, ibr-online-Kommentar Bauvertragsrecht, § 650 c Rn. 35.

240 Kniffka/von Rintelen, ibr-online-Kommentar Bauvertragsrecht, § 650 c Rn. 35.

Im Ergebnis sind somit alle aus der Änderungsanordnung einschließlich der mit der Änderungsanordnung verbundenen zeitlichen Änderungen resultierenden Mehrkosten nebst Zuschlägen für Allgemeine Geschäftskosten, Wagnis und Gewinn zu berücksichtigen. Dies gilt unabhängig davon, ob diese Kosten in der zeitlichen Phase der Nichtausführung oder in der zeitlich verschobenen Ausführungsphase entstehen. Für eine isolierte Bauzeitverschiebung würde somit auch gelten, dass sowohl die Kosten des Nichtausführungszeitraums als auch die Mehrkosten, die in dem späteren Ausführungszeitraum entstehen, zuzüglich der Zuschläge von dem Anspruch aus § 650 c BGB erfasst würden.

Eine Kündigungsmöglichkeit bestünde im Anordnungsfall hingegen nicht.

Im Falle der Behinderung stellt sich dies sowohl bezogen auf den Umfang als auch auf den erfassten Zeitraum anders dar.

Der BGH hat die bis dahin umstrittene Frage, ob die infolge des Annahmeverzugs entstehenden Kostensteigerungen bei Löhnen und Material von § 642 BGB erfasst werden[241] oder nicht[242], dahingehend entschieden, dass ausschließlich der vom Annahmeverzug, der „Behinderung", umfasste Zeitraum von § 642 BGB erfasst, der nachfolgende Ausführungszeitraum hingegen nicht erfasst werde.[243] Dogmatisch sprechen die stärkeren Argumente für eine entsprechende Auslegung.[244] Insbesondere ist das zeitliche Kriterium für die Berechnung der Entschädigungshöhe nach dem Wortlaut des § 642 Abs. 2 BGB nur die Dauer des Verzugs, nicht jedoch dessen Auswirkung auf den weiteren Bauablauf.[245] Dieser Umstand bilde ein gewichtiges Indiz dafür, dass eine Entschädigung nach § 642 BGB auch nur für die Dauer des Annahmeverzugs beansprucht werden kann.[246]

Des Weiteren stellt der BGH fest, dass allgemeine Geschäftskosten, Wagnis und Gewinn im Rahmen der „Höhe der vereinbarten Vergütung" des § 642 BGB

---

241 OLG Düsseldorf BauR1983, 473, 475; Markus in: Kapellmann/Messerschmidt, VOB/B, § 6, Rn. 92; Kniffka in: Kniffka/Koeble, Kompendium des Baurechts, 4. Auflage, 8. Teil, Rn. 38; Boldt, BauR 2006, 185, 194; Roquette/Viering/Leupertz, Handbuch Bauzeit, Rn. 779-781, 786.

242 So u. a. OLG Jena NZBau 2006, 510, 513; OLG Köln NJW-RR 2004, 818, 819; BeckOK BGB/Voit, BGB, § 642 Rn. 14; Berger in: Ganten/Jansen/Voit, VOB/B, § 6 Abs. 6, Rn. 123; Althaus, NZBau2015, 67, 71; Sienz, BauR 2014, 390, 400.

243 BGH NJW 2018, 544, 546 Rn. 25 ff.

244 Vgl. BGH NJW 2018, 544, 546 Rn. 25 ff.

245 BGH NJW 2018, 544, 546 Rn. 28; Althaus, NZBau2015, 67, 71; Sienz, BauR 2014, 390, 401.

246 BGH NJW 2018, 544, 546 Rn. 25 ff.

im Wege der Schätzung berücksichtigt werden können, da die Höhe der vereinbarten Vergütung ein im Gesetz genanntes Kriterium darstelle, welches diese Bestandteile einschließen könne.[247] Der entgangene Gewinn könne jedoch nicht nach § 642 BGB beansprucht werden. Dies sei nur im Rahmen eines Schadensersatzanspruchs möglich, § 252 BGB.[248]

Hieraus ergibt sich, dass ein Unterschied zu dem dem Anordnungsrecht des § 650 b Abs. 2 BGB nachfolgenden Anspruch aus § 650 c BGB dahingehend besteht, dass im Falle der Behinderung aufgrund von § 642 BGB zwar eine Entschädigung für den behinderten Zeitraum beansprucht werden kann. Hinsichtlich der Mehrkosten für den späteren Ausführungszeitraum erfolgt aber keine Kompensation. Zur Vermeidung finanzieller Nachteile in der späteren Ausführungsphase könnte der Unternehmer den Vertrag gemäß § 643 BGB kündigen.

Der weitere Unterschied besteht darin, dass sich die Kompensation für den Behinderungszeitraum im Rahmen des § 642 BGB anders ermittelt als im Rahmen von § 650 c BGB und somit je nach Lage des Einzelfalls besser oder schlechter aussehen kann.

Soweit vertreten wird, dass der spätere Ausführungszeitraum im Fall der Behinderung durch § 304 BGB erfasst werden könne,[249] dürfte es den Auslegungsumfang überstrapazieren, die Lohn- und Materialkostensteigerungen für den späteren Ausführungszeitraum als „Mehraufwendungen" für die „Erhaltung des geschuldeten Gegenstandes" zu qualifizieren. Selbst wenn aus der „Erhaltung des geschuldeten Gegenstandes" ein „Aufrechterhalten der Leistungsfähigkeit" noch abgeleitet werden könnte, würde dies erfordern, dass die Lohn- und Materialpreissteigerungen aus der Aufrechterhaltung resultieren. Dies würde aber voraussetzen, dass das die Mehrkosten verursachende Vertragsverhältnis aufrecht erhalten bliebe bzw. zumindest dauerhaft ein entsprechendes Vertragsverhältnis bestünde. Hinsichtlich der Mehrkosten, die daraus resultieren, dass das eigene Personal z.B. aufgrund von Tarifsteigerungen finanziellen Mehraufwand verursacht oder die daraus resultieren, dass schon bestellte Materialien aufgrund des späteren Abrufs teurer werden, wäre dies gegeben. Erfolgt jedoch eine Neubeauftragung oder Neubestellung gegebenenfalls sogar bei anderen Vertragspartnern ist diese Kontinuität nicht gegeben. Dies könnte beispielsweise dann in Betracht kommen, wenn ein Nachunternehmer von seinem Kündigungsrecht nach § 643 BGB Gebrauch macht. Dann besteht zwischenzeitlich ein Zustand,

---

247 BGH NJW 2018, 544, 548 Rn. 45.
248 BGH NJW 2018, 544, 548 Rn. 45.
249 Schneider, BauR 2018, 411, 420 ff.

bei dem kein Vertragsverhältnis des Unternehmers zu seinen Nachunternehmern mehr hinsichtlich der von ihm auszuführenden Leistungen bestünde. In diesen Fällen würde somit keine eigene Leistungsfähigkeit aufrechterhalten, sondern es müsste für die spätere Ausführung eine neue – gegebenenfalls teurere – Leistungsfähigkeit wiederhergestellt werden.

Auch wäre bei einem derartigen Verständnis des § 304 BGB die Rolle von § 643 BGB neu zu bewerten. Für den bisher zugewiesenen Zweck, sich insbesondere vor dem Hintergrund der fehlenden wirtschaftlichen Kompensation für den späteren Ausführungszeitraum vom Vertrag lösen zu können, würde das Kündigungsrecht dann nicht benötigt. Die §§ 642, 643 BGB sind insoweit als Einheit zu betrachten, die eine spezielle werkvertragliche Regelung darstellen. Raum für eine doch sehr weite Auslegung von § 304 BGB zur Ergänzung verbleibt insoweit nicht.[250]

(γ) Vergleich der Interessenlage

Die Interessenlage im Falle der behinderungsbedingten Bauzeitverschiebung ist mit der Interessenlage bei der isolierten Bauzeitverschiebung zu vergleichen.

(αα) Anpassungsbedürfnis des Bestellers gegenüber dem Dispositionsinteresse des Unternehmers

Für den Besteller kann sowohl aufgrund baufachlicher Notwendigkeiten aber auch aus sonstigen Gründen ein Bedürfnis bestehen, bauzeitliche Verschiebungen durchsetzen zu können.[251] Für den Besteller kann die bauzeitliche Verschiebung, ohne dass ein Ausführungshindernis besteht, eine genauso hohe Bedeutung haben wie in dem Fall, in dem eine Behinderung besteht.

Auch ist sein Interesse an einer bauzeitlichen Änderung im Fall einer tatsächlichen Behinderung nicht unbedingt auf den Zeitraum der Behinderung beschränkt.[252]

Bezogen auf die zeitliche Verschiebung besteht somit das grundsätzliche Interesse des Bestellers, möglichst uneingeschränkt Verschiebungen anordnen zu können.

Für die Beeinträchtigung des Dispositionsinteresses des Unternehmers ist die Ursache der bauzeitlichen Verschiebung hingegen nicht relevant. Er wäre in der

---

250 Vgl. Kniffka/Retzlaff, ibr-online-Kommentar Bauvertragsrecht, § 642 Rn. 152; BeckOK VOB/B/Oberhauser, VOB/B, § 6 Abs. 6 Rn. 64.

251 S.o. B., V., 1., d), dd), (1), (a), (dd).

252 S.o. B., V., 1., d), dd), (1), (a), (bb), (γ).

Pflicht, seine Folgeaufträge neu zu koordinieren und sich um Füllaufträge in der Stillstandszeit zu kümmern, unabhängig davon, ob die Verschiebung auf einer baufachlichen Notwendigkeit oder dem reinen Willen des Bestellers beruht. Insoweit wären die Konstellationen somit vergleichbar.

(ββ) Quantität der Änderungen

Ein Unterschied kann sich jedoch daraus ergeben, dass sich die Häufigkeit der bauzeitlichen Verschiebungen im Falle eines bestehenden Anordnungsrechts erhöhen könnte.

Bestünde ein bauzeitliches Anordnungsrecht des Bestellers wäre der Anwendungsbereich deutlich größer als im Falle der Behinderung, da Voraussetzung einer Bauzeitverschiebung durch Behinderung ist, dass eine tatsächliche Behinderung vorliegt. Diese kann auch nicht durch den Ausspruch eines Baustopps hervorgerufen werden.[253] Würde ein tatsächliches Ausführungshindernis ausschließlich mit dem Ziel der Behinderung hervorgerufen, z.B. durch die Verweigerung des Zugangs zur Baustelle, kann dies ein rechtsmissbräuchliches Verhalten darstellen, das den Auftragnehmer zur Kündigung des Vertrags berechtigen würde.[254]

Damit wäre anzunehmen, dass sich im Falle des bestehenden Anordnungsrechts die Quantität der Anordnungen erhöht.

Der Unternehmer hingegen hat ein Interesse daran, möglichst wenige Eingriffe erdulden zu müssen, da diese für ihn eine Umplanung der bisherigen Arbeits- und Ausführungsorganisation beinhalten. Allerdings musste er sich bereits bei Vertragsschluss auf derartige Ereignisse einstellen, da diese auch durch baufachlich bedingte Behinderungen hervorgerufen werden können.

Für den Unternehmer könnte somit aus der Möglichkeit des Bestellers, bauzeitliche Anordnungen vornehmen zu können, eine Verschlechterung seiner Position eintreten, da gegenüber den bei Vertragsschluss bereits bekannten Risiken möglicher Verschiebungen durch Behinderungen weitere Verschiebungen hinzutreten könnten.

Hierbei ist jedoch zu berücksichtigen, dass der Unternehmer auch ohne ein bauzeitliches Anordnungsrecht verpflichtet ist, aufgrund der bauvertraglichen Kooperationspflicht auf ein bauzeitliches Änderungsbegehren des Bestellers zu reagieren und über diesen Aspekt ernsthafte Verhandlungen zu führen.[255]

---

253 S.o. B., V., 1., d), dd), (1), (a), (bb), (β), (εε).
254 S.o. B., V., 1., d), dd), (1), (a), (bb), (β), (γγ).
255 S.o. B., V., 1., d), dd), (1), (a), (aa), (γ).

Der wesentliche Unterschied zur Anordnung ist, dass der Unternehmer im Rahmen der Kooperationspflicht nicht durch eine einseitige Anordnung verpflichtet werden kann, sondern nur die Pflicht zum ernsthaften Verhandeln bestünde. Die Verhandlungssituation darf jedoch nicht „erpresserisch" genutzt werden und ein Verstoß gegen die Kooperationspflicht kann die Kündigung durch den Besteller nach sich ziehen.[256]

Im Verhandlungswege hätte der Unternehmer zwar die Möglichkeit, sich ernsthaften Verhandlungen zu verweigern, würde sich aber der Gefahr einer Kündigung des Bestellers aufgrund seines vertragswidrigen Verhaltens ausgesetzt sehen. Ein schützenswertes Interesse des Unternehmers an einem vertragswidrigen Verhalten besteht jedenfalls nicht.

Im Ergebnis ist somit nicht von einer signifikanten quantitativen Erhöhung der Änderungsbegehren auszugehen.

(γγ) Umfang der bauzeitlichen Verschiebung

Die behinderungsbedingte Möglichkeit der Bauzeitverschiebung ist auf den Zeitraum der Behinderung beschränkt, während ein bauzeitliches Anordnungsrecht auch weitergehende Verschiebungen zuließe.

Dem Interesse des Bestellers kann es entsprechen, statt zu einem nicht absehbaren Termin unmittelbar nach Wegfall der Behinderung die Ausführung fortzusetzen, einen mit allen Gewerken abzustimmenden verlässlichen neuen Bauzeitenplan aufzustellen und hierzu verbindliche Termine zur Wiederaufnahme der Arbeiten festzulegen. Dafür ist es jedoch erforderlich, die Verschiebung zeitlich auch unabhängig von der faktischen Behinderung festlegen zu können.

Für den Unternehmer würde dies bedeuten, dass die bauzeitlichen Anordnungen der Verschiebung über den Zeitraum hinausgehen können, den er durch eine behinderungsbedingte Bauzeitverschiebung hinnehmen müsste.

Allerdings würde dies auch für den Unternehmer den Vorteil beinhalten, dass eine zeitliche Verschiebung verlässlich fixiert werden kann und er somit seine Planung daran ausrichten kann und nicht unmittelbar nach Wegfall der Behinderung fortsetzen muss. Darüber hinaus würde auch für diesen Fall zum Tragen kommen, dass der Unternehmer auch ohne Anordnungsrecht des Bestellers auf ein entsprechendes Begehren in ernsthafte Verhandlungen hierüber einsteigen müsste.

---

256 S.o. B., II., 4., c).

(δδ) §§ 650 b, c BGB statt §§ 642, 643 BGB

Fraglich ist jedoch, wie die Interessenlage bezogen auf die Kompensationsrechte zu bewerten ist, wenn statt einer Behinderung mit der Rechtsfolge der Entschädigung und der Kündigungsoption gemäß §§ 642, 643 BGB eine Bauzeitanordnung mit der Rechtsfolge der Vergütungsanpassung nach § 650 c BGB erfolgt.

Die Rechtsfolgen unterscheiden sich dahingehend, dass § 650 c BGB den gesamten von der zeitlichen Änderung betroffenen Zeitraum, also den Nichtausführungs- und den zeitlich verschobenen Ausführungszeitraum, erfasst.[257] § 642 BGB erfasst hingegen zeitlich nur den Zeitraum, in dem nicht ausgeführt werden kann.[258] Damit würde § 650 c BGB – anders § 642 BGB – die Mehrkosten der späteren Ausführung, die z.B. auf Lohn- oder Materialpreissteigerungen beruhen können, erfassen. Insofern könnte sich § 650 c BGB als vorteilhafter für die wirtschaftliche Kompensation des Auftragnehmers darstellen. Da sich der Unternehmer im Falle der Behinderung aber auch durch Kündigung von den Risiken befreien kann, die möglicherweise aus der verspäteten Ausführung resultieren können, wie z.B. gestiegene Lohn – und Materialkosten, ist ergänzend zu berücksichtigen, wie sich die Kompensation in dem Behinderungszeitraum unterscheidet.

Ein Unterschied hinsichtlich der Ansprüche für den Zeitraum der Verschiebung kann sich für den kalkulierten Gewinnanteil ergeben. Während bei § 642 BGB der kalkulierte Gewinnanteil für den Zeitraum der Behinderung Berücksichtigung finden kann, ist in § 650 c BGB nur die Berücksichtigung des Mehraufwands zuzüglich angemessener Zuschläge vorgesehen. Somit könnte sich für den Zeitraum der Behinderung der Anspruch aus § 642 BGB als der wirtschaftlich vorteilhaftere für den Unternehmer darstellen. Für den zeitlich verschobenen Ausführungszeitraum kämen hingegen nur Ansprüche aus § 650 c BGB in Betracht, so dass in der Gesamtbetrachtung im Falle der späteren Ausführung oftmals § 650 c BGB der günstigere Anspruch sein könnte. Der Unternehmer hat jedoch die Möglichkeit, sich über eine Kündigung nach § 643 BGB vor den Risiken einer Aufwandserhöhung zu schützen. Damit würde er aber auch nicht seinen kompletten Vergütungsanspruch realisieren können, sondern könnte nur einen der geleisteten Arbeit entsprechenden Teil der Vergütung und Ersatz der in der Vergütung nicht inbegriffenen Auslagen verlangen, § 645 Abs. 1 BGB. Hätte der Unternehmer keinen entsprechenden Ersatzauftrag, wäre die wirtschaftliche Betrachtung somit wiederum nachteiliger.

---

257 S.o. B., V., 1., d), dd), (1), (d), (aa), (β).

258 BGH NJW 2018, 544, 546 Rn. 25.

Insgesamt ist festzustellen, dass sich die wirtschaftlichen Folgen der §§ 642, 643 BGB anders darstellen als die des § 650 c BGB. Es kann aber nicht festgestellt werden, dass das wirtschaftliche Interesse grundsätzlich eher für die eine oder andere Anspruchsgrundlage spricht.

Die Interessenlage ist daher ergänzend vor dem Hintergrund des vertraglichen Äquivalenzinteresses zu betrachten. Im Falle der Behinderung sehen § 642 BGB und § 643 BGB Rechtsfolgen vor, die – anders als § 650 c BGB – nicht das ursprüngliche vertragliche Äquivalenzinteresse fortschreiben. Während die Vergütungsfolge einer Anordnung nach § 650 b Abs. 2 BGB auf den tatsächlichen Mehraufwand zuzüglich angemessener Zuschläge abstellt und ergänzend gemäß § 650 c Abs. 2 S. 2 BGB die gesetzliche Vermutung zum Tragen kommt, dass die auf Basis der Urkalkulation fortgeschriebene Vergütung dieser Mehrkostenvergütung nebst Zuschlägen entspricht, sehen die Behinderungsfolgen keine Gesamtbetrachtung des durch die Behinderung beeinflussten Zeitraums vor. Kompensationsansprüche bestehen nur für den Behinderungszeitraum. Vor etwaigen Mehrkosten des Ausführungszeitraums müsste sich der Unternehmer durch die Kündigung gemäß § 643 BGB schützen.

Im Sinne des Äquivalenzinteresses stellt § 650 c BGB somit die sachgerechtere Lösung dar.

Es verbleibt die Frage, ob ein weitergehendes Interesse an der Kündigungsmöglichkeit des § 643 BGB besteht. Sinn und Zweck des § 643 BGB ist es, dem Unternehmer im Falle einer ihn finanziell belastenden Behinderung die Möglichkeit zu geben, sich vom Vertrag lösen zu können.[259] Dies gilt insbesondere vor dem Hintergrund, keine Kompensation für die spätere Ausführungszeit bezüglich Lohn- und Materialpreissteigerungen zu erhalten.[260]

Diesem Risiko würde durch die Anpassung des Vergütungsanspruchs gemäß § 650 c BGB in der Form Rechnung getragen, dass er seine tatsächlichen Mehrkosten mit Zuschlägen für Allgemeine Geschäftskosten, Wagnis und Gewinn beanspruchen könnte bzw. für eine Anpassung auf Basis seiner Urkalkulation die gesetzliche Vermutung gelten würde.

Die Möglichkeit sich auch aus anderen besonders belastenden Gründen der zeitlichen Verschiebung von dem Vertrag lösen zu können, besteht im Anordnungsfall zwar nicht, jedoch könnten derartige Belastungen im Rahmen der Zumutbarkeit der Anordnung Berücksichtigung finden.

---

259 Vgl. BGH NJW 2018, 544, 546 Rn. 30; Sienz, BauR 2014, 390, 391.
260 BGH NJW 2018, 544, 546 Rn. 30; Sienz, BauR 2014, 390, 391.

Letztlich ist auch zu berücksichtigen, dass die gesetzliche Intention die Streitvermeidung ist. Der Druck, sich aufgrund möglicher finanzieller Risiken vom Vertrag lösen zu müssen, fördert nicht die konsensuale Vertragsabwicklung. Ein Grund dafür, nicht auch im Falle der Behinderung die wirtschaftliche Kompensation an dem gesamten betroffenen Zeitraum und dem über den den gesamten Zeitraum entstehenden Mehraufwand zu orientieren, ist materiell nicht ersichtlich. Es würde sich anbieten, im Wege einer Gesetzesanpassung auch für die wirtschaftliche Kompensation der Behinderungssituation eine dem § 650 b BGB entsprechende Regelung vorzusehen.

Somit ist auch aus der Betrachtung der unterschiedlichen Kompensationsfolgen keine Interessenbeeinträchtigung des Unternehmers abzuleiten, die einem Anordnungsrecht der bauzeitlichen Verschiebung entgegenstünde. Vielmehr stellt die Vergütungsfolge des § 650 c BGB die im Sinne des Äquivalenzverhältnisses sachgerechtere Behandlung dar.

(εε) Ergebnis

Im Ergebnis folgt aus dem Vergleich der Interessenlagen im Falle der Behinderung mit der Konstellation einer zulässigen bauzeitlichen Anordnung der Verschiebung, dass die Möglichkeit bauzeitliche Anordnungen der Bauzeitverschiebung zuzulassen, dem Bedürfnis des Bestellers entspricht und keine zusätzlichen Interessenbeeinträchtigungen des Unternehmers hieraus resultieren, die insbesondere im Vergleich mit der Behinderungskonstellation der Zulässigkeit dieser Anordnungsmöglichkeit entgegenstehen.

(δ) Fazit des Vergleichs zu Behinderungskonstellationen

Im Ergebnis gleichen sich die Bauzeitverschiebungen der Behinderung und der Anordnung der Verschiebung bezogen auf die zeitliche Komponente. Wesentliche Unterschiede hinsichtlich der Quantität und des Umfangs ergeben sich dann nicht, wenn der Umstand einbezogen wird, dass die Parteien ergänzend zu den behinderungsbedingten bauzeitlichen Verschiebungen zur Kooperation auch über sonstige bauzeitliche Verschiebungsbegehren zur Verhandlung verpflichtet sind.

Unterschiede bestehen jedoch hinsichtlich der unterschiedlichen finanziellen Kompensationen im Falle der Anordnung gegenüber der Behinderungskonstellation. Eine wesentliche Interessenbeeinträchtigung des Unternehmers folgt aus dem dann bestehenden Vergütungsanspruch im Falle des Anordnungsrechts gegenüber dem Entschädigungsanspruch im Falle der Behinderung jedoch nicht. Durch die Vergütungsfolge des § 650 c BGB wird dem Äquivalenzinteresse sachgerecht Rechnung getragen. Sonstigen Beeinträchtigungen aus dem möglicherweise lange andauernden Verschiebungszeitraum können bereits im Rahmen des Regulativs der Zumutbarkeit Rechnung getragen werden.

(bb) Vergleich mit mittelbaren Bauzeitänderungen

Die Konstellation der Bauzeitverschiebung ist weiter mit der bereits als grundsätzlich zulässig bewerteten[261] Konstellation der sogenannten „mittelbaren" Bauzeitänderung zu vergleichen. Hierbei handelt es sich um die Konstellationen, bei denen der Besteller eine zulässige Anordnung hinsichtlich der inhaltlichen Bauleistung vornimmt und deren Befolgung zu einem „Mehr" an Ausführungsleistungen führt, für die dann auch ein größerer Ausführungszeitaufwand erforderlich ist. Dies führt wiederum bei Beibehaltung des ursprünglich vereinbarten Verhältnisses von Leistungsumfang zur verfügbaren Zeiteinheit zu einer Verlängerung der Bauzeit.

(α) Zeitliche Komponente

In zeitlicher Hinsicht ist festzustellen, dass sowohl bei der mittelbaren Bauzeitverschiebung als auch bei einer isolierten Anordnung zur Bauzeit durch Anordnung die vertragliche Bauzeit geändert würde. Die bauzeitliche Änderung in Form der Verschiebung der Bauzeit wäre eine der Bauzeitänderungen, die – anders als die Bauzeitverkürzung – über eine inhaltliche Anordnung zum Werkerfolg möglich wäre.[262] Somit besteht eine Vergleichbarkeit, die für eine Gleichbehandlung spricht.

Fraglich ist jedoch, ob ein isoliertes bauzeitliches Anordnungsrecht hinsichtlich des Umfangs der Verschiebung der Bauzeit weiterreichen würde, als es bei den mittelbaren Bauzeitänderungen möglich wäre. Hierzu wurde bereits festgestellt, dass die Bauzeitanpassungen im Rahmen mittelbarer bauzeitlicher Anordnungen nicht auf die reine Änderungszeit beschränkt sind, sondern auch darüberhinausgehende Verschiebungen auftreten können.[263]

Darüber hinaus wurde auch im Rahmen des Vergleichs mit der behinderungsbedingten Bauzeitverschiebung festgestellt, dass zwar möglicherweise eine Erhöhung der Quantität der Anpassung im Wege der Anordnung erfolgen kann, jedoch auch ohne Anordnungsrecht auf Basis der Kooperationspflicht Verhandlungen über gewünschte Bauzeitverschiebungen zu führen wären[264] und

261 S.o. B., V., 1., d), cc), (4).
262 S.o. B., V., 1., d), cc), (2), (b).
263 S.o. B., V., 1., d), dd), (1), (a), (bb), (γ).
264 S.o. B., V., 1., d), dd), (1), (d), (aa), (γ), (αα).

diese – so lange der Unternehmer nicht die im Falle der Verhandlungsverweigerung zu erwartende Bestellerkündigung in Kauf nimmt – zu einer Anpassung führen würden. Es ist somit festzustellen, dass eine mittelbare Bauzeitanordnung mit dem isolierten bauzeitlichen Anordnungsrecht inhaltlich vergleichbar ist und auch der Umfang und die Anzahl der Möglichkeiten Verschiebungen herbeizuführen keine wesentliche Änderung erfährt.

(β) Weitere Folgen der Anordnung

Die weiteren Folgen der jeweiligen Anordnungen wären identisch. Die Vergütung würde sich nach § 650 c BGB anpassen. Ein Kündigungsrecht wie im Falle der behinderungsbedingten Verschiebungen bestünde sowohl bei den mittelbaren als auch bei den isolierten bauzeitlichen Anordnungen nicht.

(γ) Vergleich der Interessenlagen

Ergänzend zu den bereits dargestellten unterschiedlichen Interessenlagen im Rahmen des Vergleichs der behinderungsbedingten Bauzeitverschiebung mit der isolierten Anordnung zur Bauzeitverschiebung[265] ist ein Vergleich der Interessenlagen im Fall der mittelbaren Bauzeitverschiebung mit der isolierten Bauzeitverschiebung vorzunehmen.

Für den Besteller besteht aufgrund der Dauer und Komplexität eines Bauvorhabens ein großes Bedürfnis daran, auf das von ihm gewünschte Bauwerk inhaltlich Einfluss nehmen zu können. Hieraus können mittelbare bauzeitliche Verschiebungen entstehen. Für den Besteller geht es bei den mittelbaren Bauzeitanordnungen nicht um den zeitlichen Einfluss, sondern in erster Linie um den Einfluss auf die Baumaßnahme als solche.

Diese Leistungsänderungen stellen einen Eingriff sowohl in die zeitliche als auch in die bauinhaltliche Planung des Unternehmers dar. Für diese Leistungsänderungen hat der Gesetzgeber mit Einführung des § 650 b BGB die Wertung vorgenommen, dass das Änderungsbegehren die Eingriffe in die Planung solange rechtfertigt, solange diese zumutbar sind.

Im Verhältnis dazu stellen die isolierten bauzeitlichen Anordnungen „nur" einen Eingriff in die zeitliche Planung dar. Die Interessen des Unternehmers werden dadurch somit nicht stärker belastet als durch eine Inhaltsänderung mit mittelbarer bauzeitlicher Auswirkung.

---

265 S.o. B., V., 1., d), dd), (1), (d), (aa), (γ).

(δ) *Fazit des Vergleichs zur mittelbaren Bauzeitanordnung*

Die mittelbare Bauzeitänderung entspricht der isolierten Bauzeitanordnung in Form der Verschiebung nahezu vollständig. Die zeitliche Anpassung ist im gleichen Umfang möglich, die Folgen sind identisch und die Beeinträchtigung der Interessen des Unternehmers ist ebenfalls vergleichbar. Hinsichtlich Quantität und Dauer der Verschiebung könnte sich ein Unterschied daraus ergeben, dass die inhaltliche Anordnung zum Werkerfolg als Voraussetzung der zeitlichen Verschiebung wegfiele. Der Umfang der zeitlichen Verschiebung ist aber auch bei der mittelbaren Bauzeitanordnung nicht strikt an dem für die Ausführungsänderung erforderlichen Zeitfenster zu bemessen.[266] Auch hinsichtlich der Quantität ist vor dem Hintergrund der im Rahmen der Kooperationspflicht zu führenden ernsthaften Verhandlungen keine wesentliche Erhöhung der Änderungsbegehren zu erwarten.

(cc) *Gesamtbetrachtung*

Aus den im Rahmen der Vergleiche mit den Fällen der Behinderung und der mittelbaren Bauzeitanordnung abgeleiteten Feststellungen lassen sich die widerstreitenden Interessen in den folgenden Spannungsverhältnissen darstellen und bewerten.

(α) *Flexibilität zu Lasten einer möglichen Erhöhung der Anzahl bauzeitlicher Verschiebungen*

Der Besteller hat ein Bedürfnis daran, Bauzeitverschiebungen unabhängig von tatsächlichen Behinderungen vornehmen zu können.[267]

Demgegenüber würde der Unternehmer durch ein entsprechendes Anordnungsrecht des Bestellers im Einzelfall über die gesetzlichen Behinderungsregelungen hinaus belastet, wenn die Bauzeit nicht nur im Falle einer faktischen Behinderung um den Zeitraum der Behinderung verschoben werden könnte, sondern durch den Besteller auch unabhängig von einer Behinderung eine bauzeitliche Verschiebung erfolgen könnte.

Aus Sicht des Unternehmers stellt sich die Möglichkeit der Bauzeitverschiebung durch den Besteller als einen Umstand dar, der zwar seine eigene Planung beeinträchtigen kann, aber in Bauverträgen aufgrund dessen Komplexität und Dauer in Form der Behinderung oder der mittelbaren Bauzeitänderung häufig

266 S.o. B., V., 1., d), dd), (1), (a), (bb), (γ).
267 S.o. B., V., 1., d), dd), (1), (a), (bb), (ε).

auftreten kann und somit erwartbar ist. Die Risiken der mittelbaren Bauzeitverschiebung und der behinderungsbedingten Bauzeitverschiebungen hat der Unternehmer bei Vertragsschluss übernommen. Bestünde das Erfordernis der faktischen Behinderung oder der Werkerfolgsänderung als Mittler der mittelbaren bauzeitlichen Anordnung als Voraussetzung einer Bauzeitverschiebung nicht, könnte sich die Häufigkeit der Bauzeitverschiebungen gegebenenfalls erhöhen. Das mit Abschluss des Vertrags übernommene Risiko, dass es zu Verschiebungen kommen kann, würde sich qualitativ jedoch nicht erhöhen.

Hinzu kommt, dass es für den Unternehmer oftmals nur schwer erkennbar ist, auf welchen Ursachen eine vom Besteller ausgesprochene Ausführungsuntersagung beruht und ob eine Behinderungssituation möglicherweise rechtsmissbräuchlich geschaffen wurde.

Ob es letztlich zu einer quantitativen Erhöhung von Bauzeitverschiebungen kommt, ist jedoch fraglich. Auch vor Einführung des § 650 b BGB war der Unternehmer verpflichtet, auf ein bauzeitliches Änderungsbegehren des Bestellers im Rahmen seiner Kooperationspflicht zu reagieren und über diesen Aspekt Verhandlungen zu führen.[268] Somit würde durch die Möglichkeit zur Anordnung der bauzeitlichen Verschiebung keine wesentliche Erhöhung der bauzeitlichen Verschiebungen eintreten, da sich der Unternehmer auch aufgrund der Kooperationspflicht redlicher Weise auf Verhandlungen hierüber einlassen müsste.[269] Soweit der Unternehmer sich dieser Anpassung verweigert, handelt es sich entweder um eine berechtigte Verweigerung, die in den Fällen der Unzumutbarkeit vorliegt. Dann wäre aber auch eine Anordnung nach § 650 b Abs. 2 BGB nicht möglich. Oder es wäre eine unberechtigte Verweigerung, Verhandlungen über das Anpassungsbegehren zu führen. Dieses Verhalten wäre jedoch nicht schutzwürdig, so dass hieraus kein Argument gegen ein Recht zur Bauzeitverschiebung folgt.

(β) Finanzielle Kompensation über § 650 c BGB oder § 642 BGB

Im Falle einer Anordnungsmöglichkeit würde die finanzielle Kompensation für den Unternehmer über § 650 c BGB statt über § 642 BGB bzw. § 6 Abs. 6 VOB/B erfolgen.

Für den Unternehmer hätte § 650 c BGB im Falle einer Anordnung der Bauzeitverschiebung gegenüber den Behinderungsregelungen den Vorteil, dass von vornherein eine Kalkulationsgrundlage bestünde. Er hätte die Möglichkeit seine

268 S.o. B., II., 4., c).

269 S.o. B., II., 4., c).

tatsächlichen Mehrkosten zuzüglich eines Zuschlags für Allgemeine Geschäftskosten, Wagnis und Gewinn abzurechnen, § 650 c Abs. 1 S. 1 BGB. Er hätte auch die Möglichkeit auf seine vertragliche Kalkulation abzustellen, § 650 c Abs. 2 BGB.

Im Falle der Behinderung bestünde demgegenüber das Risiko, dass sich seine finanzielle Kompensation geringer darstellen könnte, da § 642 BGB nur eine Kompensation für den Behinderungszeitraum, nicht jedoch für den späteren Ausführungszeitraum umfasst (z.B. Preissteigerungen bei Lohn und Material).[270] Es könnte jedoch auch der Fall eintreten, dass die Kompensation über § 642 BGB – gegebenenfalls in Verbindung mit einer Kündigung nach § 643 BGB zur Vermeidung der Kostenrisiken aus einer späteren Ausführung – sich als die für den Unternehmer wirtschaftlichere darstellte und somit eine Verschlechterung für ihn einträte. In dieser im Einzelfall möglichen Schlechterstellung ist jedoch keine ein entsprechendes Anordnungsrecht ausschließende Interessenbeeinträchtigung des Unternehmers zu sehen, da die Interessen des Unternehmers durch eine das Äquivalenzinteresse wahrende Vergütungsanpassung im Sinne des § 650 c BGB hinreichend gewahrt werden.

Aus Sicht des Bestellers stellt sich dieser Aspekt genau andersherum dar. Die Vergütungsfolge könnte gegenüber der Entschädigungsfolge die teurere sein. Hierfür würde der Besteller aber die Möglichkeit erlangen, den Bauablauf entsprechend neu organisieren zu können, ohne die Gefahr der Kündigung einzelner Gewerke. Auch entspräche die Vergütung nach § 650 c BGB der vertraglichen Basis der Vergütung bzw. den tatsächlichen Mehrkosten, also der finanziellen Belastung des Unternehmers durch die Anordnung des Bestellers. Auch hätte er im Falle einer tatsächlichen Behinderung die Wahl, ob er eine Anordnung trifft oder es bei den Behinderungsrechtsfolgen belässt.

Auch wenn sich im Einzelfall Unternehmer oder Besteller im Falle der Anwendung von § 642 BGB finanziell besser oder schlechter stellen, führt dies nicht dazu, dass zur Vermeidung des Anwendungsbereichs von § 650 c BGB isolierte Bauzeitverschiebungen auszuschließen sind. Die Rechtsfolgen der §§ 642, 643 BGB stellen keine grundsätzlich interessengerechte Lösung dar.[271]

§ 650 c BGB stellt hingegen eine das Äquivalenzinteresse und somit die Interessen beider Parteien wahrende Vergütungsfolge dar.

---

270 Vgl. BGH NZBau 2018, 25, 26.
271 Kniffka, BauR 2020, 329, 345.

(γ) Ausschluss Kündigungsrecht gemäß § 643 BGB

Mit dem Kündigungsrecht soll der Unternehmer die Möglichkeit haben, sich im Falle einer Behinderung vom Vertrag lösen zu können. Damit wird seinem Interesse Rechnung getragen, nicht auf unbestimmte Zeit an ein Vertragsverhältnis gebunden zu sein, ohne einen sein Äquivalenzinteresse wahrenden Ausgleich zu erhalten.[272] Im Falle der Behinderung hätte er lediglich Anspruch auf eine Entschädigung. Diese würde die Kostenentwicklung in Form von Material- und Lohnpreissteigerungen nicht berücksichtigen.[273] Für diese sich später realisierenden höheren Kosten, würde er keinen Ausgleich erhalten. Somit ist § 643 BGB im Zusammenhang mit § 642 BGB zu betrachten, der einen Entschädigungsanspruch für die Zeit der Behinderung gewährt. Dem Risiko höherer Kosten zum späteren Ausführungszeitpunkt müsste der Unternehmer mit einer Kündigung begegnen. Im Falle der Anordnung würde die Vergütungsanpassung auf den gesamten Zeitraum der Verschiebung bezogen, so dass § 650 c BGB als Ersatz für § 642 BGB und § 643 BGB zu betrachten ist. Da § 650 c BGB das Äquivalenzinteresse der Parteien wahrt, stellt der Ausschluss von §§ 642, 643 BGB die sachgerechtere Behandlung dar.

(δ) Unterschiedliche Folgen im Generalunternehmervertrag gegenüber der Einzelgewerkvergabe

Die Möglichkeit eines bauzeitlichen Anordnungsrechts der Verschiebung würde bezogen auf die zeitliche Koordination im Fall der Einzelgewerkvergabe zu einem Gleichlauf mit der Generalunternehmerbeauftragung führen. Während im Falle der Beauftragung eines Generalunternehmers die sich aus der Inhaltsänderung ergebenden notwendigen bauzeitlichen Anpassungen problemlos mit der Inhaltsänderungsanordnung verbinden ließen und somit mittelbar die zeitliche Änderung angeordnet werden könnte, bestünde im Falle der Beauftragung von Einzelgewerken nicht die Möglichkeit einer bauzeitlichen Anordnung gegenüber den nicht von der Inhaltsänderung betroffenen Gewerken. Sofern aus der Verzögerung aufgrund einer Bauinhaltsänderung bei einem Gewerk bei den folgenden Gewerken Behinderungen resultieren, bestünde dort wiederum die Möglichkeit der Kündigung des Vertrags.

Für den Unternehmer, der als Generalunternehmer mehrere Gewerke durch Subunternehmer ausführt, würde sich die Lage bei einem isolierten bauzeitlichen

272 Vgl. BGH NJW 2018, 544, 546 Rn. 30; Sienz, BauR 2014, 390, 391.
273 BGH NJW 2018, 544, 546 Rn. 30.

Anordnungsrecht bei einer inhaltlichen Verzögerung eines früheren Gewerkes deutlich verbessern. Ohne bauzeitliches Anordnungsrecht der Verschiebung ist der Generalunternehmer in der Schwierigkeit, dass er aus seiner Bestellerrolle gegenüber seinen Subunternehmern, die ihm gegenüber aus mittelbaren Bauzeitanordnungen resultierenden bauzeitlichen Änderung nicht an seine Vertragspartner weitergeben kann, die nicht von der Werkerfolgsänderung betroffen sind. Da er selbst die Bauleistung zumeist in Einzelgewerken weitervergibt, gilt für ihn die dargestellte Konstellation zur Einzelvergabe. Während ihm gegenüber die bauzeitlichen Änderungen mittelbar „angeordnet" werden könnten, könnte er die zeitlichen Folgen nur an die von der Inhaltsänderung betroffenen Gewerke weitergeben.

Auch dies spricht dafür, bauzeitliche Anordnungen der Verschiebungen zuzulassen.

(ε) Wahlrecht des Bestellers

Ein Ungleichgewicht könnte dadurch in das vertragliche Äquivalenzverhältnis gebracht werden, dass sich dem Besteller ein Wahlrecht eröffnet, ob er im Falle der Behinderung eine Anordnung trifft oder es bei der Behinderung belässt. Zum einen ist festzustellen, dass dieses Wahlrecht nur dann besteht, wenn es sich um eine Behinderungssituation handelt und der Besteller es vom Umfang her auch bei der Behinderungsverschiebung belassen will. Zum anderen haben beide Varianten Vor- und Nachteile, so dass das Privileg des Bestellers darin läge zu wählen, welche Folgen er eintreten lassen möchte. Gegebenenfalls könnte der Besteller zwar versucht sein, die möglicherweise für ihn finanziell günstigere Situation der Behinderung eintreten zu lassen und erst im Falle einer Fristsetzung des Unternehmers mit einer bauzeitlichen Anordnung der Kündigung zuvor zu kommen. Dem könnte der Unternehmer jedoch dadurch begegnen, dass er die Frist des § 643 S. 1 BGB frühzeitig setzt und somit den Besteller zu einer Klarstellung zwingt.

Letztlich ist festzustellen, dass die gesetzlichen Regelungen keinen klaren Differenzierungsgrund erkennen lassen, weshalb die behinderungsbedingte bauzeitliche Verschiebung im Hinblick auf das Äquivalenzinteresse anders zu behandeln ist als die anordnungsbedingte, die für mittelbare Bauzeitanordnungen zum Tragen kommt.

Die mittelbare bauzeitliche Verschiebung führt zu der Anwendung von § 650 c BGB während die behinderungsbedingte Verschiebung zu den §§ 642, 643 BGB führt. In beiden Fällen liegt ein Eingriff in die Planung des Unternehmers vor, die auf seiner Seite zu den gleichen finanziellen Nachteilen führt. Dass mit § 642 BGB keine Entschädigung für den späteren Ausführungszeitraum gewährt wird[274] und statt dessen eine Kündigung nach § 643 BGB erfolgen muss, um finanzielle Nachteile aus der verschobenen Ausführungsphase zu vermeiden, erscheint insbesondere auch vor dem Hintergrund der gesetzgeberischen Intention im Rahmen der Einführung des Bauvertragsrechts widersprüchlich. Der Unternehmer wird durch den eingeschränkten zeitlichen Anwendungsbereich des § 642 BGB unter Umständen zur Kündigung gezwungen, was weder den Zielsetzungen der Streitvermeidung noch der Möglichkeit auf die Besonderheiten des Bauvertrags reagieren zu können, entspricht. Sachgerecht erschiene es, beide Verschiebungen (Behinderung und Anordnung) im Hinblick auf die Kompensationsfolge gleich zu behandeln. Für die behinderungsbedingte Verschiebung sollte zumindest die Abrechnung der tatsächlichen Mehrkosten zugelassen werden, wie es in der Literatur bereits für die Auslegung von § 642 BGB gefordert wurde.[275] Soweit § 642 BGB dies derzeit nicht zulässt, erscheint eine gesetzliche Änderung angezeigt. Eine Harmonisierung mit § 650 c BGB erschiene geeignet, die Diskussionen um die Abgrenzung zu reduzieren.

(ζ) Fazit zur Interessenlage

Aus der Betrachtung der widerstreitenden Interessen folgt in Bezug auf die rein zeitliche Komponente, dass die Möglichkeit zur Bauzeitverschiebung im Sinne der Komplexität und Dauer des Bauvertrags von großem Vorteil wäre, da die bestehenden Verschiebungsmöglichkeiten in Form der Behinderungsverschiebung und der mittelbaren Bauzeitverschiebung die bestehenden Bedürfnisse nicht vollständig abdecken. Bauzeitverschiebungen stellen jedoch im Grundsatz ein Ereignis dar, auf das sich der Unternehmer bei Vertragsschluss einstellen muss, da diese auch durch Behinderungen und mittelbare Bauzeitanordnungen eintreten können. Eine quantitative Erhöhung der Änderungen ist nicht zu erwarten, wenn berücksichtigt wird, dass auch auf Basis der Kooperationspflicht ernsthafte Verhandlungen über die Änderungsbegehren zu führen sind. Die unterschiedliche Kompensation der bauzeitlichen Verschiebung im Behinderungsfall und im Anordnungsfall stellt sich bereits deshalb als nicht sachgerecht dar, weil die behinderungsbedingte Kompensation einseitig nur den behinderten Zeitraum erfasst, nicht jedoch den späteren Ausführungszeitraum. Hieraus können Kompensationsansprüche entstehen, die sich unabhängig von dem bisher dem Vertrag zugrunde gelegten Äquivalenzverhältnis darstellen. Im

274 S.o. B., V., 1., d), dd), (1), (d), (aa), (β).
275 S.o. B., V., 1., d), dd), (1), (d), (aa), (β).

Anordnungsfall würde das Äquivalenzinteresse gewahrt. Hieraus lässt sich weiter folgern, dass auch der Entfall des Kündigungsrechts des § 643 BGB akzeptabel ist. § 643 BGB diente dem Zweck, keiner zu langen Behinderung ausgesetzt zu sein und für die im Laufe der Behinderung eintretenden Preissteigerungen keine Kompensation zu erhalten. Im Falle der Anordnung würde die Vergütungsanpassung den gesamten vertraglichen Zeitraum erfassen, so dass es aus diesem Gesichtspunkt keines Kündigungsrechts bedarf. Für den Fall einer zu großen Belastung des Unternehmers durch die Anordnung der Bauzeitverschiebung würde er über das begrenzende Kriterium der Zumutbarkeit geschützt. Auch die Möglichkeit des Bestellers wählen zu können, ob er eine Anordnung trifft oder es bei der Behinderung belässt, spricht nicht gegen die Anordnungsmöglichkeit einer Bauzeitverschiebung.

Letztlich würden sich die dargestellten Problemkreise im Vergleich der Einzelvergabe mit einer Generalunternehmerbeauftragung nicht stellen, wenn die Anordnung einer Bauzeitverschiebung möglich ist. Insgesamt betrachtet stellt sich die Interessenlage somit so dar, dass eine isolierte Bauzeitanordnung der Interessenlage entspricht.

(dd) Fazit der wertenden Betrachtung

Aus Wertungsgesichtspunkten ist die Möglichkeit der Bauzeitverschiebung vom Anordnungsrecht zu erfassen. Dies folgt sowohl aus den Vergleichen mit den zulässigen Anordnungen die mittelbare Bauzeitverschiebungen verursachen und der behinderungsbedingten Konstellationen der Bauzeitverschiebung als auch aus den darüberhinausgehenden Interessenbetrachtungen.

(e) Ergebnis

Isolierte bauzeitliche Anordnung in der Form der Bauzeitverschiebung sind gemäß den vorstehenden Überlegungen nach dem Sinn und Zweck der gesetzlichen Regelung des § 650 b BGB von dessen Anwendungsbereich erfasst.

(2) Bauzeitverkürzung

Es ist weiter die Interessenlage bei der Bauzeitverkürzung zu betrachten.

(a) Bedürfnis für eine Bauzeitverkürzung

Der Besteller hat mitunter ein großes Interesse daran, die Bauzeit für die vereinbarte Leistung zu verkürzen bzw. den Umfang der Leistung in dem ursprünglichen Zeitfenster zu vermehren. Vielfach entstehen bereits in der Anfangsphase eines Bauvorhabens Verzögerungen z.B. aufgrund von Baugrundrisiken.

Verschieben sich die anschließenden Gewerke entsprechend des ursprünglich vorgesehenen Ausführungszeitraums, verschiebt sich auch der Gesamtfertigstellungstermin. Dies könnte für den Besteller erhebliche Nachteile nach sich ziehen. Beispielsweise könnte die zu errichtende Schule nicht zum Schuljahresbeginn mit dem Unterricht beginnen. Es könnten Vertragsstrafen oder Verzugsschadensersatzansprüche seitens seines Bestellers oder des Mieters in Betracht kommen oder auch im Falle der Eigenvermietung könnten Mietausfälle drohen. Hätte der Besteller die Möglichkeit, die Bauzeit zu verkürzen, könnte er durch eine entsprechende Anordnung den Ausführungszeitraum für die späteren Gewerke verkürzen und somit gegebenenfalls noch den Gesamtfertigstellungstermin einhalten.

Sofern der Besteller dem Unternehmer diese Beschleunigung nicht per Anordnung auferlegen könnte, wäre er gezwungen zur Erreichung eines verkürzten Ausführungszeitraums, mit dem Unternehmer über eine Verkürzung der Bauzeit zu verhandeln oder den Auftrag frei zu kündigen und mit einem anderen Vertragspartner einen neuen Vertrag abzuschließen. Die Kündigung und Neuvergabe würden jedoch selbst zu weiteren Verzögerungen führen, so dass der Zeitraum, der für die Ausführung noch zur Verfügung stünde, immer kürzer werden müsste.

Für eine vertragliche Bauzeitanpassung wäre der Besteller jedoch auf eine Mitwirkung des Unternehmers angewiesen und wähnt sich daher in einer schlechten Verhandlungsposition gegenüber dem Unternehmer. Er befürchtet, dass insbesondere ein Unternehmer, der grundsätzlich in der Lage wäre, Beschleunigungsmaßnahmen zu ergreifen, die Drucksituation des Bestellers für überhöhte Preisforderungen ausnutzen könnte.[276] Der Unternehmer könnte versucht sein, die Lage des Bestellers ausnutzen und die eigenen wirtschaftlichen Interessen durchsetzen. Schließlich würde die Alternative der Kündigung und Neubeauftragung vor dem Hintergrund der Drucksituation und des verkürzten Ausführungszeitraums zu erheblichen Mehrkosten führen bzw. zeitlich gar nicht realisierbar sein.

Der Besteller scheint im reinen Verhandlungswege somit in einer ungünstigeren Verhandlungssituation als im Falle der Anordnungsmöglichkeit.

Auch hier ist jedoch zu beachten, dass der Unternehmer aufgrund seiner Kooperationspflicht verpflichtet ist, mit dem Besteller ernsthafte Verhandlung über sein Änderungsbegehren zu führen. Verweigert er diese, könnte dies ein

276 Vygen, BauR 2006, 166, 168 f.; Vygen/Joussen in: Vygen/Joussen/Lang/Rasch, S. 43.

rechtsmissbräuchliches Verhalten darstellen, das den Besteller zur Kündigung aus wichtigem Grund berechtigen könnte.

Auch wenn dem Besteller somit ein Ersatzanspruch im Falle einer Kündigung aus wichtigem Grund nach rechtsmissbräuchlicher Verweigerung des Unternehmers, ernsthafte Verhandlungen zu führen, zustehen kann, stellt sich die Situation im Hinblick auf sein Primärziel der schnelleren Ausführung schlechter dar. Es würde beispielsweise die Schule nicht rechtzeitig zum Schuljahresstart fertiggestellt. Der Besteller könnte aber die Kosten einer Ersatzanmietung gegebenenfalls als Schadensersatz geltend machen.

Insoweit bietet das Anordnungsrecht den rechtlichen Vorteil, dass ein einklagbarer Primäranspruch auf die geänderte Leistung bestünde. Diesen könnte der Besteller sogar im einstweiligen Verfügungsverfahren gemäß § 650 d BGB geltend machen. Damit stellt sich die Drucksituation auf den Unternehmer deutlich höher dar als im Falle der ernsthaften Verhandlungspflicht.

Für den Besteller böte das Anordnungsrecht somit einerseits den Vorteil überhaupt einen Primäranspruch auf geänderte Ausführung geltend machen zu können und andererseits würde der Druck auf den Unternehmer erhöht.

(b) Beeinträchtigung der Planbarkeit und Risikostruktur

Ein Anordnungsrecht zur Bauzeitverkürzung beeinträchtigt den Unternehmer in seiner Dispositionsbefugnis bezüglich des Ressourceneinsatzes und der Auftragsplanung seines Betriebs. Der Unternehmer könnte beispielsweise mehrere Bauverträge parallel abwickeln wollen und wäre durch die Beschleunigung in einem Vertragsverhältnis gezwungen, seine Personalressourcen in dem anderen Vertragsverhältnis zu verringern, was zu einer Risikoerhöhung im Hinblick auf den dortigen Fertigstellungstermin führt. Hat er diese zusätzlichen Kapazitäten nicht, weil er z.B. nur über das eingesetzte Personal verfügt, ist er faktisch nicht bzw. nur mit hohem organisatorischen Aufwand in Form der kurzfristigen Einstellung von zusätzlichem Personal oder dem Einsatz von Subunternehmern, auf den seine Unternehmensstruktur möglicherweise nicht aus- und eingerichtet ist, in der Lage die Ausführung in der verkürzten Zeit zu erbringen. Der Unternehmer wäre im Falle eines Anordnungsrechts zur Beschleunigung somit gegebenenfalls gezwungen, seine betriebliche Struktur anzupassen. Ein kleines Familienunternehmen, das grundsätzlich ohne größere Büroorganisation und auch ohne Nachunternehmereinsatz auskommt, könnte gezwungen sein, Maßnahmen zu ergreifen, auf die es nicht eingerichtet ist. Mit Verkürzung der vertraglichen Bauzeit würden somit Risiken begründet, die aus unternehmerischen Auswirkungen resultieren, auf die der Unternehmer nicht eingerichtet ist.

Anders als bei der Bauzeitverschiebung im Falle der Behinderung und der mittelbaren Bauzeitanordnung ist mit dem Risiko einer Beschleunigung auch nicht zu rechnen, da Bauzeitverkürzungen nicht bereits in den vertraglichen oder gesetzlichen Regelungen angelegt sind.

Es erfolgt weiterhin ein Eingriff in die Risikoverteilung dahingehend, dass der Unternehmer grundsätzlich für die Einhaltung seiner Vertragstermine verantwortlich ist und bei Nichteinhaltung Schadensersatzansprüche in Betracht kommen. Die Verkürzung der Bauzeit würde sein Risiko erhöhen, den Fertigstellungstermin nicht einzuhalten. Ansprüche aus Verzug setzen zwar ein Verschulden voraus, das bei einer zu großen Ausführungsfristverkürzung fraglich sein könnte. Die Beweislast für ein fehlendes Verschulden liegt aber auf der Seite des Unternehmers, so dass für den Unternehmer, auch wenn die Verkürzung der Bauzeit im Rahmen des Verschuldens berücksichtigt würde, ein nicht unerhebliches Risiko besteht, sich gegebenenfalls nicht exkulpieren zu können.

Auch im Rahmen der Äquivalenzbetrachtung stellt die „Beschleunigung" eine Herausforderung für den Unternehmer dar. Anders als im Falle der Verschiebung der Bauzeit sind die Vergütungsansätze nicht einfach um einen zeitlichen Faktor fortzuschreiben. Durch den Eingriff in die betriebliche Organisation entstehen zusätzliche Aufwands- und Risikoübernahmen, die sich in den bisherigen Vertragspreisen nicht widerspiegeln. Die Begründungs- und Nachweispflicht für die Durchsetzung der entsprechend schwierig herzuleitenden weiteren Vergütungsansprüche z.B. durch eine baubetriebliche Dokumentation würde dem Unternehmer obliegen.

Es ist jedoch zu berücksichtigen, dass auch dieses Anordnungsrecht dem Kriterium der Zumutbarkeit unterläge, so dass bei zu großen Beeinträchtigungen die Anordnung unzulässig wäre.

(c) Zwischenergebnis

Im ersten Schritt ist festzustellen, dass die Konstellation der Bauzeitverkürzung diejenige ist, bei der dem Anpassungsinteresse des Bestellers gewichtige Unternehmerinteressen entgegenstehen. Es erfolgt nicht nur ein Eingriff in seine Aufgabenplanung, die sich zeitlich an den jetzigen Auftrag anschließen und mit denen er im gewissen Umfang bereits bei Vertragsschluss rechnen musste, wie es im Fall der Bauzeitverschiebung der Fall ist. Der Unternehmer wäre durch ein entsprechendes Anordnungsrecht gegebenenfalls darüber hinaus gezwungen, seine Betriebsstruktur anzupassen (z.B. durch Nachunternehmereinsatz) und die damit verbundenen Risiken zu übernehmen. Zudem müsste er auch die sich aus der zeitlichen Verkürzung ergebende Risikoerhöhung im Hinblick auf seine

(Verzugs-)haftung hinsichtlich der Einhaltung des vorverlegten Fertigstellungstermins übernehmen.

(d) Wertende Betrachtung hinsichtlich der Bauzeitverkürzung

Auch hier sind die Einzelaspekte der widerstreitenden Interessen einer wertenden Betrachtung zu unterziehen.

(aa) Erfolgspflicht

Es stellt sich die Frage, inwieweit bei Bestehen eines Anordnungsrechts für die angeordnete Beschleunigung auch eine Erfolgspflicht besteht.

Dies wird von Befürwortern eines entsprechenden bauzeitlichen Anordnungsrechts bezogen auf das Anordnungsrecht aus § 1 Abs. 3 VOB/B zum Teil abgelehnt.[277] Es bleibt jedoch unklar, worauf die „Erfolgshaftung" hierbei bezogen wird.

Sofern dies auf die Verzugshaftung zu beziehen ist, erscheint die Argumentation dogmatisch inkonsequent: Wenn die bauzeitliche Anordnung in Form der Beschleunigung grundsätzlich zulässig und im Einzelfall auch zumutbar wäre und der neue Fertigstellungstermin dann schuldhaft nicht eingehalten würde, erschließt sich nicht, wieso kein Verzug mit der daraus resultierenden Schadensersatzpflicht vorliegen sollte.

Wird die Bauzeit als Bestandteil des Werkerfolgs betrachtet und in das Synallagma des Bauvertrags einbezogen, wäre es konsequent, die Erfolgspflicht des § 631 Abs. 2 BGB auch auf die Bauzeit zu beziehen. Dies hätte zur Folge, dass bei Überschreitung des Ausführungstermins mangels Erreichung des Werkerfolgs keine Abnahmepflicht bestünde, so dass die mit der Abnahme verbundenen weiteren Rechtsfolgen (Beweislastumkehr, Fälligkeit der Vergütung, etc.) nicht eintreten würden. Konsequenterweise würde auch die Erfüllungspflicht bezogen auf den ursprünglichen Werkerfolg einschließlich des ursprünglichen Zeitziels, fortbestehen, obwohl diese Zielerreichung gar nicht mehr nachholbar wäre. Diesen Widerspruch würde eine Ablehnung der Erfolgspflicht bei Einbeziehung der Bauzeit in den Werkerfolg für den Fall des bauzeitlich verkürzenden Eingriffs zwar vermeiden. Ohne einen entsprechenden Eingriff bliebe bei Einbeziehung der Bauzeit in den Werkerfolg aber die Frage offen, wie eine Einhaltung des Fertigstellungstermins als Teil des Werkerfolgs nach Überschreiten des Ausführungszeitraums nachgeholt werden könnte. Im Ergebnis besteht

277 Keldungs, BauR 2013, 1917, 1921 f.

somit für eine grundsätzliche Einbeziehung der Bauzeit in den Werkerfolg bei gleichzeitigem Entfall der Erfolgspflicht für den Fall der Beschleunigung keine dogmatisch tragfähige Begründung. Im BGB wird, abgesehen vom absoluten Fixgeschäft, die zeitliche Komponente nicht Gegenstand des Synallagmas zwischen der Verpflichtung zur Erbringung der Leistung und der hierfür zu zahlenden Vergütung.[278]

Im Ergebnis ist festzustellen, dass, wenn bauzeitliche Anordnungen zulässig wären und eine Beschleunigungsanordnung auch im Einzelfall zumutbar wäre, die Erfolgspflicht auch hinsichtlich der Termineinhaltung mit der Folge gälte, dass bei einer schuldhaften Überschreitung der neuen Fertigstellungstermine Verzug einträte. Dies stellt neben dem grundsätzlichen Eingriff in die Dispositionsbefugnis des Unternehmers, die – anders als die Verschiebung – nicht nur eine Koordination der nachfolgenden Aufträge voraussetzt, sondern eine organisatorische oder ausführende Leistungserhöhung erfordert, auch einen Eingriff in die bisherige Haftungsverteilung dar, da für diese Leistungssteigerungspflicht die Verzugshaftung droht.

(bb) Beschleunigung generell unzumutbar

Zum Teil wird bezogen auf § 1 Abs. 3 VOB/B bei grundsätzlicher Befürwortung der Bauzeitanordnungsmöglichkeit für ein etwaiges bauzeitliches Anordnungsrecht eine Einschränkung hinsichtlich der Beschleunigung daraus abgeleitet, dass Beschleunigungen auch vor dem Hintergrund der Verschärfung der Verzugshaftung gar nicht[279] oder nur in geringem Umfang zuzulassen seien.[280] Teilweise wird vertreten, diese seien nur zulässig, wenn sie zum Ausgleich zuvor eingetretener Verzögerungen dienten und dem Besteller erhebliche Nachteile drohten.[281] Beschleunigungsanordnungen, die allein der Verkürzung der vertraglichen Bauzeit dienten, könne der Besteller daher nur im Wege einer einvernehmlichen Vertragsänderung durchsetzen.[282]

Im Rahmen dieser Differenzierungen, die entweder die Beschleunigung generell oder abgesehen von definierten Fallgruppen ausschließen, erfolgt eine Qualifikation zumindest von Teilen der Bauzeitverkürzungen als generell unzulässig, obwohl die Bauzeit grundsätzlich als erfasst angesehen wird.[283]

---

278 BeckOK VOB/B/Oberhauser, VOB/B, § 6 Abs. 6 Rn. 8.

279 Tomic, ZfBR 2010, 315, 321 ff.

280 Wirth/Würfele, Jahrbuch Baurecht 2006, 119, 161.

281 Wirth/Würfele, Jahrbuch Baurecht 2006, 119, 161.

282 Jansen in: Ganten/Jansen/Voit, VOB/B, § 1 Abs. 3 Rn. 40.

283 Vgl. Tomic, ZfBR 2010, 315, 321 ff.; Wirth/Würfele, Jahrbuch Baurecht 2006, 119, 161.

Dogmatischer Anknüpfungspunkt für eine differenzierende Betrachtung müsste das Kriterium der Zumutbarkeit sein.

Es stellt sich jedoch die Frage, ob eine gegebenenfalls mit Rückausnahmen versehene generelle Unzumutbarkeit hinsichtlich Beschleunigungsanordnungen im Vergleich zu anderen bauzeitlichen Anordnungen angenommen werden kann. Für den Unternehmer einschneidende zeitliche Veränderungen könnten hierdurch grundsätzlich aufgefangen werden. Die Fälle der Beschleunigung könnten im Rahmen der Interessenabwägung als besonders belastende Eingriffe gewichtet werden, so dass in diesen Fällen eine restriktive Anwendung möglich wäre. Auch die in diesen Fällen als sehr kritisch angesehene Erfolgshaftung[284] für die neuen Ausführungszeiten, könnte im Rahmen der Interessenabwägung begegnet werden. Sind an die Einhaltung des früheren Fertigstellungstermins schwerwiegende Folgen für den Besteller geknüpft wie z.B. der Eintritt einer Vertragsstrafe im Vertragsverhältnis zu seinem Bauherrn, dann wäre dies zwar einerseits im Rahmen der Interessenabwägung auf Seiten des Bestellers als Nachteil zu gewichten, andererseits aber auch auf Seiten des Unternehmers, der im Rahmen seiner Verzugshaftung in Anspruch genommen werden könnte, wenn er nach entsprechender Anordnung die Einhaltung eines neuen, früheren Termins schuldet.

Im Einzelfall können die Interessen der Vertragsparteien aber auch bei einer Beschleunigung so gelagert sein, dass die Bedeutung für den Besteller überragend ist, die Beeinträchtigung für den Unternehmer hingegen gering wäre.[285] Zwar kann die Erfolgspflicht einen Umstand darstellen, der im Rahmen der Interessenabwägung Berücksichtigung finden kann. Dies führt aber nicht zu einer generell anzunehmenden Unzumutbarkeit. Der Unternehmer könnte überschießende Kapazitäten frei haben oder er könnte innerhalb seiner vertraglichen Bauzeit den Schwerpunkt der Ausführung im Rahmen seiner eigenen unternehmerischen Planung ohnehin in dem Anfangszeitraum geplant haben, so dass eine frühere Beendigung als vertraglich vorgesehen, für ihn kein Problem wäre. Hingegen kann eine Verschiebung nach hinten für den Unternehmer in Einzelfällen eine größere Belastung darstellen, weil Folgeaufträge eingeplant sind, Personalreduzierungen bereits eingeleitet wurden, Betriebsferien anstehen, etc. Vor dem Hintergrund, dass in Einzelfällen die Belastungssituation durchaus anders gelagert sein kann, wird der Ansatz, einen Teil der bauzeitlichen Anordnungen

---

284 S.o. B., V., 1., d), dd), (2), (d), (aa).

285 Vgl. Kuffer/Petersen in: Heiermann/Riedl/Rusam, VOB/B, § 1 Rn. 44; Wirth/Würfele, Jahrbuch Baurecht 2006, 119, 161.

generell als unzumutbar zu qualifizieren, der unter dem Begriff der Zumutbarkeit angelegten Interessenabwägung nicht gerecht. Auch der Ansatz, bestimmte Konstellationen der Beschleunigungsanordnungen über eine Schadensminderungspflicht seinerseits wiederum als zulässig anzusehen,[286] macht deutlich, dass auch die generalisierende Sichtweise letztlich eine Einzelfallbetrachtung nicht ausschließen will. Auch wenn somit mit der „Zumutbarkeit" ein methodischer Anknüpfungspunkt für eine differenzierende Betrachtung gegeben ist, überzeugt dieser Ansatz einer generalisierenden Klassifizierung inhaltlich nicht.

(cc) Keine Drucksituation durch Ausschluss der Beschleunigungsmöglichkeit

Als Hauptgrund für das Anordnungsrecht wird angeführt, dass das ohne Anordnungsrecht zu beschreitende Verhandlungsverfahren dem Unternehmer die Möglichkeit gebe, einen unangemessen hohen Preis zu fordern bzw. dass der Unternehmer alle Forderungen vor dem Hintergrund der Drucksituation durchsetzen könne.[287] Da § 650 c BGB bzw. § 2 Abs. 5 VOB/B keine Anwendung finden, wenn die Bauzeit nicht von dem entsprechenden Anordnungsrecht erfasst wird,[288] wäre der Unternehmer auch nicht an deren Regelungen zur Preisermittlung gebunden und könnte die Preise auf neuer Grundlage bilden. Hierbei ist jedoch zu berücksichtigen, dass der Unternehmer auch ohne Anordnungsrecht des Bestellers nicht gänzlich freie Forderungen im Rahmen der Verhandlungen stellen kann. Eine Grenze der grundsätzlich bestehenden negativen Vertragsänderungsfreiheit[289] ergibt sich aus § 138 BGB bzw. § 242 BGB insbesondere in Form des rechtsmissbräuchlichen Verhaltens.[290] Ergänzend ist die Kooperationspflicht zu berücksichtigen. Der Unternehmer kann die Zustimmung zur Leistungsänderung zwar von einer vorherigen Vergütungsvereinbarung abhängig machen, wobei er seine Vergütungsforderung aber nur auf die tatsächlichen Kosten, die übliche Vergütung oder die bisherigen Vertragspreise stützen kann.[291] Anderenfalls würde er gegen die Kooperationspflicht verstoßen, wenn

---

286 Wirth/Würfele, Jahrbuch Baurecht 2006, 119, 161.

287 Vgl. zu § 1 Abs. 3 VOB/B: BeckOK VOB/B/Wieseler, VOB/B, § 1 Abs. 3 Rn. 26, Keldungs in: Ingenstau/Korbion/Leupertz/von Wietersheim, VOB/B, § 1 Abs. 3 Rn. 7; Vygen, BauR 2006, 166, 168 f.; Vygen/Joussen in: Vygen/Joussen/Lang/Rasch, S. 43.

288 Vgl. Voit in: Messerschmidt/Voit, Privates Baurecht, I. Teil, H., Rn. 59.

289 Hau, Vertragsanpassung und Anpassungsvertrag, S. 59 ff.

290 Voit in: Messerschmidt/Voit, Privates Baurecht, I. Teil, H., Rn. 59.

291 Voit in: Messerschmidt/Voit, Privates Baurecht, I. Teil, H., Rn. 59.

die Interessenabwägung bezüglich des Anpassungsinteresses des Bestellers mit der Belastung des Unternehmers zugunsten des Anpassungsinteresses ausfällt, er also zum ernsthaften Verhandeln über die begehrte Leistungsänderung verpflichtet wäre.[292] Diese Arten der Vergütungsforderung dürften für den Besteller gegenüber der Vergütungsanpassung nach § 650 c BGB keine Interessenbeeinträchtigung darstellen, da diese grundsätzlich das Äquivalenzinteresse wahren und auch § 650 c BGB grundsätzlich auf die Mehrkosten einer Leistungsänderung bzw. auf die bisherigen Vertragspreise abstellt. Hieraus würde somit gegenüber einer Einbeziehung der Bauzeit in das Anordnungsrecht nach § 650 b BGB kein Nachteil für den Besteller entstehen.

(dd) Kein Primäranspruch

Auch wenn somit Grenzen der Vertragsänderungsfreiheit bestehen, wenden diese sich grundsätzlich gegen die Wirksamkeit eines unveränderten Vertrags bzw. können zu einer berechtigten Beendigung des Vertragsverhältnisses führen. Eine Primärpflicht, einen bestimmten Vertrag abzuschließen, folgt daraus nicht. Auch aus der im Bauvertrag geltenden Kooperationspflicht folgt nur, dass der Unternehmer verpflichtet ist, ernsthaft über das Anpassungsbegehren zu verhandeln, eine Ausführungspflicht folgt hieraus nicht.[293] Verweigert der Unternehmer die ernsthafte Verhandlung droht ihm eine Vertragskündigung mit daran anschließenden Schadensersatzansprüchen.

Im Falle des Anordnungsrechts bestünde hingegen für den Besteller der Vorteil, dass ein Primäranspruch auf Durchsetzung der Beschleunigung bestünde.

(ee) Beweislastverteilung

Bestünde ein entsprechendes Anordnungsrecht, könnte dies Auswirkungen auf die Darlegungs- und Nachweispflichten haben. Es obliegt, wenn dem Gesetz keine anderslautende Beweislastregelung zu entnehmen ist, grundsätzlich der Partei, die ein Recht geltend macht, die Voraussetzungen der für sie günstigen Rechtsfolge darzulegen und zu beweisen.[294] Bestünde kein Anordnungsrecht müsste der Besteller als Anpassungsinteressent die Voraussetzungen für seinen

---

292 Voit in: Messerschmidt/Voit, Privates Baurecht, I. Teil, H., Rn. 59 f.; Kniffka/von Rintelen, ibr-online-Kommentar Bauvertragsrecht, § 650 b Rn. 68 f.

293 Vgl. Voit in: Messerschmidt/Voit, Privates Baurecht, I. Teil, H., Rn. 59.

294 Vgl. BGH NJW-RR 2005, 1496, 1498; BGH NJW-RR 2008, 1722 Rn. 4; BGH NJW-RR 2010, 1378 Rn. 12.

Anspruch auf ernsthafte Verhandlungen über sein Begehren darlegen und beweisen.[295]

(α) Zumutbarkeit

Bei Bestehen eines Anordnungsrechts wäre der Unternehmer hingegen grundsätzlich zur Ausführung verpflichtet bzw. nach der grundsätzlichen Beweisverteilung in der Darlegungs- und Beweispflicht hinsichtlich einer etwaigen Unbilligkeit im Einzelfall.[296] Die Voraussetzungen des Anordnungsrechts muss der Anordnende jedoch darlegen und beweisen.

Für das Anordnungsrecht nach § 650 b BGB ist jedoch explizit eine Beweislastverteilung im Gesetz vorgesehen. Für die Begründung einer Pflicht zur Angebotserstellung wird verlangt, dass das Änderungsbegehren zumutbar sein muss, § 650 b Abs. 1 S. 2 BGB. Der nachfolgende S. 3 sieht eine explizite Beweislastregel vor, nach der der Unternehmer die Beweislast trägt, wenn er betriebsinterne Vorgänge für die Unzumutbarkeit geltend macht. Hieraus lässt sich der Rückschluss ziehen, dass für alle anderen Umstände, insbesondere den Aspekt der Zumutbarkeit dem Besteller die Beweislast obliegt. Zwar ist im Gesetzestext nicht explizit festgelegt, dass der Unternehmer „nur" für seine betriebsinternen Umstände die Beweislast trägt. Dass die Formulierung den Zweck des Rückschlusses haben soll, ist der Gesetzesbegründung explizit zu entnehmen[297] und folgt auch daraus, dass das Kriterium der Zumutbarkeit als Tatbestandsvoraussetzung des Anordnungsrechts gesehen wird.[298] Damit führt auch die grundsätzliche Beweislastregel dazu, dass der Besteller dieses Tatbestandsmerkmal zur Erreichung des für ihn günstigen Anordnungsrechts darlegen und beweisen muss. Dem Unternehmer obliegt somit nur die Beweislast für die Unzumutbarkeitsaspekte, die seine betrieblichen Vorgänge betreffen.

Gleiches gilt auch für das Anordnungsrecht des § 650 b Abs. 2 BGB. Die Anordnungsmöglichkeit nach S. 1 wird nicht explizit von dem Kriterium der Zumutbarkeit abhängig gemacht. Dies ließe sich jedoch zum einen aus der Bezugnahme auf das Änderungsbegehren nach Abs. 1 S. 1 Nr. 1 folgern. Zum anderen wird die Pflicht zur Befolgung der Anordnung zum Werkerfolg nach S. 2 von dem Zumutbarkeitskriterium abhängig gemacht.

---

295 Voit in: Messerschmidt/Voit, Privates Baurecht, I. Teil, H., Rn. 59.

296 Voit in: Messerschmidt/Voit, Privates Baurecht, I. Teil, H., Rn. 59; Hau, Vertragsanpassung und Anpassungsvertrag, S. 297 ff.

297 BT-Drs. 18/8486, S. 54.

298 Vgl. BT-Drs. 18/8486, S. 54.

Der verbliebene Umfang der dem Unternehmer obliegenden Darlegungs- und Beweislast besteht auch bei den anderen unzweifelhaft unter § 650 b BGB fallenden Anordnungen. Für Bauinhaltsänderungen liegt es ebenfalls an ihm, eine etwaige Unbilligkeit bezogen auf seine innerbetrieblichen Vorgänge darzulegen und zu beweisen. Anders als bei den bauinhaltlichen Anordnungen kommt für den Unternehmer bei einer Beschleunigung jedoch erschwerend hinzu, dass es nicht nur um die Argumentation hinsichtlich einer baufachlichen Frage geht, sondern sich die Interessenabwägung hinsichtlich der Unzumutbarkeit einer Beschleunigung auch auf organisatorische und unternehmerische Bereiche bezieht. Beispielsweise müsste der Unternehmer sich damit auseinandersetzen, inwieweit er als kleiner Handwerksbetrieb sich kurzfristig mit zusätzlichem Personal oder Nachunternehmern verstärken müsste.

Diese Schwierigkeit bestünde grundsätzlich auch im Rahmen der aufgrund der Kooperationspflicht zu führenden Verhandlungen. Auch dort würde sich die Frage stellen, ob er auf ein Beschleunigungsbegehren mit einem Angebot reagieren müsste, dass personelle Verstärkungen beinhaltet, um nicht das Risiko einer Kündigung einzugehen. Darüber hinaus obliegt auch im Rahmen der dann zu beurteilenden Frage der Zumutbarkeit ihm die Darlegungslast für die betriebsinternen Vorgänge, mit denen er eine Anpassung bzw. die Verhandlungen darüber ablehnen kann.

(β) Umfang des Mehrvergütungsanspruchs

Neben der Zumutbarkeit stellt sich die Frage der Beweislast bezogen auf den Vergütungsanspruch. Den Unternehmer trifft die volle Beweislast für den Umfang seines Vergütungsanspruchs im Falle einer zulässigen Beschleunigungsanordnung. Er muss also während der laufenden und durch die Beschleunigung forcierten Arbeiten eine rechtssichere Dokumentation betreiben, um im Streitfalle am Ende seiner Beweispflicht genügen zu können. Hierbei kann es einen Vorteil bieten, dass er in der Einigungsphase die Pflicht hatte, ein Angebot abzugeben. Dies eröffnete die Möglichkeit die relevanten Parameter zu definieren und den Fokus auf deren Entwicklung zu schärfen. Dies ändert jedoch nichts daran, dass er nach Ausführung der Maßnahme in der Lage sein muss, seinen Mehrvergütungsanspruch vollumfänglich darlegen und beweisen zu können. Gerade im Falle der Beschleunigung stellt die Berechnung dieses Anspruchs eine hohe Herausforderung dar.[299] Setzt der Unternehmer zur Beschleunigung Personal von anderen Baustellen ein und entwickelt sich für ihn deshalb die Abwicklung der

---

299 Vgl. Tomic, ZfBR 2010, 315, 320 f.

anderen Baumaßnahme ungünstig, mag es Kosten wie z.B. zusätzliche Fahrzeiten geben, die dargelegt und bewiesen werden können. Mehrkosten dadurch, dass auf der anderen Baumaßnahme ein über die Zeitverzögerung hinausgehender Produktivitätsverlust eintritt, dürfte hingegen nur mit hohem Aufwand nachweisbar sein. Auch eine Berechnung der Beschleunigungsvergütung auf Basis der bisherigen Vertragspreise dürfte sich zum einen ausgesprochen schwierig darstellen und wird zum anderen im Einzelfall den tatsächlichen Kosten nicht gerecht.

Bezogen auf die Darlegungs- und Beweispflicht bezüglich des Umfangs des Vergütungsanspruchs stellt die Möglichkeit der Anordnung eine nicht unerhebliche Beeinträchtigung der Interessen des Unternehmers dar.

(γ) Fazit

Da durch die in § 650 b Abs. 1 S. 3 BGB getroffene Beweislastregelung der Rückschluss gezogen werden kann, dass dem Unternehmer nur die Darlegungs- und Beweislast für betriebsinterne Vorgänge obliegt, besteht zwischen der Verhandlungspflicht auf Basis des Kooperationsprinzips und einer vom Anordnungsrecht erfassten Ausführungspflicht keine Beweislaständerung bezogen auf die Zumutbarkeit, die zu einer wesentlichen Verschlechterung der Beweislage des Unternehmers führen würde.

Ohne Anordnungsrecht könnten jedoch im Verhandlungswege die berechtigten Belange des Unternehmers hinsichtlich seines Vergütungsanspruchs im Vorfeld einfließen. Zwar obliegt ihm auch hier im Endeffekt die Beweislast für die Ernsthaftigkeit seiner Verhandlungen, so dass er seine Angebotskalkulation belastbar aufstellen muss. Aber es handelt sich hierbei letztlich um eine Prognose bezüglich der erwarteten Auswirkungen. Die Beweislastanforderungen daran, dass eine Prognose die Voraussetzungen ernsthafter Verhandlung erfüllt, dürften geringer sein als an den Nachweis der Mehrkosten nach Ausführung der Beschleunigung.

Demgegenüber stellt es einen Nachteil dar, im Falle einer zulässigen Anordnung unter erhöhtem Zeitdruck die Voraussetzungen zu schaffen, um im Nachgang sämtliche Mehrkostenaspekte auch aus anderen Vertragsverhältnissen belastbar nachweisen zu können.

(ff) Gesamtwürdigung und Ergebnis

Die festgestellten Einzelaspekte sind einer übergreifenden Bewertung zu unterziehen.

(α) Beeinträchtigung des Unternehmerinteresses

Dem Bedürfnis des Bestellers an einer Bauzeitverkürzung stehen Beeinträchtigungen der Unternehmerinteressen gegenüber. Für den Unternehmer ist festzustellen, dass eine Beschleunigung einen tiefen Eingriff in seine betriebliche Organisation darstellt, auf die er sich anders als für den Fall der Bauzeitverschiebung auch nicht aufgrund regelhaft am Bau zu erwartender und vertraglich bereits angelegter zeitlicher Verschiebungen einstellen musste. Weder die Behinderung noch die mittelbare Bauzeitbeeinflussung als vertraglich angelegte zeitliche Anpassungsmöglichkeiten führen zu einer Bauzeitverkürzung.

Es tritt im Hinblick auf die Verzugshaftung eine Risikoerhöhung bezogen auf die Einhaltung des vorgezogenen Fertigstellungstermins ein. Grundsätzlich wäre im Fall einer zulässig angeordneten Beschleunigung auch eine Erfolgspflicht gegeben.[300] Eine Beschleunigungsanordnung wäre auch nicht generell als unzumutbar zu erachten.[301] Ein genereller Ausschluss der Erfolgspflicht im Fall der Beschleunigung ist nicht überzeugend, da im Einzelfall die Beschleunigung weniger belastend sein kann als eine Bauzeitverschiebung. Ohne Anordnungsrecht bestünde zwar auch die Pflicht ernsthaft über das Änderungsbegehren zu verhandeln. Hierbei könnten jedoch auch spezifische Risiken des Einzelfalles Einfluss finden.

(β) Verhandlungssituation aufgrund des Eingriffs in die Risikoverteilung

Fraglich ist somit, ob es den Interessen der Bauvertragsparteien gerecht wird, wenn die Möglichkeit zur Anordnung bestünde oder ob es den Interessen eher entspricht, wenn der Besteller sein Beschleunigungsbegehren im Verhandlungswege durchsetzen müsste. Bei dieser Abgrenzung handelt es sich nicht nur um dogmatische Glasperlenspiele.[302]

Der Unterschied liegt zum einen darin, dass im Falle des Anordnungsrechts das Rechtsverhältnis sich mit der Anordnung umgestalten und ein primärer Leistungsanspruch hinsichtlich des geänderten Leistungsinhalts, hier also der beschleunigten Leistungen, ergeben würde.[303] Im Verhandlungswege wäre eine Einigung erforderlich, in der die berechtigten Belange des Unternehmers, insbesondere sein Vergütungsanspruch, zu berücksichtigen wäre.[304]

300 S.o. B., V., 1., d), dd), (2), (d), (aa).
301 S.o. B., V., 1., d), dd), (2), (d), (bb).
302 Von Rintelen in: Messerschmidt/Voit, Privates Baurecht, I. Teil, H, III., 1., Rn. 55b.
303 Von Rintelen in: Messerschmidt/Voit, Privates Baurecht, I. Teil, H, III., 1., Rn. 55b.
304 Vgl. Von Rintelen in: Messerschmidt/Voit, Privates Baurecht, I. Teil, H, III., 1., Rn. 55b.

Auch stellt sich die Verhandlungssituation grundsätzlich anders dar, auch wenn sie nicht zu der vermeintlich angenommenen Erpressungssituation führt. Dies beruht bereits auf der unterschiedlichen Rolle des Anordnungsempfängers gegenüber der Rolle als Verhandlungspartners des Anpassungsinteressenten. Die grundsätzliche Wertung, dass ein Anordnungsrecht bestehen kann, kann bereits eine größere Bereitschaft bewirken, die Anordnung auszuführen, als dies im Rahmen der Kooperationspflicht der Fall wäre.[305] Allein die Existenz eines Anordnungsrechts führt zu Auswirkungen im Hinblick auf die Verhandlungssituation.[306]

Dem steht nicht entgegen, dass im Rahmen des Vergleichs der Quantität der Eingriffe in den Bauablauf auch die Änderungsbegehren zur Bauzeit einbezogen wurden.[307] Dort ging es um die Frage, ob sich die Quantität der Änderungsbegehren ändert. Dies ist losgelöst davon zu betrachten, ob sich die Rolle als Anordnungsempfänger anders darstellt, als als Verhandlungspartner, der sich „nur“ kooperativ zu verhalten braucht.

Die Ursache der Beschleunigungsnotwendigkeit stammt aus der Sphäre des Bestellers, da der Unternehmer bei eigenen Verzögerungen ohnehin zur Einhaltung der Vertragsfristen verpflichtet wäre. Die Aufholung der Zeitverzögerung wird durch den Besteller angestrebt. Somit erscheint es gerechtfertigt, dass sich der Besteller als Anpassungsinteressent in die Verhandlungsposition begeben muss. Vergütungsfragen und Verbindlichkeit der neuen Termine wären im Fall der positiv abgeschlossenen Verhandlungen über die Anpassung bereits explizit oder nach allgemeinem Vertragsrecht geregelt. Für den Fall der Verweigerung ernsthafter Verhandlungen durch den Unternehmer bliebe dem Besteller die Möglichkeit der Kündigung mangels ernsthafter Verhandlungsbereitschaft.

(γ) *Beweislast*

Neben den Interessen auf der Ebene der materiellen Rechtslage ist auch die Ebene der Beweis- und Darlegungslast zu betrachten, da in der Praxis der Auseinandersetzung die unterschiedliche Ausgangslage zwischen Einigung und Anordnung und die damit verbundene Darlegungs- und Beweislastverteilung eine größere Rolle spielen wird.

Es wurde bereits dargestellt, dass insbesondere im Hinblick auf den Umfang des Mehrvergütungsanspruchs größere Schwierigkeiten bei der Beweisführung

305 Vgl. Hau, Vertragsanpassung und Anpassungsvertrag, S. 297 f.
306 Vgl. Hau, Vertragsanpassung und Anpassungsvertrag, S. 296.
307 S.o. B., V., 1., d), dd), (1), (d), (aa), (γ), (ββ).

für den Umfang der Mehrkosten liegen dürften, als wenn kein Anordnungsrecht bestanden hätte. Dann wäre entweder eine Vereinbarung getroffen worden, in die der Unternehmer seine Vergütungsforderungen hätte einbringen können, oder es obläge ihm nur die Pflicht nachzuweisen, dass ernsthafte Verhandlungen über die Änderung unter hinreichender Darlegung der prognostizierten Vergütungsänderungsparameter erfolgt ist. Zwar besteht auch für die übrigen Anordnungen nach § 650 b BGB für den Unternehmer der Nachteil, eine etwaige Unzumutbarkeit geltend zu machen und auch die Vergütungsfolge darlegen und beweisen zu müssen. Gerade die Fälle der Beschleunigung führen aber für den Unternehmer zu einer besonderen Belastungssituation, da sie nicht den rein baufachlichen Bereich betreffen, sondern den unternehmerischen und organisatorischen. Dies unterscheidet sich gegenüber den baufachlichen Änderungsanordnungen. Hinzu kommt, dass unter dem Zeitdruck der Beschleunigung die Voraussetzungen für den Nachweis des Mehrvergütungsanspruchs geschaffen werden müssten.

(δ) Zumutbarkeit aufgrund des Eingriffs in die Risikostruktur nicht ausreichend

Fraglich ist, ob nicht über das Kriterium der Zumutbarkeit ein hinreichendes Regulativ für ein Anordnungsrecht zur Beschleunigung gegeben ist.

Auch wenn für Anordnungen nach § 650 b BGB generell die Einschränkung besteht, dass diese zumutbar sein müssen, würde durch das Anordnungsrecht zur Verkürzung der Bauzeit das Planungsrecht des Unternehmers stark beeinträchtigt. Auch wenn insoweit die Voraussetzung der Zumutbarkeit gegeben sein muss, stellt das Kriterium der Zumutbarkeit gerade in zeitlicher Hinsicht ein nur schwer bewertbares Kriterium dar. Verschiedene Unternehmertypen können in ihren unternehmerischen Fähigkeiten völlig unterschiedliche Kompetenzen aufweisen. Ein Unternehmer hat möglicherweise einen Schwerpunkt in den Bereich des kaufmännischen gelegt, ist in der Lage problemlos umzudisponieren und kann Verschiebungen leicht kompensieren. Er ist strukturell darauf eingerichtet, sich in Spitzenzeiten Subunternehmern zu bedienen und verfügt über das rechtliche und kaufmännische Know-how, so dass der Umgang und die Koordination mit weiteren Vertragspartnern kein Problem darstellen. Ein kleiner Familienbetrieb, bei dem die handwerkliche Tätigkeit als solche im Vordergrund steht, ist möglicherweise nicht darauf ausgerichtet, neben der Abarbeitung eines handwerklichen Auftrags Subunternehmerverträge zu schließen, Personal kurzfristig anzuwerben oder umzudisponieren, ohne dass erhebliche wirtschaftliche und rechtliche Risiken drohen.

Zwar können auch diese Aspekte im Rahmen der Zumutbarkeit berücksichtigt werden. Allerdings würde die Abwägung dann darauf hinauslaufen, eine Bewertung der unternehmerischen Ausrichtung und gegebenenfalls auch der Gewichtung persönlicher Ereignisse vorzunehmen. Im Rahmen eines Bauvertrags steht im Vordergrund, dass das Werk erstellt werden soll. Zu den dazu erforderlichen Handlungen hat sich der Unternehmer verpflichtet und die entsprechenden Risiken übernommen. Dass zur Werkerstellung im Bauvertrag auch bauliche Änderungen erforderlich werden können, ist erwartbar und inzwischen auch in § 650 b BGB vorgesehen. Darüberhinausgehende unternehmerische Leistungspflichten zu verlangen, die höhere baubetriebliche, rechtliche und Koordinierungsfähigkeiten erfordern, dürfte aber die grundsätzlich bei Abschluss eines Bauvertrags zu erwartenden Verpflichtungen überschreiten. Zumindest das Risiko, dass im Einzelfall auch Mehrarbeit, Umstrukturierung oder zusätzliches Personal als zumutbare Maßnahme erachtet werden, ist durchaus gegeben.

Hinzu kommt, dass dem Unternehmer für diese innerbetrieblichen Aspekte hinsichtlich der Unzumutbarkeit die Beweislast obliegt.

Mit der bauzeitlichen Anpassung der Beschleunigung sind auch Eingriffe in die Risikostruktur verbunden. Zum einen erhöht sich das unternehmerische Risiko der eigenen Betriebsorganisation. Es können bisher nicht praktizierte Prozesse und Verfahren (Nachunternehmereinsatz, kurzfristiger und kurzzeitiger Personalaufwachst, etc.) erforderlich werden.

Zum anderen kann die Verzugshaftung erhöht werden. Der diesbezüglich zum Interessenausgleich angedachte Ausschluss der Erfolgspflicht ist dogmatisch nicht tragfähig und entspricht, wie auch die generelle Qualifikation als unzumutbar, nicht immer der Interessenlage. Im Einzelfall kann die Belastung einer Beschleunigung oder Vorverlegung gering sein, wenn sie ohnehin der Planung des Unternehmers entspricht. Vor diesem Hintergrund wären Zumutbarkeitserwägungen im Einzelfall anzustellen und nicht pauschal vorweg zu nehmen.

(ζ) Ergebnis

Im Ergebnis ist festzustellen, dass sich aus der Betrachtung der Interessenlage für die Konstellation der Beschleunigung ergibt, dass diese nicht von dem Anordnungsrecht zur Werkerfolgsänderung erfasst sein sollte.

(3) Vorverlegung des Ausführungszeitraums

Es ist weiter die Interessenlage bei der Vorverlegung des Ausführungszeitraums zu betrachten.

Die Gründe für ein Bedürfnis zur Vorverlegung des Ausführungszeitraums des Bestellers können in einer fehlerhaften Zeitplanung des Aufraggebers bereits zur Zeit des Vertragsschlusses liegen oder sich auch erst im Nachhinein ergeben. Beispielsweise kann er verkannt haben, dass das Gewerk Voraussetzung für ein Folgegewerk ist und dessen Starttermin vor den Fertigstellungstermin des ersten Gewerks bestimmt haben. Auch kann der Besteller bereits absehbare Verzögerungen durch einen früheren Start kompensieren wollen. Es kann also ein Bedürfnis an dieser Art der bauzeitlichen Anpassung bestehen.

Dem Vorteil einer Flexibilität auf Seiten des Bestellers steht das Planungsinteresse des Unternehmers gegenüber, der seine Aufträge so in Einklang bringen muss, dass er auch im Hinblick auf seine vorherigen, parallelen oder späteren Aufträge unter Berücksichtigung der ihm zur Verfügung stehenden Ressourcen die Erfüllung seiner Leistungspflichten gewähren kann. Ist es ihm aufgrund anderer Verpflichtungen nicht möglich eher auszuführen, führt die mit der Verschiebung nach vorne verbundene Vorverlegung des Fertigstellungstermins zu einer Verkürzung seiner Ausführungszeit. Insoweit lassen sich die bereits für die Bauzeitverkürzung erfolgten Feststellungen zur Interessenlage der Bauvertragsparteien im Wesentlichen übertragen, auch wenn die Vorverlegung im Einzelfall weniger belastend sein mag, da das frühere Zeitfenster genutzt werden kann.

Ungeachtet dessen gelten die bereits für die Bauzeitverkürzungen ausgeführten Argumente weitgehend entsprechend. Auch hier erfolgt ein Eingriff, der nicht mit einer im Bauvertrag explizit geregelten oder vorausgesetzten Konstellation vergleichbar ist. Durch Behinderungen oder mittelbare Bauzeitanordnungen eintretende bauzeitliche Auswirkungen führen nicht zu einer Vorverlegung.

Im Ergebnis ist auch hier festzustellen, dass der Unterschied zwischen der Anordnungsmöglichkeit auf der einen und der Pflicht zur ernsthaften Verhandlung auf der anderen Seite für die Konstellation der Vorverlegung dazu führt, dass diese nicht von der Werkerfolgsänderung erfasst sein sollte. Es träten auch hier Risikoverschiebungen ein, die sich aus dem vorverlegten Fertigstellungstermin ergeben oder aus unternehmerischen Anpassungsbedarfen resultieren. Auch hier besteht die Problematik der Beweislastverteilung insbesondere in Bezug auf die Geltendmachung des Mehrvergütungsanspruches. Da der Besteller der Anpassungsinteressent ist, erscheint es auch hier sachgerecht, dass dieser sich in die Verhandlungsposition begeben muss.

(4) Bauzeitverlängerung

Als weitere bauzeitliche Veränderung ist die isolierte Bauzeitverlängerung zu betrachten.

Bei einer reinen Bauzeitverlängerung wird das Zeitfenster verlängert, in dem ausgeführt werden darf. Erfolgt keine weitere Beeinträchtigung z.B. durch einen Eingriff in die Bauzeit durch zwischenzeitliche Phasen der Behinderung, die unter dem Gesichtspunkt der Bauzeitverschiebung (B., V., 1., d), dd), (1)) zu betrachten sind, dann kann der Unternehmer in diesem durch die Verlängerung vergrößerten Fenster nach seiner Disposition ausführen.

Bereits ein Bedürfnis des Bestellers an einer reinen Bauzeitverlängerung dürfte daher kaum bestehen, da nur der Unternehmer durch eine reine Verlängerung der Bauzeit einen Vorteil in Form erweiterter Dispositionsmöglichkeiten gewinnt. Der Ausführungszeitraum verlängert sich um den Verlängerungszeitraum. Da es grundsätzlich dem Unternehmer überlassen bleibt, seine Arbeiten innerhalb des ihm zustehenden Ausführungszeitraums – einschließlich Pufferzeiten[308] – zu koordinieren[309], könnte er trotz der Anordnung ausführen, wie ursprünglich vorgesehen, er könnte aber auch innerhalb des erweiterten Zeitfensters disponieren.

Entsprechend ergibt sich für den Unternehmer aus einer Verlängerung der Bauzeit auch keine Belastungssituation. Er gewinnt einen zusätzlichen Ausführungszeitraum, kann innerhalb des gesamten Zeitfensters nach seiner Disposition ausführen. Wird er vor dem vorgesehenen Fertigstellungstermin fertig, kann er die Abnahme verlangen, da diese an die Fertigstellung und nicht an einen vertraglich vorgesehenen Fertigstellungstermin anknüpft, § 640 Abs. 1 BGB. Die Fälligkeit der Vergütung nimmt wiederum Bezug auf die Abnahme, § 641 Abs. 1 BGB.

Der Besteller hätte hingegen durch die reine Erweiterung der vertraglichen Bauzeit keinen erkennbaren Vorteil. Eingriffe in den Bauablauf würden bei einer reinen Bauzeitverlängerung nur dazu führen, dass die verlängerte Bauzeit gemäß den entsprechenden Eingriffsregelungen z.B. gemäß § 6 Abs. 2 VOB/B angepasst würde.

Eine Bauzeitverlängerung wird daher meist nur dann im Interesse des Bestellers liegen, wenn Zeiträume im ursprünglich vorgesehenen Ausführungszeitraum aufgrund von „Behinderungen“ nicht für die Ausführung zur Verfügung stünden oder zusätzliche Leistungen erfolgen sollen. Damit handelt es sich aber nicht mehr um reine Bauzeitverlängerungen sondern zumindest um

308 OLG Düsseldorf NJW 2012, 85, 91; Markus, NZBau 2014, 92, 93; Wessel, ZfBR 2010, 527, 528 f.

309 Markus in: Kapellmann/Messerschmidt, VOB/B, § 6 Rn. 1.

Kombinationen mit zeitlichen Anpassungen aufgrund von Behinderungskonstellationen oder mittelbaren Auswirkungen auf die Bauzeit.

Denkbar erscheint es, dass der Besteller mit einer Verlängerung der Bauzeit den Druck aus dem konkreten Vertragsverhältnis nehmen möchte und darauf hofft, dass im Rahmen der längeren Vertragsdauer eine bessere Baustellenkoordination erfolgen kann und das Behinderungsfälle dadurch vermieden werden, dass die verschiedenen Gewerke nicht gleichzeitig mit hohem Personaleinsatz auf der Baustelle anwesend sein müssen. Auch wenn es den einzelnen Unternehmern freisteht, wann sie innerhalb ihres Zeitfensters ausführen, kann grundsätzlich auch ein Interesse der Unternehmer bestehen, die Abläufe zeitlich zu entzerren. Hierfür ist es jedoch fraglich, ob es tatsächliches eines Anordnungsrechts bedarf, da über derartige Verlängerungen auch eine Einigung möglich sein sollte.

In Betracht käme noch, dass bestimmte Vertragspositionen an die vertragliche Bauzeit gekoppelt sind (z.B. Vorhalten der Baustelleneinrichtung oder Bauzäune für die gesamte vertragliche Bauzeit). Auch hier käme durch eine zeitliche Anordnung in Betracht, diese Zeiten zu verlängern. Soweit also noch in einem gewissen Umfang ein Bedürfnis des Bestellers für die Anordnungsmöglichkeit zur Bauzeitverlängerung abgeleitet werden kann, käme eine entsprechend weite Auslegung des § 650 b BGB in Betracht.

Die Interessen des Unternehmers werden durch eine derartige Anordnung grundsätzlich nicht beeinträchtigt. Bezogen auf seinen Werkerfolg erweitert sich nur das Zeitfenster, in dem der Unternehmer bestimmen kann, wann er ausführt. Soweit aus den dargestellten Gründen ein Bedürfnis des Bestellers abgeleitet werden kann, folgt daraus in der Regel auch keine wesentliche Interessenbeeinträchtigung des Unternehmers.

Die Bauzeitverlängerung sollte vor dem Hintergrund der Interessenbetrachtung der Bauvertragsparteien somit von § 650 b BGB erfasst werden.

(5) Zusammenfassung isolierte Bauzeitanordnungen

Neben der Einzelbetrachtung ist zu prüfen, ob sich aus den Einzelerwägungen im Rahmen einer Gesamtbetrachtung eine einheitliche Einordnung vornehmen lässt.

(a) Bedürfnis

Aus dem Vorstehenden lässt sich zusammenfassend feststellen, dass auf Seiten des Bestellers für die verschiedenen Arten bauzeitlicher Anordnung ein unterschiedliches Bedürfnis besteht.

Ein Bedürfnis hinsichtlich der Bauzeitverkürzung und der Vorverlegung der Bauzeit besteht, wenn aus verschiedensten Gründen im zeitlichen Verlauf der vorgesehenen Ausführung Verzögerungen eintreten, die mit einer Verkürzung oder Vorverlegung kompensiert werden sollen. Auch für die Möglichkeit der Verschiebung besteht trotz der im Falle der Behinderung „automatisch" eingreifenden Regelungen zur Anpassung der vertraglichen Bauzeit bzw. zur Regelung der Verschiebung der faktischen Bauzeit ein Bedürfnis, da die Behinderungsregeln eine tatsächliche Behinderung voraussetzen, ein Änderungsbegehren aber auch dann bestehen kann, wenn kein Ausführungshindernis vorliegt, der Umfang der Verschiebung erweitert werden soll oder die Rechtsfolgen, insbesondere das Kündigungsrecht, nicht zum Tragen kommen soll.

Auch ein Bedürfnis hinsichtlich einer reinen Bauzeitverlängerung kann im Einzelfall in Betracht kommen.

Die Ursache für das Bedürfnis des Bestellers nach einer isolierten Bauzeitanpassung folgt grundsätzlich nicht aus der Sphäre des Unternehmers. Hat der Unternehmer eine Verzögerung verursacht, ist er grundsätzlich dennoch verpflichtet, seine vertraglichen Termine einzuhalten.

(b) Interessenabwägung

Die Interessen der Bauvertragsparteien werden durch die unterschiedlichen Konstellationen isolierter Bauzeitanpassungen in unterschiedlicher Intensität und Form beeinträchtigt. Während die Vorverlegung und Beschleunigung einen massiven Eingriff nicht nur in die Dispositionsbefugnis, sondern auch in die Risikoverteilung darstellt, folgt aus der Verschiebung (nur) die Schwierigkeit des Unternehmers, die Disposition mit anschließenden Aufträgen herzustellen. Eine Verlängerung beeinträchtigt die Unternehmerinteressen grundsätzlich nicht.

Die Betrachtung der Interessenlage des Bestellers hinsichtlich der Bauzeitverschiebung und der Bauzeitverlängerung ergibt, dass trotz der faktischen Möglichkeit der Ausführungszeitverschiebung im Falle der Behinderung und der Verschiebung und Verlängerung im Falle der mittelbaren Bauzeitanordnung zumindest für die Bauzeitverschiebung zum Teil ein großes Interesse auf Seiten des Bestellers bestehen kann, eine Änderung der vertraglichen Bauzeit durch Anordnung herbeizuführen.

Diese Eingriffe in die Dispositionsbefugnis des Unternehmers, die zu einem Koordinierungsaufwand hinsichtlich der Folgeaufträge führen können, stellen jedoch – unabhängig von der Zulässigkeit eines entsprechenden Anordnungsrechts – kein Ereignis dar, mit dem bei Vertragsschluss nicht bereits zu rechnen gewesen wäre. Eine Verschiebung in Form der Behinderung ist für einen Bauvertrag nicht untypisch und überraschend. Vielmehr ist die Rechtsfolge gesetzlich geregelt, §§ 642, 643 BGB. Auch wird die Behinderungssituation in der VOB/B als standardisiertes Regelwerk für Bauverträge explizit behandelt (§ 6 VOB/B). Auch mittelbare Bauzeitänderungen können ebenfalls zu einer Verschiebung oder Verlängerung der Bauzeit führen. Anders als im Falle der Behinderung besteht in diesen Fällen – wie es auch bei einer isolierten bauzeitlichen Anordnung der Fall wäre – kein Recht, sich von dem Vertrag zu lösen.

Die sich aus isolierten bauzeitlichen Anordnungen der Verschiebung und Verlängerung ergebenden Interessenbeeinträchtigung auf Seiten des Unternehmers sind somit im Hinblick auf die bauzeitliche Verschiebung qualitativ mit den auch ohne Anordnungsrecht vertraglich übernommenen Einwirkungsrisiken auf die Bauzeit durch den Besteller vergleichbar.

Die mit einer solchen anordnungsbedingten Bauzeitänderung verbundene Vergütungsanspruchsänderung gemäß § 650 c BGB kann zwar im Einzelfall zu einer Schlechterstellung gegenüber den Rechtsfolgen der Behinderung (§ 642 BGB bzw. § 6 Abs. 6 VOB/B) führen, wäre im Falle der mittelbaren Bauzeitanordnung identisch und stellt keine grundsätzliche Schlechterstellung dar. Vielmehr stellt die Vergütungsanpassung des § 650 c BGB eine das Äquivalenzinteresse wahrende Anpassung dar. Besondere Härten können im Einzelfall über die Zumutbarkeit gelöst werden.

Der mit einer Anordnungsmöglichkeit gegebene Ausschluss des Kündigungsrechts stellt zwar eine Einschränkung gegenüber den Unternehmerrechten im Falle der Behinderung dar. Diese Kündigungsmöglichkeit, die im Zusammenhang mit dem begrenzten Anwendungsbereich von § 642 BGB zu sehen ist, wird durch § 650 c BGB sachgerecht kompensiert.

Für die Fälle der Beschleunigung und Vorverlegung erfolgt hingegen ein Eingriff in die Risikoverteilung, der die Interessen des Unternehmers stark beeinträchtigt. Neben der für ihn risikobehafteten – da vorverlegten – Erfolgspflicht hinsichtlich des Fertigstellungstermins sind auch keine grundsätzlich im Bauvertrag angelegten Parallelen gegeben, die dieses Risiko von Anfang an als gegeben vorsehen. Weder durch faktische Maßnahmen noch durch Bauinhaltsänderungen ist eine Vorverlegung oder Beschleunigung erreichbar, da es dem Unternehmer grundsätzlich freisteht, wann er innerhalb des ihm eingeräumten Zeitfensters die Ausführung vornimmt. Da das Änderungsinteresse aus seinem Verantwortungsbereich herrührt, ist ihm auch der Weg, die Anpassung im Verhandlungswege geltend zu machen, zuzumuten. Zwar resultiert auch bei einer Verschiebung das Anpassungsinteresse aus der Bestellerseite, hier ist jedoch zu berücksichtigen, dass das Risiko einer Verschiebung von Anfang an im Vertrag angelegt ist und die Einigungsphase vor der Anordnung ohnehin durchschritten werden muss.

Letztlich folgt die Beurteilung der einzelnen isolierten bauzeitlichen Anordnungsmöglichkeiten den aus den gesetzlich vorgesehenen Einwirkungsmöglichkeiten möglichen bauzeitlichen Folgen:

Bei den Bauinhaltsänderungen handelt es sich um dem Bauvertrag regelhaft innewohnende Änderungsnotwendigkeiten, denen § 650 b BGB von seiner Zielsetzung her begegnen wollte. Dass diese auch zu bauzeitlichen Änderungen führen, ist als Folge im Sinne des Gesetzeszwecks, den Besonderheiten des Bauvertrags hinsichtlich Dauer und Komplexität gerecht werden zu wollen, vom Gesetzeszweck umfasst, da das Anordnungsrecht andernfalls geradezu bedeutungslos würde. Diese mittelbaren bauzeitlichen Änderungen können jedoch nur zu einer Verschiebung oder Verlängerung der Ausführungsfrist, nicht aber zu einer Beschleunigung oder Vorverlegung führen. Hinsichtlich dieser mittelbar eintretenden bauzeitlichen Folgen, wie sie durch eine Anordnung nach § 650 b BGB erwirkt werden können, kann somit kein schutzwürdiges Vertrauen bestehen, dass diese nicht eintreten werden.

Gleiches gilt für die im Bauprozess häufig vorkommenden Behinderungskonstellationen. Auf diese muss sich der Unternehmer grundsätzlich einstellen und seinen Betrieb darauf ausrichten. Auch vor diesem Hintergrund besteht kein schützwürdiges Interesse gegenüber diesen bauzeitlichen Anpassungen.

Die gesetzliche Wertung sieht für die mittelbaren Bauzeitanordnungen die in § 650 c BGB geregelte Vergütungsfolge als Kompensation als sachgerecht an. Diese Wertung kann auf die isolierten Bauzeitanordnungen der Verschiebung und Verlängerung übertragen werden, da sich diese von ihren Auswirkungen her nicht von den mittelbar möglichen bauzeitlichen Auswirkungen unterscheiden.

Die Betrachtung der Interessenlage kommt somit hinsichtlich verschiedener Bauzeitanordnungen zu unterschiedlichen Ergebnissen. Während die anordnungsbedingte Verschiebung und Verlängerung als interessengerecht anzusehen ist, ist dies für die Beschleunigung und die Vorverlegung abzulehnen.

(c) Fazit

Für die isolierten Bauzeitanordnungen wäre nach dem Sinn und Zweck der Regelung des § 650 b BGB eine differenzierende Auslegung nach der Art der bauzeitlichen Anordnungen dergestalt vorzunehmen, dass Anordnungen der Bauzeitverschiebung und Bauzeitverlängerung erfasst werden, die Bauzeitverkürzung und die Vorverlegung hingegen nicht.

ee) Ergebnis der teleologischen Betrachtung

Fraglich ist, welches Ergebnis aus den im Rahmen der teleologischen Betrachtung gewonnenen Erkenntnissen abzuleiten ist.

(1) Kein einheitliches Ergebnis

Die grundsätzliche Intention der Änderungen für den Bauvertrag im BGB sprechen für einen weiten Anwendungsbereich.

Da sich aus der Gesetzesbegründung aber keine Gewichtung der Änderungsmöglichkeiten zu anderen vertraglichen Inhalten entnehmen lässt, ist davon auszugehen, dass nicht in das grundsätzliche vertragliche Risikogefüge eingegriffen werden soll. Dies entspricht auch der gesetzlichen Zielsetzung, Anpassungen des Bauvertrags bezogen auf den Werkerfolg zu ermöglichen, aber nicht in das sonstige vertragliche Gefüge einzugreifen.

Aus der Zielsetzung der Einführung des Bauvertragsrechts in das BGB und auch aus der Einführung des Anordnungsrechts des § 650 b BGB lassen sich keine eindeutige Aussage ableiten, ob die Bauzeit erfasst werden sollte. Zusammenfassend lässt sich aus der gesetzgeberischen Intention jedoch ableiten, dass mit den gesetzlichen Sonderregelungen für den Bauvertrag insgesamt, aber auch gerade mit der Regelung zum Anordnungsrecht, der Komplexität und Dauer eines Bauvertrags Rechnung getragen werden soll. Sinn und Zweck der Regelung ist es, eine Möglichkeit zur Vertragsanpassung zu schaffen, wenn aufgrund der Komplexität und Dauer von Baumaßnahmen aus Sicht des Bestellers ein Bedürfnis nach Vertragsanpassungen besteht.[310] Somit sind die mittelbaren bauzeitlichen Anordnungen zu erfassen, da ansonsten das Anpassungsrecht in seinem Anwendungsbereich sehr stark beschränkt würde.

Dem Sinn und Zweck der gesetzlichen Änderungen insgesamt und auch der Regelung des § 650 b BGB würde es entsprechen, das Anordnungsrecht grundsätzlich weit zu fassen, um den Besonderheiten, die aus der Komplexität und der Dauer des Bauvertrags folgen, umfassend begegnen zu können.

Es entspricht jedoch nicht der gesetzgeberischen Intention, in die vertragliche Risikoverteilung einzugreifen.

Dies wäre bei der Beschleunigung oder Vorverlegung jedoch der Fall. Bereits die abstrakt gegebene Möglichkeit der Beschleunigungsanordnung zwingt den Unternehmer sich auf diese Möglichkeit einzurichten und dazu seine betriebliche Struktur so anzupassen, dass er auf dieses abstrakte Risiko eingerichtet

310 MüKoBGB/Busche, BGB, § 650 b Rn. 1.

ist. Damit würde der ursprünglichen Zielrichtung der Gesetzesänderung und auch der des § 650 b BGB entgegengewirkt. Zur Vermeidung von Streitigkeiten würde der Unternehmer gezwungen, neben seiner eigentlichen Ausrichtung Bauwerke zu erschaffen, zusätzlichen rechtlichen und wirtschaftlichen Risiken vorzubeugen.

Hinsichtlich der Verlängerung oder Verschiebung entstehen grundsätzlich keine qualitativ neuen vertraglichen Risiken, da diesbezüglich auch im Fall einer Behinderung eine Veränderung der faktischen Bauzeit erfolgt, auf die sich der Unternehmer einstellen muss. Vor diesem Hintergrund würden die Fälle der Verschiebung und Verlängerung erfasst, die Fälle der Vorverlegung und Beschleunigung hingegen nicht.

Zu dem gleichen Ergebnis kommt die isolierte Betrachtung der verschiedenen Bauzeitänderungen. Auch hier ist festzustellen, dass die Bauzeit nur hinsichtlich der Verlängerung und Verschiebung, nicht aber hinsichtlich der Vorverlegung und Beschleunigung erfasst werden sollte.[311] Im Rahmen der Interessenbetrachtung vor dem Hintergrund der dargestellten Gesetzesziele lässt sich ableiten, dass ein umfassendes bauzeitliches Anordnungsrecht hinsichtlich der Beschleunigung und Vorverlegung in die vertragliche Risikoverteilung eingreifen würde, während die Verlängerung und Verschiebung den erwartbaren und regelhaften Bedürfnissen des Bestellers im Rahmen eines Bauvertrags gerecht werden, ohne die vertragliche Risikoverteilung zu verändern.

Eine Differenzierung zwischen den bauzeitlichen Änderungsanordnungen wäre daher sachgerecht.

(2) Kein Differenzierungskriterium

Fraglich ist jedoch, ob hinsichtlich der Art der bauzeitlichen Änderungen im Rahmen der Auslegung überhaupt differenziert werden kann.

Anknüpfungspunkt für die Frage, ob bauzeitliche Änderungen von § 650 b Abs. 1 S. 1 Nr. 1 BGB erfasst werden, war die Frage, ob unter den Begriff „Werkerfolg“ im Sinne des § 650 b Abs. 1 S. 1 Nr. 1 BGB auch die Bauzeit fiele. Eine Differenzierung im Sinne des Ergebnisses der Interessenbetrachtung wäre jedoch auf die Frage beschränkt, ob bestimmte Anordnungen zur Bauzeit erfasst werden und andere nicht. Damit würde eine Vermischung der reinen Auslegung des Begriffs „Werkerfolg“ mit der Art der bauzeitlichen Anordnung erfolgen. Die Frage, ob die Bauzeit zum Werkerfolg zählt, müsste im Sinne der beabsichtigen Differenzierung dahingehend beantwortet werden, dass es darauf ankäme, in

311 S.o. B., V., 1., d), dd), (5), (b).

welcher Form die Bauzeit verändert werden soll. Für eine Differenzierung nach der Art der bauzeitlichen Änderung im Rahmen der Auslegung des Begriffs „Werkerfolg" gibt es kein Differenzierungskriterium. Entweder ist die Bauzeit unter den Begriff „Werkerfolg" subsumierbar oder nicht.

(3) Ergebnis zur Bauzeit insgesamt

Da im Rahmen der Auslegung des Begriffs „Werkerfolg" eine Differenzierung nach den verschiedenen Art der bauzeitlichen Änderung nicht möglich ist,[312] ist die Frage, ob die Bauzeit im Rahmen der teleologischen Auslegung unter den „Werkerfolg" fällt, einheitlich für alle isolierten bauzeitlichen Anordnungskonstellationen zu betrachten.

Es sind somit die Interessenlagen zu vergleichen, die sich bei einer vollumfänglichen Einbeziehung der Bauzeit und bei einem vollständigen Ausschluss gegenüberstünden.

Im Rahmen dieser Abwägung ist davon auszugehen, dass im Rahmen einer Gesamtbetrachtung die Nachteile, die dem Unternehmer bei Einbeziehung der Beschleunigung und Vorverlegung drohen, schwerer wiegen, als die Nachteile des Bestellers, wenn gar keine bauzeitlichen Anordnungen zulässig wären. Hinsichtlich der Bauzeitverlängerung besteht bereits kein wesentliches Bedürfnis des Bestellers. Der Ausschluss der Verschiebung stellt gegenüber der Einbeziehung der Beschleunigung und Vorverlegung in der Gesamtbetrachtung die geringere Interessenbeeinträchtigung dar.

Während Bauzeitverschiebungen aufgrund faktischer Zwänge auch über die Behinderungsregelungen abgewickelt werden können, im Rahmen mittelbarer Bauzeitanordnungen Berücksichtigung finden können und auch für die verbleibenden Fälle die Pflicht des Unternehmers besteht, ernsthafte Verhandlungen über das Anpassungsbegehren zu führen, müsste sich der Unternehmer im Falle der Beschleunigung und Vorverlegung auf eine vom bisherigen Vertragsgefüge abweichende Risikoverteilung einlassen. Auch wenn ohne Anordnungsrecht eine Verhandlungspflicht besteht, können die Interessen des Unternehmers im Rahmen ernsthafter Verhandlungen stärker Berücksichtigung finden.

Zudem kommt der Anstoß der Änderung aus dem Bereich des Bestellers als Anpassungsinteressent, so dass ihm eher die Rolle des Verhandlers zugemutet werden kann als dem Unternehmer die des Anordnungsempfängers.

312 S.o. B., V., 1., d), ee), (2); vgl. auch Joussen, BauR 2018, 151, 159.

e) Ergebnis der Auslegung

Der Wortlaut schränkt das Änderungsrecht auf den Werkerfolg ein. Unter Werkerfolg wird gemeinhin der im Rahmen eines Werkvertrags geschuldete Erfolg gesehen. Dies wird durch den Verweis auf § 631 Abs. 2 BGB, der systematisch im Zusammenhang mit § 631 Abs. 1 BGB zu betrachten ist, weiter verstärkt. Zum geschuldeten Erfolg im Werkvertrag gehört grundsätzlich nicht die Einhaltung der Bauzeit. Dies wird bereits daraus deutlich, dass mit einer nicht fristgerechten Fertigstellung in der Regel (Ausnahme Fixgeschäft) das Interesse an der Fertigstellung nicht verloren geht. Auch verliert der Unternehmer nicht seinen Vergütungsanspruch, sondern muss gegebenenfalls bei Beibehaltung seines Vergütungsanspruchs den Verzugsschaden des Bestellers kompensieren.

Wortlaut und Systematik sprechen im Zusammenspiel somit gegen eine Einbeziehung der Bauzeit in das Anordnungsrecht des § 650 b BGB. Diese Auslegungsansätze schließen aber nicht gänzlich aus, dass der Werkerfolg des § 650 b BGB auch bauzeitliche Anordnungen erfasst, da der Begriff „Werkerfolg" weder gesetzlich definiert ist, noch an anderer Stelle im BGB in eindeutiger Bedeutung Verwendung findet. Eine spezifische Auslegung im Sinne des § 650 b BGB ist somit nicht ausgeschlossen.

Die historische Betrachtung führt zu der Erkenntnis, dass der „Gesetzgebungsprozess" bis zum Stand des Referentenentwurfs ohne dogmatische Begründung davon ausging, dass das Anordnungsrecht auch die Bauzeit umfasse. Das konkrete Gesetzgebungsverfahren, welches durch Vorlage des Regierungsentwurfs initiiert wurde, sah dieses nicht mehr vor, verhielt sich jedoch auch nicht zu den vorangegangenen Einordnungen. Einen klaren gesetzgeberischen Willen dahingehend, ob die Bauzeit trotz Absehens von der expliziten Nennung und entgegen der Folgerungen, die aus Wortlaut und Systematik zu schließen sind, von § 650 b BGB erfasst sein soll, lässt sich aus der Nichtabgrenzung zu den vorbereitenden Gesetzesentwürfen nicht folgern, da sich die Gesetzesbegründung zu dieser Änderung nicht verhält.

Sinn und Zweck der Gesetzesänderung insgesamt und insbesondere auch der Einführung des § 650 b Abs. 1 S. 1 Nr. 1 BGB sprechen grundsätzlich für eine weite Auslegung der Norm. Sowohl die Ziele der Gesetzesänderung insgesamt als auch die Ziele, die mit dem Änderungsrecht verfolgt werden, insbesondere auf die Anpassungsbedarfe im Rahmen eines komplexen und zeitlich langen Bauvertrags reagieren zu können, sind grundsätzlich auch hinsichtlich der Bauzeit realisierbar.

Dies gilt jedoch nicht uneingeschränkt. Eine Grenze ergibt sich daraus, dass mit der Leistungsanpassungsmöglichkeit nicht ein Eingriff in die sonstige vertragliche Risikoverteilung erfolgen soll. Ein derartiger Eingriff liegt aber dann vor, wenn die bauzeitlichen Eingriffe über die bereits im Vertrag angelegten Risiken der Bauzeitverschiebung und Verlängerung hinausgeht. Dies wäre bei Eingriffen in die Bauzeit, die eine Bauzeitverkürzung oder Vorverlegung vorsehen, der Fall. Ein Differenzierungsansatz hinsichtlich der verschiedenen bauzeitlichen Anordnungen lässt sich mangels Differenzierungskriterien im Rahmen der Auslegung des Begriffs „Werkerfolg" nicht darstellen. Aufgrund der Gesamtbetrachtungsnotwendigkeit spricht auch die teleologische Auslegung somit gegen eine erweiternde Auslegung des Begriffs „Werkerfolg".

In der Gesamtbetrachtung der Auslegungsmethoden ist die Bauzeit somit nicht als von § 650 b Abs. 1 S. 1 Nr. 1 BGB erfasst anzusehen.

2. Änderung, die zur Erreichung des vereinbarten Werkerfolgs notwendig ist

Fraglich ist, ob ein bauzeitliches Anordnungsrecht aus § 650 b Abs. 2 i. V. m. § 650 b Abs. 1 S. 1 Nr. 2 BGB folgen kann. Dazu müssten isolierte bauzeitliche Anordnungen zur Erreichung des Werkerfolgs notwendig sein. Damit besteht nicht das für § 650 b Abs. 1 S. 1 Nr. 1 BGB bestehende Erfordernis, dass die Bauzeit Teil des Werkerfolgs sein müsste.

Zum Teil wird erwogen, bloße Änderungen des Bauablaufs aufgrund faktischer Zwänge als notwendige Änderungen zu erfassen, weil diese zur Erreichung des Werkerfolgs notwendig seien.[313] Die Veränderung des Zeitfensters sei als „notwendig" anzusehen, wenn wegen einer Störung oder einer Verzögerung des Vorgewerks keine Baufreiheit bestehe.[314] Auch käme in Betracht, dass behördliche Vorgaben eine Ausführung zu bestimmten Zeiten erforderten.[315]

Damit würden Konstellationen erfasst, die z.B. aus vorangegangenen Behinderungen des Unternehmers herrühren können. Wenn der Unternehmer nicht zu dem vorgesehenen Zeitpunkt ausführen könne, weil z.B. aufgrund einer Kampfmittelbeseitigung die Baustelle nicht betreten werden dürfe, sei es dennoch zur Erreichung des Werkerfolgs erforderlich, dass die Arbeiten ausgeführt würden, jedoch zu einem späteren Zeitpunkt. Damit sei dies eine Änderung, die zur Erreichung des Werkerfolgs notwendig sei.

---

313 Kniffka/Retzlaff, BauR 2017, 1747, 1789.
314 Kniffka/Retzlaff, BauR 2017, 1747, 1789.
315 Abel/Schönfeld, BauR 2017, 2047, 2057.

Dies stellt ein sehr weites Verständnis von „notwendig" dar. Es erscheint bereits fraglich, ob dies vom Wortlaut noch gedeckt ist,[316] da der Werkerfolg auch ohne die Änderung erreicht werden kann. Durch eine Behinderung der Ausführung verschiebt sich die Zeit der Bauausführung zumindest faktisch nach hinten, da die Behinderung nicht zur Folge hat, dass der Unternehmer von seiner Leistungspflicht frei wird. Die Behinderung käme auch im Falle der behördlichen Vorgabe in Betracht, nur zu bestimmten Zeiten auszuführen. Der Werkerfolg entfällt aufgrund der Verschiebung nicht, sondern tritt zu einem späteren Zeitpunkt ein. Die Konstellation der Behinderung wird in § 642 BGB und § 643 BGB vorausgesetzt und Rechtsfolgen daran geknüpft. Selbst wenn der Unternehmer aufgrund der Behinderung den Vertrag nach § 643 BGB kündigte, wäre eine Erreichung des vom Besteller begehrten Erfolgseintritts möglich – notfalls durch Neuvergabe des Auftrags.

Bei § 650 b Abs. 1 S. 1 Nr. 2 BGB geht es hingegen um die Notwendigkeit, eine vertragliche Änderung herbeizuführen, um den vereinbarten Werkerfolg zu erreichen. Eine Notwendigkeit die Vertragslage anzupassen, besteht bezogen auf die Bauzeit jedoch nicht, weil aufgrund einer Behinderung bereits eine Verschiebung der Ausführungszeit erfolgt. Der Werkerfolg würde also erreicht – nur später.

Auch die Zielsetzung der Norm steht einer entsprechenden Auslegung entgegen. Die Zielsetzung von § 650 b Abs. 2 i. V. m. § 650 b Abs. 1 S. 1 Nr. 2 BGB ist so zu verstehen, dass eine Änderung der vertraglichen Grundlage erforderlich ist, um den Erfolg des Werkvertrags überhaupt erreichen zu können. Hierunter können Konstellationen fallen, bei denen eine Änderung der Rechtslage oder der behördlichen Vorgaben eintreten oder auch die ursprüngliche Leistungsbeschreibung fehlerhaft gewesen ist.[317]

Der Unternehmer schuldet zum Zeitpunkt der Fertigstellung den funktionalen Werkerfolg.[318] Unter § 650 b Abs. 1 S. 1 Nr. 2 BGB fallen Änderungen, die z.B. im Falle einer fehlerhaften Planung und Leistungsbeschreibung den geschuldeten funktionalen Werkerfolg erst möglich machen, der also ohne die Änderung nicht eintreten würde.[319] So kann der funktionale Erfolg eines funktionierenden

316 So Kniffka/Retzlaff, BauR 2017, 1747, 1789.

317 BT-Drs. 18/8486, S. 53.

318 Reiter, JA 2018, 161, 166 f., Langen, NZBau 2015, 658, 662; Langen, BauR 2019, 303, 305.

319 Reiter, JA 2018, 161, 166 f., Langen, NZBau 2015, 658, 662; Langen, BauR 2019, 303, 305.

Bauwerks (z.B. Haus) erst herbeigeführt werden, wenn z.B. die Regendichtigkeit gegeben ist. Sieht die Baubeschreibung bereits Mängel vor, die – bei Einhaltung dieser Baubeschreibung – nicht zu einer Regendichtigkeit führen, kann der funktionale Erfolg nicht erreicht werden. Unter „Notwendigkeit" ist somit zu verstehen, dass der Werkerfolg ohne die Änderung nicht erreichbar ist.[320] Im Beispiel ließe sich der funktionale Erfolg aufgrund der vorliegenden Planung nicht erreichen, weil die Umsetzung der Planung zu einem undichten Dach führte. Der Unternehmer schuldet jedoch den funktionalen Erfolg. Im Rahmen der aus § 650 b Abs. 2 i. V. m. § 650 Abs. 1 S. 1 Nr. 2 BGB folgenden Anordnungsmöglichkeit kann der Besteller bestimmen, in welcher Form abweichend von der bisherigen Planung der funktionale Erfolg herbeigeführt werden kann. Weil der Unternehmer diesen Erfolg ohnehin schuldet, ist für diese Alternative auch nicht die für die Werkerfolgsänderungen erforderliche „Zumutbarkeit" des § 650 b Abs. 1 S. 2 BGB Voraussetzung der Anordnung.

Isolierte bauzeitliche Anordnungen stellen hingegen keine Notwendigkeit in diesem Sinne dar. Zwar mögen faktische Verschiebungen nach hinten zwingend sein, um das konkrete Gewerk überhaupt herstellen zu können. Zum Beispiel kann der Dachdecker erst beginnen, wenn der Rohbau fertig ist. Eine Notwendigkeit zur Anpassung der vertraglichen Bauzeit besteht jedoch nicht, da sich auch aufgrund einer behinderungsbedingten Verschiebung der faktischen Ausführungszeit die Realisierung zu einem anderen Zeitpunkt erreichen ließe.

3. Ergebnis

Im Ergebnis ist somit festzustellen, dass aus § 650 b Abs. 2 BGB weder in Verbindung mit § 650 b Abs. 1 S. 1. Nr. 1 BGB noch in Verbindung mit § 650 b Abs. 1 S. 1 Nr. 2 BGB in direkter Anwendung ein bauzeitliches Anordnungsrecht folgt.

VI. Bauzeitliche Anordnungen gemäß § 650 b Abs. 2 BGB im Wege der Rechtsfortbildung

Im Folgenden wird geprüft, ob über die Möglichkeiten der Auslegung hinaus dem § 650 b BGB ein Recht zur bauzeitlichen Anordnung im Wege der Rechtsfortbildung entnommen werden kann.

Über das gesetzliche Anordnungsrecht des § 650 b Abs. 2 BGB lässt sich der Werkerfolg des Bauvertrags ändern. Zum Werkerfolg zählen jedoch nur sy-

320 Kniffka/von Rintelen, ibr-online-Kommentar Bauvertragsrecht, § 650 b Rn. 58.

nallagmatische Hauptleistungspflichten.[321] Die Interessenlage spricht zumindest für einige der denkbaren bauzeitlichen Anordnungen dafür, dass eine Anwendung auch auf die Bauzeit möglich sein sollte.[322]

Es stellt sich somit die Frage, ob nicht bauzeitliche Anordnungen im Wege der Rechtsfortbildung aus § 650 b BGB hergeleitet werden können.

Deshalb ist zu untersuchen, ob Bauzeitänderungen nicht generell einen geringeren Eingriff in das Vertragsgefüge und die Interessenlage der Parteien darstellen als die von § 650 b BGB erfassten Änderungen des Werkerfolgs. Bei Nichteinhaltung der (geänderten) Bauzeit durch den Unternehmer kommen als Rechtsfolge „nur" die Verzugsregelungen zum Tragen. Bei einer inhaltlichen Änderung des Werkerfolgs tritt hingegen die volle Erfolgshaftung hinsichtlich des geänderten Werks ein. Darüber hinaus kommen für die aus einer bauinhaltlichen Werkerfolgsänderung resultierenden mittelbaren Bauzeitänderungen zusätzlich die Verzugsregelungen zum Tragen.

Bauzeitliche Anordnungen könnten somit ein Minus gegenüber den Werkerfolgsänderungen darstellen und es könnte eine Gleichbehandlung mit den Werkerfolgsänderungen im Wege des Erst-Recht-Schlusses in Betracht kommen (B., VI., 1.).

Das gleiche Rechtsinstitut könnte auch bezogen auf die im Rahmen von Werkerfolgsänderungen verursachbaren mittelbaren bauzeitlichen Änderungen Anwendung finden.

Mittelbare Bauzeiteinflüsse, die daraus resultieren, dass sich Anordnung zum Werkerfolg nicht „zeitneutral" darstellen, also zu einer bauzeitlichen Anpassung führen, stehen einer Werkerfolgsänderung nicht entgegen.[323] Eine Auslegung des § 650 b BGB dahingehend, dass auch bauzeitliche Anordnungen von dem Anordnungsrecht nach § 650 b Abs. 2 BGB erfasst werden, ist jedoch nicht möglich.[324] Über die Auslegungsmöglichkeiten hinaus, könnte im Wege eines Erst-Recht-Schlusses aus der Möglichkeit, mittelbare Bauzeitveränderungen durch eine Anordnung zum Werkerfolg herbeizuführen, gefolgert werden, dass als Minus zu den mittelbaren Bauzeitänderungen, die also Werkerfolgsänderungen

---

321 Oberhauser, NZBau 2019, 3.

322 S.o. B., V., 1., d), ee).

323 Kniffka/von Rintelen, ibr-online-Kommentar Bauvertragsrecht, § 650 b Rn. 181.; zu § 1 Abs. 3 VOB/B s. auch Armbrüster/Bickert NZBau 2006, 153, 159; von Rintelen in: Kapellmann/Messerschmidt, VOB/B, § 1 Rn. 64; Voit in: Messerschmidt/Voit, Privates Baurecht, III. Teil, A, § 1, II., 1, Rn. 2; Jansen in: Ganten/Jansen/Voit, § 1 Abs. 3 Rn. 106.

324 S.o. B., V., 3.

und Zeitänderungen beinhalten, auch die isolierten Anordnungen zur Bauzeit zulässig sind, die durch mittelbare Bauzeitanordnungen herbeigeführt werden können. Es erscheint schwer nachvollziehbar, dass mittelbare Einflüsse auf die Bauzeit von § 650 b BGB erfasst werden, unmittelbare hingegen nicht. Auch hier käme somit in Betracht, im Wege eines Erst-Recht-Schluss eine isolierte Bauzeitanordnung als Minus zu einer mittelbaren Bauzeitänderung zu erfassen (B., VI., 2.).

Letztlich stellt sich die Frage, ob hinsichtlich der bauzeitlichen Anordnungen eine Regelungslücke besteht, die im Wege der Analogie geschlossen werden könnte (B., VI., 3.).

1. Erst-Recht-Schluss I: Bauzeitliche Anordnungen als generelles Minus gegenüber Werkerfolgsänderungen

Es stellt sich die Frage, ob Anordnungen zur Bauzeit, bei denen keine Werkerfolgsänderung eintritt, gegenüber einer Änderung des Werkerfolgs nicht ein reines Minus darstellen, da sie einen weniger belastenden Eingriff in das Vertragsgefüge darstellen.

Bei einem Erst-Recht-Schluss wird von der Verknüpfung einer bestimmten Rechtsfolge mit einem Sachverhalt auf die Verknüpfung der gleichen Rechtsfolge mit einem anderen Sachverhalt geschlossen mit der Begründung, wenn die Rechtsfolge für den ersten Sachverhalt gelte, müsse sie erst recht für den anderen gelten.[325]

Anordnungen zum Werkerfolg werden in § 650 b Abs. 2 BGB für zulässig erachtet. Durch die Änderungsanordnung tritt für den Unternehmer auch die werkvertragliche Erfolgshaftung für den durch die Änderung „neuen" Werkerfolg ein.

Für die Einhaltung der Bauzeit gilt, dass grundsätzlich keine werkvertragliche Erfolgshaftung besteht, sondern „nur" Verzugsfolgen an die Nichteinhaltung der Vorgaben geknüpft werden. Diese Verzugsfolgen können unter Umständen auch weitreichende Ansprüche nach sich ziehen. So könnten beispielsweise die Stillstandskosten der Folgeunternehmen einen Verzugsschaden darstellen oder auch eine aufgrund der Nichteinhaltung der Ausführungsfrist verwirkte Vertragsstrafe des Bestellers gegenüber seinem Besteller einen zu ersetzenden Schaden darstellen. Somit sind diese nicht zwingend als ein Minus gegenüber der geänderten werkvertraglichen Erfolgshaftung zu betrachten. Zwar könnten

325 Möllers, Juristische Methodenlehre, S. 238.

diese Risiken auch im Rahmen der Zumutbarkeit des § 650 b BGB Berücksichtigung finden, so dass massiven Eingriffen in die Risikoverteilung der Vertragsparteien über diesen Weg vorgebeugt werden könnte. Darüber hinaus könnte auch im Rahmen des Verschuldens als Voraussetzung des Verzugsanspruchs dem Umstand Rechnung getragen werden, dass die Anordnung des Bestellers zu einer Beeinträchtigung des bauvertraglichen Zeitgefüges geführt hat und gegebenenfalls eine Haftungserleichterung in Bezug auf den Verschuldensgrad zum Tragen kommt. Dennoch stellt sich die Verzugshaftung aber nicht grundsätzlich als ein reines „Weniger" gegenüber der werkvertraglichen Erfolgshaftung dar.

Darüber hinaus wird bei dieser Betrachtung der Blickwinkel auf die Haftungsfrage beschränkt. Neben der Haftungsfrage wäre auch zu betrachten, wer im Rahmen der werkvertraglichen Abwicklung für welche Aspekte das Bestimmungsrecht hat. Grundsätzlich legt der Besteller fest, was gebaut wird. Mit § 650 b BGB wurde das Recht des Bestellers dahingehend erweitert, dass er auch im Rahmen der Ausführung noch Änderungen zum Werkerfolg festlegen kann und somit bis zur Fertigstellung bestimmen kann, was gebaut wird. Der Unternehmer hat hingegen im Rahmen der vertraglichen Vorgaben die Dispositionsbefugnis über den Bauablauf einschließlich der Zeitgestaltung, also wann und wie gebaut wird.[326] Diese Dispositionsbefugnis würde durch ein zeitliches Bestimmungsrecht beeinträchtigt. Aus dem Recht des Bestellers zu bestimmen, was gebaut wird, können zwar Auswirkungen auf die Bauzeit folgen. Durch die Verknüpfung mit der Änderung zum Werkerfolg wird der Eingriff in die Dispositionsbefugnis insgesamt, also einschließlich der bauzeitlichen Auswirkungen, legitimiert. Auch können mittelbare Eingriffe in die Bauzeit nur in Form der Verschiebung oder Verlängerung erfolgen. Bei isolierten bauzeitlichen Anordnungen bestünde keine rechtfertigende Verknüpfung und bezogen auf die Bauzeit insgesamt bestünde der Unterschied, dass mittelbar nur die bauzeitliche Verschiebung und Verlängerung erreicht werden könne.

Letztlich stellt sich auch die mit einer bauzeitlichen Änderung verbundene Risikoänderung anders dar, als im Falle einer bauinhaltlichen Änderungsanordnung. Dies betrifft insbesondere die Fälle der Beschleunigung und Vorverlegung. Hieraus können über die baufachlichen Kompetenzen hinausgehende weitere organisatorische Voraussetzungen und Verhaltensweisen seitens des Unternehmers erforderlich werden.

326 Funke in: Nicklisch/Weick/Jansen/Seibel, VOB/B, § 1 Rn. 107; von Rintelen in: Messerschmidt/Voit, Privates Baurecht, I. Teil, H., IV., 2., Rn. 72.

Vor diesem Hintergrund sind isolierte zeitliche Anordnungen nicht als reines Minus zu den Werkerfolgsänderungen zu betrachten.

Ein Erst-Recht-Schluss dahingehend, dass bauzeitliche Anordnungen generell ein Minus gegenüber Werkerfolgsänderungen darstellen, kommt somit nicht in Betracht.

2. Erst-Recht-Schluss II: Bauzeitliche Anordnungen als Minus gegenüber Anordnungen zur Änderung des Werkerfolgs mit mittelbaren bauzeitlichen Folgen

Es könnte in Betracht kommen, hinsichtlich derjenigen bauzeitlichen Änderungen, die mittelbar durch eine Werkerfolgsänderung herbeigeführt werden können, den Schluss zu ziehen, dass, wenn eine Werkerfolgsänderung nebst der damit verbundenen bauzeitlichen Änderung zulässig ist, als „Minus" auch diese Arten der bauzeitlichen Änderungen, die mit der inhaltlichen Werkerfolgsänderung eintreten können, auch ohne Werkerfolgsänderung zulässig sein müssten. Als mögliche bauzeitliche Änderungen aufgrund einer Werkerfolgsänderung kommen die Verlängerung und die Verschiebung nach hinten in Betracht. Eine Vorverlegung oder Verkürzung kommt grundsätzlich nicht in Betracht, da dem Unternehmer auch bei einer Verringerung des Leistungsumfangs überlassen bleibt, wann er innerhalb des vorgegebenen Zeitfensters ausführt.[327] Ein Minus gegenüber der Werkerfolgsänderung könnte somit allenfalls in den durch Inhaltsänderungen auslösbaren bauzeitlichen Auswirkungen der Verschiebung und der Verlängerung bestehen, da die Beschleunigung und die Vorverlegung nicht durch Bauinhaltsänderungen herbeigeführt werden können.

a) Bauzeit nicht von jeder Inhaltsänderung betroffen

Dem könnte entgegenstehen, dass nicht jede Werkerfolgsänderung zu einer zeitlichen Verschiebung führt, es sich somit nicht um ein Minus gegenüber jeder bauinhaltlichen Anordnung handelt. Ausschlaggebend dürfte insoweit jedoch sein, dass ein Minus zu der rechtlichen Möglichkeit gegeben ist, mittels einer Bauinhaltsänderung auch eine bauzeitliche Änderung veranlassen zu können.

327 S.o. B., V., 1., d), cc), (2), (a), (bb).

b) *Verknüpfung*

Allerdings ist zu berücksichtigen, dass auch die rechtliche Möglichkeit der mittelbaren Bauzeitanordnung nicht uneingeschränkt besteht. Die bauzeitliche Änderung muss für eine mittelbare Bauzeitanordnung in einer kausalen Beziehung zu der Bauinhaltsänderung stehen, da das Recht zur Werkerfolgsänderung nur mittelbar zu einer zulässigen bauzeitlichen Änderung führen kann. Besteht keine Verbindung zwischen der Inhaltsänderung und einer zeitlichen Änderung, so wären beide Anordnungen, die inhaltliche und die zeitliche, einzeln zu betrachten und es käme für die zeitliche Anordnung auf die Frage an, ob isolierte bauzeitliche Anordnungen zulässig sind. Ohne an dieser Stelle im Detail zu betrachten, welche Intensität die kausale Verknüpfung haben müsste, lässt sich feststellen, dass die Möglichkeit der mittelbaren bauzeitlichen Änderung nicht völlig losgelöst von der Bauinhaltsänderung besteht, die inhaltliche Anordnung nebst kausaler Beziehung also eine Voraussetzung der mittelbaren bauzeitlichen Anordnung ist.

Darüber hinaus ist die Intention der Anordnung zu betrachten. In der Regel erfolgt eine Bauinhaltsänderungsanordnung vorrangig aus dem Zweck der Änderung des Werkerfolgs und lässt die bauzeitliche Folge nur als Begleiterscheinung auftreten. Auch wenn denkbar ist, dass der umgekehrte Weg genommen wird, also eine Anordnung zum Bauinhalt erfolgt, um damit eine bauzeitliche Verschiebung zu erwirken, so ist tatbestandlich die Voraussetzung einer beabsichtigen Inhaltsänderung gegeben. Diese Voraussetzung würde bei einer isolierten Bauzeitanordnung wegfallen.

c) *Mittelbare Bauzeitanordnung – durch die Inhaltsanordnung gerechtfertigter Eingriff*

Eingriffe in die zeitliche Bauablaufplanung stellen – unabhängig davon, ob sie isoliert oder gemeinsam mit einer Inhaltsänderung einhergehen – einen Eingriff in die Dispositionsbefugnis des Unternehmers dar.

Es wurde bereits festgestellt, dass zwar die Intention der gesetzlichen Änderung darauf abzielte, dem Besteller zu ermöglichen, flexibel auf die im Rahmen des langdauernden komplexen Bauvertrags auftretenden Entwicklungen reagieren zu können, aber die Auslegung des Anordnungsrechts des § 650 b Abs. 2 BGB nicht dazu führt, dass isolierte bauzeitliche Anordnungen erfasst werden.[328] Ein

328 S.o. B., V., 1., d), ee).

Ausschluss jeglicher Anordnungen, die mittelbar zu einer Bauzeitänderung führen, würde jedoch das Anordnungsrecht zu weit einschränken.[329]

Hieraus lässt sich ableiten, dass die mittelbaren bauzeitlichen Anordnungen deshalb zulässig sind, weil sie durch die inhaltliche Anordnung legitimiert werden. Der Unternehmer muss aufgrund der gesetzlichen Regelung des § 650 b BGB mit derartigen Eingriffen rechnen. Er hat mit Vertragsschluss das Risiko übernommen, dass der Besteller hinsichtlich des Werkerfolgs frei ist, Änderungen auszusprechen. Damit hat er aber lediglich die Belastungen akzeptiert, die aus diesem dem Besteller gewährten Recht folgen. Die isolierte Bauzeitanordnung stellt hingegen einen Eingriff in seine unternehmerische Dispositionsbefugnis dar und ist nicht nur die Folge der dem Besteller zugestandenen Änderungsmöglichkeit hinsichtlich des Werkerfolgs. Das Risiko der nicht gerechtfertigten Eingriffe hat er hingegen nicht übernommen.

d) Vergleich hinsichtlich Quantität und Qualität der Risikoerhöhung

Werden die Auswirkungen auf die Risiken betrachtet, die sich im Fall der Möglichkeit isolierter bauzeitlicher Anordnungen ergeben würden, lässt sich feststellen, dass sich die Art des Risikos durch eine bauzeitliche Änderung in Form der Verschiebung oder der Verlängerung nicht ändert, wenn die Änderung isoliert oder mittelbar angeordnet wird.

Hinsichtlich der Quantität ist jedoch davon auszugehen, dass sich diese hinsichtlich der Anzahl und des Umfangs der Verschiebungen erhöhen kann, wenn neben den mittelbaren bauzeitlichen Anordnungen auch isolierte bauzeitliche Verschiebungen möglich wären. Andernfalls bestünde kein Bedürfnis an isolierten bauzeitlichen Anordnungen. Hierzu wurde im Rahmen der Auslegung bereits festgestellt, dass aus dieser quantitativen Erhöhung keine wesentliche Verstärkung der Interessenbeeinträchtigung resultiert, da entsprechende Änderungsbegehren ohne ein bestehendes Anordnungsrecht im Verhandlungswege berücksichtigt werden müssten.[330]

An dieser Stelle kommt es jedoch nicht primär auf die Interessenlage an, sondern es ist zu beurteilen, ob es sich bei der isolierten Bauzeitanordnung lediglich um ein Minus zu den mittelbaren Bauzeitanordnungen handelt. Dagegen spricht die Möglichkeit der quantitativen Erhöhung der Eingriffe in die Dispositionsbefugnis des Unternehmers. Da auch ein gradueller Unterschied des

329 S.o. B., V., 1., d), cc), (2), (a), (aa).

330 S.o. B., V., 1., d), dd), (1), (d), (aa), (γ), (ββ).

Anordnungsrechts zu der Verhandlungspflicht besteht, der beispielsweise darin zum Ausdruck kommt, dass im Anordnungsfall ein Primäranspruch auf geänderte Ausführung besteht, kann diese quantitative Erhöhung bei der Frage des Erst-Recht-Schlusses auch nicht vor dem Hintergrund der Verhandlungspflicht vernachlässigt werden.

e) Ergebnis

Im Ergebnis ist somit festzustellen, dass es sich auch für die Bauzeitverschiebung und die Bauzeitverlängerung nicht um ein reines Minus zu der Werkerfolgsänderung mit verursachter mittelbarer Bauzeitveränderung handelt.

Die mittelbare Bauzeitänderung muss eine Verknüpfung mit der Werkerfolgsänderung aufweisen. Sie kann nicht nur anlässlich einer Werkerfolgsänderung mitveranlasst werden.

Unabhängig von der Frage, welche Anforderungen an die Verknüpfung zu stellen sind, ist zumindest eine Grenze an der Stelle gegeben, bei der ein Zusammenhang nicht mehr nachvollziehbar ist. Beispielsweise dürfte bei einem Generalunternehmer nicht gleichzeitig mit der Werkerfolgsänderung zur Änderung der Wandfarbe eine bauzeitliche Verschiebung von mehreren Monaten platziert werden können, wenn der Generalunternehmer die Wandfarbe selbst im Leistungsumfang hat und über Kenntnisse zur früheren Verfügbarkeit der neuen Farbe verfügt. Da somit ein weiteres Kriterium in Form der „Verknüpfung mit der Werkerfolgsänderung“ für die Frage der Zulässigkeit von Bauzeitanordnungen erfüllt werden muss, ist in dem Verhältnis „Werkerfolgsänderung nebst dadurch bedingter bauzeitlicher Änderung“ zur „isolierten Bauzeitänderung“ nicht in der Form gegeben, dass die isolierte Bauzeitanordnung nur ein „Minus“ gegenüber der Werkerfolgsänderung nebst dadurch bedingter bauzeitlicher Änderung darstellt. Hinsichtlich der Voraussetzung, wann eine bauzeitliche Änderung möglich ist, mangelt es der isolierten bauzeitlichen Anordnung an dem bei mittelbaren bauzeitlichen Änderungen gegebenen Kriterium der Verknüpfung mit einer Bauinhaltsänderung. Somit fehlt es auch in normativer Hinsicht an dem den Eingriff in die Dispositionsbefugnis rechtfertigenden Element der Werkerfolgsänderung.

Zwar änderte sich nicht die Art der Eingriffe in die Dispositionsbefugnis, wenn isolierte bauzeitliche Anordnungen zulässig wären, jedoch kann sich deren Quantität erhöhen. Ein Erst-Recht-Schluss kommt somit nicht in Betracht.

3. Analoge Anwendung des § 650 b Abs. 1 S. 1 Nr. 1 BGB

Fraglich ist jedoch, ob eine analoge Anwendung des § 650 b BGB auf die bauzeitlichen Anordnungen in Betracht kommt.

Die teleologische Auslegung ergab, dass auch bauzeitliche Anordnungen mit dem Sinn und Zweck der gesetzlichen Regelungen in Einklang stehen.[331] Bei einigen bauzeitlichen Anordnungen (Beschleunigung, Vorverlegung) entstünde jedoch eine Belastung der Unternehmerinteressen, die über die Belastung hinausginge, die mit einer Werkerfolgsänderung einhergehe und die in die vertragliche Risikoverteilung eingreife. Eine Differenzierung im Rahmen der Auslegung nach den verschiedenen Anordnungen der Bauzeit kam mangels Anknüpfungspunkt in der gesetzlichen Formulierung nicht in Betracht.[332]

Der Unterschied zwischen den bauzeitlichen Anordnungen „Vorverlegung" und „Beschleunigung" einerseits und der „Verschiebung" nach hinten bzw. der „Verlängerung" der Bauzeit andererseits ist, dass letztere durch Änderungen zum Werkerfolg mittelbar herbeigeführt werden können, während erstere mit einer Änderung des Werkerfolgs grundsätzlich nicht mittelbar verbunden sind.

Es stellt sich somit die Frage, ob die mittelbar miterfassbaren bauzeitlichen Anordnungen der Verlängerung und Verschiebung nicht auch ohne eine Änderung des Werkerfolgs erfolgen können. Bei den isolierten Bauzeitanordnungen der Verschiebung und der Verlängerung handelt es sich nicht nur um ein Minus gegenüber den mittelbaren Bauzeitanordnungen, so dass ein Erst-Recht-Schluss nicht in Betracht kommt.[333]

Auch wenn es sich nicht um ein Minus handelt, könnten die Interessenlage und der Sinn und Zweck der Regelung möglicherweise eine Übertragung der durch § 650 b Abs. 2 i. V. m. § 650 b Abs. 1 S. 1 Nr. 1 BGB erfassten mittelbaren bauzeitlichen Anordnungen auf den nicht geregelten Bereich der isolierten Bauzeitanordnungen rechtfertigen.

Dies wäre der Fall, wenn eine planwidrige Unvollständigkeit des Rechts bestünde, hinsichtlich derer aus dem Zweck einer bestehenden Regelung eine Übertragung auf einen ähnlichen Sachverhalt geschlossen werden kann.[334] Neben der Frage, ob eine Regelungslücke besteht (B., VI., 3., a)), ist der Zweck der gesetzlichen Regelung (B., VI, 3., b)) zu beachten und auch die Frage, ob hinsichtlich der Bauzeit nicht eine ähnliche Konstellation wie bei den Anordnungen zum Werkerfolg bestehe, die diesem Zweck entspräche (B., VI., 3., c)). Weiter ist dann zu betrachten, ob die

---

331 S.o. B., V., 1., d), dd), (5), (c).

332 S.o. B., V., 1., d), ee), (2).

333 S.o. B., VI., 2., e).

334 Vgl. Möllers, Juristische Methodenlehre, S. 234 ff.

Nichtanwendbarkeit der gesetzlichen Regelung auf die vergleichbare Konstellation vom Gesetzgeber bewusst vorgesehen wurde und somit eine vom Gesetzgeber gewollte Nichterfassung der Bauzeit vorliegt (Planwidrigkeit der gesetzlichen Nicht-Regelung, B., VI., 3., d)).

a) Regelungslücke

Dem Gesetz ist keine ausdrückliche Regelung zu bauzeitlichen Änderungsbegehren zu entnehmen. Ein zwingender Rückschluss, dass bauzeitliche Anordnungen gerade nicht von einem Anordnungsrecht erfasst werden sollen, kann auch nicht gefolgert werden. Eine Ausschlussformulierung erfolgte nicht. Somit liegt ein nicht (positiv) geregelter Bereich vor. Deshalb ist im ersten Schritt von einer Regelungslücke auszugehen.

b) Zweck der Norm

Der Zweck der Norm wurde bereits eingehend erörtert.[335] Diesem Zweck würde es entsprechen, auch bauzeitliche Änderungsanordnungen zu erfassen, da damit auf die Veränderungsnotwendigkeit im Bauvertrag aufgrund dessen Dauer und Komplexität reagiert werden könnte.

c) Vergleichbarkeit

Es müsste eine Ähnlichkeit bestehen, die es rechtfertigt, den Tatbestand um den gesetzlich nicht geregelten Fall zu erweitern.[336] Mittelbare Bauzeitanordnungen werden durch das Recht, Anordnungen zum Werkerfolg erlassen zu können, erfasst. Es ist zu untersuchen, ob insoweit eine hinreichende Vergleichbarkeit besteht.

aa) Mittelbare Bauzeitveränderungen

Hierzu ist vorab die mittelbare Bauzeitanordnung noch einmal im Detail zu betrachten. Für die mittelbar durch eine Änderung zum Werkerfolg eintretenden Bauzeitveränderungen ist anerkannt, dass diese grundsätzlich von dem Anordnungsrecht zum Werkerfolg mit erfasst werden.[337] Dies wird damit begründet,

---

335 S.o. B., V., 1., d), bb).

336 Möllers, Juristische Methodenlehre, S. 236.

337 Kniffka/von Rintelen, ibr-online-Kommentar Bauvertragsrecht, § 650 b Rn. 181; zu § 1 Abs. 3 VOB/B siehe auch Armbrüster/Bickert, NZBau 2006, 153, 159; von Rintelen in: Kapellmann/Messerschmidt, VOB/B, § 1 Rn. 64; Voit in: Messerschmidt/Voit, Privates Baurecht, III. Teil, A, § 1, II., 1, Rn. 2; Jansen in: Ganten/Jansen/Voit, VOB/B, § 1 Abs. 3 Rn. 106.

dass das Anordnungsrecht weitgehend wertlos wäre, wenn damit nicht auch eine bauzeitliche Änderung verbunden werden könnte.[338]

§ 650 b BGB gewährt das Recht, Änderungen des Werkerfolgs nach erfolgloser Durchführung des Einigungsverfahrens verlangen zu können. Ein Ausschluss dahingehend, dass dies dann nicht der Fall ist, wenn damit eine Bauzeitveränderung verbunden ist, sieht die Regelung nicht vor. Eine Einschränkung hinsichtlich des Inhalts des Anordnungsrechts bezogen auf den Werkerfolg erfolgt nur über das Kriterium der Zumutbarkeit. Im Rahmen der Zumutbarkeit ist eine Interessenabwägung vorzunehmen. In diese Abwägungen können auch Belastungen aus den zeitlichen Änderungen Einfluss erlangen. Explizite Ansatzpunkte, weshalb die mit der Werkerfolgsänderung verbundenen bauzeitlichen Änderungen über die Zumutbarkeitserwägungen hinaus Einschränkungen hinsichtlich der Werkerfolgsänderung begründen könnten, sind nicht ersichtlich. Grundsätzlich ist die Aussage somit nachvollziehbar, dass mittelbare Bauzeitänderungen, die durch eine Werkerfolgsänderung verursacht werden, zulässig sind.

Für die Fälle der Verschiebung und der Verlängerung kommt eine Vergleichbarkeit mit den mittelbaren Bauzeitanordnungen in Betracht, da diese anders als die Beschleunigung oder Vorverlegung durch Anordnungen zur Änderung des Werkerfolgs mittelbar erreicht werden können.[339] In den Fällen der Anordnung zum Werkerfolg, die einen zeitlichen Mehraufwand oder z.B. aufgrund einer zeitlich beschränkten Ausführbarkeit (z.B. nicht im Winter) eine Verschiebung der Ausführungszeit verursacht, tritt neben die eigentliche Änderung des Werkerfolgs zusätzlich die mit der Änderung verbundene bauzeitliche Veränderung. Die vertragliche Bauzeit erfährt hierdurch eine rechtsgeschäftliche Änderung und wird nicht nur wie im Falle der Behinderung faktisch beeinflusst. Damit richten sich die Ansprüche für diese Bauzeitänderungen nach § 650 c BGB und nicht nach § 642 BGB. Auch die Möglichkeit der Kündigung nach § 643 BGB ist – anders als im Falle der behinderungsbedingten Bauzeitänderung – nicht gegeben. Eine Beschleunigung oder Vorverlegung der Bauzeit ist durch eine Änderungsanordnung zum Werkerfolg hingegen nicht möglich. Zwar kann eine Veränderung des Werkerfolgs dazu führen, dass der Unternehmer tatsächlich weniger Zeit benötigt, grundsätzlich besteht aber weiterhin seine Dispositionsfreiheit hinsichtlich der vertraglich vereinbarten Bauzeit.

338 Voit in: Messerschmidt/Voit, Privates Baurecht, III. Teil, A., § 1 Rn. 5.
339 S.o. B., V., 1., d), dd), (5).

Es wurde bereits festgestellt, dass die isolierten Bauzeitanordnungen kein reines Minus gegenüber der mittelbaren Bauzeitanordnung darstellen.[340] Die im Fall mittelbaren Bauzeitanordnung erforderliche einschränkende Voraussetzung der Verknüpfung zwischen der Inhaltsänderung und der zeitlichen Änderung besteht im Fall der isolierten Bauzeitanordnung nicht.

Es stellt sich somit die Frage, welche Qualität dieses verknüpfende Element hat und ob trotz dieses Voraussetzungsunterschiedes eine hinreichende Vergleichbarkeit besteht. Zu diesem Zweck sind die verschiedenen Konstellationen zu betrachten, bei denen sich das verknüpfende Element (B., VI., 3., c), aa), (1)) und die Kausalität (B., VI., 3., c), aa), (2)) unterschiedlich stark ausgeprägt darstellen.

Darüber hinaus gibt es im Rahmen des Anordnungsrechts nach § 650 b BGB besondere Konstellationen, bei denen sich die Frage stellt, ob hier auch „mittelbare" Bauzeitanordnungen in Betracht kommen (B., VI., 3., c), aa), (3) und (4)). Für die aus dieser Betrachtung gewonnenen Erkenntnisse (B., VI., 3., c), aa), (5)) stellt sich die Frage, inwieweit sich diese Konstellationen von den isolierten Bauzeitanordnungen unterscheiden und ob die unterschiedliche Behandlung zu Recht erfolgt (B., VI., 3., c), aa), (6)).

(1) Verknüpfung zwischen inhaltlicher Anordnung und zeitlicher Anpassungsmöglichkeit

Es sind die verschiedenen Konstellationen der Verknüpfung zu betrachten.

(a) Verknüpfung innerhalb eines Vertragsverhältnisses

Soll eine Straßenoberfläche statt mit Kopfsteinpflaster mit Asphalt ausgeführt werden, stellt dies eine Werkerfolgsänderung dar. Ist hierdurch jedoch eine Verschiebung des Ausführungszeitraums in eine andere Jahreszeit erforderlich, da für Asphaltarbeiten eine höhere Temperatur notwendig ist, stellt sich die Frage, ob diese Verschiebung auch eine mittelbare Bauzeitänderung darstellt.

Denkbar wäre es auch eine Trennung hinsichtlich der bauinhaltlichen Werkerfolgsänderung, die grundsätzlich sofort bzw. nach dem bisherigen Bauzeitenplan auszuführen wäre, deren Ausführung aber in der Winterzeit einer Behinderung unterliegen würde, und der zeitlichen Verschiebung vorzunehmen. Dies würde zu dem Ergebnis führen, dass ein Unternehmer für die Zeit der Behinderung bezogen auf die geänderte inhaltliche Leistungspflicht Ansprüche

340 S.o. B., V., 1., d), dd), (1), (a), (bb), (β), (γγ).

nach § 642 BGB geltend machen müsste. Nach Wegfall der Behinderung würden dann die Ansprüche aus § 650 c BGB in Betracht kommen.[341] Auch müsste dann das Kündigungsrecht des § 643 BGB für den zwar geänderten aber hinsichtlich seiner Ausführung behinderten neuen Vertragsinhalt zur Anwendung kommen können. Würde eine Änderungsanordnung mit einer entsprechenden zeitlichen Auswirkung dazu führen, dass das Kündigungsrecht des § 643 BGB zum Tragen käme, würde § 650 b Abs. 2 BGB nahezu bedeutungslos. Das Anordnungsrecht ist gerade für den Fall vorgesehen, dass das vorrangig zu betreibende Einigungsverfahren scheitert. Könnte der Unternehmer hinsichtlich des dann eröffneten Anordnungsrechts die Möglichkeit nutzen, über § 643 BGB das Vertragsverhältnis zu beenden, sobald eine gewisse zeitliche Verschiebung mit der Anordnung verbunden ist, wäre die Möglichkeit des Bestellers sein Änderungsbegehren durchzusetzen, nicht mehr gegeben.

Dem Sinn und Zweck des § 650 b BGB würde es entsprechen, wenn die Werkerfolgsänderung einschließlich der sich daraus ergebenden zeitlichen Anpassungen insgesamt erfasst würde. Es liefe dem Gesetzeszweck zuwider, wenn der Komplexität des Bauvorhabens dadurch Rechnung getragen würde, dass Änderungen des Werkerfolgs ermöglicht werden, die damit ursächlich verbundenen zeitlichen Konsequenzen jedoch über eine andere rechtliche Konstruktion zu behandeln wäre als die Werkerfolgsänderung als solche. Es widerspräche auch dem Sinn und Zweck des dem Anordnungsrecht vorgeschalteten Einigungsverfahren, wenn lediglich ein Angebot über die geänderte Leistung als solche, nicht aber über die geänderte zeitliche Komponente aufgrund der Verschiebung ein „Gesamt"-Angebot abgegeben würde.

Auch dem Ziel der Streitvermeidung wäre es nicht zuträglich, wenn neben der Abrechnung der Änderung nach § 650 c BGB noch eine Abrechnung des Verschiebungszeitraums über die Behinderungsregelungen erfolgen müssten. Dies bringt auch § 650 c BGB mittelbar zum Ausdruck, der auf den Aufwand abstellt, der infolge der Anordnung entstanden ist. Stillstandzeiten stellen einen Aufwand dar, der kausal auf der Anordnung beruht, wenn die Stillstandzeit eine kausale Folge der Änderungsanordnung ist.

Hinzu kommt, dass eine zulässige Anordnung nicht gleichzeitig einen rechtswidrigen Eingriff darstellen kann.[342] Die auf der Anordnung beruhenden kausalen zeitlichen Auswirkungen sind somit ebenfalls zulässig.

---

341 Vgl. Diehr, BauR 2001, 1507, 1509 ff. bezogen auf die Anordnung nach § 1 Abs. 3 VOB/B.

342 Thode, ZfBR 2004, 214, 219 f.

Davon abzugrenzen wären die Fälle, bei denen die zeitliche Anordnung in keinem kausal verknüpften Zusammenhang mit der Werkerfolgsänderung steht. Der Besteller ordnet eine andere Wandfarbe an und erklärt mit dieser Anordnung die Verschiebung der Ausführung um ein Jahr, da er beispielsweise hofft, in einem Jahr günstigere Finanzierungskonditionen zu erhalten. Fraglich bleibt jedoch, welche Anforderungen an die kausale Verknüpfung zu stellen sind.

(b) Durch Werkerfolgsänderung in einem anderen Vertragsverhältnis verursachte Verschiebungen

Eine Werkerfolgsänderung, die beispielsweise beim Rohbauer erfolgt und dort zu einer Veränderung des Ausführungszeitraums führt, kann „mittelbar" auch zu einer Ausführungszeitveränderung beim Dachdecker führen. Dabei kann die gewünschte Änderung auch den Werkerfolg des anderen Vertragsverhältnisses (also hier des Dachdeckers) bauinhaltlich betreffen oder aber dessen Leistungspflichten unberührt lassen. Fraglich ist, in welchen Fällen jeweils eine rechtsgeschäftliche Anpassung der Bauzeit in dem jeweiligen Vertragsverhältnis per Anordnung möglich ist.

(aa) Bauinhaltliche Gesamtwerkerfolgsänderung mit bauinhaltlicher und zeitlicher Anordnungsnotwendigkeit in mehreren Vertragsverhältnissen

Bauwerksänderungen können Werkerfolgsänderungen zweier verschiedentlich beauftragter Gewerke erfordern, wobei die Änderungsnotwendigkeiten in dem einen Vertragsverhältnis eine zusätzliche zeitliche Verschiebung der in dem anderen Vertragsverhältnis enthaltenen ebenfalls von der Änderung betroffenen Leistungspflichten erfordern kann. Beispielsweise könnte eine umfangreiche Änderungsanordnung an den Rohbauer dazu führen, dass aus Planung- und Ausführungsänderungen eine umfangreiche bauzeitliche Verschiebung für das Folgegewerk z.B. den Dachdecker resultiert. Für diesen ergeben sich hinsichtlich seiner Leistungspflichten jedoch nur geringe Änderungen, z.B. haben sich lediglich Änderungen bei den Anschlüssen des Daches an den geänderten Rohbau ergeben. Diese Leistungspflichtänderung im Vertragsverhältnis zum Dachdeckergewerk würde isoliert betrachtet keine große zeitliche Änderung erfordern. Aufgrund des fehlenden Vorgewerks kann jedoch nicht unmittelbar ausgeführt werden, sondern erst nach dessen Abschluss. Fraglich ist, ob dennoch eine zeitliche Verschiebung bis zum Abschluss der geänderten Rohbauarbeiten mit der geringen Inhaltsänderung beim Dachdecker verbunden werden kann.

Dafür, die aus der Änderung des mehrere Gewerke betreffenden Gesamtwerkerfolgs folgende Verschiebung auch für das nur gering betroffenen Einzelgewerk als „mittelbare“ Bauzeitanordnung für zulässig zu erachten, spricht, dass aus Sicht des Bauherrn eine Änderung des Gesamtwerkerfolgs angestrebt wird, die sich mehr oder weniger zufällig auf die einzelnen Gewerke unterschiedlich auswirkt.

Aus Sicht des Bestellers begehrt er eine Änderung hinsichtlich des von ihm gewünschten Gesamtwerks. Die daraus abgeleiteten zeitlichen Folgen wirken sich hinsichtlich ihrer Intensität in den verschiedenen Vertragsverhältnissen der Einzelgewerke mehr oder weniger stark aus.

Aus Sicht des Unternehmers erscheint dies bei umfangreichen inhaltlichen Änderungen im eigenen Vertragsverhältnis und daraus resultierenden zeitlichen Verschiebungen noch nachvollziehbarer. Mit zunehmender zeitlicher Verschiebung und Verringerung der Änderungsintensität gerät der „inhaltlich geänderte“ gegenüber dem „zeitlichen“ Bestandteil der Anordnung zunehmend in den Hintergrund. Der per Anordnung erfolgende, ändernde bauinhaltliche Eingriff in dem einen Vertragsverhältnis verliert zunehmend an Bedeutung, je stärker aus Gründen eines „zulässigen“ Eingriffs in ein anderes Vertragsverhältnis es zu zeitlichen Auswirkungen in dem bauinhaltlich nur gering betroffenen Vertragsverhältnis führt.

Ein eindeutiges Differenzierungskriterium, nach dem allgemeingültig die Grenze bauzeitlicher Anpassungen überschritten würde und keine Änderungsanordnung mehr möglich wäre, sondern eine Behinderung vorläge, erscheint kaum definierbar. Es müssten Wertungsmöglichkeiten im Einzelfall verbleiben. Denkbar erscheint es, diese Aspekte im Rahmen der Zumutbarkeitserwägungen mit zu berücksichtigen. Damit würde kein neues Kriterium erforderlich und es liefe auf die im Rahmen der Zumutbarkeitserwägungen ohnehin zu treffende Entscheidung hinaus. Ist die Änderung mit den im Änderungsbegehren bzw. der Anordnung enthaltenen zeitlichen Auswirkungen zumutbar, käme somit die Rechtsfolge des § 650 b BGB insgesamt zum Tragen, also auch für die zeitliche Komponente und für die §§ 642, 643 BGB verbliebe kein Anwendungsbereich mehr.

Wird statt der Intensität der Verknüpfung zwischen einer inhaltlichen Leistungsänderung und der damit im Zusammenhang stehenden zeitlichen Anpassung auf die Frage der Zumutbarkeit der Verknüpfung abgestellt, verliert die Anordnung zum Werkerfolg als verknüpfendes Element zur bauzeitlichen Anordnungskomponente bei der Beurteilung der Zulässigkeit der zeitlichen Anpassung weitestgehend an eigener Bedeutung.

(bb) Bauinhaltliche Änderung wirkt sich (nur) zeitlich auch in anderen Vertragsverhältnissen aus

Während in der vorstehenden Konstellation beide Vertragsverhältnisse von einer Inhaltsänderung betroffen sind, stellt sich die Frage, wie es sich auswirkt, wenn eine bauinhaltliche Änderung sich in nur einem Vertragsverhältnis inhaltlich und zeitlich und in dem anderen Vertragsverhältnis nur zeitlich auswirkt.

Besteht zwischen der Anordnung einer Bauleistungsänderung in einem Vertragsverhältnis keine inhaltliche Verknüpfung zu einem anderen Vertragsverhältnis, außer dass die Leistungen aufeinander aufbauen, fehlt in dem inhaltlich nicht betroffenen Vertragsverhältnis der Anknüpfungspunkt für eine mittelbare Bauzeitanordnung. Ohne Anordnungsmöglichkeit würde die zeitliche Verschiebungen verursachende inhaltliche Anordnung in dem einen Vertragsverhältnis zu einer Behinderung in dem anderen Vertragsverhältnis führen.

Wenn ein fehlendes Vorgewerk zu einer Behinderung führen kann, dann kann es das auch, wenn das Fehlen erst durch eine Anordnung in dem anderen Vertragsverhältnis ausgelöst wurde. Mangels bauinhaltlicher Anordnung für das zweite Vertragsverhältnis bestünde keine Möglichkeit, die zeitliche Änderung über eine Änderungsanordnung zum Bauinhalt zu transportieren. Diesem Ergebnis steht das Argument, dass ein ausgeübtes Änderungsrecht nicht gleichzeitig einen Eingriff darstellen kann,[343] nicht entgegen, da diese Argumentation nur auf ein Vertragsverhältnis zu beziehen ist. Durch eine zulässige Anordnung wird (nur) das Vertragsverhältnis umgestaltet, in dem die Anordnung ergeht. Fehlt es bei einem Gewerk an einer bauinhaltlichen Betroffenheit, fehlt auch die Umgestaltungsmöglichkeit, mit der mittelbar auch die bauzeitliche Änderung transportiert werden könnte.

In dieser Konstellation wäre es somit nicht möglich, bei dem Folgegewerk eine mittelbare Bauzeitanordnung auszusprechen. Es wäre ein isoliertes bauzeitliches Anordnungsrecht erforderlich. Anders zu beurteilen wäre es, wenn es sich um einen Unternehmer handeln würde, der beide Gewerke ausführt. Dann könnte mit der inhaltlichen Anordnung auch die Verschiebung für das inhaltlich nicht betroffene Gewerk transportiert werden.

343 Thode, ZfBR 2004, 214, 219 f.

(cc) Bauinhaltliche Gesamtwerkerfolgsänderung bei inhaltlicher Betroffenheit nur des funktionalen Werkerfolgs

Fraglich ist, inwieweit (nur) der funktionale Werkerfolg eine ausreichende Verknüpfung darstellen kann.

Bisher wurden die Fälle betrachtet, bei denen die Werkerfolgsänderung (kausal) zu einer zeitlichen Verschiebung führt (B., VI., 3., c), aa), (1), (b), (aa)) und das Gegenbeispiel, bei dem zwar eine Werkerfolgsänderung in einem Vertragsverhältnis erfolgt, jedoch keinerlei Beziehung zu dem anderen Vertragsverhältnis besteht (B., VI., 3., c), aa), (1), (b), (bb)).

Es stellt sich die Frage, ob eine Bauinhaltsänderungsanordnung auch möglich ist, wenn keine Leistungsänderung in dem zweiten Vertragsverhältnis vorliegt, aber der funktionale Werkerfolg auch des zweiten Vertragsverhältnisses von der Änderung inhaltlich betroffen ist.

Neben der Erfüllung der Einzelleistungspflichten ist ein Werkerfolg geschuldet, der den Einzelleistungen übergeordnet die Pflicht beinhaltet, ein funktionierendes Gesamtwerk zu schaffen.[344] Entsprechend könnte auch für die Frage der mittelbaren Bauzeit der den Einzelleistungspflichten und auch den Einzelgewerken übergeordnete Erfolg, z.B. „Schule", der Anknüpfungspunkt sein. Um in Vertragsverhältnissen, die für sich betrachtet bei einer (Gesamt-)Werkerfolgsänderung nicht in ihren Einzelleistungspflichten betroffen sind, die Möglichkeit einer für dieses Vertragsverhältnis isolierten Bauzeitanordnung in Form der Verschiebung oder Verlängerung „mittelbar" durch eine Änderung des Gesamtwerkes zu eröffnen, käme eine Änderungsanordnung zum funktionalen Gesamtwerkerfolg in Betracht, auch wenn keine Einzelleistungen betroffen sind. Hierfür spricht, dass § 650 b BGB explizit auf den Werkerfolg abstellt. Dieser besteht nicht nur in der Erbringung der Einzelpflichten, sondern gerade auch im Hinblick auf den Erfolg eines funktionierenden Gesamtwerks.

Ist nur das übergeordnete Werk, z.B. „Schule", betroffen und gibt es für die (Einzel-)Leistungspflichten des konkreten Vertragsverhältnis keine Auswirkungen, erscheint eine mittelbare Bauzeitanordnung fraglich, da keine Änderung einer Einzelleistungspflicht für das Vertragsgewerk erfolgt. Zwar dürfte es selten vorkommen, dass der funktionale Werkerfolg geändert wird, ohne dass sich die Einzelleistungspflichten ändern. Denkbar erscheint dies aber dann, wenn der abstrakte funktionale Werkerfolg differenziert dargestellt und dann hinsichtlich einer Konkretisierung geändert wird. Soll beispielsweise statt einer Berufsschule

344 S.o. B., V., 1., b), aa), (1).

eine Grundschule gebaut werden, wäre es denkbar, dass für ein Einzelgewerk kein Unterschied bezüglich der Einzelleistungspflichten entsteht, jedoch der übergeordnete funktionale Erfolg eine Änderung erfahren hat und aufgrund daraus resultierender Änderungsnotwendigkeiten bei anderen Gewerken bauzeitliche Änderungen eintreten. Dann käme auch in Betracht, dem nicht in seiner Einzelleistungspflicht betroffenen Gewerk eine Änderungsanordnung hinsichtlich des (Gesamt-)Werkerfolgs, also z.B. Grundschule statt Berufsschule, zu erteilen. Ist dies möglich, käme auch in Betracht, mit dieser Anordnung die bauzeitliche Änderung zu transportieren. Damit käme der Definition des (Gesamt-) Werkerfolgs eine besondere Bedeutung zu. Ausschlaggebend wäre dann die Frage der Konkretisierung des funktionalen Erfolgs. Wäre lediglich „Schule" als übergeordneter Werkerfolg vorgesehen, käme eine Anordnung bei dem Wechsel von Berufsschule zu Grundschule nicht in Betracht, wenn keine Einzelleistungspflicht betroffen wäre.

Hieran anknüpfend stellt sich die Frage, ob durch eine hinreichende Kommunikation der Leistungspflichten der anderen Gewerke auch für ein nicht betroffenes Gewerk eine „Gesamtwerkerfolgsänderung" auch bei anderen Änderungen herbeigeführt werden kann. Für übergeordnete Aspekte wie die Unterscheidung zwischen Schule und der differenzierenden Betrachtung Grundschule/Berufsschule, dürfte dies in Betracht kommen.

Dies kann aber nicht dazu führen, dass durch Kommunikation und Darstellung der Einzelleistungspflichten aller Gewerke ein detaillierter Gesamtwerkerfolg geschaffen wird, der dazu führt, dass jede Einzelleistungsänderung zu einer Gesamtwerkerfolgsänderung führt, um über diesen Weg bauzeitliche Änderungen auch an die im Rahmen ihrer Einzelleistungspflichten nicht betroffenen Gewerke transportieren zu können. Der funktionale Werkerfolg stellt gerade auf die Zweckbestimmung des aus den Einzelgewerken bestehenden Gesamtbauwerks ab. Diese kann nicht durch Kommunikation der Einzelleistungspflichten ausgeweitet werden.

(dd) Zwischenergebnis

Erfolgt eine Werkerfolgsänderung, die sich in einem Vertragsverhältnis auf die zum Werkerfolg gehörenden Leistungspflichten auswirkt, werden bauzeitliche Verschiebungen in diesem inhaltlich von der Werkerfolgsänderung betroffenen Vertragsverhältnis erfasst.

Erfolgt eine Änderung des funktionalen (Gesamt-)Werkerfolgs ohne Einzelleistungspflichten zu betreffen, erscheint es denkbar, auch diese als zulässige Änderungsanordnung zu betrachten, da hieraus Änderungen zumindest möglich sein können, auch wenn sie im konkreten Fall nicht vorliegen. Beispielsweise könnten durch die geänderte Funktion einer Schule von Berufs- in Grundschule geänderte Anforderungen in Betracht kommen, da statt Jugendlicher oder Erwachsener kleine Kinder die Schule nutzen werden und hieraus andere Anforderungen erwachsen. Auch hierdurch wäre somit eine mittelbare Bauzeitänderung nach den o.g. Grundsätzen denkbar.

Besteht hingegen keine Verknüpfung der Werkerfolgsänderung in dem einen Vertragsverhältnis mit der zeitlichen Verschiebung in dem anderen Vertragsverhältnis dahingehend, dass auch der dortige Werkerfolg angepasst wird, stellt die Anordnung in dem bauinhaltlich betroffenen Vertragsverhältnis eine Änderungsanordnung dar, während das bauinhaltlich nicht betroffene Vertragsverhältnis einen Eingriff in den Bauablauf erleidet. Da insoweit kein Fall der zulässigen mittelbaren Bauzeitänderung vorliegt, könnte die zeitliche Auswirkung der bauinhaltlichen Änderung nicht in das Vertragsverhältnis transportiert werden.

Das Änderungsrecht soll dem Besteller ermöglichen, Änderungsbedarfe, die sich aus der Dauer und der Komplexität des Bauvertrags ergeben, umsetzen zu können. Dem wird es nicht gerecht, wenn die Änderungsmöglichkeiten gerade bei Beteiligung verschiedener Gewerke und somit verschiedener Verträge nur in dem Vertragsverhältnis wirken, das bauinhaltlich betroffen ist und nicht in den Vertragsverhältnissen, die „nur" von den zeitlichen Auswirkungen betroffen sind. Hieraus würde sich ein Unterschied zu dem Generalunternehmerverhältnis ergeben, da dort nur ein Vertragsverhältnis besteht und somit zeitliche Änderungen aufgrund Inhaltsänderungen grundsätzlich transportierbar sind, da das Vertragsverhältnis von jeder Inhaltsänderung betroffen ist.

Es erscheint daher angezeigt, dass für die Zulässigkeit der bauzeitlichen Änderungsmöglichkeiten, die grundsätzlich „mittelbar" umsetzbar sind, nicht nach Vertragsverhältnissen unterschieden wird, sondern im Sinne der Komplexität des Bauvorhabens nach dem Änderungsbedarf des Bauwerks.

Eine Trennung nach Vertragsverhältnissen in dem Sinne, dass die zeitlichen Auswirkungen einer materiellen Leistungsänderung in einem anderen Vertragsverhältnis eine Behinderung darstellen, geht an der Komplexität und Dauer einer Baumaßnahme und der zufälligen Auswirkung auf verschiedene Vertragsverhältnisse vorbei. Mit der Regelung des § 650 b BGB ist eine Anordnungsmöglichkeit geschaffen worden, auf die Veränderungen im Rahmen einer Baumaßnahme reagieren zu können. Im Rahmen der Einzelgewerkvergabe stößt dieses Instrument allerdings an seine Grenzen, da zumindest gewerkübergreifend wieder Kombinationen aus Behinderungs- und Anordnungssituationen zum Tragen kämen.

Sachgerecht erschiene es, nicht nur im Falle einer inhaltlichen Betroffenheit die mittelbare Bauzeitanordnung zu ermöglichen, sondern diese auch für die von den Auswirkungen betroffenen Folgegewerke zur Anwendung kommen zu lassen, da eine hohe Vergleichbarkeit gegeben ist. Anderenfalls ergäbe sich der Wertungswiderspruch, dass umfangreiche Verschiebungen beim Folgegewerk bei nur geringer Inhaltsänderung möglich sind, nicht hingegen zeitlich geringere, wenn keine Inhaltsänderung vorliegt. Über das Kriterium der Zumutbarkeit kann dieser Aspekt in die Abwägung mit einbezogen werden.

(2) Kausalität hinsichtlich des Umfangs der zeitlichen Änderung

Neben der Frage der Verknüpfung mit einer bauinhaltlichen Änderung stellt sich die Frage, welche kausale Beziehung zwischen der inhaltlichen Änderung und dem Umfang der zeitlichen Änderung besteht.

Hierbei ist zu betrachten, wie unmittelbar die Bauinhaltsänderung die bauzeitliche Auswirkung verursachen muss (B., VI., 3., c), aa), (2), (a)), ob im Rahmen der Änderung zu treffende Bauherrenentscheidungen ebenfalls zu berücksichtigende Verschiebungen rechtfertigen (B., VI., 3., c), aa), (2), (b)) und ob der Besteller verpflichtet ist, die kausale Verknüpfung nachzuweisen (B., VI., 3., c), aa), (2), (c)).

(a) Zeitliche Auswirkung der Inhaltsänderung

Fraglich ist, welche Aspekte bei der mittelbaren Bauzeitanpassung im Hinblick auf den Umfang der zeitlichen Verschiebung Berücksichtigung finden können.

Die unmittelbar für die geänderte Ausführung erforderlichen Ausführungszeiten sind als Minimum hierzu zu zählen. Hierzu dürften auch die unmittelbar damit zusammenhängenden zeitlichen Aspekte wie z.B. Lieferzeiten zu zählen sein. Entsprechendes dürfte auch für Auswahlentscheidungen gelten, zumindest solange sie sich im Bereich des üblichen zeitlichen Umfangs bewegen.

Schwieriger zu beurteilen erscheint dies in den Fällen, in denen weitere zeitliche Umstände hinzutreten, die nicht baufachlicher Art sind.

Ordnet der Bauherr, ohne dass es hierzu zwingende gesetzliche Vorgaben gibt, beispielsweise an, dass das gesamte Gebäude in seiner Traglast erhöht werden soll, können die wenigen und nicht kostenintensiven Änderungen für den Dachdecker möglicherweise schnell konkretisiert werden. Sowohl die planerischen Änderungen beim Rohbau als auch die hohen Kostenauswirkungen, insbesondere der statischen Änderungen, bedürfen hingegen eines längeren Abstimmungsprozesses. Zum Beispiel können insbesondere bei öffentlichen Bauten parlamentarische Entscheidungen erforderlich sein.

Soweit Planungs- und Leistungsänderungen in anderen Gewerken erforderlich sind, wäre eine Kausalität für die zeitlichen Auswirkungen beim Dachdecker anzunehmen. Eine Beschränkung nur auf den eigenen Leistungsumfang würde den Zielen der gesetzlichen Regelung zuwiderlaufen, da dann hinsichtlich der für die Gesamtwerkerfolgsänderung notwendigen Änderungen beim Vorgewerk keine zeitliche Anpassung erfolgen könnte. Für die Folgegewerke kämen in zeitlicher Hinsicht dann wiederum Behinderungskonstellationen zum Tragen, bis die Ausführung der eigenen geänderten Leistung möglich ist.

Hinsichtlich der zu treffenden Bauherrenentscheidung im parlamentarischen Raum ist eine baufachliche Kausalität der Verschiebung hingegen weder für den Rohbauer noch für den Dachdecker gegeben. Im Sinne der baufachlichen Kausalität wäre eine Ausführung für den Rohbauer unmittelbar nach Vorlage der geänderten Planung und des Dachdeckergewerks zeitlich dann möglich, wenn der Rohbauer seine geänderte Leistung ausgeführt hat. Die Finanzierungsfrage als solche – gegebenenfalls noch unter Einbeziehung eines Entscheidungsgremiums – ist hingegen nicht baufachlich bedingt.

Dennoch erscheint es aus Sicht des Bestellers sachgerecht, auch die sich aus einer Inhaltsänderung ergebenden Folgen zeitlich mitberücksichtigen zu können. Anderenfalls würde das Anordnungsrecht in vielen Fällen ins Leere laufen. Wird allerdings auch dieser Aspekt in den Umfang der bauinhaltlichen bedingten bauzeitlichen Verschiebung einbezogen, verschwimmt die Grenze zu einer von der inhaltlichen Änderung losgelösten – zumindest für den in den weiteren Prozess nicht eingebundenen Unternehmer gewillkürt wirkenden – zeitlichen Verschiebung.

Andersherum betrachtet wäre, wenn derartige Aspekte wie die Finanzierungsfrage im Rahmen der mittelbaren bauzeitlichen Auswirkungen nicht zugelassen würden, eine erhebliche Einschränkung auch des bauinhaltlichen Anordnungsrechts gegeben.

Bedenken gegen eine entsprechende Verknüpfung der Inhaltsänderung mit einer zeitlichen Verschiebung bestehen jedenfalls dann, wenn der Zusammenhang nicht ersichtlich ist. Ordnet der Besteller eine andere Wandfarbe an (statt hellblau dunkelblau) und verknüpft diese inhaltliche Anordnung mit einer Verschiebung der Ausführung um ein Jahr, erscheint diese Verknüpfung willkürlich. Ändert der Bauherr diese womöglich kurz vor Ablauf des Jahres wieder auf die alte Farbe, spricht vieles dafür, dass die Werkerfolgsänderung lediglich dazu benutzt werden soll, um das eigentliche Ziel, die bauzeitliche Anordnung, zu transportieren.

In der letztgenannten Fallgestaltung stellt sich Frage, ob überhaupt <u>eine</u> Anordnung mit mittelbarer bauzeitlicher Auswirkung vorliegt oder es sich nicht um zwei getrennte Anordnungen handelt, eine zulässige Bauinhaltsanordnung und eine – isoliert zu behandelnde und damit nach den bisherigen Feststellungen unzulässige – bauzeitliche Anordnung.

Aus diesem Beispiel wird deutlich, dass für eine mittelbare Bauzeitanordnung die Bauzeitänderung einen kausalen Zusammenhang mit der Inhaltsänderung haben muss oder auf das Kriterium der Verknüpfung insgesamt verzichtet werden könnte.

Eine Verknüpfung ohne nachvollziehbaren kausalen Bezug wäre wie eine isolierte Bauzeitanordnung zu betrachten.

Neben den dargestellten Beispielsfällen können viele denkbare Konstellationen eintreten, bei denen es zumindest nicht klar ersichtlich ist, welche Gründe der zeitlichen Änderung zu Grunde liegen bzw. inwiefern eine Kausalität besteht.

Ungeachtet des konkreten Kausalitätsgrades wäre es zur Beurteilung der Frage, ob diese Grenze eingehalten wird, erforderlich, dass der Besteller eine Herleitung der zeitlichen Auswirkungen aus den inhaltlichen Änderungen darstellen müsste, damit der Unternehmer die Möglichkeit hätte, diese bewerten zu können. Der Unternehmer müsste dann diese Darstellungen dahingehend bewerten, ob dieser Kausalitätsschluss nachvollziehbar ist. Dies beinhaltet die Schwierigkeit, dass der Besteller im Rahmen einer Einzelvergabe auf die Informationen der Gewerke angewiesen ist, zu welchen zeitlichen Auswirkungen z.B. Planungs- und Ausführungsänderungen führen, um dies dann wiederum an die Folgegewerke kommunizieren zu können. Gibt das Vorgewerk an, dass es einen gewissen Zeitraum für die geänderte Ausführung benötigt, müsste der Besteller dies gegebenenfalls übernehmen. Fraglich wäre dann, ob er auch gegenüber dem Folgegewerk für die sachliche Richtigkeit einstehen müsste und welche Folgen es hätte, wenn sich im Nachhinein herausstellt, dass die Angaben nicht zutreffend waren. Es erscheint kaum praktikabel, dass der Unternehmer vom Besteller einen strengen Nachweis einer Kausalitätskette verlangen kann, da der Besteller in Teilen auf Informationen Dritter angewiesen ist (Vorgewerk) und diese im Detail nicht prüfen kann. Auch wird der Besteller bei komplexen Änderungen Annahmen zu bestimmten Zeitaspekten treffen müssen, die er im Zeitpunkt der Anordnung noch nicht abschließend beurteilen kann.

Hinzu kommt, dass es für den Folgeunternehmer oftmals nur schwer möglich sein dürfte, die Kausalität der zeitlichen Änderung zu verifizieren. Ähnliche Schwierigkeiten dürften dabei bestehen, einer Anordnung zu entnehmen, ob sie wirklich auf eine Inhaltsänderung abzielt oder nur dem Zweck dient, eine Bauzeitanordnung zu transportieren.

Vor diesem Hintergrund erscheint es wenig praktikabel, hohe Anforderungen an die Kausalität der Verknüpfung zu stellen. Eine Plausibilisierung, die einen Zusammenhang darstellt, dürfte ausreichen. Abgesehen von den offensichtlichen Fällen der sachfremden Verknüpfung bzw. des Rechtsmissbrauchs erscheint es insgesamt praktikabler diese Fälle über die Zumutbarkeitsvoraussetzung im Sinne der Zielsetzung der Norm des § 650 b BGB zu behandeln und bei bestehender Zumutbarkeit keine hohen Anforderungen an die Kausalität des Umfangs der Verschiebung zu stellen.

(b) Weitere Verschiebungen

Noch komplizierter wird die Abgrenzung, wenn es bei dem Vorgewerk nicht nur zu Verzögerungen kommt, die auf der Änderung beruhen, sondern zu weiteren verzögernden Ereignissen, die zwar auch die geänderte Leistung betreffen, bei denen aber Eingriffe in die Kausalität erfolgen. Beispielsweise macht der Unternehmer des Vorgewerks bei der Bestellung des geänderten Materials einen Fehler, so dass er nochmals neu bestellen muss und dies zu einer zusätzlichen Verzögerung führt. Sind die Leistungsänderungen des Vorgewerks bereits mit der Änderungsanordnung zeitlich fixiert worden, wurde das Vertragsverhältnis in der entsprechenden Form angepasst. Für weitere zeitliche Veränderungen würde es bei einer weiteren Verzögerung an der „mittelnden" Inhaltsänderung fehlen. Es wäre nicht nachvollziehbar, warum für das einmal angepasste Vertragsverhältnis neue Grundsätze gelten würden. Gibt es nach der erfolgten Anpassung keine weitere Anordnung zum Werkerfolg, stellen sich weitere Verschiebungen als rein faktische Einwirkungen auf den Bauablauf dar.

Anders könnte es sich darstellen, wenn mit der ersten Bauinhaltsänderung keine zeitlichen Anpassungen fixiert wurden. Dies erscheint vor dem Hintergrund des vorherigen Einigungsverfahrens nur eingeschränkt möglich. Wenn der Unternehmer auf das Leistungsänderungsbegehren ein Angebot abgeben muss, bedarf es hierzu auch der zeitlichen Parameter. Dies ist zumindest dann anzunehmen, wenn neben den Auswirkungen der eigenen Leistungsänderung weitere Verschiebungen durch die Anpassung bei den Vorgewerken eintreten. Denkbar wäre es, dass im Angebot eine Pauschale je Zeiteinheit der Verzögerung und ein Berechnungsmodus hinsichtlich der bauzeitlichen Komponente vorgesehen werden.

Für die Anordnung ist anzunehmen, dass mit ihr die wesentlichen Vertragsparameter die Leistung betreffend, definiert werden müssen. Eine Aussage zur Bauzeit erscheint zumindest dann erforderlich, wenn die Ausführung nicht unmittelbar nach der Anordnung erfolgen kann.[345]

---

345 S.o. B., V., 1., d), cc), 2), b).

Bei komplexeren Bauvorhaben dürfte es jedoch mitunter schwierig sein, aus einer komplexen Inhaltsänderung eine zeitliche Einordnung der jeweiligen Gewerke zeitnah vornehmen zu können.

Sofern für die Bauzeit zum Zeitpunkt der inhaltlichen Änderung des Werkerfolgs keine ausdrückliche Bestimmung zu den zeitlichen Auswirkungen erfolgen kann, folgt aus der Anordnung zwar auf den ersten Blick nur eine Änderung des Leistungsinhalts, der mangels anderweitiger Bestimmung sofort fällig wäre, dann aber nicht erbracht werden kann, weil beispielsweise das Vorgewerk noch nicht erbracht wurde. Konsequenterweise läge dann eine Behinderung vor und es bestünde die Möglichkeit der Fristsetzung zur Kündigung gemäß § 643 BGB bezogen auf den geänderten Leistungsinhalt. Dies würde jedoch dem Zweck der inhaltlichen Werkerfolgsänderungsmöglichkeit entgegenstehen. Gerade bei komplexeren Baumaßnahmen sind Änderungen zu erwarten, von denen mehrere Gewerke betroffen sind. Hier wird es oftmals nicht möglich sein, alle Zeiten der geänderten Ausführung von Anfang an zeitlich zu fixieren und dann einzuhalten, um nicht in den Bereich der Behinderung zu gelangen. Zur Erreichung des Zwecks der inhaltlichen Anordnungsmöglichkeit erscheint die Möglichkeit einer sukzessiven zeitlichen Bestimmung erforderlich.

(c) Nachweispflicht

Fraglich ist auch, ob der Unternehmer einen Nachweis verlangen kann, aus dem sich die mit einer Werkerfolgsänderung kausal verknüpfte bauzeitliche Änderung ergibt, bevor er ein entsprechendes Angebot abgibt. Entsprechendes gilt für den Fall der Anordnung. Auch hier stellt sich die Frage, ob der Besteller mit der Inhaltsanordnung die zeitliche Auswirkung darstellen muss, wenn die zeitliche Komponente nicht allein durch den Unternehmer bestimmt werden kann. Auch in prozessualer Hinsicht wäre zu betrachten, ob das Gericht im einstweiligen Verfügungsverfahren nach § 650 d BGB prüfen muss, ob die zeitliche Komponente der Anordnung schlüssig ist, da auch diese für die Beurteilung der Zumutbarkeit eine Rolle spielt. Entscheidend wäre dabei dann nicht, ob die Änderungen einschließlich der zeitlichen Komponente zumutbar sind, sondern ob diese bauzeitliche Auswirkung mit der konkreten Bauinhaltsänderung verbunden werden kann. Fraglich wäre dann, welche Rechtsfolge es hätte, wenn eine Inhaltsänderung mit einer zeitlichen Änderung verbunden würde, die nicht die erforderliche kausale Verknüpfung ausweist. Es käme in Betracht, dass dann nur die inhaltliche Änderung greift, die zeitliche hingegen nicht. Es käme jedoch auch in Betracht, dass die Anordnung insgesamt zu betrachten ist, da eine Inhaltsanordnung erfolgt, die zu zeitlichen Folgen führt. Dies führt insbesondere dann zu Schwierigkeiten, wenn das inhaltliche Änderungsbegehren im Einigungsverfahren mit einer zeitlichen Änderungen verbunden wurde, die keine hinreichende Verknüpfung aufweist. Das gescheiterte Einigungsverfahren ist Voraussetzung des Anordnungsrechts. Dies setzt aber voraus, dass die Anordnung dem Änderungsbegehren im Einigungsverfahren entspricht. Stellt sich heraus, dass die zeitliche und inhaltliche Verknüpfung unzureichend war, wäre die Änderungsanordnung nicht nur hinsichtlich der zeitlichen Komponente unwirksam. Dadurch, dass die zeitliche Änderung bereits nicht im Einigungsverfahren mit der Inhaltsänderung hätte verbunden werden können, könnte bereits das Erfordernis eines gescheiterten Einigungsverfahren als Voraussetzung der Anordnung entfallen, da das Einigungsverfahren einen anderen Inhalt hatte.

Ebenfalls stellt sich die Frage, welche Rechtsfolge es auslöst, wenn sich im Nachgang herausstellt, dass die zeitlichen Annahmen unzutreffend waren bzw. zeitliche Änderungsinteressen des Bestellers wesentlichen Einfluss auf die zeitliche Anpassung hatten, die nicht im Zusammenhang mit der Inhaltsänderung standen.

Ohne diese Fülle an offenen Fragen an dieser Stelle im Detail betrachten zu wollen, erscheint es im Sinne der Gesetzeszwecke der flexiblen Reaktionsmöglichkeit aufgrund der Besonderheiten des Bauvertrags und der Streitvermeidung angezeigt, einen weitreichenden Spielraum der kausalen Verknüpfung zuzulassen und auf die Frage der Zumutbarkeit als maßgebliches Kriterium abzustellen. Dies hätte gegenüber einem definierten Kausalitätsmaßstab den Vorteil, Besonderheiten und Wertungen des Einzelfalls berücksichtigen zu können.

(d) Zwischenergebnis

Im Ergebnis lässt sich feststellen, dass die Verknüpfung der bauzeitlichen mit der bauinhaltlichen Komponente nicht klar definiert ist.

Eine so unmittelbare Kausalität, dass nur die aus der Leistungsänderung des jeweiligen Vertragsverhältnisses resultierenden Anpassungen berücksichtigt werden könnten, ist zu eng. Dies würde dazu führen, dass im Falle einer baulichen Änderung, die Änderungsanordnungen in mehreren Vertragsverhältnissen erfordert, oftmals der Fall eintritt, dass bei einer Verlängerung der Ausführung des Vorgewerks, das Folgegewerk in seiner (geänderten) Ausführung behindert würde.

Damit würde dem Zweck der Streitvermeidung und auch dem Ziel, der Komplexität des Bauvertrags gerecht werden zu wollen, nicht genüge getan. Darüber hinaus könnte eine Bauinhaltsänderung, die mit einer – diese Grenze der

Kausalität überschreitenden – Bauzeitänderung einhergeht, dann insgesamt unzulässig sein, was wiederum dem Zweck des § 650 b BGB entgegenstünde.

Auch wenn nur eine das Vertragsverhältnis übergreifende baufachliche Kausalität verlangt würde, also die Verschiebungen aus den Vorgewerken mit erfasst würden, erscheint dies im Sinne der Gesetzesintention noch zu eng. Dem Besteller müsste das Recht zustehen, Pufferzeiten einzuplanen. Auch eigene Entscheidungsprozesse müssten im Sinne der gesetzlichen Intention Berücksichtigung finden können.

Zur Zeit der Anforderung und Abgabe eines Angebots im Einigungsverfahren ist es erforderlich, dass eine Leistungszeit benannt wird, allein schon um den Zeitraum der Verschiebung finanziell bewerten und im Angebot berücksichtigen zu können. Zu diesem Zeitpunkt ist die zeitliche Neuplanung oftmals noch nicht detailliert ausdifferenziert. Es würde dem Sinn und Zweck des § 650 b BGB zuwiderlaufen, wenn in dieser Phase nicht ein weiter Spielraum bei der zeitlichen Bemessung angenommen werden könnte. Dieses Erfordernis besteht auch vor dem Hintergrund, dass weitere zeitliche Verschiebungen grundsätzlich nur bei einer neuen Werkerfolgsänderung zulässig wären.

Letztlich dürfte es den Interessen der Vertragsparteien zumeist auch eher entsprechen, wenn verlässliche Zeiten im Rahmen der Änderung definiert würden, als dass durch eine strikte kausale Ableitung Spielräume entfielen und es dann zu erneuten faktischen Verschiebungen käme – mit der dann aus § 650 c BGB und § 642 BGB kombinierten Vergütungsfolge. Derartige Spielräume müssten dann auch dazu führen, dass kein detaillierter Nachweis hinsichtlich der Verschiebung geführt werden müsste.

(3) Sonderfall: Einigungsphase

In der Einigungsphase stellt sich für den Besteller in besonderer Form das Bedürfnis nach einer Möglichkeit, Einfluss auf den Bauablauf nehmen zu können. Begehrt der Besteller eine Änderung des Werkerfolgs, muss er das Einigungsverfahren durchlaufen und entweder eine Einigung erzielen oder nach erfolglosem Verfahren und Ablauf der 30 Tage eine Anordnung treffen. Es kann aber bereits für den Zeitraum der Verhandlungen erforderlich sein, die Ausführung zu unterbrechen, damit nicht Fakten geschaffen werden, die dem Änderungsbegehren entgegenstehen. Wenn statt des ursprünglichen Vertragsinhalts, einen Bauteil abzureißen und neu zu errichten, ein Änderungsbegehren geäußert wird, dass dieser Bauteil nur zu ertüchtigen sei, würde es dem Einigungsverfahren über die Änderung zuwiderlaufen, wenn der Unternehmer hinsichtlich des ursprünglichen Vertragsinhalts weiterarbeiten würde, da nach Abriss keine Ertüchtigung mehr möglich wäre.

(a) Möglichkeit der Unterbrechung

Es stellt sich somit die Frage, ob dem Besteller für die Anordnungsphase ein Recht zusteht, die Ausführung bis zum Abschluss der Einigungsphase zu unterbrechen, also die Bauzeit verschieben zu können.

Der Gesetzgeber hat sich für eine Einigungsphase als Voraussetzung für ein Anordnungsrecht entschieden. Das Anordnungsrecht dient dem Zweck, flexibel auf sich ändernde Rahmenbedingungen im Rahmen eines auf längere Zeit angelegten komplexen Bauvorhabens Rechnung tragen zu können. Diesem würde es entgegenstehen, wenn der Besteller keine Möglichkeit hätte, die Ausführung für den Zeitraum der Einigung zu stoppen und Ausführungen hinnehmen zu müssen, die er in der Form nicht mehr wünscht. Der Besteller muss die Ausführung somit unterbrechen können, da ansonsten sein Änderungsbegehren nicht mehr realisiert werden könnte.

Auch dem Ziel der Streitvermeidung dient es nicht, wenn für die Einigungsphase keine entsprechende Bestimmung durch den Besteller erfolgen könnte und er somit über einen Zeitraum von bis zu 30 Tagen keine Möglichkeit hätte, die bisherige Ausführung zu untersagen.

(b) Dogmatische Ansätze

Als Grundlage eines entsprechenden Rechts kommen die Möglichkeiten eines Anordnungsrechts, eine Behinderung oder letztlich auch eine Einstellungspflicht auf Basis der Kooperationsverpflichtungen in Betracht.

Das Anordnungsrecht wird als nicht gerechtfertigt angesehen, weil der Gesetzgeber das Leistungsänderungsrecht von dem vorherigen Einigungsversuch abhängig gemacht habe und die freie Leistungsänderung des § 650 Abs. 1 S. 1 Nr. 1 BGB zum Risikobereich des Bestellers zu zählen sei.[346] Da die Bauzeit jedoch nicht zum Werkerfolg gezählt werde,[347] dürfte aus § 650 b BGB auch kein Rückschluss für die Einigungsphase gezogen werden. Dogmatisch fehle es somit an einer Grundlage, die den Besteller berechtigt, eine einseitige Anordnung zu erlassen.

Soweit vertreten wird, dass der Besteller einen Baustopp verfügen könne, wodurch er in Annahmeverzug gerate und Ansprüche des Unternehmers nach

---

346 Langen, BauR 2019, 303, 307.

347 Langen, BauR 2019, 303, 314.

§ 642 BGB bestünden,[348] bleibt der dogmatische Ansatzpunkt des Rechts zum Baustopp offen. Eine faktische Ausführungsbehinderung liegt nicht vor.

Es käme noch eine Entziehung des Rechts in Betracht, auf das Objekt einwirken zu dürfen. Dies könnte aber ein rechtsmissbräuchliches Verhalten darstellen.[349] Denkbar wäre es, im Rahmen der gesetzlichen Einigungsphase auch in der Entziehung der Einwirkungsmöglichkeit grundsätzlich kein rechtsmissbräuchliches Verhalten anzunehmen. Es erscheint jedoch konstruiert, in der gesetzlich vorgesehenen Einigungsphase vor einem möglichen Anordnungsrecht dem Besteller ein Verhalten abzuverlangen, das im Übrigen als rechtsmissbräuchlich qualifiziert werden könnte.

Im Übrigen verbliebe nur die Möglichkeit im Verhandlungsweg eine Einigung über die Phase des Stillstands herbeizuführen. In diesem Zusammenhang könnte dann wiederum die Kooperationspflicht zu berücksichtigen sein. Dies würde jedoch bedeuten, dass innerhalb der in Form der Einigungsphase kodifizierten Verhandlungspflicht für die Phase der Verhandlung die Kooperationspflicht zur Anwendung käme.

Vor einer Bewertung der verschiedenen Ansätze soll einer Betrachtung der verschiedenen Möglichkeiten der Entwicklung nach der Einigungsphase betrachtet werden.

(c) Auslegung des Begehrens

Zunächst müsste dem inhaltlichen Änderungsbegehren, wenn eine Unterbrechung für die Einigungsphase gewünscht ist, zumindest konkludent der Erklärungsinhalt zukommen, für den Zeitraum der Verhandlungen keine weitere Tätigkeit im Hinblick auf den ursprünglichen Werkerfolg mehr vorzunehmen. Erfolgt keine ausdrückliche Erklärung, müsste dieser Wille durch Auslegung zu ermitteln sein. Wenn statt des ursprünglichen Vertragsinhalts, einen Bauteil abzureißen und neu zu errichten, ein Änderungsbegehren geäußert wird, dass dieser Bauteil nur zu ertüchtigen sei, erscheint es nachvollziehbar, das Änderungsbegehren in diesem Fall dahingehend auszulegen, dass bis zum Abschluss des Einigungsverfahrens keine weitere Tätigkeit mehr erfolgen soll. In weniger eindeutigen Fällen, wenn beispielsweise eine Wand statt in weiß in gelb gestrichen werden soll, ist diese Auslegungsmöglichkeit nicht zwingend. Einerseits könnte die ursprüngliche Arbeit fortgesetzt werden und parallel das Verhandlungsverfahren stattfinden. Wenn es dann zu einer Werkerfolgsänderung

348 Langen, BauR 2019, 303, 307.

349 S.o. B., V., 1., d), dd), (1), (a), (bb), (β), (γγ).

kommt, wäre die Arbeit gegebenenfalls nochmal auszuführen. Dies könnte im Einzelfall auch im Interesse des Bestellers liegen, z.B. wenn auch ein hohes Interesse an einer zeitnahen Fertigstellung besteht. Es könnte jedoch auch gemeint sein, dass noch kein Anstrich ausgeführt werden soll, bis das Verhandlungsverfahren abgeschlossen ist, um keinen doppelten Aufwand zu verursachen. Hier käme es somit auf eine entsprechende Auslegung der Erklärung des Bestellers an.

Soweit dem Unternehmer eine Hinweispflicht obliegen soll,[350] den Besteller darauf hinzuweisen, dass die Weiterführung der bisher beauftragten Leistungen dazu führen könne, dass die vom Änderungsbegehren betroffenen Arbeiten entweder wertlos werden oder sogar kostenaufwendig zurückgebaut werden müssen, erscheint dies die Verhältnisse zu verkehren. Es obliegt grundsätzlich dem Anpassungsinteressenten sich dazu zu erklären, was mit dem bisherigen Vertragsverhältnis passieren soll, bis es zu einer Einigung oder einer Entscheidung für oder gegen eine Anordnung kommt. Im Einzelfall kann sich jedoch aus der Kooperationspflicht eine Hinweispflicht ergeben, vor Maßnahmen, die dem Änderungsbegehren entgegenstehen und unumkehrbar sind, auf diesen Umstand hinzuweisen. Auch aus Sicht des Unternehmers ist die Frage, ob ein zwischenzeitlicher Ausführungsstopp für die Dauer der Einigungsphase erfolgen soll, auch für die eigenen Leistungspflichten von erheblicher Bedeutung, insbesondere vor dem Hintergrund der einzuhaltenden Fertigstellungstermine und einer etwaigen Mehrvergütung für die Zeit des Stillstands. Verlangt der Besteller nur ein Angebot für die geänderte Leistung, ohne dass die bisherigen Arbeiten unterbrochen werden, dann würde auch keine Verschiebung der ursprünglichen Ausführungstermine in Betracht kommen, so dass für den Unternehmer bei Unterbrechung seiner Arbeiten eine Verringerung des Ausführungszeitraums droht und eine finanzielle Kompensation fraglich wäre.

(d) Entwicklung nach Stillstand in der Einigungsphase

Ist dem Änderungsbegehren zu entnehmen, dass eine Verschiebung der Bauzeit gewünscht ist und wird diese befolgt, ist zu betrachten, welche Entwicklung sich nach Abschluss der Einigungsphase ergibt.

(aa) Erfassung in der späteren Einigung

Kommt es nach einer kurzen Stillstandsphase zu einer Änderungsvereinbarung, erscheint es sinnvoll, den Zeitraum des Verhandlungsverfahrens von dieser

350 Langen, BauR 2019, 303, 307.

Vereinbarung explizit zu erfassen, damit für den Zeitraum der Einigungsphase keine Ansprüche auf anderer Berechnungsbasis (z.B. nach § 642 BGB, wenn der Stillstand als Behinderungsphase gesehen würde) mehr in Betracht kommen.

(bb) Keine explizite Erfassung in der Einigung

Fraglich ist, wie es sich mit diesem Zeitraum verhält, wenn die Verhandlungsphase in der Einigung nicht explizit erfasst wird. Ein Vergleich mit der bisherigen Praxis zu § 1 Abs. 3 VOB/B ist nicht möglich, da dort keine Einigungsphase erforderlich war, bevor eine Anordnung ausgesprochen werden konnte. Erfolgte eine Anordnung nach § 1 Abs. 3 VOB/B, war der aus dieser Anordnung resultierende Vergütungs- oder Entschädigungsanspruch insgesamt danach zu bestimmen, ob es sich um eine rechtmäßige Anordnung oder gegebenenfalls einen Eingriff in den Bauablauf handelte. Eine Differenzierung nach der materiellen Änderung und dem zeitlichen Aspekt aufgrund einer rechtmäßigen Anordnung kam nicht in Betracht.[351]

Kommt es zu einer Einigung und wird im Rahmen der Einigung nach § 650 b BGB keine Regelung zu der Einigungsphase getroffen, ist die Einigung auszulegen und auf diesem Wege ihre Reichweite zu bestimmen.

(cc) Keine Einigung

Es stellt sich die Frage, wie es sich verhält, wenn diese Phase bei der Einigung explizit ausgeklammert wird oder keine Einigung zustande kommt. Resultiert aus dem Änderungsbegehren eine Wartezeit, gehen die Mehrkosten zu Lasten des Bestellers, da der Bedarf für die angestrebte Vertragsänderung von ihm ausgeht.[352] Es kommen Ansprüche entweder im Zusammenhang mit der Nachtragsvergütung oder nach § 642 BGB in Betracht.[353]

Kommt es letztlich zur Umsetzung des Änderungsbegehrens, erscheint die Erstreckung der Regelung des § 650 c BGB auch auf den Zeitraum der Einigungsphase sachgerecht. Im Falle der Anordnung würde ab dem Zeitpunkt der Anordnung die Vergütungsfolge des § 650 c BGB zur Anwendung kommen.

Für die Fälle der Nichterfassung im Rahmen einer Einigung bietet sich ebenfalls eine Berücksichtigung dieser Vergütungsfolge an, damit nicht eine Kombination von behinderungsbedingter Entschädigung und Vergütung zum Tragen kommt. Die Werkerfolgsänderung ist in diesen Fällen im Wege einer Einigung

351 Thode, ZfBR 2004, 214, 219 f.
352 Althaus, BauR 2017, 412, 416.
353 Althaus, BauR 2017, 412, 416.

oder einem gesetzlichen Anordnungsrecht erfolgt, so dass auch die Vergütungsfolge einschließlich der aufgrund der Anordnung erfolgten Anpassung und einschließlich der aufgrund des Änderungsbegehrens eingetretenen zeitlichen Anpassungen in der Einigungsphase gegenüber der Entschädigung für einen Eingriff in die Bauzeit der Vorzug zu geben ist.

Mit der Änderungsanordnung wird der Werkerfolg geändert. Da die Einigungsphase zwingende Voraussetzung für die Anordnungsmöglichkeit ist, wäre die Vergütungsfolge des § 650 c BGB auf die Änderungsanordnung insgesamt also einschließlich der Voraussetzung zur Anordnung und nicht nur auf dessen Folge zu beziehen. Kommt es hingegen nicht zur geänderten Ausführung gemäß des Änderungsbegehrens, fehlt es an der für die geänderte Ausführung zu berücksichtigenden Vergütungsanpassung des § 650 c BGB als Anknüpfungspunkt für die Anwendbarkeit des § 650 c BGB auch für die Einigungsphase.

(dd) Fazit

Sofern keine Einigung über eine Bauzeitverschiebung in der Einigungsphase erfolgt, wäre es konsequent im Fall der späteren Anordnung der begehrten inhaltlichen Änderung, den Zeitraum der Einigungsphase auf der Vergütungsseite von § 650 c BGB als miterfasst anzusehen. Damit würden die Grundsätze der mittelbaren Bauzeitanordnung auch für die Einigungsphase zum Tragen kommen. Würde der Zeitraum der Einigungsphase als Behinderung verstanden, käme eine Kombination von Ansprüchen aus § 642 BGB und § 650 c BGB bezogen auf die zeitliche Komponente einer begehrten Inhaltsänderung zum Tragen. Auch wäre eine Kündigung gemäß § 643 BGB nicht ausgeschlossen.

Kommt es letztlich nicht zu der Inhaltsänderung, bestünde keine Kombination von Ansprüchen unterschiedlicher Zielrichtung, Entschädigung und Vergütung. Auch hier wäre im Falle der Behinderungsbetrachtung der Umgang mit dem Kündigungsrecht des § 643 BGB zu betrachten. Darüber hinaus zielt das Änderungsbegehren im Rahmen der Einigungsphase auf eine rechtsgeschäftliche Vertragsanpassung ab. Im Zeitpunkt der Erklärung des Begehrens liegen somit die gleichen Voraussetzungen vor, wie im Falle der späteren Ausführung der geänderten Leistung.

Da es im Rahmen der Einigungsphase noch nicht feststeht, ob es zu einer Änderung kommen wird, würde es auch eine Ungewissheit für die Bauvertragsparteien bedeuten, wenn sich die Frage der Behandlung des Baustopps während der Einigungsphase erst im Nachhinein in die eine oder andere Richtung auflöst, je nachdem, ob es zu einer Änderung kommt oder nicht.

Vor diesem Hintergrund erscheint eine einheitliche Anwendung der Grundsätze des § 650 c BGB auf der Vergütungsseite vorteilhaft.

(e) Würdigung und Ergebnis

Im Ergebnis lässt sich somit feststellen, dass für die Einigungsphase eine Verschiebung der Ausführung bis zur Entscheidung über das Änderungsbegehren möglich sein muss, damit das Änderungsbegehren nicht durch die zwischenzeitliche Ausführung des bisherigen Vertragsinhalts beeinträchtigt wird. Für diese Unterbrechung kann der Besteller auch nicht nur auf den Verhandlungsweg angewiesen sein. Damit würde innerhalb der Einigungsphase der gesetzlichen Regelung eine parallele Verhandlungsphase über die Fortführung während der Einigungsphase eröffnet, für die dann wiederum auf die Grundsätze der Kooperationspflicht zurückgegriffen werden müsste.

Gegen eine Berücksichtigung als Behinderung spricht, dass es an einer faktischen Behinderung fehlt und die Rechtsfolgen der §§ 642, 643 BGB nicht zu den mit der Einführung des § 650 b BGB verbundenen Zielsetzungen passen. Ein Kündigungsrecht würde dem Ziel der Vertragsanpassung und der Einigungserzielung entgegenstehen. Aufgrund der Intention des § 650 b BGB, zu einer rechtsgeschäftlichen Vertragsanpassung zu gelangen, erschiene auch eine Kombination von Vergütungsanspruch gemäß § 650 c BGB nach erfolgter Anordnung mit einem Entschädigungsanspruch für den Stillstand in der Einigungsphase widersprüchlich. Eine Kombination verschiedener Anspruchsgrundlagen erleichtert weder die Abrechnung noch trägt dies zur Streitvermeidung bei. Auch aus diesem Grunde sollte für die Einigungsphase eine Anordnung möglich sein, ob ausgeführt werden soll oder nicht.

Im Falle der späteren Umsetzung des Änderungsbegehrens erschiene die Vergütungsfolge des § 650 c BGB sachgerechter, da dann ein Änderungsvorgang inhaltlich und zeitlich insgesamt betrachtet würde. Kommt es jedoch nicht zu einer Umsetzung, fehlt der Anknüpfungspunkt. Da im Zeitpunkt des Änderungsbegehrens noch nicht feststeht, ob es zu der inhaltlichen Änderung kommt, wäre bei einer unterschiedlichen Behandlung der Verschiebung je nachdem, ob das Änderungsbegehren umgesetzt wird, erst im Nachhinein festzustellen, welche finanzielle Kompensation Anwendung findet. Da durch § 650 c BGB das Äquivalenzprinzip zum Tragen kommt, scheint dessen grundsätzliche Anwendung angezeigt. Letztlich wird in der Einigungsphase eine Kodifizierung der Verhandlungspflicht als Teil der Kooperationspflicht gesehen.[354] Das ist ein

---

354 Langen, BauR 2019, 303, 306; BeckOK Bauvertragsrecht/Leupertz, § 650 b Rn. 49.

weiteres Argument dafür, eine rechtsgeschäftliche Anpassungsmöglichkeit vorzusehen, statt eine Behinderungsmöglichkeit zuzulassen.

Unabhängig von dieser Einordnung lässt sich für die hier zu betrachtende Frage der Verknüpfung zwischen zeitlicher Änderung und Inhaltsänderung ableiten, dass an die Verknüpfung zwischen der Werkerfolgsanordnung bzw. dem Begehren zur Werkerfolgsänderung und der damit im Zusammenhang stehenden bauzeitlichen Änderung keine hohen Anforderungen zu stellen sind. Die Möglichkeit der Verschiebung der Bauzeit während der Einigungsphase erfolgt – unabhängig davon, ob diese als Anordnung oder als Behinderung zu behandeln ist – im Falle der späteren Nichtausführung des Änderungsbegehrens letztlich sogar ohne eine „mittelnde" inhaltliche Änderung. Allein der Umstand des Änderungsbegehrens begründet die Möglichkeit, mittelbar Einfluss auf die Bauzeit nehmen zu können.

(4) Sonderfall: Planungsänderungserfordernis

Die Einigungsphase kann darüber hinaus noch das Erfordernis eines Planungsänderungserfordernisses beinhalten. Vor der begehrten Änderung zum Werkerfolg könnte noch eine Änderung der Planung erforderlich sein.

Schuldet der Unternehmer Planung und Ausführung in einem Vertragsverhältnis erscheint es sachgerecht, dass die Leistungspflicht des Unternehmers insgesamt betrachtet wird, also nicht zwischen Planung und Ausführung unterschieden wird.

Muss der Besteller die Planung erstellen, ist der Unternehmer bis zur Vorlage der Planung nicht zur Erstellung eines Angebots verpflichtet.

Auch hier wäre zu betrachten, ob dem Änderungsbegehren eine Ausführungsuntersagung hinsichtlich des ursprünglichen Vertragsinhalts zu entnehmen ist und woraus sich ein solches Recht ergeben kann. Letztlich dürfte diese Phase entsprechend der Einigungsphase ohne vorheriges Planungsänderungserfordernis zu behandeln sein. Das Änderungsrecht wäre stark beeinträchtigt, wenn nicht mit dem Änderungsbegehren – auch wenn noch keine geänderte Planung vorliegt – eine Unterbrechung der Ausführung möglich wäre. Aufgrund des Zusammenhangs mit § 650 b BGB erscheinen auch hier die rechtsgeschäftlichen Mechanismen der Eingriffsbetrachtung vorzugswürdig. Unabhängig von dieser Einordnung ist auch hier festzustellen, dass an die verknüpfende Beziehung zwischen dem inhaltlichen Änderungsbegehren und der zeitlichen Verschiebung keine hohen Anforderungen zu stellen sind.

(5) Zwischenergebnis zu mittelbaren Bauzeitanordnungen

Die Annahme, mittelbare Bauzeitänderungen wären vom Anordnungsrecht miterfasst, führt bei einer Detailbetrachtung des Anwendungsbereichs zu differenzierten Ergebnissen.

Als mittelbare Bauzeitanordnungen können sowohl die Verlängerung des Ausführungszeitraums als auch die Verschiebung des Ausführungstermins erfasst werden, sofern eine Werkerfolgsänderung der „Mittler" der bauzeitlichen Anordnung ist. Beschleunigung und Vorverlegung können nicht mittelbar verursacht werden.

Weder an die Verknüpfung der inhaltlichen Anordnung mit der bauzeitlichen Änderung noch an die Kausalität der inhaltlichen Anordnung im Verhältnis zum Umfang der bauzeitlichen Änderung sind hohe Anforderungen zu knüpfen.

Werkerfolgsänderungen, die ausschließlich andere Vertragsverhältnisse betreffen, stellen nach den bisherigen Feststellungen keine Anordnungskonstellation dar, über die eine mittelbare Bauzeitanordnung ermöglicht wird.

Wirkt sich eine bauliche Änderung hinsichtlich des Gesamtwerkerfolgs in mehreren Vertragsverhältnissen aus und ergehen entsprechende inhaltliche Anordnungen, dann können auch die aus der Änderung beim Vorgewerk resultierenden bauzeitlichen Verschiebungen im Rahmen der Werkerfolgsänderungsanordnung für das Folgegewerk miterfasst werden. Auch kann der Besteller im Zusammenhang mit der Werkerfolgsänderung eine zeitliche Neuorganisation der Baumaßnahme vornehmen. Hierbei steht ihm ein Spielraum für die zeitliche Neuorganisation zu.

Zum einen handelt es sich aus Sicht des Bestellers um eine Gesamtwerkerfolgsänderung, die sich in verschiedenen Vertragsverhältnissen mehr oder weniger zufällig unterschiedlich stark auswirkt. Zum anderen erscheint die Behandlung als Kombination aus Anordnung (hinsichtlich der zeitlichen Komponente, die aus der eigenen Änderung resultiert) und Behinderung (hinsichtlich der zeitlichen Auswirkung auf das Vorgewerk) nicht sachgerecht. Dem Sinn und Zweck der gesetzlichen Regelung widerspräche es, diese Werkerfolgsänderungen für das Gewerk mit den geringen Auswirkungen dahingehend zu trennen, dass neben die Leistungsänderung noch eine Behinderungsphase tritt, die den Zeitraum erfasst bis die übrigen Gewerke die notwendigen Voraussetzungen zur Ausführung der geringfügig geänderten Leistung geschaffen haben. Auch würde die daraus resultierende Verknüpfung von Behinderungsrechten (§§ 642 und 643 BGB) und Vergütungsanpassungen (§ 650 c BGB) zu Schwierigkeiten der kombinierten Vergütungs- und Kompensationsberechnung führen. Auch das Kündigungsrecht des § 643 BGB steht der mit der Einführung des Anordnungsrechts verbundenen gesetzlichen Intention entgegen.

Dies führt zu dem Ergebnis, dass umfangreiche Werkerfolgsänderung in einem Vertragsverhältnis, in einem anderen Vertragsverhältnis dazu führen, dass umfangreiche zeitliche Änderungen, die nicht durch die Ausführungsänderungen hinsichtlich der eigenen Leistungspflichten, sondern durch Änderungen in einem anderen Vertragsverhältnis verursacht werden, bei einer kleineren Änderung des eigenen Gewerks zulässigerweise angeordnet werden könnten, sofern sie zumutbar sind.

Auch aus dem Erfordernis im Rahmen der Einigungsphase gegebenenfalls kombiniert mit einer vom Besteller durchzuführenden Planungsphase Bauzeitverschiebungen veranlassen zu können, lässt sich ableiten, dass an die Verknüpfung zwischen der inhaltlichen Änderung bzw. dem Begehren zur inhaltlichen Änderung und der daraus resultierenden bauzeitlichen Änderung keine hohen Anforderungen zu stellen sind.

Letztlich zeigt dies, dass der Zusammenhang zwischen der Bauinhaltsänderung und der zeitlichen Änderung keinen klaren Konturen unterliegt und das Erfordernis einer normativen Wertung hinsichtlich der zeitlichen Auswirkung und der Intensität des Eingriffs besteht. Für diese normative Eingrenzung könnte das in § 650 b BGB bereits vorgesehene Kriterium der Zumutbarkeit zum Tragen kommen.

(6) Vergleich mit isolierten Bauzeitanordnungen

Die Feststellungen zu den mittelbaren Bauzeitanordnungen sind mit den isolierten Bauzeitanordnungen zu vergleichen.

(a) Mittelbare Anordnung

Bei dem Vergleich der Feststellungen zur mittelbaren Bauzeitanordnung mit dem Fall einer isolierten Bauzeitverschiebung erscheinen die materiellen Unterschiede sehr gering. Die mittelbare Bauzeitanordnung besteht aus zwei Komponenten, der Änderung des Werkerfolgs und der zeitlichen Anpassung. Die Anordnung kann also in diese beiden Teilbereiche zerlegt werden:

Soll beispielsweise der Generalübernehmer, der in einem Vertragsverhältnis mit der Planung und Ausführung eines Bauvorhabens beauftragt ist, eine Änderung des Werkerfolgs dergestalt vornehmen, dass er erst eine Umplanung vornehmen und dann entsprechend ausführen soll, enthält die Anordnung die Bestandteile:

1. Anhalten der bisherigen Ausführung,
2. Änderung der Planung,
3. Fortsetzung der Ausführung (nach der neuen Planung).

Diese Teilbereiche lassen sich in die zeitliche Anordnung des „Anhaltens" und des „Weitermachens nach Planungsänderung" unterteilen. Dazwischen liegt die Planungsänderung.

Handelt es sich hingegen um zwei verschiedene Vertragspartner – beispielsweise um eine Änderung allein des Rohbaus mit ausschließlich zeitlichen Auswirkungen auf die nachfolgenden Gewerke – ergäben sich für das bauinhaltlich nicht betroffene Folgegewerk folgende Anforderungen:

1. Anhalten der bisherigen Ausführung,
2. Fortsetzung der bisherigen Ausführung.

Mangels Werkerfolgsänderung käme diesbezüglich jedoch keine Anordnung in Betracht, obwohl es hinsichtlich des zeitlichen Aspekts eine Identität im Vergleich mit der „mittelbaren" Bauzeitanordnung gibt. Der einzige Unterschied zur isolierten Bauzeitanordnung besteht somit in dem Zusammenhang mit der Werkerfolgsänderung. Die Anforderung an diesen Zusammenhang besteht aber lediglich darin, dass eine Verknüpfung zwischen der konkreten zeitlichen Änderung und der Inhaltsänderung bestehen muss.[355] Die Anforderungen an diese Verknüpfung sind im Sinne der Zielrichtung des Anordnungsrechts gering.[356]

Auch sind an den Umfang der Werkerfolgsänderung im Verhältnis zur zeitlichen Änderung für die Frage der Anwendbarkeit des Anordnungsrechts keine strengen Anforderungen zu stellen.[357] Im Sinne der Zielsetzung des gesetzlichen Anordnungsrechts erscheint es angezeigt, die Grenze für die Qualität der Verknüpfung und auch der Kausalität für den Umfang der Verschiebung niedrig anzusetzen und dafür diese Umstände im Rahmen der Interessenabwägung im Rahmen der Zumutbarkeitserwägungen zu berücksichtigen.

(b) Einigungs- und Planungsphase

Für die Einigungsphase, gegebenenfalls inklusive der durch den Besteller noch vorzuschaltenden Planungsphase, kann das dringende Bedürfnis bestehen, auch in dieser Phase eine Bauzeitverschiebung durchsetzen zu können.[358] Auch wenn

---

355 S.o. B., VI., 3., c), aa), (1).
356 S.o. B., VI., 3., c), aa), (1), (b), (dd).
357 S.o. B., VI., 3., c), aa), (2), (d).
358 S.o. B., VI., 3., c), aa), (3), (e).

es sich hierbei mangels inhaltlicher Anordnung nicht direkt um eine mittelbare Bauzeitanordnung handelt, erscheint es sachgerecht, auch mit dem Änderungsbegehren bereits die Möglichkeit vorzusehen, für die Einigungsphase ein zeitliches Anordnungsrecht der Verschiebung vorzusehen. Hierdurch würde jedoch das Kriterium der Verknüpfung nicht mehr zwingend zum Tragen kommen. Käme es letztlich nicht zu einer geänderten Ausführung, bliebe die bauzeitliche Verschiebung ohne Bezug zu einer inhaltlichen Änderung.

(c) Ergebnis

Aufgrund der im Rahmen der mittelbaren Bauzeitanordnung keine hohe Bedeutung einnehmenden Rolle der kausalen Verknüpfung zwischen der inhaltlichen und der zeitlichen Änderung ist eine hohe Vergleichbarkeit zwischen der mittelbaren Bauzeitanordnung und der isolierten Bauzeitanordnung in Form der Verschiebung und Verlängerung gegeben. Für die während der Einigungsphase erforderliche Möglichkeit, die Bauausführung zu unterbrechen, ist im Sinne des mit den Regelungen des § 650 b BGB verfolgten Ziels ebenfalls eine Anordnungsmöglichkeit anzunehmen. Diese beinhaltet gegebenenfalls keinerlei Verknüpfung mehr mit einer Inhaltsänderung, da möglicherweise bereits die Planungsphase der Inhaltsänderung nicht abgeschlossen wird. Damit besteht zwischen dieser Konstellation und der isolierten bauzeitlichen Änderung der Verschiebung kein materielles Unterscheidungskriterium mehr. Wertende Gesichtspunkte können in den jeweiligen Konstellationen über das Kriterium der Zumutbarkeit Berücksichtigung finden.

bb) Ähnlichkeit hinsichtlich der Zielsetzung

Ein Ziel der gesetzlichen Änderungen ist es, dem Besteller die Möglichkeit zu geben, auf die sich aus der Komplexität und Dauer des Bauvertrags ergebenden Besonderheiten des Bauvertrags reagieren und Anpassungen hinsichtlich des Werkerfolgs vornehmen zu können. Die sich aus den Werkerfolgsänderungen ergebenden zeitlichen Folgen werden von dem Anpassungsrecht grundsätzlich miterfasst. Sobald sich die Änderungen nicht nur innerhalb eines Vertragsverhältnisses abspielen, sondern zumindest auch zeitliche Auswirkungen auf andere Vertragsverhältnisse haben, wird die Möglichkeit des Bestellers eingeschränkt, Anpassungen vornehmen zu können. Es hilft dem Besteller wenig, wenn er in einem Vertragsverhältnis die Anpassungen einschließlich der zeitlichen Auswirkungen per Anordnung vornehmen kann, die zeitlichen Auswirkungen auf die Folgegewerke aber nicht über vertragsändernde Anordnungen vornehmen kann. In diesen Vertragsverhältnissen bliebe es dann bei – gegebenenfalls sogar rechtsmissbräuchlichen – behindernden Eingriffen und den daraus resultierenden Kündigungsmöglichkeiten des Unternehmers. Die Möglichkeit, isolierte bauzeitliche Anordnungen wie im Rahmen der mittelbaren bauzeitlichen Anordnungen in Form der Verschiebung und Verlängerung vornehmen zu können, würde ebenso wie die mittelbaren Bauzeitanordnungen der Zielsetzung der gesetzlichen Regelung, auf die Dauer und Komplexität reagieren zu können, entsprechen.

Gleiches gilt für die Zielsetzung der Streitvermeidung. Wie bereits dargestellt, würde die Möglichkeit isolierter bauzeitlicher Anordnungen den Weg eröffnen, Werkerfolgsänderungen und die damit verbundenen zeitlichen Folgen in allen Vertragsverhältnissen im Rahmen einer vertraglichen Basis umzusetzen. Die Eingriffe in Form der Behinderung unterblieben und die Kündigungsmöglichkeiten würden eingeschränkt. Dies entspricht den Gründen, die auch eine mittelbare Bauzeitanordnung ermöglichen.

Die sowohl mit der Gesetzesänderung insgesamt als auch mit der eingeführten Norm des § 650 b BGB verfolgten Ziele würden somit durch die Erfassung isolierter bauzeitlicher Anordnungen der Verschiebung und Verlängerung in vergleichbarer Form verfolgt wie im Rahmen der mittelbaren bauzeitlichen Anordnungen. Es würde die bei den mittelbaren Anordnungen vorgenommene Wertung bezogen auf ein Vertragsverhältnis auf die im Rahmen eines Bauvorhabens regelhaft gegebene Situation einer Vielzahl von Vertragsverhältnissen übertragen.

cc) Ergebnis zur Vergleichbarkeit

Mit dem Regelungsumfang des § 650 b Abs. 2 BGB i. V. m. § 650 b Abs. 1 S. 1 Nr. 1 BGB, also der Anordnungsmöglichkeit zur Änderung des Werkerfolgs, ist die isolierte bauzeitliche Anpassung insoweit vergleichbar, dass Bauzeitanordnungen in Form der Verlängerung und der Verschiebung bereits erfasst werden, wenn sie mit einer Werkerfolgsänderung verbunden sind.

Die Anforderungen an diese Verbindung sind nicht definiert. Es ist festzustellen, dass grundsätzlich ein großer Spielraum anzunehmen ist, um den Zielen der gesetzlichen Regelung weitmöglichst gerecht zu werden. Es entspricht der Komplexität und Dauer des Bauvertrags hinsichtlich der Änderungen eine weitreichende Flexibilität einzuräumen.

Auch der Streitvermeidung dient es, wenn Änderungen zum Werkerfolg für alle betroffenen Gewerke sachgerecht abgewickelt werden können und nicht eine Kombination von Anordnungs- und Behinderungsregelungen zum Tragen kommt.

Sowohl die kausale Verknüpfung als Voraussetzung als auch die Anforderungen an die kausale Verknüpfung hinsichtlich des Umfangs der zeitlichen Anpassung infolge einer Anordnung sollten im Sinne des Gesetzeszwecks möglichst geringen Anforderungen unterliegen. Auch sollte bereits die Einigungsphase einschließlich der gegebenenfalls noch als Voraussetzung für die Angebotserstellung durch den Unternehmer zu erbringende Planungsphase des Bestellers bereits eine zeitliche Einflussmöglichkeit gegeben sein, während dieser Phase nicht mehr die ursprünglichen Leistungsinhalte auszuführen. Es würde dem Gesetzeszweck zuwiderlaufen, wenn der Besteller in dieser Phase nicht bereits die Ausführung unterbrechen könnte.

Wenn aber im Sinne des Gesetzeszwecks die Anforderungen an die mittelbaren bauzeitlichen Anforderungen sehr gering sind und klare Grenzen nicht erkennbar sind sowie für deren Zulässigkeit es im Wesentlichen auf die Zumutbarkeit ankommt, dann ist eine Vergleichbarkeit mit den isolierten bauzeitlichen Anordnungen, für die auch die Zumutbarkeitsgrenze gelten würde, in einem hohen Maß gegeben. Den Zielen des Gesetzes, den Besonderheiten des Bauvertrags insbesondere der Dauer und der Komplexität gerecht zu werden, entsprechen die isolierten Bauzeitanordnungen der Verschiebung und Verlängerung im gleichen Maße.

d) Planwidrigkeit der Lücke

Voraussetzung für eine Analogie ist, dass es sich bei dem nicht geregelten Bereich um eine planwidrige Regelungslücke handelt.[359] Auch wenn die Möglichkeit, Anordnungen zur Bauzeit zu erteilen, weder positiv noch negativ geregelt wurde,[360] ist zu prüfen, ob diese Regelungslücke auch planwidrig erfolgt ist. Will der Gesetzgeber eine Rechtsfolge für bestimmte Sachverhalte nicht eintreten lassen und erwähnt er diese Konstellation deshalb nicht, könnte ein Fall des beredten oder qualifizierten Schweigens vorliegen.[361] In diesem Fall fehlte es an der für eine Analogie erforderlichen Planwidrigkeit der Lücke.[362]

Eine Regelungslücke ist dann planwidrig, wenn die Unvollständigkeit dem gesetzgeberischen Willen widerspricht.[363] Bei der Ermittlung dieses Willens

---

359 Möllers, Juristische Methodenlehre, S. 233.

360 S.o. B., V., 1., d), bb).

361 Rehbinder, Einführung in die Rechtswissenschaft, S. 82; Möllers, Juristische Methodenlehre, S. 223.

362 Möllers, Juristische Methodenlehre, S. 223.

363 Meier/Jocham, JuS 2016, 392, 396.

werden verschiedene Blickwinkel eingenommen.[364] Während die subjektive Ansicht dem Willen des historischen Gesetzgebers den Vorzug einräumt,[365] sieht die objektive Ansicht den objektiven Willen des Gesetzes für entscheidend an.[366] Hierbei wird zugrunde gelegt, dass sich das Gesetz mit seiner Veröffentlichung verselbstständige, so dass der Wille des Gesetzgebers gleichgültig werde.[367] Demnach ist es nicht Ziel der objektiven Auslegung den historischen Willen des Gesetzgebers, sondern den Willen des Gesetzes zu ergründen.[368]

Das Bundesverfassungsgericht stellt auf den objektivierten Willen des Gesetzgebers ab.[369] Hiernach ist es den Rechtsanwendern verboten, einer eindeutigen Stellungnahme der Materialien zuwiderzuhandeln. Sie haben die Ziele des Gesetzgebers zu beachten und dürfen ihr eigens Verständnis nicht an dessen Stelle setzen.[370] Eine Interpretation, die als richterliche Rechtsfortbildung den klaren Wortlaut des Gesetzes hintenanstellt, keinen Widerhall im Gesetz findet und vom Gesetzgeber nicht ausdrücklich oder – bei Vorliegen einer erkennbar planwidrigen Gesetzeslücke – stillschweigend gebilligt wird, greift unzulässig in die Kompetenzen des demokratisch legitimierten Gesetzgebers ein.[371] Soweit ein ausdrücklicher Wille erklärt ist, sind die Gerichte an diesen gebunden.[372] Fehlt es hieran, ist der Weg zur objektiven Bestimmung des Gesetzeszwecks frei.[373]

Mangels konkreter Anhaltspunkte, bezogen auf den Willen des Gesetzgebers zu der Möglichkeit bauzeitliche Anordnungen vornehmen zu können, führen die unterschiedlichen Herangehensweisen in diesem Fall nicht zu unterschiedlichen Ergebnissen.

Eine ausdrückliche Erklärung ist den Gesetzesmaterialien nicht zu entnehmen. Ein Rückschluss aus der Anordnungsregelung für Werkerfolgsänderungen dahingehend, dass isolierte bauzeitliche Änderungen ausgeschlossen werden sollten, kann auch nicht gezogen werden. Soweit zum Teil aus der Abkehr des Regierungsentwurfs und letztlich der verabschiedeten Regelung im Verhältnis zum Referentenentwurf gefolgert wird, dass es sich um eine bewusste Abkehr

364 Meier/Jocham, JuS 2016, 392, 396.
365 Meier/Jocham, JuS 2016, 392, 396.
366 Meier/Jocham, JuS 2016, 392, 396.
367 Möllers, Juristische Methodenlehre, S. 224.
368 Möllers, Juristische Methodenlehre, S. 224.
369 Meier/Jocham, JuS 2016, 392, 396.
370 BVerfG NJW 2011, 836, 838.
371 BVerfG NJW 2011, 836, 838; BVerfGE 118, 212, 243.
372 BVerfG NJW 2011, 836, 838.
373 Meier/Jocham, JuS 2016, 392, 396.

handelt,[374] lässt sich dies aus den Gesetzesmaterialien nicht ableiten.[375] Die Bauzeit findet in der Begründung zum Gesetzesentwurf keine Berücksichtigung. Für eine „bewusste" Abkehr müsste dieser Wille zum Ausdruck kommen. Auch wenn die Verortung der Bauzeit im Werkerfolg dogmatisch problematisch ist und im Widerspruch zum überwiegenden bisherigen Verständnis des Werkerfolgs steht,[376] ist ein Anknüpfungspunkt für eine bewusste Abkehr nicht entbehrlich. Der Referentenentwurf und auch der Abschlussbericht der Arbeitsgruppe Bauvertragsrecht ließen die Bauzeit, ohne dies als Problem zu thematisieren, unter den Werkerfolg fallen und stellten weitere Voraussetzungen für die diesbezüglichen Anordnungen auf. Es könnte somit – bei Beibehaltung dieses Verständnisses – nur auf die zusätzlichen Voraussetzungen für die bauzeitlichen Anordnungen verzichtet worden sein.[377]

Die Gesetzesmaterialien nehmen Bezug auf § 1 Abs. 3 VOB/B als Beispiel für ein den Besonderheiten des Bauvertrags Rechnung tragendes Anordnungsrecht.[378] Für § 1 Abs. 3 VOB/B ist es hoch umstritten, ob bauzeitliche Änderungen erfasst werden.[379] Da der Gesetzgeber vor dem Hintergrund dieser Diskussionen keine Aussage getroffen hat, ob die Bauzeit erfasst wird, lässt sich aus dem Schweigen des Gesetzgebers nicht ableiten, dass der Gesetzgeber Anordnungen zur Bauzeit ausschließen wollte.

Mangels entsprechender subjektiver Komponenten kommt es auf die unterschiedlichen Theorien nicht an.

Fraglich ist jedoch, ob sich aus den möglichen Fallkonstellationen gesetzgeberischen Handelns Rückschlüsse gewinnen lassen.

Eine Fallkonstellation der planwidrigen Regelungslücke stellt es dar, wenn der Gesetzgeber sich zu einer Regelung entschließt, die Regelung zur Abbildung seines Entschlusses aber sprachlich missverständlich umsetzt.[380] Den Gesetzesmaterialien ist kein Hinweis auf die Bauzeit zu entnehmen, so dass diese Alternative ausscheidet.

---

374 BeckOGK BGB/Mundt, BGB, § 650 b Rn. 50; Kniffka/von Rintelen, ibr-online-Kommentar Bauvertragsrecht, § 650 b Rn. 197; Oberhauser, NZBau 2019, 3; Von Rintelen in: Messerschmidt/Voit, Privates Baurecht, II. Teil, § 650 b Rn. 27.

375 S.o. B., V., 1., c), ff).

376 Oberhauser, NZBau 2019, 3 f.

377 Joussen, BauR 2018, 151, 156.

378 BT-Drs. 18/8486, S. 54.

379 S.u. C., I., 1., b), aa).

380 Bitter/Rauhut, JuS 2009, 289, 297.

Der Gesetzgeber könnte auch keine Wertung getroffen haben, weil er den Fall übersehen hat.[381] Dies scheint vor dem Hintergrund der Gesetzeshistorie, in der die bauzeitliche Anordnung eine Rolle spielte, nahezu ausgeschlossen.

Mitunter verzichtet der Gesetzgeber bewusst auf eine Regelung, um die Diskussion und Entwicklung in Rechtsprechung und Lehre abzuwarten.[382] Explizite Hinweise auf einen bewussten Verzicht einer Regelung durch den Gesetzgeber, um die Diskussion abzuwarten, lassen sich den Gesetzesmaterialien zwar nicht entnehmen. In Kenntnis der Diskussion und der Historie keine Regelung zu treffen, könnte jedoch dafür sprechen, dass die Klärung, ob Anordnungen zur Bauzeit möglich sein sollen, der Rechtfortbildung überlassen bleiben soll.[383]

Auch wenn auf die Frage abgestellt würde, wie der historische Gesetzgeber die Unvollständigkeit der Regelung eingeschätzt hätte, wenn er sich ihrer bewusst gewesen wäre, würde dasselbe Ergebnis erreicht.[384] Diese Frage zielt darauf ab, ob der Gesetzgeber im Wissen um die Lücke eine Rechtsfortbildung durch ein ausdrückliches oder konkludentes Analogieverbot ausgeschlossen hätte.[385] Ohne Anhaltspunkte hierfür wird das Schweigen des Gesetzgebers regelmäßig dahin zu verstehen sein, dass die Prüfung einer etwaigen Extension der Rechtsnorm dem sie anwendenden Gericht zusteht.[386]

Es ist daher davon auszugehen, dass der Gesetzgeber zu dieser Frage keine ausdrückliche Positionierung vorgenommen und die Beantwortung der Frage der weiteren Entwicklung überlassen hat.[387]

Auch wenn kein Rückschluss gezogen werden kann, dass für die Bauzeit kein Anordnungsrecht bestehen soll, folgt hieraus noch nicht, dass eine Regelungslücke vorliegt, die planwidrig ist und geschlossen werden muss, sondern nur, dass diese nicht ausgeschlossen ist. Die Planwidrigkeit kann sich aus der wertenden Gesamtbetrachtung der Rechtsnorm ergeben.[388]

Für eine Übertragung des Anordnungsrechts auf die Bauzeit in Form der Verlängerung und Verschiebung spricht, dass diese Übertragung dem Gesetzeszweck sowohl der Gesetzesänderung insgesamt als auch der Regelung des § 650 b BGB entspricht. Eine Ähnlichkeit ist dahingehend gegeben, dass

381 Bitter/Rauhut, JuS 2009, 289, 297.
382 Bitter/Rauhut, JuS 2009, 289, 298.
383 Vgl. Schramke/Keilmann, NZBau 2016, 333, 337.
384 Wiedemann, NJW 2014, 2407, 2411.
385 Wiedemann, NJW 2014, 2407, 2411.
386 Wiedemann, NJW 2014, 2407, 2411.
387 BeckOK BGB/Voit, BGB, § 650 b Rn. 9.
388 Möllers, Juristische Methodenlehre, S. 234.

bauzeitliche Anpassungen in Form der Verschiebung und Verlängerung bereits in Anordnungen zum Werkerfolg enthalten sein können und die Werkerfolgsänderung nach Art und Ausmaß weder das dominierende Element darstellen, noch die bauzeitliche Änderung über eine geschlossene Kausalkette mit der Werkerfolgsänderung verbunden sein muss. Die Anforderungen an die Verknüpfung und an die Kausalität sind vor dem Hintergrund des Gesetzeszwecks als sehr gering anzunehmen. Für die Einigungsphase kann die Anwendung der zeitlichen Anordnungsmöglichkeit zu einer Auflösung des Erfordernisses einer kausalen Verknüpfung führen,[389] so dass gegenüber einer isolierten Bauzeitänderung keine materiellen Unterschiede mehr bestünden. Vor diesem Hintergrund sind die Voraussetzungen für eine Analogiebildung grundsätzlich gegeben.

Im Sinne einer wertenden Gesamtbetrachtung ist aber noch einmal der Blick auf die weiteren Argumente zu werfen, die – unabhängig von der dogmatischen Einordnung – gegen ein Recht auf bauzeitliche Änderungen angeführt werden.

aa) Pacta sunt servanda

Gegen eine analoge Anwendung des § 650 b Abs. 2 BGB i. V. m. § 650 b Abs. 1 S. 1 Nr. 1 BGB auf isolierte Bauzeitanordnungen in Form der Verschiebung und der Verlängerung könnte sprechen, dass das grundlegende Prinzip der Einhaltung des ursprünglichen Vertragsinhalts *pacta sunt servanda* durch die Möglichkeit isolierter bauzeitlicher Anordnungen durchbrochen wird.

Durch die Anordnungsmöglichkeit des Bestellers zum Werkerfolg, wie er in § 650 b BGB vorgesehen ist, wird dieser Grundsatz zumindest bereits dahingehend durchbrochen, dass einseitige Änderungen zum Werkerfolg möglich sind, wenn keine Einigung zustande kommt. Aus diesen Änderungen zum Werkerfolg können auch mittelbare Eingriffe in den bauzeitlichen Ablauf resultieren. Ein Recht auf Ausführung im festgesetzten Zeitfenster besteht also nicht absolut. Eine mittelbare Einflussnahmemöglichkeit auf die Bauzeit durch Änderungsanordnungen ist – neben der ohnehin gegebenen Kündigungsmöglichkeit – bereits gegeben. Gerade für die bauzeitlichen Anordnungen der Verschiebung und der Verlängerung die mittelbar möglich sind, soll auch die isolierte Anordnungsmöglichkeit im Wege der Analogie begründet werden. Eine Erweiterung der Durchbrechung des Grundsatzes als mit § 650 b BGB bereits erfolgt ist, erfolgt bezogen auf diese Art der Anordnungsmöglichkeiten somit nicht.

Darüber hinaus ist zu berücksichtigen, dass das Anordnungsrecht des § 650 b BGB auch der Erhaltung eines geschlossenen Vertrags dient. Aufgrund

389 S.o. B., VI., 3., c)., aa), (3), (e).

der sich aus der Dauer und der Komplexität ergebenden Anpassungsbedarfe kann das Recht zur Anpassung auch zur Erhaltung des Vertrags beitragen, während ohne Anpassungsmöglichkeit gegebenenfalls der Vertrag gekündigt werden müsste.

bb) Dispositionsbefugnis des Unternehmers

Auch die Dispositionsbefugnis des Unternehmers könnte gegen eine Erweiterung des Anordnungsrechts sprechen. Grundsätzlich obliegt es dem Unternehmer, wie und in welchen zeitlichen Abläufen er seine Vertragspflicht erfüllt. Dieser Grundsatz wird jedoch bereits durch behindernde Eingriffe und insbesondere durch § 650 b BGB in Form der mittelbaren Bauzeitanordnungen durchbrochen. Gerade der Vergleich mit den mittelbaren Bauzeitanordnungen legt eine Erweiterung des Anordnungsrechts nahe.

Ein Ausschlussgrund für isolierte Bauzeitansprüche folgt daher daraus nicht.

cc) Umgehung von § 642 BGB

Der Erweiterung des Anordnungsrechts könnte entgegenstehen, dass dem Unternehmer auch in den Fällen, in denen eine faktische Behinderung besteht, die Möglichkeit genommen werden kann, für die zeitliche Verzögerung Ansprüche aus § 642 BGB herzuleiten.

(1) Folgen der Ausschlussmöglichkeit

Durch die Anordnungsmöglichkeit könnte § 642 BGB ausgeschlossen werden. Hieraus könnte zum einen ein finanzieller Nachteil für den Unternehmer eintreten. Zum anderen könnte § 642 BGB grundsätzlich seines Anwendungsbereichs beraubt werden.

(a) Möglicher finanzieller Nachteil

Der Anspruch auf Entschädigung für den Behinderungszeitraum würde entfallen, dafür würde ein Vergütungsanspruch bestehen.

Im Rahmen von § 650 c BGB sind grundsätzlich alle Mehr- oder Minderkosten ansatzfähig, die durch die Änderung in Bezug auf den konkreten Vertrag verursacht werden.[390] Hierzu würde bei einer zeitlichen Anordnung der gesamte zeitlich geänderte Zeitraum gehören. Entscheidendes Kriterium ist die Kausalität.[391] Hierbei geht es um die haftungsausfüllende Kausalität, also bei einer

390 S.o. B., V., 1., d), dd), (1), (d), (aa), (β).
391 Kniffka/von Rintelen, ibr-online-Kommentar Bauvertragsrecht, § 650 c Rn. 32.

isolierten bauzeitlichen Anordnung um alle Kostenänderungen, die auf der zeitlichen Änderungsanordnung beruhen.

Dem gegenüber berücksichtigt § 642 BGB lediglich den Zeitraum der Behinderung.[392] Insoweit wäre der Anspruch aus § 650 c BGB zeitlich weitreichender. Im Falle der Behinderung könnte sich der Unternehmer für den von § 642 BGB nicht erfassten verschobenen Ausführungszeitraum nur durch Kündigung gemäß § 643 BGB vor etwaigen Mehrkosten schützen.

Ein Unterschied hinsichtlich des Anspruchsumfangs für den Zeitraum der Verschiebung kann sich jedoch für den kalkulierten Gewinnanteil ergeben.[393] Während bei § 642 BGB der kalkulierte Gewinnanteil für den Zeitraum der Behinderung Berücksichtigung finden kann, ist in § 650 c BGB eine Berücksichtigung nur in Form der angemessenen Zuschläge auf die Mehrkosten zu berücksichtigen.[394] Dies kann dazu führen, dass der Unternehmer sich für den Zeitraum der Behinderung im Einzelfall besser stellen würde, wenn § 642 BGB zum Tragen käme und somit durch die Möglichkeit einer bauzeitlichen Anordnung schlechter gestellt würde.

(b) Einschränkung des Anwendungsbereichs des § 642 BGB

Durch die Möglichkeit den Ansprüchen des § 642 BGB durch eine bauzeitliche Anordnung zuvorzukommen, würde der Anwendungsbereich des § 642 BGB eingeschränkt.

Hierzu ist festzustellen, dass der Besteller zum Ausschluss des § 642 BGB auch eine bauzeitliche Anordnung gemäß § 650 b BGB mit der entsprechenden Vergütungsfolge des § 650 c BGB aussprechen müsste. Ansonsten bliebe es bei der Behinderungssituation. Darüber hinaus handelt es sich bei § 642 BGB um eine Regelung der „Allgemeinen Vorschriften" des Werkvertrags, so dass § 650 b BGB als Regelung des Bauvertrags als spezielle Form des Werkvertrags als *lex specialis* der Vorrang eingeräumt werden kann. Wie bereits dargestellt, würde damit den Besonderheiten des Bauvertrags entsprochen werden.

Für die übrigen Werkverträge, die nicht Bauverträge sind, behielte § 642 BGB seinen vollständigen Anwendungsbereich.

---

392 S.o. B., V., 1., d), dd), (1), (d), (aa), (β).
393 S.o. B., V., 1., d), dd), (1), (d), (aa), (β).
394 S.o. B., V., 1., d), dd), (1), (d), (aa), (β).

(2) Rechtfertigung der Ausschlussmöglichkeit

Es stellt sich somit die Frage, ob es gerechtfertigt ist, für die reinen Verschiebungen der Bauzeit statt der Rechtsfolge des § 642 BGB die Rechtsfolge des § 650 c BGB entsprechend anzuwenden.

(a) Interessenlage der Bauvertragsparteien

§ 650 c BGB stellt im Sinne des Äquivalenzinteresses die sachgerechtere Lösung dar, da der gesamte betroffene Zeitraum erfasst wird und die sich ergebenen Mehrkosten erfasst werden.[395] Vor diesem Hintergrund erscheint eine sich im Einzelfall ergebende Beeinträchtigung der finanziellen Interessen durch die Berücksichtigung von § 650 c BGB gegenüber § 642 BGB akzeptabel.

(b) Befolgte Anordnungen

Bei eingeschränkter Zulassung eines isolierten bauzeitlichen Anordnungsrechts ließe sich auch der Fall des befolgten isolierten Baustopps[396] sachgerecht erfassen. Bestünde kein isoliertes Anordnungsrecht, könnte dennoch der Fall eintreten, dass eine Anpassung der Bauzeit verlangt würde und diesem Verlangen auch nachgekommen wird. Hierzu wird – bezogen auf § 1 Abs. 3 VOB/B – einerseits vertreten, dass ein rechtswidriger Eingriff vorliege, wenn kein Anordnungsrecht bestehe.[397] Dies hätte zur Folge, dass auch kein Vergütungsanspruch bestünde.[398] Andererseits wird in dem Wechsel von (unzulässiger) Anordnung und Ausführung auch konkludent Angebot und Annahme hinsichtlich einer Vertragsanpassung gesehen.[399]

Letzterer Argumentation bedürfte es nicht, wenn ein isoliertes bauzeitliches Anordnungsrecht bestünde. Bei analoger Anwendung des § 650 b BGB käme auch die Vergütungsfolge des § 650 c BGB zum Tragen, die gegenüber der „üblichen Vergütung" des § 632 Abs. 2 BGB, die für die mittelbaren bauzeitlichen Anordnungen vorgesehene Systematik übernähme.

(c) Systematik

§ 650 b BGB mit der Vergütungsfolge des § 650 c BGB geht als Regelung des Bauvertragsrechts als *lex specialis* den allgemeinen Vorschriften des

395 S.o. B., V., 1., d), dd), (1), (d), (aa), (γ), (δδ).
396 S.o. B., V., 1., d), dd), (1), (a), (bb), (β), (δδ).
397 Vgl. Thode, ZfBR 2004, 214, 219 f.
398 Vgl. Thode, ZfBR 2004, 214, 219 f.
399 Vgl. BeckOK VOB/B/Oberhauser, VOB/B, § 6 Abs. 6 Rn. 9.

Werkvertragsrechts vor, zu denen auch § 642 BGB zählt. Es würde somit den in der Gesetzessystematik angelegten Besonderheiten des Bauvertrags entsprochen werden.

(d) Ergebnis

Im Ergebnis ist festzustellen, dass § 642 BGB der Einbeziehung von isolierten bauzeitlichen Anordnungen in Form der Verschiebung und Verzögerung nicht entgegensteht. § 650 c BGB stellt im Sinne des Äquivalenzinteresses eine sachgerechte Abbildung der Gegenleistungsanpassung dar.

Die Konstellation der befolgten unzulässigen Anordnung würde sachgerecht erfasst.

Dogmatisch ist der Anwendungsbereich des § 642 BGB weiter gegeben. § 650 b BGB kann zwar als speziellere bauvertragliche Regelung den Anwendungsbereich des § 642 BGB einschränken. Derartige Einschränkungen erfolgen aber auch durch die mittelbaren Bauzeitanordnungen. Auch wäre der Unternehmer im Rahmen der Kooperationspflicht verpflichtet, Verhandlungen hinsichtlich des Änderungsbegehrens zu führen, die bei erfolgreichem Abschluss auch zum Ausschluss der Anwendbarkeit von § 642 BGB führen würden. Der Anwendungsbereich des § 642 BGB bleibt darüber hinaus für weitere Werkverträge, die nicht Bauverträge sind, bestehen. Für Bauverträge kommt § 642 BGB dann zum Tragen, wenn eine Behinderung vorliegt und keine bzw. unzumutbare Anordnungen zur Bauzeit ergehen.

dd) Ausschluss der Kündigungsfolge nach § 643 BGB

Dem Anordnungsrecht zu Teilbereichen der Bauzeit (Verschiebung und Verlängerung) könnte entgegenstehen, dass durch eine entsprechende Anordnung das „Kündigungsrecht" des § 643 BGB durch die mit der Anordnung verbundene Änderung der Bauzeit ausgeschlossen würde. Durch eine rechtsgestaltende Anordnung würde die Bauzeit als Inhalt des Vertrags geändert. Eine Behinderung läge bezogen auf die neue Bauzeit nicht (mehr) vor, so dass der Unternehmer nicht die Möglichkeit hätte, aufgrund der Behinderung eine behinderungsbeseitigende Handlung des Bestellers zu verlangen und nach fruchtlosen Fristablauf die Aufhebung des Vertrags gemäß § 643 BGB herbeizuführen.

(1) Zielrichtung des § 643 BGB

Durch die zulässige Anordnung würde eine der wesentlichen Zielrichtungen des § 643 BGB entfallen. Die Kündigungsmöglichkeit des § 643 BGB soll den Unternehmer davor schützen, einen Behinderungszustand nicht zu lange aushalten zu müssen.[400] Der für diesen Zeitraum eingreifende Entschädigungsanspruch des § 642 BGB umfasst gerade nur den Behinderungszeitraum. Kostensteigerungen für den Zeitraum danach werden nicht erfasst.[401] Dies kann sich für den Unternehmer zu einer stark belastenden Situation entwickeln, wenn sich seine Baukosten verteuern, er hierfür aber keinen Ersatz verlangen kann. Mit der Anordnung zur Bauzeit erlangt der Unternehmer aber auch den entsprechenden Vergütungsanspruch für die Mehrkosten hinsichtlich des Ausführungszeitraums. Die Notwendigkeit aufgrund des Kostenrisikos für den späteren Ausführungszeitraum mittels einer Kündigung vorbeugen zu müssen, besteht somit nicht mehr.

Für den Unternehmer liegt bei fortbestehendem Vertrag in der Stillstandsphase oft eine Situation unerträglicher Ungewissheit.[402] Dieser Aspekt tritt im Rahmen der isolierten zeitlichen Verschiebung dann nicht auf, wenn bereits ein Zeitpunkt der Fortsetzung bestimmt wird.

(2) Verbleibender Bedeutungsgehalt

Es stellt sich die Frage, ob zwingende dogmatische Gründe gegen eine Einschränkung des Rechts aus § 643 BGB sprechen. In Betracht käme hierbei, dass § 643 BGB seines Bedeutungsgehalts beraubt würde, wenn er durch eine Anordnung zur Bauzeit umgangen werden könnte.

Dies betrifft jedoch nur die Fälle, in denen von dem Anordnungsrecht Gebrauch gemacht werden kann und Gebrauch gemacht wird. Dabei ist zu berücksichtigen, dass § 643 BGB eine Regelung der allgemeinen Vorschriften des Werkvertragsrechtes ist, während es sich bei § 650 b BGB um ein bauvertragsspezifisches Änderungsrecht handelt. Der Anwendungsbereich des § 643 BGB auf Werkverträge die keine Bauverträge darstellen, wird durch eine Erweiterung des Anordnungsrechts im Bauvertrag somit nicht eingeschränkt. Für den Bauvertrag lässt sich aus der Gesetzessystematik ableiten, dass das Anordnungsrecht als speziellere Regelung der allgemeineren Regelung des § 643 BGB im Falle seiner Ausübung vorgeht. Macht der Besteller im Falle einer Behinderung keinen Gebrauch von der Anordnungsmöglichkeit, bestünde weiterhin das Bedürfnis des Unternehmers, den ungewissen Behinderungszustand zu beenden oder einer nachteiligen wirtschaftlichen Kostenfolge hinsichtlich der Mehrkosten im späteren Ausführungszeitraum zu entgehen.

---

400 BGH NJW 2018, 544, 546 f. Rn. 30; Sienz, BauR 2014, 390, 391.

401 BGH NJW 2018, 544, 546 Rn. 25.

402 MüKoBGB/Busche, BGB, § 643, Rn. 2.

Darüber hinaus ist zu berücksichtigen, dass Folge der Anordnung nicht nur der Ausschluss des Kündigungsrechts ist, sondern auch ein vertraglicher Vergütungsanspruch begründet wird. Will der Besteller das Kündigungsrecht des § 643 BGB durch eine bauzeitliche Anordnung beseitigen, muss er hinsichtlich der Vergütung die Rechtsfolge des § 650 c BGB akzeptieren. Er kann aber auch von einer isolierten Bauzeitanordnung absehen, so dass es bei der Behinderung und der dann bestehenden Kündigungsmöglichkeit bliebe.

Auch wenn mit der Möglichkeit einer Anordnung gemäß § 650 b BGB allein zur Bauzeit die Voraussetzungen des § 643 BGB im Falle einer Behinderungssituation entfielen, würde § 643 BGB somit nicht seines Bedeutungsgehalts beraubt. Es bliebe ein hinreichender Anwendungsbereich des § 643 BGB bestehen. Macht der Besteller von seinem zeitlichen Anordnungsrecht Gebrauch, wird damit den Besonderheiten des Bauvertrags gegenüber anderen Werkverträgen Rechnung getragen.

(3) Vergleich mit mittelbaren Bauzeitanordnungen

Auch bei mittelbaren bauzeitlichen Anordnungen entfällt das Kündigungsrecht. Der Vertragsinhalt wird mit einer Änderungsanordnung, den Werkerfolg betreffend, angepasst. Wird mit einer zulässigen Werkerfolgsänderung eine bauzeitliche Verlängerung oder Verschiebung verbunden, werden die zeitlichen Ausführungsfristen entsprechend angepasst. Das Kündigungsrecht aus § 643 BGB besteht auch in dieser Konstellation nicht.

Bedenken hinsichtlich der Gleichbehandlung könnten sich daraus ergeben, dass es sich bei der Bauzeit im Falle der nur mittelbaren Änderung um einen notwendigen und weniger bedeutenden Aspekt handle, der mit der wesentlichen Änderung, nämlich der Änderung des Werkerfolgs entstehe, isoliert aber mangels eigener Bedeutung nicht erfasst werde.

Dem lässt sich jedoch entgegenhalten, dass die Bedeutung der Werkerfolgsänderung im Verhältnis zu der damit verbundenen zeitlichen Auswirkung allenfalls im Rahmen der Zumutbarkeit eine Rolle spiele. Auch können kleinste Änderungen des Werkerfolgs (z.B. geringe Anpassungen eines Farbtons) im Rahmen der zeitlichen Komponente extreme wirtschaftliche Auswirkungen haben. So könnte eine geringe Anpassung eines Farbtons möglicherweise zu einer umfangreichen und kostenintensiven Bauzeitverschiebung bzw. -verlängerung führen, wenn dieser Farbton nur mit einer langen Lieferzeit geliefert werden kann. Das Verhältnis der Auswirkungen auf den Werkerfolg und auf die bauzeitliche Komponente hat keine Bedeutung für die Frage, ob diese Anordnung per se unter § 650 b BGB fallen kann. Eine Differenzierung kann im Rahmen der Zumutbarkeit erfolgen. Dieses Wertungskriterium würde aber auch für die isolierte bauzeitliche Änderung zum Tragen kommen.

(4) Normative Betrachtung

Letztlich ist eine wertende Betrachtung vorzunehmen.

(a) Klarheit statt Umgehungspotential

Zum einen ist zu betrachten, dass nicht immer, wenn eine Bauzeitverschiebung gewünscht ist, auch tatsächlich ein behindernder Tatbestand besteht und der Besteller daher versucht sein könnte, wenn kein zeitliches Anordnungsrecht besteht, Behinderungssituationen zu schaffen. Ein solches Verhalten könnte zwar rechtsmissbräuchlich sein.[403] Da der Unternehmer aber oftmals keine detaillierten Kenntnisse und Nachforschungsmöglichkeiten hat, ob eine faktische Behinderung besteht oder nicht, würde er die „Behinderungen" möglicherweise oftmals einfach akzeptieren.

Ohne ein zeitliches Anpassungsrecht in Form der Verschiebung oder Verlängerung könnte der aus Sicht des Bestellers bestehende Nachteil des Kündigungsrechts des § 643 BGB in Teilen auch dadurch umgangen werden, dass Behinderungen kurzzeitig wieder aufgehoben und dann wieder neu ausgesprochen werden, um den Eintritt eines Fristablaufs hinsichtlich der vom Unternehmer gesetzten Fristen gemäß § 643 BGB zu verhindern. Auch könnten Bauinhaltsänderungen mit mittelbaren Bauzeitanordnungen versehen werden, bei denen es letztlich nur um die mittelbare Bauzeitanordnung geht. Wie bereits dargestellt, hätte der Besteller in diesem Rahmen einen Spielraum, da keine unmittelbare Kausalität hinsichtlich der zeitlichen Verschiebung erforderlich ist.[404]

Dies widerspricht aber gerade den Zielen der gesetzlichen Neuregelung, die eine einvernehmliche und nicht konfrontative Lösung von Konflikten anstrebt. Im Sinne der Konfliktvermeidung ist es vorteilhaft, durch ein bauzeitliches Anordnungsrecht dieses Vorgehen zu vermeiden und somit zu einer Verringerung des Streitpotentials beizutragen.

Es wäre für beide Vertragsparteien im Sinne der gesetzlichen Zielsetzungen vorteilhafter, verlässliche Planungsgrundlagen durch die Möglichkeit klarer bauzeitlicher Anordnungen erreichen zu können.

---

403 S.o. B., V., 1., d), dd), (1), (a), (bb), (β), (γγ).
404 S.o. B., VI., 3., c), aa), (2), (d).

(b) Wirtschaftliche Betrachtung

Die Rechtsfolgen der § 642, 643 BGB stellen den Unternehmer im Verhältnis zur Vergütungsanpassung nach § 650 c BGB wirtschaftlich anders, aber oftmals nicht besser. Auf die Unterschiede zwischen § 642 BGB und § 650 c BGB wurde bereits eingegangen.[405] Gemäß § 645 Abs. 1 BGB erhält der Unternehmer im Falle der Kündigung gemäß § 643 BGB die Vergütung für die erbrachten Leistungen und die Erstattung seiner bereits getätigten und hierin nicht enthaltenen Aufwendungen. Dies stellt ihn im Verhältnis zu dem Anspruch aus § 650 c BGB nicht besser. Er kann damit jedoch die nachteiligen Folgen einer Kostensteigerung für den Zeitraum der Ausführung vermeiden. Den Ersatz weitergehender Schäden, zu denen auch der entgangene Gewinn gezählt wird,[406] erhält er nur bei Verschulden des Bestellers, § 645 Abs. 2 BGB. Das Verschulden kann im Einzelfall jedoch schwierig nachzuweisen sein. Möglicherweise ist der konkrete faktische Zwang dem Unternehmer nicht bekannt, so dass er gar nicht weiß, ob die Ursache durch den Besteller schuldhaft gesetzt wurde.

Soweit dem Unternehmer zum Teil die prozessuale Alternative aufgezeigt wird, auf den Annahmeverzug des Bestellers mit einer Klage auf die volle Vergütung nach Empfang der Gegenleistung bei gleichzeitiger Feststellung des Annahmeverzugs zu reagieren,[407] erscheint dies prozessual möglicherweise vorteilhaft, löst jedoch die konkrete Ausführungssituation nur dann auf, wenn der Besteller daraufhin die freie Kündigung wählt. Andernfalls käme es zwar zu einer Vorleistungspflicht des Bestellers bezogen auf die ursprüngliche Vergütung. Hinsichtlich des behinderten Zeitraums bliebe es bei dem Anspruch aus § 642 BGB. In der Summe folgt daraus kein wirtschaftlicher Vorteil gegenüber dem angepassten Vergütungsanspruch aus § 650 c BGB.

(c) Korrektiv durch Zumutbarkeit

Soweit bereits dargestellt wurde, dass im Falle der Anordnungsmöglichkeit spezifische Nachteile, vor denen § 643 BGB schützen soll, nicht zum Tragen kommen (Kompensation auch für den späteren Ausführungszeitraum, keine Ungewissheit über die Dauer), so können dennoch Belastungen aus der Bauzeitverschiebungen resultieren. Es ist jedoch zu berücksichtigen, dass über das Kriterium der Zumutbarkeit besondere Belastungen des Unternehmers Berücksichtigung finden können.

---

405 S.o. B., V., 1., d), dd), (1), (d), (aa), (β).

406 Kniffka/Retzlaff, ibr-online-Kommentar Bauvertragsrecht, § 643 Rn. 18.

407 Kniffka/Retzlaff, ibr-online-Kommentar Bauvertragsrecht, § 643 Rn. 28.

(d) Ergebnis

Im Ergebnis ist festzustellen, dass die Einschränkung der Kündigungsmöglichkeit des § 643 BGB im Falle der zumutbaren isolierten bauzeitlichen Anordnung in Form der Verschiebung oder Verlängerung einer Erweiterung des Anwendungsbereichs des § 650 b Abs. 2 i. V. m. Abs. 1 S. 1 Nr. 1 BGB auf isolierte Bauzeitanordnungen nicht entgegensteht.

Die Möglichkeit, durch eine bauzeitliche Anordnung den Anwendungsbereich des § 643 BGB nicht zur Anwendung kommen zu lassen, führt nicht dazu, die Regelungslücke nicht als planwidrig anzusehen. § 643 BGB stellt keine absolute und nicht einschränkbare Regelung dar. Dies folgt bereits daraus, dass § 643 BGB auch im Falle mittelbare Bauzeitanordnungen keine Anwendung findet. Darüber hinaus ist § 643 BGB eine Regelung des allgemeinen Teils des Werkvertragsrechts. Sowie die Werkerfolgsänderung nur für den Bauvertrag vorgesehen ist, stellte auch die bauzeitliche Anordnung einen Bestandteil des gegenüber dem Werkvertrag spezielleren Bauvertrags dar.

§ 643 BGB bietet eine Möglichkeit für den Unternehmer den Behinderungszustand aufzulösen. Die Behinderung würde auch im Falle der bauzeitlichen Anordnung beendet und die Vergütungsfolge über § 650 c BGB für den gesamten Zeitraum geregelt.

Es entspricht der für die Werkerfolgsanpassung vorgesehenen Wertung, bei zumutbaren Änderungen eine Umgestaltung des Vertragsverhältnisses zuzulassen, auch wenn dadurch Rechte des Unternehmers eingeschränkt werden. Mit § 650 c BGB kommt als Rechtsfolge der Anordnung eine andere, aber das Äquivalenzverhältnis wahrende Regelung zur Anwendung.

ee) Wahlrecht des Bestellers zwischen Behinderung und Anordnung

Letztlich stellt sich die Frage, ob es der analogen Anwendung des § 650 b Abs. 1 S. 1 Nr. 1 BGB entgegensteht, dass dem Besteller durch die Schaffung der Option, in Fällen faktischer Behinderung eine isolierte bauzeitliche Anordnung zu treffen, ein einseitig begünstigendes Wahlrecht zugestanden wird. Die mit der Einführung des § 650 b BGB verfolgte Zielsetzung kommt auch im Falle isolierter bauzeitlicher Anordnungen zum Tragen. Da im Falle der Anordnung das Äquivalenzinteresse der Bauvertragsparteien gewahrt bleibt, folgt aus der Anordnung nur, dass sich die Rechtsfolge anders darstellt als im Falle der Behinderung, aber keine einseitige Belastung des Unternehmers erfolgt.

Daraus, dass ein Wahlrecht besteht, folgt somit nicht, dass die Möglichkeit einer isolierten Bauzeitanordnung auszuschließen ist.

ff) Verfassungsrechtliche Bedenken

Zum Teil werden verfassungsrechtliche Bedenken gegen die Regelung des § 650 b BGB erhoben.[408] Dies könnte einer den Anwendungsbereich erweiternden Analogiebildung entgegenstehen.

In dem Anordnungsrecht des § 650 b BGB wird ein Eingriff in die durch Art. 2 Abs. 1 GG geschützte Privatautonomie gesehen und daher eine verfassungskonforme Auslegung gefordert.[409] Zum einen wird das fehlende Zumutbarkeitskriterium für die notwendigen Anordnungen zur Werkerfolgserreichung (§ 650 b Abs. 1 S. 1 Nr. 2 BGB) hinterfragt und Konstellationen aufgezeigt, unter denen ein normatives Regulativ erforderlich erscheint.[410] Zum anderen wird gefordert, dass bei den Anordnungen zur Änderung des Werkerfolgs (§ 650 b Abs. 1 S. 1 Nr. 2 BGB) kein völliger Austausch des Vertragsgegenstands erfolgen dürfe.[411]

Letztlich wird verlangt, dass als Basis des Anordnungsrechts ein „berechtigtes Interesse" des Aufraggebers vorliegen müsse, da sonst für das über Art. 12 GG geschützte Recht des Unternehmers, sich ohne Grund einer Vertragsänderung zu widersetzen, kein verfassungsrechtlich gebotener Interessenausgleich in Betracht käme.[412]

Ob für die angeführten Bedenken tatsächlich eine verfassungskonforme Auslegung erforderlich ist, kann letztlich dahinstehen. Zum Teil finden sich jedenfalls bereits auf einfachgesetzlicher Basis Auslegungsansätze, die den angeführten Bedenken gerecht werden.

Für das Anordnungsrecht der notwendigen Änderungen ist zu berücksichtigen, dass die Pflicht zur Erreichung des funktionalen Werkerfolgs übernommen wurde. Mit dem Entfall des Zumutbarkeitskriteriums wurde somit der Tatsache Rechnung getragen, dass es sich bei der Anordnung „nur" um eine Auflösung des Widerspruchs zwischen der Einzelleistungsbeschreibung und dem funktionalen Erfolg handelt. Dem Risiko, dass der Besteller diesen Konflikt zu seinen Gunsten dazu nutzt, den Unternehmer mit einer besonders belastenden Auflösung des Konflikts zu überziehen, kann durch die allgemeinen Rechtsinstitute von Treu und Glauben gemäß § 242 BGB und dem Wegfall der Geschäftsgrundlage hinreichend Rechnung getragen werden, so dass es eines Zumutbarkeitskriteriums nicht bedarf.

---

408 Abel/Schönfeld, BauR 2017, 1901, 1910 ff.
409 Abel/Schönfeld, BauR 2017, 1901, 1916 ff.
410 Abel/Schönfeld, BauR 2017, 1901, 1916 ff.
411 Abel/Schönfeld, BauR 2017, 1901, 1918 f.
412 Abel/Schönfeld, BauR 2017, 1901, 1919.

Einem völligen Austausch des gesamten Vertragsgegenstands kann ebenfalls im Wege der Gesetzesauslegung unterhalb der verfassungskonformen Auslegung begegnet werden. Bereits der Wortlaut sieht eine „Änderung“ und keinen „Austausch“ des Werkerfolgs vor. Sinn und Zweck der Regelung sprechen ebenfalls für eine Begrenzung auf eine Werkerfolgsänderung und keinen Austausch des Vertragsgegenstands. Der Umfang der Änderung wird darüber hinaus durch das Kriterium der Zumutbarkeit begrenzt.

Über das Zumutbarkeitskriterium wird auch der vermisste Interessenausgleich vollzogen. Dabei ist nicht einseitig auf die Interessen des Unternehmers abzustellen, sondern eine Abwägung der Interessen vorzunehmen.

Im Ergebnis bestehen aufgrund dieser Auslegungsanforderungen, keine Bedenken gegen die Verfassungskonformität des § 650 b BGB.

Darüber hinaus stellen die vertretenen Auslegungen keine unterschiedlichen Anforderungen hinsichtlich der mittelbaren Bauzeitanordnungen und den im Wege der Analogie möglichen isolierten bauzeitlichen Anordnungen auf, so dass diese Anforderungen der Analogiebildung nicht entgegenstehen.

gg) Keine Analogie bei Ausnahmeregelungen

Zum Teil wurde vertreten, dass Ausnahmetatbestände nicht analogiefähig seien.[413] Im neueren methodenwissenschaftlichen Schrifttum ist es hingegen unstreitig, dass Ausnahmevorschriften auch auf einen solchen Sachverhaltstyp sinngemäß anzuwenden sind, der eine essentielle Strukturgleichheit mit der Konstellation aufweist, auf die die Regelung direkt Anwendung findet.[414]

Die Aussage, dass Ausnahmevorschriften einer Analogie nicht zugänglich seien, stelle eine Ausnahme zu der im Kern zutreffenden Aussage dar, dass jede Norm ihrer Natur nach analogiefähig sei.[415] Jede Norm habe eine *ratio legis*, die übertragbar sei.[416] Nur das Gebot der Rechtssicherheit könne ein Analogieverbot rechtfertigen.[417] Ein solches Analogieverbot bestehe dann, wenn das Gesetz ausdrücklich oder doch dem Sinne nach ausführt, dass eine bestimmte Rechtsfolge nur in den durch das Gesetz bestimmten Fällen eintreten soll.[418] Auch bei Ausnahmevorschriften kann der Gleichheitssatz daher gebieten, die Norm für

413 Vgl. BGH NJW 1951, 762.
414 MüKoBGB/Säcker, BGB, Einleitung BGB, Rn. 121.
415 Würdinger, JuS 2008, 949, 950.
416 Würdinger, JuS 2008, 949, 950.
417 Würdinger, JuS 2008, 949, 950.
418 Würdinger, JuS 2008, 949, 950.

einen nicht vom Wortlaut erfassten Fall zu öffnen.[419] Richtigerweise muss jede scheinbare Ausnahmevorschrift gemäß ihrer *ratio legis* interpretiert werden.[420] Infolgedessen sind auch Ausnahmevorschriften analogiefähig, sofern die Voraussetzungen für eine Analogie gegeben sind.[421] Sofern § 650 b BGB somit als Ausnahmevorschrift qualifiziert würde, folgte daraus nicht, dass eine Analogie ausgeschlossen wäre. Es ist aber bereits fraglich, ob es sich bei § 650 b BGB um eine Ausnahmeregelung handelt.

§ 650 b BGB beinhaltet für den Bauvertrag als Spezialfall des Werkvertrags das Recht, Anordnungen zum Werkerfolg vornehmen zu können. Insoweit könnte § 650 b BGB als Ausnahmeregelung qualifiziert werden, da für den allgemeinen Teil des Werkvertrags, also für die Werkverträge, die keinen Bauvertrag darstellen, ein solches Anordnungsrecht nicht besteht.

Allerdings wurden die Regelungen zum Bauvertrag insgesamt als Spezial- und insoweit auch als Ausnahmeregelungen zum allgemeinen Werkvertragsrecht geschaffen, um diesen Vertragstypus besonders zu regeln. Da der im Wege der Analogie erweiterte Anwendungsbereich des § 650 b BGB wiederum nur für den Bauvertrag einschlägig ist, wäre es widersprüchlich, gerade die Ausnahme „Bauvertrag“ oder das Anordnungsrecht für den Bauvertrag als Ausnahmeregelung zur Begründung eines Analogieverbots heranzuziehen. Wenn § 650 b BGB gerade den Besonderheiten des Bauvertrags Rechnung tragen soll, führte es zu einem Zirkelschluss, wenn die für die Besonderheiten des Bauvertrags geschaffene Regelung auch für den Bauvertrag deshalb nicht analogiefähig wäre, weil sie einen besonderen Fall regelt, der gegenüber anderen Vertragstypen eine „Ausnahme“ darstellt.

§ 650 a ff. BGB insgesamt und auch § 650 b BGB stellen gerade Ausnahmen gegenüber den sonstigen werkvertraglichen bzw. schuldrechtlichen Regelungen dar, um den Besonderheiten des Bauvertrags gerecht zu werden. Insoweit könnte bereits die Frage, ob es sich tatsächlich um eine Ausnahmeregelung handelt, zu verneinen sein, denn für den Bauvertrag erhält das Anordnungsrecht einen weiten Anwendungsbereich.

In jedem Fall beruht die Analogie hinsichtlich der isolierten bauzeitlichen Anordnungen der Verlängerung und der Verschiebung auf der gleichen *ratio legis*, die auch der Einführung des Bauvertrags als gesonderten Vertragstyp und insbesondere auch der Regelung des § 650 b BGB zugrunde lagen. Somit stünde

---

419 Würdinger, JuS 2008, 949, 950.

420 Schockenhoff, Festschrift für Rainer Bechthold, S. 419, 427.

421 Schockenhoff, Festschrift für Rainer Bechthold, S. 419, 427.

auch die Qualifikation des § 650 b Abs. 2 i. V. m. § 650 b Abs. 1 S. 1 Nr. 1 BGB als Ausnahmeregelung der Analogiebildung nicht entgegen, da die Erweiterung dem gleichen Gesetzeszweck dient.

e) Ergebnis

Einer Analogiebildung dahingehend, dass Bauzeitanordnungen in Form der Bauzeitverlängerung und der Bauzeitverschiebung auch dann zulässig sind, wenn sie nicht im Zusammenhang mit einer Werkerfolgsänderung, sondern als isolierte Anordnung ergehen, stehen keine zwingenden Ausschlussgründe entgegen. In der Gesamtbetrachtung entspricht es der gesetzgeberischen Intention, dem Besteller eine Möglichkeit zu eröffnen, auf die Komplexität und Dauer des Bauvertrags reagieren zu können. Diese in Bezug auf den Werkerfolg gesetzlich gegebene Möglichkeit wird durch die Übertragung des Anordnungsrechts auf bauzeitliche Anordnungen erweitert.

Es werden jedoch nicht alle bauzeitlichen Änderungsformen erfasst. Gegen eine vollständige Übertragung auf alle bauzeitlichen Anordnungen spricht, dass durch die Anordnungsmöglichkeit nicht in das Risiko- und Haftungsgefüge eingegriffen werden soll. Ein solcher Eingriff würde für die bauzeitlichen Anordnungen der Beschleunigung und der Vorverlegung bestehen, nicht jedoch für die Verlängerung und Verschiebung. Hinsichtlich der Verlängerung und Verschiebung würden nur zeitliche Veränderungen eintreten, mit denen der Unternehmer auch bereits bei Abschluss des Bauvertrags rechnen musste. Diese zeitlichen Änderungen stellen in der Baupraxis regelhaft wiederkehrende Ereignisse in Form der mittelbaren Bauzeitverschiebung und der Behinderung dar.

In analoger Anwendung des § 650 b BGB ist der Anwendungsbereich somit auf die Fälle der Bauzeitverlängerung und der Bauzeitverschiebung zu erweitern.

VII. Verhältnis zur Kooperationspflicht

Fraglich ist, welche Auswirkungen die sich aus der analogen Anwendung von § 650 b BGB ergebenden Möglichkeiten der Bauzeitverschiebung und der Bauzeitverlängerung auf das Verhältnis zur Kooperationspflicht und die Konstellationen der Bauzeitverkürzung und Vorverlegung haben.

1. Weitere Anwendung der Kooperationspflicht

Es wurde bereits festgestellt, dass die Kooperationspflicht auch nach Einführung des § 650 b BGB grundsätzlich weiter zur Anwendung kommen kann.[422] Die Regelungen zum Bauvertrag stellen keinen vollständigen Regelungskatalog dar, mit denen alle bauvertraglichen Grundsätze abschließend geregelt werden. Bezogen auf Änderungsbegehren zur Bauzeit bestünde bei ausschließlich direkter Anwendung des § 650 b Abs. 2 BGB auch keine Regelungskonkurrenz, da die Bauzeit in direkter Anwendung nicht erfasst würde.[423] Fraglich ist jedoch, ob daraus, dass für die bauzeitlichen Änderungen der Verschiebung und Verlängerung eine analoge Anwendung des § 650 b Abs. 2 BGB i. V. m. § 650 Abs. 1 S. 1 Nr. 1 BGB für zulässig erachtet wird, der Rückschluss gezogen werden kann, dass für die bauzeitlichen Änderungsbegehren die aus dem Kooperationsprinzip folgende Verhandlungspflicht insgesamt auszuschließen ist, so dass sie auch für die von der Analogie nicht erfassten Fälle der Vorverlegung und Beschleunigung nicht mehr zum Tragen kommt.

Die Analogiebildung erfolgt nicht vor dem Hintergrund, dass die weiteren bauzeitlichen Änderungsbegehren generell ausgeschlossen werden sollen. Vielmehr wird damit der aus der Interessenabwägung folgenden Wertung Rechnung getragen, die zwischen den Fällen der Verschiebung und Verlängerung einerseits und der Vorverlegung und Verkürzung andererseits differenziert.[424] Die Umsetzung der aus dieser Wertung folgenden Differenzierung dahingehend, dass das Anordnungsrecht hinsichtlich der Bauzeitverschiebung und Verlängerung dogmatisch abgebildet werden kann, folgt daraus, dass die mittelbaren Bauzeitanordnungen, die zur Bauzeitverschiebung und -verlängerung führen können, bereits von § 650 b BGB erfasst werden.

Ein Rückschluss, die nicht von der Analogie erfassten bauzeitliche Anordnungen aus der Kooperationspflicht fallen zu lassen, folgt daraus nicht.

2. Rechtsfolgen

Aus der Kooperationspflicht folgte bisher, dass bei einer Weigerung, ernsthaft über ein Änderungsbegehren zu verhandeln, eine Kündigung aus wichtigem Grund in Betracht kommt.[425]

---

422 S.o. B.,V, 1., d), dd), (1), (a), (aa), (α).
423 S.o. B.,V, 1., d), dd), (1), (a), (aa), (β).
424 S.o. B.,V, 1., d), ee).
425 S.o. B., II., 4., c).

Für die von § 650 b Abs. 1 S. 1 BGB erfassten Fälle ist bei nicht zustande kommen einer Einigung das Anordnungsrecht nach § 650 b Abs. 2 BGB vorgesehen. Fraglich ist, ob daraus folgt, dass die Kündigung aus wichtigem Grund ausgeschlossen ist. Hierzu ließe sich argumentieren, dass der Gesetzgeber, hätte er auch diese Rechtsfolge weiter gelten lassen wollen, dies ausdrücklich hätte normieren müssen. Er hat in § 650 b BGB das Verhandlungsverfahren (Abs. 1) und die Rechte des Bestellers normiert, die bei Nichteinigung eintreten (Abs. 2). Es ließe sich daher vertreten, dass, wenn der Gesetzgeber über die in § 650 b BGB geregelten Rechtsfolgen hinaus auch die bisher über die Kooperationspflicht hergeleitete Kündigung hätte zur Anwendung kommen lassen wollen, es einer expliziten Regelung bedurft hätte, da ein Kündigungsrecht dem Sinn und Zweck des Reformgesetzes zuwiderlaufe, Einigung über Nachträge zu fördern.[426] Dagegen spricht, dass die Formulierung in § 650 b Abs. 1 S. 2 BGB „ist verpflichtet" auf eine schuldrechtliche Verpflichtung, also eine Rechtspflicht,[427] hindeutet.

Zur Beurteilung dieser Frage ist das in § 650 b Abs. 1 BGB vorgesehene Einigungsverfahren näher zu betrachten.

Die Pflicht des § 650 b Abs. 1 BGB ein Angebot zu erstellen, wird zum Teil als echte Schuldnerpflicht[428] in Form einer Nebenpflicht[429] oder als Obliegenheit bzw. unvollkommene Verbindlichkeit[430] eingeordnet. Entsprechend führt eine Verhandlungsverweigerung zu der Rechtsfolge des Anordnungsrechts des Bestellers und somit zu einem Rechtsverlust des Unternehmers in Form der Einschränkung der negativen Vertragsänderungsfreiheit[431] oder ergänzend zu einem Schadensersatzanspruch[432] und gegebenenfalls zu einem Kündigungsrecht.[433]

Dieser unterschiedlichen Einordnung folgend ist ebenfalls umstritten, ob es sich um einen einklagbaren Anspruch handelt[434] oder nicht.[435]

---

426 BeckOGK BGB/Mundt, BGB, § 650 b Rn. 106.

427 BeckOK Bauvertragsrecht/Leupertz, § 650 b Rn. 55

428 Kniffka/von Rintelen in: ibr-online-Kommentar Bauvertragsrecht, § 650 b Rn. 87; BeckOK Bauvertragsrecht/Leupertz, § 650 b Rn. 55; Langen, BauR 2019, 303, 306.

429 BeckOK Bauvertragsrecht/Leupertz, § 650 b Rn. 55.

430 BeckOGK BGB/Mundt, BGB, § 650 b Rn. 106.

431 Hau, Vertragsanpassung und Anpassungsvertrag, S. 62 ff.; Kniffka/von Rintelen in: ibr-online-Kommentar Bauvertragsrecht, § 650 b Rn. 1.

432 Kniffka/von Rintelen in: ibr-online-Kommentar Bauvertragsrecht, § 650 b Rn. 102.

433 BeckOK Bauvertragsrecht/Leupertz, § 650 b Rn. 55.

434 Langen, BauR 2019, 303, 306.

435 BeckOGK BGB/Mundt, BGB, § 650 b Rn. 106.

Unabhängig von dieser Einordnung ist der Zweck der Regelung – neben dem Primärziel der Einigungserzielung – darin zu sehen, dass die Voraussetzungen für das Anordnungsrecht des § 650 b Abs. 2 S. 1 BGB geschaffen werden. Eine Einschränkung der Kündigungsmöglichkeit aus wichtigem Grund folgt daraus nicht.[436] Mit dem Einigungsverfahren ist die aus der Kooperationspflicht abgeleitete Verhandlungspflicht kodifiziert worden.[437] Die Voraussetzungen des Anordnungsrechts sind jedoch nicht deckungsgleich mit denen, die die aus der Kooperationspflicht abgeleiteten Rechtsfolgen auslösen. Während das Anordnungsrecht bereits dann entsteht, wenn – trotz ernsthaften Verhandelns – keine Einigung zu Stande kommt, bedarf es hinsichtlich des aus der Kooperationspflicht abgeleiteten Kündigungsrechts eines Verweigerns des ernsthaften Verhandelns. Nicht in jeder Nichteinigung liegt jedoch eine Verweigerung, ernsthaft zu verhandeln. Es bedarf neben der Nichteinigung somit noch eines normativen Elements, dass die Nichteinigung als Verstoß gegen die Kooperationspflicht bzw. § 242 BGB qualifiziert. Ein Verhalten, das bereits im Rahmen der Einigungsphase einen solchen Verstoß darstellt, kann somit ein Kündigungsrecht begründen.[438]

Auch stellt das Anordnungsrecht nur einen Zwischenschritt dar, bevor bei Nichtausführung nach erfolgter Anordnung und gegebenenfalls weiterer Fristsetzung auch eine Kündigung aus wichtigem Grund in Betracht käme. Wird im Rahmen des Einigungsverfahrens die Verhandlungsbereitschaft verweigert, wird es als „Förmelei" betrachtet, noch den Einigungszeitraum abwarten zu müssen, um eine Anordnung aussprechen zu können.[439] Wird bereits ernsthaft zum Ausdruck gebracht, nicht nur kein Angebot abzugeben, sondern auch die begehrte Leistungsänderung nicht auszuführen, dürfte dies ein Kündigungsrecht rechtfertigen.

Im Ergebnis lässt sich somit feststellen, dass im Anwendungsbereich des § 650 b BGB ein Kündigungsrecht aus wichtigem Grund bei Verweigerung des ernsthaften Verhandelns in Betracht kommt. Aufgrund des Wortlautes des § 650 b Abs. 1 S. 2 BGB sprechen gute Gründe dafür, in der Pflicht zur Angebotserstellung eine Rechtspflicht und nicht nur eine Obliegenheit zu sehen, so dass bereits die ernsthafte Verweigerung der Angebotserstellung eine zur Kündigung aus wichtigem Grund berechtigende Pflichtverletzung darstellen kann.

---

436 Vgl. Schramke/Keilmann, NZBau 2016, 333, 337.
437 Langen, BauR 2019, 303, 306; BeckOK Bauvertragsrecht/Leupertz, § 650 b Rn. 49.
438 Vgl. BeckOK Bauvertragsrecht/Leupertz, § 650 b Rn. 55.
439 Putzier, NZBau 2018, 131.

Qualifizierte man die Pflicht zur Angebotserstellung in § 650 b Abs. 1 S. 2 BGB als Obliegenheit, kann ein Kündigungsrecht aufgrund des Verstoßes gegen § 242 BGB in Betracht kommen.

3. Verfahrensangleichung

Die von § 650 b BGB erfassten Konstellationen (einschließlich der in analoger Anwendung des § 650 b Abs. 1 S. 1 Nr. 1 BGB erfassten Verlängerung und Verschiebung der Bauzeit) unterscheiden sich von den Konstellationen, bei denen „nur" die Kooperationspflicht zum Tragen kommt (Beschleunigung und Vorverlegung), auch dahingehend, dass § 650 b BGB bestimmte Verfahrensregelungen und Fristen vorsieht, die für die Kooperationspflicht bisher nicht definiert waren.

Fraglich ist zum Beispiel, ob auch für das ernsthafte Verhandeln im Rahmen der Kooperationspflicht ein Zeitraum von 30 Tagen ab Zugang des Änderungsbegehrens anzunehmen ist, bevor weitere Rechtsfolgen wie die Kündigung des Vertrages in Betracht kommen. Hierzu ist die Frist des § 650 b Abs. 2 BGB näher zu betrachten. Diese Frist bezieht sich auf den Zeitraum zwischen Zugang des Änderungsbegehrens und einer möglichen Einigung. Zu den Fristen der Zwischenschritte verhält sich § 650 b BGB nicht.[440] Beispielsweise stellt sich die Frage, ob der Unternehmer die Frist für die Angebotserstellung ausreizen darf, ohne einem frühzeitigen Anordnungsrecht ausgesetzt zu sein.[441]

Für die Pflicht zur Angebotsvorlage wird zum Teil angenommen, dass – auch wenn sie keine Hauptleistungspflicht darstellt – § 271 BGB mit der Folge zur Anwendung kommt, dass der Unternehmer sein Angebot in einer nach den Umständen angemessenen Frist abgeben muss.[442]

Erklärt der Unternehmer hingegen, dass er kein Angebot erstellen werde, dürfte es auf die Einhaltung der Frist von 30 Tagen nicht mehr ankommen.[443] Die Weigerung einer Partei zu konstruktiven Verhandlungen führt auch ohne Erfüllungsanspruch dazu, dass auch für die andere Seite die Verhandlungspflicht entfällt.[444]

---

440 Vgl. BeckOK Bauvertragsrecht/Leupertz, § 650 b Rn. 58.

441 BeckOK Bauvertragsrecht/Leupertz, § 650 b Rn. 60; Kniffka/von Rintelen, ibr-online-Kommentar Bauvertragsrecht, § 650 b Rn. 150.

442 BeckOK Bauvertragsrecht/Leupertz, § 650 b Rn. 57; Kniffka/von Rintelen, ibr-online-Kommentar Bauvertragsrecht, § 650 b Rn. 89.

443 Putzier, NZBau 2018, 131; Kniffka/von Rintelen, ibr-online-Kommentar Bauvertragsrecht, § 650 b Rn. 147 f.

444 Kniffka/von Rintelen, ibr-online-Kommentar Bauvertragsrecht, § 650 b Rn. 147 f.

Signalisiert der Unternehmer jedoch, er prüfe das Änderungsbegehren und werde ein Angebot erstellen, darf es dem Unternehmer nicht zum Nachteil gereichen, wenn sich die Angebotsvorlage verzögert.[445]

Da das Gesetz keine explizite Aufteilung der 30 Tage auf eine Phase der Angebotserstellung und eine Phase der Verhandlung, an dessen Ende dann die Einigung stehen soll, vornimmt, erscheint es sachgerecht, dass für diese Phase die Grundsätze greifen, die auch für das ernsthafte Verhandeln im Rahmen der Kooperationspflicht zur Anwendung kommen. Demnach müssen Umstände erkennbar sein, die gegen ein ernsthaftes Verhandeln sprechen, damit das Anordnungsrecht schon vor Ablauf der 30 Tage zur Anwendung kommen kann. Dies ist nicht schon ohne weiteres anzunehmen, wenn der Unternehmer kein Angebot vorlegt, obwohl er hierzu zeitnah in der Lage wäre.[446] Eine explizite Weigerung erfüllt diese Voraussetzung hingegen.[447]

Vor diesem Hintergrund erscheint der Zeitraum von 30 Tage als Orientierungsgröße grundsätzlich auch auf das ernsthafte Verhandeln im Rahmen der Kooperationspflicht für die von § 650 b BGB nicht erfassten Fälle übertragbar.[448] Mit der 30-Tage-Frist hat der Gesetzgeber zum Ausdruck gebracht, welcher Zeitraum für die Einigung über Änderungsbegehren zum Werkerfolg für erforderlich erachtet wird. Durch die gesetzgeberisch geschaffene Möglichkeit, Änderungen zum Werkerfolg gegebenenfalls per Anordnung vornehmen zu können, hat der Gesetzgeber auch zum Ausdruck gebracht, dass diese Änderungen für ihn einen besonderen Stellenwert haben. Vor diesem Hintergrund erschiene es widersprüchlich, wenn für die Änderungen, die nicht unter § 650 b BGB fallen, eine kürzere Frist im Grundsatz anzunehmen wäre, bevor der Besteller Konsequenzen ziehen könnte. Da die möglichen Konsequenzen außerhalb des Anwendungsbereiches von § 650 b BGB jedoch nur die Kündigung aus wichtigem Grund sein kann, ist entscheidend, ob ein Verstoß gegen die Kooperationspflicht vorliegt. Ein solcher Verstoß liegt jedoch nicht bereits im Fall der Nichteinigung innerhalb der 30-Tage-Frist vor, sondern nur, wenn gegen die Pflicht zum ernsthaften Verhandeln verstoßen wird. An die Anforderungen zur Feststellung einer Weigerung zum ernsthaften Verhandeln werden vor dem Hintergrund der gesetzlichen Wertung für die Anordnungsmöglichkeit zum Werkerfolg gemäß

---

445 Kniffka/von Rintelen, ibr-online-Kommentar Bauvertragsrecht, § 650 b Rn. 150.
446 BeckOK Bauvertragsrecht/Leupertz, § 650 b Rn. 74.
447 Vgl. BeckOK Bauvertragsrecht/Leupertz, § 650 b Rn. 74.
448 Vgl. BeckOK BGB/Voit, BGB, § 650 b Rn. 11.

§ 650 b Abs. 2 S. 1 BGB i. V. m. § 650 b Abs. 1 S. 1 Nr. 1 BGB innerhalb dieses Zeitraums höhere Anforderungen gestellt werden müssen als danach.

Es stellt sich weiter die Frage, ob das Angebot inhaltliche Anforderungen erfüllen muss. Da die Regelungen des § 650 b BGB als Ausprägung einer gesetzlich verankerten Kooperationspflicht angesehen werden,[449] wäre es widersprüchlich, wenn der Unternehmer sein Angebot bis zur Grenze der Sittenwidrigkeit[450] frei kalkulieren könnte. Der Gesetzeszweck der Einigungserzielung[451], die Ableitung aus der Kooperationspflicht[452] und auch die Möglichkeit einer Kündigung aus wichtigem Grund bei Verweigerung ernsthaften Verhandelns[453] sprechen dafür, dass die Ermittlung eines Angebotspreises auf Basis der tatsächlichen Mehrkosten, des Vertragspreisgefüges oder der üblichen Vergütung zu erfolgen hat. Die daraus abzuleitenden Grenzen dürften nicht erst bei Erreichen der Sittenwidrigkeit gegeben sein.[454]

Obliegt die Planung dem Besteller ist die Erstellung der Planung gemäß § 650 b Abs. 1 S. 4 BGB Voraussetzung für eine Angebotserstellung durch den Unternehmer. Dies muss auch für die Pflicht zum ernsthaften Verhandeln entsprechend gelten. Wenn der Unternehmer nicht in der Lage ist, ohne vorausgegangene Planungsänderung ein Angebot zu erstellen und ihm selbst nicht die Planungspflicht obliegt, ist er in der Erfüllung seiner Pflicht, ein Angebot zu erstellen, behindert.

Es erscheint sinnvoll, die expliziten Verfahrensregelungen des § 650 b BGB auch auf sonstige Änderungsbegehren, die im Rahmen der Kooperationspflicht zu behandeln sind, entsprechend zur Anwendung kommen zu lassen.[455] Oftmals dürfte es für die Beteiligten auch nicht eindeutig sein, ob eine Anordnung den Werkerfolg betrifft oder nicht. Insoweit wäre eine weitgehende Gleichbehandlung hinsichtlich des Verfahrens sinnvoll, zumal die Regelung des § 650 b Abs. 1 BGB die Grundsätze eines „ernsthaften Verhandelns“ widerspiegeln.

---

449 BeckOK Bauvertragsrecht/Leupertz, § 650 b Rn. 49.

450 BeckOK Bauvertragsrecht/Leupertz, § 650 b Rn. 60.

451 Oberhauser NZBau 2019, 3, 6; Langen, BauR 2019, 303, 309 f; s. auch B, V., 1., d), aa), (2).

452 BeckOK Bauvertragsrecht/Leupertz, § 650 b Rn. 49.

453 S.o. B., II., 4., c).

454 Kniffka/von Rintelen, ibr-online-Kommentar Bauvertragsrecht, § 650 b Rn. 101; vgl. BeckOK BGB/Voit, BGB, § 650 b Rn. 13.

455 Vgl. BeckOK BGB/Voit, BGB, § 650 b Rn. 11.

4. Ergebnis

Aus dem Kooperationsprinzip kann wie auch schon zur Rechtslage vor Einführung des Bauvertragsrechts kein bauzeitliches Anordnungsrecht hergeleitet werden. Die Weigerung über ein Änderungsbegehren zu verhandeln, kann aber weiterhin ein rechtsmissbräuchliches Verhalten darstellen, das zu einer Kündigung des Vertrags berechtigen kann.

Die in § 650 b Abs. 1 BGB genannten Voraussetzungen für das Einigungsverfahren kommen sinngemäß auch im Rahmen der ernsthaften Verhandlungspflicht zum Tragen.

C. Vertragliche Anordnungsrechte

Fraglich ist, ob ein isoliertes bauzeitliches Anordnungsrecht in der VOB/B als standardisiertes Regelwerk für Bauverträge bereits verankert ist bzw. ob ein solches vertraglich vereinbart werden kann.

I. Bauzeitliches Anordnungsrecht im Rahmen der VOB/B

In der VOB/B sind Anordnungsrechte an verschiedenen Stellen ausdrücklich vorgesehen bzw. erwähnt. Aus § 1 Abs. 3 VOB/B, § 1 Abs. 4 VOB/B, § 2 Abs. 5 VOB/B und § 4 Abs. 1 Nr. 3 S. 1 VOB/B folgt, dass der Auftraggeber im VOB/B-Vertrag unter bestimmten Voraussetzungen bzw. zu bestimmten Bereichen berechtigt ist, „Anordnungen" zu treffen bzw. „Verlangen" zu äußern, welche vom Auftragnehmer auszuführen sind.

Fraglich ist, ob aus den dargestellten Rechten des Auftraggebers auch das Recht bauzeitlicher Anordnungen folgt.

1. Änderung des Bauentwurfs, § 1 Abs. 3 VOB/B

§ 1 Abs. 3 VOB/B gewährt dem Auftraggeber das Recht, Anordnungen zum „Bauentwurf" vorzunehmen. Es stellt sich die Frage, was darunter zu verstehen ist, insbesondere ob die Bauzeit erfasst wird.

a) Anordnung

Die Rechtsnatur der Anordnungsmöglichkeit wurde bereits dargestellt.[456] Für die vertraglichen Anordnungsrechte der VOB/B wurde vor Einführung des Anordnungsrechts des § 650 b Abs. 2 BGB zum Teil ein Bezug zu § 315 BGB dergestalt hergestellt,[457] dass § 315 BGB unmittelbare oder analoge Anwendung finden sollte.[458] Einer direkten Anwendung von § 315 BGB standen jedoch Bedenken entgegen, da § 1 Abs. 3 VOB/B einen bereits bestimmten

---

456 S.o. B., V.

457 Vgl. von Rintelen in: Kapellmann/Messerschmidt, VOB/B, § 1 Rn. 55.

458 Vgl. Quack, ZfBR 2004, 107 ff.; Jansen in: Ganten/Jansen/Voit, VOB/B, § 1 Abs. 3 Rn. 85; Voit in: Messerschmidt/Voit, Privates Baurecht, III. Teil, A., § 1 Rn. 4; Von Rintelen in: Kapellmann/Messerschmidt, VOB/B, § 1 Rn. 55.

Leistungsgegenstand betrifft, während § 315 BGB von einem noch zu bestimmenden Zustand ausgeht.[459]

Aus § 315 BGB bzw. § 242 BGB wurde dann auch eine Grenze des Anordnungsrechts abgeleitet. Das Anordnungsrecht wurde – unabhängig von der Reichweite des sachlichen Anwendungsbereichs – normativ dahingehend begrenzt, dass die Anordnung nicht gegen Treu und Glauben verstoßen darf bzw. die Ausübung des Anordnungsrechts im Rahmen des „billigen Ermessens" (vgl. § 315 BGB) liegen muss. Diese normative Einschränkung des § 1 Abs. 3 VOB/B wird in der Regel unter dem Begriff der „Zumutbarkeit"[460] behandelt, auch wenn der Begriff als solches in § 1 Abs. 3 VOB/B nicht enthalten ist. Eine sachliche Rechtfertigung ist zumindest § 242 BGB zu entnehmen.[461] Auch wenn die normative Begrenzung weitestgehend anerkannt ist, so können einige Literaturstimmen teilweise so interpretiert werden, dass im Rahmen der Zumutbarkeit einseitig oder eher die Auftragnehmerinteressen Berücksichtigung finden sollen.[462] Zwar ist verschiedentlich von dem maßgebenden objektiv berechtigten Interesse des Auftragnehmers oder von „Schranken im Hinblick auf die Billigkeit und Zumutbarkeit für den Auftragnehmer"[463] die Rede. Fraglich ist aber bereits, ob damit keine Interessenabwägung unter Einbeziehung der Auftraggeberinteressen erfolgen soll. Auch wenn die Gewichtung im Einzelfall unterschiedlich sein mag, so kann vor dem Hintergrund der Herleitung der Grenze aus § 242 BGB[464] keine einseitige Betrachtung erfolgen. Auch eine generelle Einordnung, im Zweifel den Interessen des Auftragnehmers Vorrang einräumen zu müssen[465], erscheint vor dem Hintergrund der Herleitung einer Begrenzung des Anordnungsrechts aus dem Gesichtspunkt von Treu und Glauben nicht überzeugend.[466]

Mit Einführung des Bauvertragsrechts in das BGB dürfte § 650 b BGB die Bezugsgröße für normative Erwägungen sein. Das Anordnungsrecht des § 650 b Abs. 2 BGB sieht ein Anordnungsrecht vor und enthält das ausdrückliche

---

459 Wirth/Würfele, Jahrbuch Baurecht 2006, 119, 157.

460 Vygen/Joussen in: Vygen/Joussen/Lang/Rasch, S. 44; Kuffer/Petersen in: Heiermann/Riedl/Rusam, VOB/B, § 1 Rn. 44; Jansen in: Ganten/Jansen/Voit, VOB/B, § 1 Rn. 2; Wirth/Würfele, Jahrbuch Baurecht 2006, 119, 156 f.

461 Wirth/Würfele, Jahrbuch Baurecht 2006, 119, 156 f.

462 Vgl. Wirth/Würfele, Jahrbuch Baurecht 2006, 119, 158.

463 Kuffer/Petersen in: Heiermann/Riedl/Rusam, VOB/B, § 1 Rn. 34 f., 44.

464 Von Rintelen in: Kapellmann/Messerschmidt, VOB/B, § 1 Rn. 55.

465 Keldungs in: Ingenstau/Korbion/Leupertz/von Wietersheim, VOB/B, § 1 Abs. 3 Rn. 11.

466 Wirth/Würfele, Jahrbuch Baurecht 2006, 119, 159.

Kriterium der Zumutbarkeit. Da die Regelungen der VOB/B bisher unverändert fortgeführt wurden, stellt sich nunmehr die Frage, ob und in welchem Umfang § 1 Abs. 3 VOB/B die gesetzliche Regelung im Falle der Vereinbarung der VOB/B abändert. Bezogen auf die bauzeitliche Anordnungsmöglichkeit stellt sich im ersten Schritt die Frage, ob der Anwendungsbereich von § 1 Abs. 3 VOB/B überhaupt die Bauzeit erfasst. Je nach Ergebnis stellt sich die weitere Frage, ob damit die gesetzliche Regelung wirksam modifiziert wird.

b) Bauentwurf

Im Folgenden wird untersucht, was unter dem Begriff „Bauentwurf" als Bezugsgröße für den Umfang des Leistungsbestimmungsrechts zu verstehen ist. Eine gesetzliche oder in der VOB/B vorgesehene vertragliche Definition des Begriffs „Bauentwurf" existiert nicht, so dass durch Auslegung zu ermitteln ist, ob der Begriff „Bauentwurf" die Bauzeit erfasst.

Hierzu werden zunächst die in der Literatur vertretenen und die der Rechtsprechung zugeschriebenen Auffassungen betrachtet. Sodann sollen die für die jeweilige Auffassung vertretenen Argumente unter dem jeweils zu betrachtenden dogmatischen Aspekt eingeordnet und analysiert werden.

aa) Auslegungsansätze

Die bestehenden Auslegungsansätze unterscheiden sich bereits darin, dass sie die grundsätzliche Zielrichtung der VOB/B unterschiedlich interpretieren. Hierbei ist zu berücksichtigen, dass die VOB/B in ihrer heutigen Fassung bereits vor Einführung des Bauvertragsrechts in Kraft getreten ist und bisher keine Anpassung an die aktuelle Gesetzeslage erfolgt ist.

Zum Teil wird in der VOB/B ein umfassendes Regelwerk zur Ermöglichung eines möglichst störungsfreien Ablaufs des Bauvorhabens gesehen,[467] auch wenn systematische Brüche vorhanden seien.[468] Demgegenüber sehen andere in der VOB/B lediglich einen Regelungskanon zur Ergänzung der werkvertraglichen Vorschriften, der in der bauvertraglichen Praxis als besonders regelungsbedürftig angesehen werde und sich als regelungsgeeignet erwiesen habe.[469] Zudem schaffe die VOB/B insgesamt einen gerechten Interessenausgleich,[470] stelle aber

467 Jansen in: Ganten/Jansen/Voit, VOB/B, § 1 Abs. 3 Rn. 35; Funke in: Nicklisch/Weick/Jansen/Seibel, VOB/B, § 1 Rn. 113.

468 Zanner/Keller, NZBau 2004, 353, 359.

469 Vgl. von Rintelen in: Kapellmann/Messerschmidt, VOB/B, § 1 Rn. 72.

470 Pioch, NZBau 2019, 273, 274.

kein abgeschlossenes System dar, sondern nur eine Sammlung einzelner Regelungen in Ergänzung und Abweichung zum BGB.[471] Die VOB/B sei mithin rudimentär.[472]

Ausgehend von diesem bereits unterschiedlichen Verständnis des Regelungscharakters der VOB/B insgesamt, wird auch die Reichweite des § 1 Abs. 3 VOB/B unterschiedlich bewertet.

(1) Weite Auslegung

Die Vertreter der weiten Auslegung sehen in § 1 Abs. 3 VOB/B ein umfassendes Leistungsänderungsrecht, von dem sowohl leistungs- als auch zeitbezogene Anordnungen erfasst werden.[473] Entsprechend weit wird der Begriff „Bauentwurf" ausgelegt. Unter „Bauentwurf" wird danach nicht nur der bautechnische Inhalt des Vertrags verstanden, sondern auch die Bauzeit und die Bauumstände.[474] Es sei erfasst, was, wie, auf welche Weise und unter welchen Bauumständen gebaut werde.[475] Dabei wird die Bauzeit zum Teil unter die „Bauumstände" subsumiert,[476] zum Teil aber auch als rechtliche Bedingung qualifiziert und deshalb nicht unter den Begriff „Bauentwurf" subsumiert.[477]

Als dogmatische Begründung für die weite Auslegung wird im Wesentlichen der Sinn und Zweck der VOB/B und die Interessenlage der Parteien angeführt. Sinn und Zweck der VOB/B sei es, umfassende Regelungen für die Abwicklung eines Bauvertrags zu schaffen, da die gesetzlichen Regelungen insoweit unzureichend seien.[478] Die Interessenlage der Bauvertragsparteien erfordere bei der Abwicklung des Bauvertrags ein umfassendes Anordnungsrecht, welches auch

---

471 von Rintelen in: Kapellmann/Messerschmidt, VOB/B, § 1 Rn. 72.

472 von Rintelen in: Kapellmann/Messerschmidt, VOB/B, § 1 Rn. 72.

473 Zanner/Keller, NZBau 2004, 353, 354 ff.; Wirth/Würfele, Jahrbuch Baurecht 2006, 119, 152 ff.; Zanner, BauR 2006, 177, 178 ff.; Jansen in: Ganten/Jansen/Voit, VOB/B, § 1 Abs. 3 Rn. 35; Kniffka noch in: Kompendium des Baurechts (3. Auflage), Teil 5 Rn. 83.

474 Jansen in: Ganten/Jansen/Voit, VOB/B, § 1 Abs. 3 Rn. 35.

475 Kniffka in: Kniffka/Koeble/Jurgeleit/Sacher, Kompendium des Baurechts, Teil 4, Rn. 169.

476 Kniffka noch in: Kniffka/Koeble, Kompendium des Baurechts, 3. Auflage, Teil 5, Rn. 83.

477 Kniffka in: Kniffka/Koeble/Jurgeleit/Sacher, Kompendium des Baurechts, Teil 4, Rn. 169.

478 Vgl. Jansen in: Ganten/Jansen/Voit, VOB/B, § 1 Abs. 3 Rn. 29 ff.; Roquette/Viering/Leupertz, Handbuch Bauzeit, Rn. 699.

die Bauzeit umfasse.[479] Begründet wird dies insbesondere mit den „Besonderheiten des Bauvertrags".[480]

Eine Beschränkung auf die technische Bauausführung sei nicht interessengerecht, da sie dem Umstand nicht gerecht werde, dass die VOB/B eine vertragliche Regelung sei, die den Besonderheiten des Bauablaufs gerecht werden wolle.[481] Interessengerecht sei eine weite Auslegung deshalb, da sie einerseits dem Auftraggeber ermögliche, auch eine Änderung der „Bauumstände" anzuordnen, andererseits dem Auftragnehmer für die veränderte Ausführung(szeit) auch eine Anpassung des vertraglichen Vergütungsanspruchs einräume.[482]

Zu den „Besonderheiten des Bauvertrags" gehörten nicht nur Änderungsnotwendigkeiten hinsichtlich der bautechnischen Bedingungen, sondern auch hinsichtlich des zeitlichen Ablaufs. Sowie sich Änderungsnotwendigkeiten hinsichtlich des technischen Ablaufs aus einer unzureichenden technischen Planung ergeben können, so können sie sich ebenso auch hinsichtlich des zeitlichen Ablaufs aus einer unzureichenden zeitlichen Planung ergeben.[483] Aus Sicht eines Planers stellen auch die Regelungen zum zeitlichen Ablauf einen wesentlichen Bestandteil ihrer Planung dar.[484] Die VOB/B trage diesen Besonderheiten des Bauvertrags Rechnung, indem sie nach dem Sinn und Zweck des § 1 Abs. 3 VOB/B und dem Regelungszusammenhang von § 1 Abs. 3 VOB/B und § 2 Abs. 5 VOB/B dem Auftraggeber Gestaltungsfreiheit auch nach Vertragsschluss gewähre.[485] Außerdem würde durch die Beibehaltung des bisherigen Preisgefüges die Berechenbarkeit der Nachträge gesichert und es würden hierdurch Streitigkeiten vermieden.[486] Die Interessen des Auftragnehmers würden hinreichend gewahrt, da die spiegelbildliche Preisanpassung nach § 2 Abs. 5 VOB/B das Gleichgewicht von Leistung und Vergütung, das Äquivalenzinteresse, gewährleiste.[487]

Da die Ausübung des Gestaltungsrechts den Grenzen unterliege, die durch § 315 BGB bzw. durch die Grundsätze von Treu und Glauben und der Pflicht

---

479 Vgl. Tomic, ZfBR 2010, 315, 317 ff.

480 Vgl. Jansen in: Ganten/Jansen/Voit, VOB/B, § 1 Abs. 3 Rn. 35; Tomic, ZfBR 2010, 315, 317 ff.

481 Jansen in: Jansen/Ganten/Voit, VOB/B, § 1 Abs. 3 Rn. 35.

482 Kniffka noch in: Kniffka/Koeble, Kompendium des Baurechts, 3. Auflage, 5. Teil, Rn. 83.

483 vgl. Zanner/Keller, NZBau 2004, 353, 358.

484 Jansen in: Ganten/Jansen/Voit, VOB/B, § 1 Abs. 3 Rn. 35.

485 Vgl. Wirth/Würfele, Jahrbuch Baurecht 2006, 119, 153 f.

486 Vgl. Wirth/Würfele, Jahrbuch Baurecht 2006, 119, 153 f.

487 Zanner/Keller, NZBau 2004, 353, 355 f.

zur Rücksichtnahme der Bauvertragsparteien gezogen werden,[488] sei auch dem Interesse des Auftragnehmers, ohne seinen Willen keine unzumutbaren bauzeitlichen Vertragsänderungen auferlegt zu bekommen, hinreichend Rechnung getragen, denn der Auftraggeber könne sein Leistungsbestimmungsrecht nur unter Beachtung der Grundsätze von Treu und Glauben (§ 242 BGB) und „billigem Ermessen" (§ 315 BGB) ausüben.[489] Als Korrektiv sei die Regelung des § 315 BGB ausreichend.[490]

Die Grenze sei die Zumutbarkeit, die insbesondere bei Beschleunigungsanordnungen „nur mit Zurückhaltung" zu bejahen sei.[491] Eine unbillige Ausübung könne aus dem Ausmaß der Bauzeitverschiebung folgen.[492] Zum Teil wird eine Verschiebung um ein, zwei Monate nach Vertragsschluss als zulässig von über einem halben Jahr als unzulässig angesehen.[493]

Die Grenze der Zulässigkeit der bauzeitlichen Anordnung soll nicht nur durch das Ausmaß, sondern auch durch die Art der Veränderung der Bauzeit erreicht werden können. So sollen Beschleunigungsanordnungen nur zum Ausgleich von zuvor eingetretenen Verzögerungen zulässig sein, wenn durch die Verzögerung erhebliche Nachteile drohten, die der Auftraggeber versuche abzuwenden.[494] Auch wird vorgeschlagen, Bauzeitbeschleunigungen gar nicht[495] oder nur in geringem Umfang[496] zuzulassen, wobei diese Restriktionen zum Teil aus § 315 BGB, also dem billigen Ermessen, gefolgert werden.[497] Zum Teil wird der Begriff „Bauentwurf" selbst entsprechend differenziert ausgelegt.[498] Zum Teil wird auch die Grenze des § 1 Abs. 4 VOB/B für anwendbar erachtet.[499] Dies

488 Jansen in: Jansen/Ganten/Voit, VOB/B, § 1 Abs. 3 Rn. 37.
489 Jansen in: Jansen/Ganten/Voit, VOB/B, § 1 Abs. 3 Rn. 37.
490 Wirth/Würfele, Jahrbuch Baurecht 2006, 119, 157 f.; Kniffka noch in: Kniffka/Koeble, Kompendium des Baurechts, 3. Auflage, Teil 5, Rn. 83.
491 Vygen/Joussen in: Vygen/Joussen/Lang/Rasch, S. 47; Zanner/Keller, NZBau 2004, 353, 358.
492 Vgl. Jansen in: Jansen/Ganten/Voit, VOB/B, § 1 Abs. 3 Rn. 38.
493 Keldungs in: Ingenstau/Korbion/Leupertz/von Wietersheim, VOB/B, § 1 Abs. 3 Rn. 14.
494 Wirth/Würfele, Jahrbuch Baurecht 2006, 119, 160 f.
495 Tomic, ZfBR 2010, 315, 319 ff.
496 Jansen in: Jansen/Ganten/Voit, VOB/B, § 1 Abs. 3 Rn. 38; Asam, ibr-online 2008, 1363.
497 Vgl. Jansen in: Jansen/Ganten/Voit, VOB/B, § 1 Abs. 3 Rn. 37.
498 Vgl. Tomic, ZfBR 2010, 315, 320.
499 Wirth/Würfele, Jahrbuch Baurecht 2006, 119, 159.

ergebe sich aus der Entstehungsgeschichte, dem Wortlaut, der Systematik und dem Regelungszweck der §§ 1 und 2 VOB/B.[500]

Zusammenfassend ist festzustellen, dass die Vertreter der weiten Auslegung im Hinblick auf die Frage, ob ein bauzeitliches Änderungsrecht bestehe, für den Auftraggeber unterstellen, dass für diesen zur Gewährleistung eines störungsfreien Bauablaufs ein entsprechendes Recht bestehen müsse. Für den Auftragnehmer wird hingegen im Wesentlichen auf das Äquivalenzinteresse abgestellt, welches durch die Vergütungsfolge des § 2 Abs. 5 VOB/B hinreichend gewahrt werde. Zum Schutz der Auftragnehmerinteressen im Übrigen wird eine Begrenzung des Anordnungsrechts durch das Kriterium der Zumutbarkeit als ausreichend erachtet, welches aus einer entsprechenden Anwendung des § 315 BGB bzw. aus Treu und Glauben abgeleitet wurde. Das Interesse des Auftragnehmers an einer möglichst weitreichenden Wahrung seiner Vertragsautonomie – insbesondere in Bezug auf seine Dispositionsbefugnis – wird hingegen weniger in den Fokus gerückt.

Dieser Wertung folgend wird von den Vertretern der weiten Ansicht die Einordnung der Bauzeit unter den Begriff „Bauentwurf" vorgenommen und ein bauzeitliches Anordnungsrecht angenommen.

(2) Enge Auslegung

Die Vertreter der engeren Auslegungsvarianten legen den Begriff „Bauentwurf" dahingehend aus, dass das im Vertrag vorgesehene Bausoll in Bezug auf die bautechnische Leistung gemeint sei, also „was" gebaut werden solle und sich nicht auf die „Bauumstände" beziehe, also „wie" gebaut werden solle.[501] Damit fielen bauzeitliche Anordnungen nicht unter § 1 Abs. 3 VOB/B.[502]

Den Vertretern der weiten Auslegung wird entgegengehalten, sie wollten nicht ermitteln, was nach der VOB/B gelte, sondern versuchten das rechtspolitische Ziel durchzusetzen, dem Auftraggeber weitreichendere Befugnisse zuzuschreiben.[503] Die Annahme einer Sach- und Interessengerechtigkeit beruhe auf einer einseitigen Interessenbewertung.[504] Bei dieser Interessenbewertung werde übergangen, dass der Auftraggeber das Anordnungsrecht brauche, um seine

---

500 Vgl. Althaus, ZfBR 2007, 411, 412 f.

501 Von Rintelen in: Kapellmann/Messerschmidt, VOB/B, § 1 Rn. 64 f.

502 Von Rintelen in: Kapellmann/Messerschmidt, VOB/B, § 1 Rn. 68; Markus, NJW 2007, 545, 548; Thode, ZfBR 2004, 214, 225.

503 Von Rintelen in: Kapellmann/Messerschmidt, VOB/B, § 1 Rn. 69.

504 Von Rintelen in: Kapellmann/Messerschmidt, VOB/B, § 1 Rn. 71.

eigenen Verletzungen von Pflichten und Obliegenheiten auszugleichen, da bei einer vom Auftragnehmer verursachten Verzögerung dieser selbst in der Pflicht sei, seine Ausführungsfristen einzuhalten.[505] Auch wenn der Auftragnehmer wisse, dass es zu Bauzeitänderungen und sogar zu Beschleunigungsbedürfnissen kommen könne, greife eine Bauzeitänderung wesentlich tiefer in die betriebliche Planung des Auftragnehmers ein, als dies bei Änderungen des Bauplans selbst der Fall sei.[506] Der Auftragnehmer könne aus Kapazitätsgründen gezwungen sein, den Umfang des eingesetzten Personals zu erhöhen.[507] Neben der Kompensation durch eine Vergütungsanpassung sei auch die Beeinträchtigung der Vertragsfreiheit zu betrachten. Während sich das Anordnungsrecht hinsichtlich des Bauinhalts damit rechtfertigen lasse, dass der Auftraggeber bestimme, was gebaut werde,[508] würde ein weiteres Bestimmungsrecht hinsichtlich „Bauzeit“ und „Bauumstände“ tief in die Dispositionsbefugnis des Auftragnehmers eingreifen.[509]

Die Bauzeit sei nicht Gegenstand des Synallagmas des Bauvertrags. Bei Störungen des Bauablaufs durch Verschulden einer der Vertragsparteien könnten zwar Ansprüche aus Schuldner- oder Gläubigerverzug oder aus der Verletzung einer vertraglichen Nebenpflicht resultieren, nicht jedoch ein zusätzlicher Vergütungsanspruch.[510] § 1 Abs. 1 und 2 VOB/B sowie § 2 Abs. 1 VOB/B beträfen aber den Leistungsinhalt bzw. die Vergütungsfolge, so dass systematisch betrachtet auch § 1 Abs. 3 VOB/B entsprechend zu verstehen und die Bauzeit über das Leistungsstörungsrecht zu regeln sei.[511]

Eine bauzeitliche Beschleunigung könne nur durch eine vertragliche Vereinbarung erreicht werden.[512] Diese wird zum Teil in der widerspruchslosen Hinnahme einer Anordnung gesehen.[513]

Der Auftraggeber könne jedoch aus Treu und Glauben einen vertraglichen Anpassungsanspruch haben und die Verweigerung einer Anpassung könne

---

505 Von Rintelen in: Kapellmann/Messerschmidt, VOB/B, § 1 Rn. 71.

506 Vgl. Voit in: Messerschmidt/Voit, Privates Baurecht, III. Teil, A., § 1 Rn. 6.

507 Vgl. Voit in: Messerschmidt/Voit, Privates Baurecht, III. Teil, A., § 1 Rn. 6.

508 Von Rintelen in: Kapellmann/Messerschmidt, VOB/B, § 1 Rn. 74.

509 Oberhauser, BauR 2010, 308, 312 ff.; von Rintelen in: Kapellmann/ Messerschmidt, VOB/B, § 1 Rn. 74.

510 BeckOK VOB/B/Oberhauser, VOB/B, § 6 Abs. 6 Rn. 8.

511 BeckOK VOB/B/Oberhauser, VOB/B, § 6 Abs. 6 Rn. 8.

512 Voit in: Messerschmidt/Voit, Privates Baurecht, III. Teil, A., § 1 Rn. 6.

513 Voit in: Messerschmidt/Voit, Privates Baurecht, III. Teil, A., § 1 Rn. 6.

rechtsmissbräuchlich sein.[514] Fordere der Auftragnehmer aufgrund der Zwangslage des Auftraggebers eine überhöhte Vergütung, läge ein Verstoß gegen die Kooperationspflicht vor. Der Nachteil, der daraus entstehe, dass der Auftragnehmer die Zwangslage des Auftraggebers ausnutzen könne, wenn dieser eine Beschleunigung benötige, solle dadurch kompensiert werden, dass die Verweigerung einer Beschleunigungsvereinbarung oder ihre Kopplung an eine überhöhte Vergütung aufgrund der bestehenden Kooperationspflicht des Auftragnehmers[515] die Kündigung des Vertrags aus wichtigem Grunde rechtfertigen könne.[516] Deshalb greife auch das Argument nicht, dem Auftraggeber müsse ein Anordnungsrecht zustehen, da der Zwang zu einer Vergütungsvereinbarung dem Auftragnehmer unbegrenzt die Möglichkeit eröffne, einen unangemessen hohen Preis zu verlangen.[517] Im Übrigen stelle diese Argumentation offensichtlich nicht auf die Interessen beider Vertragsparteien, sondern einseitig auf die Interessen des Auftraggebers ab, da ein einseitiges Änderungsrecht allein dem Auftraggeber eine günstige Position einräume, da er den Auftragnehmer wegen der streitigen Vergütungsdifferenz auf den beschwerlichen Prozessweg verweisen könne, obwohl er sich von den vertraglichen Vereinbarungen lösen wolle.[518] Zwar erfordere der Anpassungsanspruch als Ausfluss von Treu und Glauben grundsätzlich ein schutzwürdiges Interesse des Auftraggebers. Dieses sei aber aufgrund des für den Auftragnehmer erkennbaren großen Änderungspotentials bei Bauverträgen nicht erst bei zwingendem Anpassungsbedarf, sondern bereits bei aus anderen Gründen berechtigten Anpassungsverlangen gegeben.[519]

Zum Teil wird darüber hinaus aus der Unklarheitsregel des § 305 c BGB, dem Transparenzgebot des § 307 Abs. 1 BGB bzw. dem Restriktionsgebot eine enge Auslegung des Begriffs „Bauentwurf" gefolgert.[520]

Zusammenfassend ist festzustellen, dass die enge Ansicht neben den Wortlautargumenten die Privatautonomie und Dispositionsbefugnis des Auftragnehmers gegenüber dem durch den Auftraggeber verursachten bzw. seinem Risikobereich zuzuordnenden zeitlichen Ausführungsinteresse höher bewertet. Das Anordnungsrecht des § 1 Abs. 3 VOB/B stelle eine Ausnahme zum grundsätzlichen

514 Von Rintelen in: Kapellmann/Messerschmidt, VOB/B, § 1 Rn. 77.
515 BGH NJW 1996, 2158 f.; BGH ZfBR 2000, 170 f.
516 Vgl. BGH NZBau 2000, 130, 131; OLG Frankfurt NJW-RR 2011, 1655, 1656; Voit in: Messerschmidt/Voit, Privates Baurecht, III. Teil, A., § 1 Rn. 6.
517 Von Rintelen in: Messerschmidt/Voit, Privates Baurecht, I. Teil, H., Rn. 59.
518 Von Rintelen in: Messerschmidt/Voit, Privates Baurecht, I. Teil, H., Rn. 59.
519 Von Rintelen in: Messerschmidt/Voit, Privates Baurecht, I. Teil, H., Rn. 60.
520 Von Rintelen in: Kapellmann/Messerschmidt, VOB/B, § 1 Rn. 72.

System der Vertragsschlussfreiheit des BGB dar. Aufgrund dieses Ausnahmecharakters sei es auf den Leistungsinhalt zu beschränken.

Aus Treu und Glauben bzw. dem Kooperationsprinzip und nicht aus einer „ausnahmsweisen" weiten Auslegung des Begriffs „Bauentwurf" kann eine Einschränkung der negativen Vertragsfreiheit, insbesondere bei rechtsmissbräuchlichem Verhalten folgen.

Diesen Wertungen folgend wird von den Vertretern der engen Auslegung die Einordnung der Bauzeit unter den Begriff „Bauentwurf" abgelehnt und somit kein bauzeitliches Anordnungsrecht angenommen.

(3) Differenziertes Anordnungsrecht

Zum Teil wird bereits unmittelbar aus § 1 Abs. 3 VOB/B ein hinsichtlich der Art der bauzeitlichen Anordnung differenzierendes bauzeitliches Anordnungsrecht hergeleitet.[521] Ausgehend von der Argumentation der grundsätzlichen Befürwortung eines Bauzeitänderungsrechts werden die einzelnen Bauzeitänderungskonstellationen betrachtet. Danach soll ein Recht zur Änderung des Baubeginns bestehen, allerdings nur eine Verschiebung des Baubeginns nach hinten zulässig sein.[522] Dass eine Verschiebung nach vorne unzulässig sei, wird unmittelbar aus § 271 Abs. 2 BGB abgeleitet.[523] Die Zulässigkeit der Anordnung einer Verschiebung des Baubeginns nach hinten wird damit begründet, dass der Vertrag auch über § 648 BGB bzw. § 8 Abs. 1 VOB/B jederzeit frei gekündigt werden könne, so dass als rechtliches Minus[524] eine Anordnung möglich sein müsse, mit den Arbeiten zu dem vereinbarten Termin nicht zu beginnen.[525] Hierbei handle es sich um eine konkretisierende Anordnung gemäß § 4 Abs. 1 Nr. 3 S. 1 VOB/B[526] bzw. aufgrund der nicht nur konkretisierenden, sondern behindernden und dadurch bauzeitverlängernden Wirkung um eine Anordnung nach § 1 Abs. 3 VOB/B.[527] Eine Verschiebung des Bauzeitendes nach hinten wird mit gleicher Argumentation für zulässig erachtet und die Vergütungsfolge des § 2 Abs. 5 VOB/B als interessengerecht angesehen.[528] Bezüglich des Vorziehens des

---

521 Tomic, ZfBR 2010, 315, 319 ff.
522 Tomic, ZfBR 2010, 315, 320.
523 Tomic, ZfBR 2010, 315, 320.
524 Tomic, ZfBR 2010, 315, 320.
525 Tomic, ZfBR 2010, 315, 320; Berger in: Ganten/Jansen/Voit, VOB/B, § 6 Abs. 2 Rn. 52.
526 Berger in: Ganten/Jansen/Voit, VOB/B, § 6 Abs. 2 Rn. 52.
527 Tomic, ZfBR 2010, 315, 320.
528 Tomic, ZfBR 2010, 315, 320.

Bauendes bzw. der Verkürzung der Bauzeit wird eine Regelungslücke der VOB/B angenommen, da bezüglich des zeitlichen Ausgleichs anders als für den finanziellen Ausgleich keine Regelung vorhanden sei.[529] Diese Regelungslücke sei auch mit dem dispositiven Recht des BGB bzw. über den Wegfall der Geschäftsgrundlage nicht zu schließen, so dass kein Recht auf Vorverlegung oder Verkürzung der Bauzeit bestehe.[530]

Diesen Wertungen folgend wird ein bauzeitliches Änderungsrecht für die Verschiebung und die Verlängerung der Bauzeit angenommen, für die Beschleunigung oder Vorverlegung jedoch abgelehnt.

Zum Teil erfolgt die Differenzierung auch nach Fallgruppen. So soll die Verschiebung dann zulässig sein, wenn die Verzögerung im Zeitpunkt ihres Eintretens nicht mehr abgewendet werden könne, nicht jedoch – außer bei geringen Verzögerungen, wenn diese für den Auftragnehmer zumutbar seien –, wenn sie für den Auftraggeber lediglich zweckdienlich seien.[531] Beschleunigungen hingegen sollen nicht erfasst werden, es sei denn, sie werden aufgrund zuvor eingetretener Verzögerungen erteilt.[532]

Diese Differenzierung erfolgt somit unter dem wertenden Aspekt der Zumutbarkeit, für den in den Fallgruppen generalisierende Annahmen erfolgen.

(4) Auslegung je nach Verwender

Eine weitere Ansicht sieht den Begriff „Bauentwurf" nach Ausschöpfung aller in Betracht kommenden Auslegungsmethoden als in beide Richtungen auslegungsfähig an.[533] Es greife die für Allgemeine Geschäftsbedingungen geltende Regelung des § 305 c Abs. 2 BGB ein, die sogenannte „Unklarheitenregel", wonach Zweifel bei der Auslegung Allgemeiner Geschäftsbedingungen zu Lasten des Verwenders gehen.[534] Das bedeutet, dass nach dieser Auffassung die Grenzen des zeitlichen Anordnungsrechts bei der vom Auftraggeber gestellten VOB/B eher eng (also ohne bauzeitliches Anordnungsrecht) und bei der vom Auftragnehmer gestellten VOB/B eher weit (also mit bauzeitlichem Änderungsrecht) zu ziehen wären.[535]

529 Tomic, ZfBR 2010, 315, 321.
530 Tomic, ZfBR 2010, 315, 321.
531 Wirth/Würfele, Jahrbuch Baurecht 2006, S. 161.
532 Wirth/Würfele, Jahrbuch Baurecht 2006, S. 161.
533 Roquette/Viering/Leupertz, Handbuch Bauzeit, Rn. 702.
534 Roquette/Viering/Leupertz, Handbuch Bauzeit, Rn. 702.
535 Roquette/Viering/Leupertz, Handbuch Bauzeit, Rn. 702.

(5) Rechtsprechung

Der BGH ist lediglich in einigen älteren Entscheidungen am Rande auf die Frage eingegangen, ob dem Auftraggeber ein bauzeitliches Änderungsrecht zustehe.[536] Der BGH hat in den entschiedenen Fällen zwar nicht ausgeschlossen, dass dem Auftragnehmer ein Anspruch aus § 2 Abs. 5 VOB/B zustehen könne, den Anspruch aber aus tatsächlichen oder rechtlichen Gründen verneint.[537]

Aus den als *obiter dicta* zu qualifizierenden Ausführungen[538] wird gefolgert, dass ein solches Anordnungsrecht vom BGH bejaht werde.[539] Aus den im Hinblick auf vergabebedingte Bauzeitverschiebungen ergangenen Entscheidungen ergibt sich, dass die Vermutung der Ausgewogenheit von Leistung und Gegenleistung nicht unabhängig von der vereinbarten Leistungszeit zu beurteilen sei und vor diesem Hintergrund die Parteien redlicher Weise vereinbart hätten, sich auf eine angepasste Vergütung zu verständigen.[540] Hieraus wird gefolgert, dass der BGH die vergütungsrechtlichen Folgen einer Bauzeitenanordnung nach § 2 Abs. 5 VOB/B lösen wolle.[541]

Ob aus dem vom BGH in Erwägung gezogenen Vergütungsanspruch aber auch eine Ausführungspflicht aufgrund der Anordnung zu folgern ist oder lediglich die Vergütungsfolgen einer – möglicherweise ohne bindenden Charakter ergangenen – befolgten Bauzeitanordnung über § 2 Abs. 5 VOB/B abgewickelt werden sollten, geht aus den Ausführungen jedoch nicht hervor.[542] Im Hinblick auf die Frage, ob aus der VOB/B ein Anordnungsrecht zur Bauzeit folgt, lässt sich aus diesen Urteilen somit keine entscheidungserhebliche Aussage herleiten.

Soweit vertreten wird, dass sich verschiedene Oberlandesgerichte der dargestellten vermeintlichen Auffassung des BGH angeschlossen hätten, § 1 Abs. 3 VOB/B gewähre dem Auftraggeber ein entsprechendes Anordnungsrecht,[543] sind auch diesen Urteilen[544] bei näherer Betrachtung keine entscheidungserheblichen

---

536 BGH NJW 1968, 1234 ff.; BGH BauR 1971, 202 ff.; BGH NJW 1985, 2475 f.

537 BGH NJW 1968, 1234, 1235; BGH BauR 1971, 202, 203; BGH NJW 1985, 2475, 2476.

538 Jansen in: Ganten/Jansen/Voit, VOB/B, § 1 Abs. 3 Rn. 26.

539 Jansen in: Ganten/Jansen/Voit, VOB/B, § 1 Abs. 3 Rn. 26.

540 Vgl. BGH NJW 2009, 2443, 2447; BGH ZfBR 2010, 810, 811 ff.; BGH ZfBR 2010 814, 815 ff.

541 Tomic, ZfBR 2010, 315, 318.

542 Vgl. BGH NJW 2009, 2443, 2447; BGH ZfBR 2010, 810, 811 ff.; BGH ZfBR 2010, 814, 815 ff.

543 Keldungs, BauR 2013, 1917, 1920.

544 OLG Koblenz NZBau 2007, 517ff.; OLG Schleswig, BauR 2007, 1879 ff.; Kammergericht, BauR 2009, 650 ff.; OLG Hamm BauR 2013, 956 ff.

Aussagen dahingehend zu entnehmen, es bestehe ein Anordnungsrecht des Auftraggebers bezüglich der Bauzeit. Lediglich in einem Fall wurde hierzu eine Tendenz dazu vertreten, dass die „besseren Argumente“ für die Literaturmeinung sprächen, die die Bauzeit unter § 1 Abs. 3 VOB/B fasse.[545] Für die Entscheidung kam es gemäß der Urteilsbegründung hierauf jedoch nicht an, da die bauzeitliche Änderung mit einer Inhaltsänderung verbunden worden sei[546] und es sich somit um eine mittelbare Bauzeitanordnung und nicht um eine isolierte Bauzeitanordnung handelte.

Eine eindeutige Aussage lässt sich der Rechtsprechung zu dieser Frage somit nicht entnehmen.

(6) Zwischenfazit

Zusammenfassend lässt sich festhalten, dass zu Gunsten eines bauzeitlichen Änderungsrechts angeführt wird, dass der Wortlaut des Begriffs „Bauentwurf“ die Einbeziehung der Bauzeit nicht ausschließe, es für die Abwicklung von Bauvorhaben sinnvoll sei und dass eine Einbeziehung der Interessenlage der Bauvertragsparteien entspreche.

Gegen ein bauzeitliches Anordnungsrecht wird angeführt, dass die Wortlautgrenze überschritten werde und auch die weiteren Auslegungsmethoden nicht zu einer entsprechend weiten Auslegung führten. Im Übrigen wird den angeführten Argumenten für eine weite Auslegung entgegengetreten und dabei neben der inhaltlichen Auseinandersetzung auch die Frage der Zulässigkeit der angeführten Auslegungsmethoden in Frage gestellt sowie Einwendungen gegen die Wirksamkeit von § 1 Abs. 3 VOB/B angeführt.

Die Diskussion zeigt, dass oftmals das Ergebnis im Vordergrund steht und sich die Argumentation vielfach auf die Schwächen der jeweils anderslautenden Auslegungsansicht bezieht und weniger mit Argumenten begründet wird, die die eigene Auffassung aus sich heraus stützen. Hieraus lässt sich kein dogmatisch befriedigendes Ergebnis zu der Frage ermitteln, ob die Bauzeit unter den Begriff „Bauentwurf“ fällt und somit auf die Frage, ob ein Anordnungsrecht zur Bauzeit aus § 1 Abs. 3 VOB/B folgt.

In der Folge wird deshalb geprüft, welche Auslegungsmethoden zulässigerweise herangezogen werden können (C., I., 1., b), bb)) und inwieweit diese eine dogmatisch tragfähige Begründung für oder gegen ein Anordnungsrecht zur Bauzeit bieten (C., I., 1., b), cc)-ff)).

545 OLG Naumburg NZBau 2013, 635, 636.
546 OLG Naumburg NZBau 2013, 635, 636.

Im Anschluss wird vollständigkeitshalber noch betrachtet, ob und inwieweit die darüber hinaus erhobenen Argumentationen dem gefundenen Ergebnis entgegenstehen bzw. es stützen (C., I., 1., b), gg)-ii)).

bb) Auslegungsgrundsätze

Fraglich ist, nach welchen Maßstäben und Auslegungsgrundsätzen eine Auslegung erfolgen kann.

(1) Grundsätze Vertragsauslegung

Bei der VOB/B handelt es sich nicht um gesetzliche Regelungen. Die VOB/B muss rechtsgeschäftlich vereinbart werden.

Nach der gesetzlichen Vorgabe des § 157 BGB sind Verträge so auszulegen, wie Treu und Glauben mit Rücksicht auf die Verkehrssitte es erfordern. Gemäß § 133 BGB ist bei der Auslegung von Willenserklärungen der tatsächliche Wille zu erforschen und nicht an dem buchstäblichen Sinne des Ausdrucks zu haften. Bei § 133 BGB und § 157 BGB handelt es sich um nebeneinander stehende, grundsätzlich gleichrangige und einander ergänzende Regelungen.[547] Es besteht insoweit Einigkeit, dass § 133 und § 157 BGB bei der Auslegung von Willenserklärungen und Verträgen nebeneinander anzuwenden sind.[548] Beide Vorschriften bilden die methodische Basis sowohl für die einfache (erläuternde) Auslegung, die sich vorrangig am wirklichen Willen der Erklärenden orientiert, als auch für die ergänzende Auslegung, bei der es darum geht, Lücken in rechtsgeschäftlichen Vereinbarungen zu schließen.[549]

(2) Auslegungsgrundsätze für Allgemeine Geschäftsbedingungen

Bei der VOB/B handelt es sich, wie auch die vollständige Bezeichnung „Allgemeine Vertragsbedingungen für die Ausführung von Bauleistungen“ schon zum Ausdruck bringt, um Allgemeine Geschäftsbedingungen. Auf Allgemeine Geschäftsbedingungen sind die vertraglichen Auslegungsgrundsätze nur eingeschränkt anwendbar. Das Auslegungsverständnis von Allgemeinen Geschäftsbedingungen wird dadurch bestimmt, dass sie für eine Vielzahl von Verträgen vorformuliert sind.[550] Sie sind deshalb – ausgehend vom Wortlaut[551] – nach

---

547 MüKoBGB/Busche, BGB, § 133 Rn. 19.

548 BGH NJW 1988, 2536; BGH NJW-RR 2002, 1096.

549 MüKoBGB/Busche, BGB, § 133 Rn. 19.

550 MüKoBGB/Busche, BGB, § 133 Rn. 25.

551 BGH NJW-RR 2010, 353, 354 Rn. 11.

ihrem objektiven Inhalt und typischen Sinn einheitlich in der Weise auszulegen, wie sie von verständigen und redlichen Vertragspartnern unter Abwägung der Interessen der normalerweise beteiligten Kreise verstanden werden.[552] Maßgebend sind insoweit die Verständnismöglichkeiten eines rechtlich nicht vorgebildeten Durchschnittskunden des Verwenders.[553]

(3) Gesetzliche Auslegungsgrundsätze aufgrund des Rechtsnormcharakters der VOB/B

Für die VOB/B wird allerdings aufgrund ihres besonderen Rechtscharakters hiervon abweichend vertreten, dass die für die Auslegung Allgemeiner Geschäftsbedingungen geltenden Grundsätze nur mit erheblichen Einschränkungen anzuwenden seien.[554] Die für sonstige vorformulierte Regelwerke geltenden Erwägungen, dass es dem Verwender zur Wahrung einer ausreichenden Vertragsgerechtigkeit verwehrt sein solle, seine wirtschaftliche Überlegenheit bzw. die Nachlässigkeit des Vertragspartners bei Abschluss des Vertrags auszunutzen, seien nicht uneingeschränkt auf die VOB/B übertragbar.[555] Es handele sich um ein Regelwerk, das nicht einseitig von einer der Vertragsparteien ersonnen und zum eigenen Vorteil der anderen Vertragspartei vorgegeben werde.[556] Es werde von einem paritätisch besetzten Gremium bereitgestellt und erhebe daher den Anspruch, in sich ausgewogen zu sein und die Interessen beider Vertragsparteien angemessen zu berücksichtigen.[557] Die hohe Akzeptanz unter allen Baubeteiligten habe den Gesetzgeber veranlasst, der VOB/B in § 310 Abs. 1 S. 3 BGB eine Sonderstellung einzuräumen.[558] Diese Umstände rechtfertigten den Schluss, dass die für die Überprüfung Allgemeiner Geschäftsbedingungen geltenden Grundsätze auf die VOB/B nur sehr zurückhaltend anzuwenden seien.[559] Der „rechtsnormähnliche Charakter" der VOB/B rechtfertige es, bei der Prüfung ihrer Transparenz andere Maßstäbe anzulegen, als sie für Allgemeine Geschäftsbedingungen gelten, die eine Vertragspartei einseitig gestellt hat.[560] Dieser „rechtsnormähnliche Charakter" rechtfertige dann ebenso, bei

552 BGH NJW 1986, 424, 426; BGH NJW 1988, 1261, 1262; BGH NJW 1989, 2750, 2752.
553 BGH NJW 1993, 2369; BGH NJW 2011, 1342, 1344 Rn. 29.
554 Vgl. Jansen in: Ganten/Jansen/Voit, VOB/B, § 1 Abs. 3 Rn. 32 ff.
555 Vgl. Jansen in: Ganten/Jansen/Voit, VOB/B, § 1 Abs. 3 Rn. 33.
556 Jansen in: Ganten/Jansen/Voit, VOB/B, § 1 Abs. 3 Rn. 33.
557 Jansen in: Ganten/Jansen/Voit, VOB/B, § 1 Abs. 3 Rn. 33.
558 Jansen in: Ganten/Jansen/Voit, VOB/B, § 1 Abs. 3 Rn. 33.
559 Jansen in: Ganten/Jansen/Voit, VOB/B, § 1 Abs. 3 Rn. 33.
560 Jansen in: Ganten/Jansen/Voit, VOB/B, § 1 Abs. 3 Rn. 33.

ihrer Auslegung einen objektiven Maßstab zugrunde zu legen und sich dabei auch über ein verbreitetes, aber fehlerhaftes Verständnis in den beteiligten Verkehrskreisen hinwegzusetzen.[561] Hiernach wäre eine an den Grundsätzen und Methoden einer Gesetzesauslegung orientierte Auslegung vorzunehmen.

Hiergegen wird im Sinne der Beibehaltung der oben dargestellten Auslegungsgrundsätze für Allgemeine Geschäftsbedingungen vertreten, dass Interpretationshilfen wie der historische Hintergrund der Klausel oder ihre systematische Stellung in dem Gesamtwerk dem juristisch nicht vorgebildeten Kunden nicht geläufig seien und deshalb außer Betracht bleiben müssen.[562]

Der BGH hat hierzu entschieden, dass der Vertragspartner, gegenüber dem die AGB verwendet wird, die Entstehungsgeschichte der AGB, typischerweise nicht kenne und diese deshalb bei der Auslegung außer Betracht zu bleiben habe.[563] Auch Ableitungen aus der systematischen Stellung einzelner Regelungen aus der Gesamtheit komplexer AGB-Regelungen müssten sich aus dem Wortlaut der Regelung unmittelbar erschließen lassen.[564]

Der BGH hat jedoch hinsichtlich der Kündigung von Teilleistungen nach § 8 Abs. 3 VOB/B ausgeführt, dass ein Begriff, der innerhalb eines AGB-Klauselwerks mehrfach verwendet wird, grundsätzlich für alle Klauseln einheitlich auszulegen sei.[565] Ein verständiger und redlicher Vertragspartner würde in der Regel davon ausgehen, dass einem identischen Wortlaut auch eine identische Bedeutung beizumessen sei.[566] Demnach sei bei der Auslegung eines Begriffs nicht allein der Sinn und Zweck der entsprechenden Regelung heranzuziehen, sondern es müssten auch die Ziele der Regelungen mit der entsprechenden Begriffsverwendung beachtet werden.[567] Diese Ausführungen sprechen wiederum für eine Berücksichtigung der systematischen Auslegungsmethode.

(4) Wertung und Konsequenz

Für die Auslegung der Regelungen der VOB/B werden unterschiedliche Auslegungsansätze vertreten. Während einerseits die Auslegungsgrundsätze für Allgemeine Geschäftsbedingungen zur Anwendung kommen sollen, wird

561 Jansen in: Ganten/Jansen/Voit, VOB/B, § 1 Abs. 3 Rn. 33.
562 MüKoBGB/Basedow, BGB, § 305 c Rn. 45.
563 BGH NJW-RR 1996, 857, 858.
564 BGH NJW-RR 1996, 857, 858; vgl. LG Hamburg, NJW-RR 1995, 923.
565 BGH NJW 2009, 3717, 3718.
566 BGH NJW 2009, 3717, 3718.
567 BGH NJW 2009, 3717, 3718.

andererseits eine Orientierung an den Auslegungsmethoden für gesetzliche Regelungen postuliert.

Bei der VOB/B handelt es sich unstreitig um Allgemeine Geschäftsbedingungen. Dies wird nicht zuletzt durch § 310 Abs. 1 S. 3 BGB zum Ausdruck gebracht, der die ansonsten einschlägige Inhaltsprüfung gemäß § 307 Abs. 1 und 2 BGB sowie § 308 Nr. 1a und 1b BGB auf Verträge, in die die VOB/B in der jeweils zum Zeitpunkt des Vertragsschlusses geltenden Fassung ohne inhaltliche Abweichungen insgesamt einbezogen ist, in Bezug auf eine Inhaltskontrolle einzelner Bestimmungen keine Anwendung finden lässt.

Auch wenn aus der Entstehungsgeschichte der VOB/B ein „quasi-amtlicher" Charakter gefolgert wird, hat der Gesetzgeber in § 310 Abs. 1 S. 3 BGB eine klare und explizite Einordnung der VOB/B vorgenommen. Damit hat der Gesetzgeber zum Ausdruck gebracht, dass er für die VOB/B grundsätzlich die für Allgemeine Geschäftsbedingungen geltenden Regelungen für einschlägig erachtet und diese für die dargestellten Fälle bezogen auf die Inhaltskontrolle modifiziert. Damit ist der Rahmen der „Sonderbehandlung" gesetzlich vorgegeben. Vor diesem Hintergrund erscheint es schwer vertretbar, dass aus Erwägungen, die keinen Anhaltspunkt im Gesetzestext gefunden haben, weitere Sonderbehandlungen gefolgert werden, die der grundsätzlichen gesetzgeberischen Qualifikation als AGB entgegenstehen.

Es ist jedoch anzunehmen, dass die Auslegungsmethoden Schnittmengen aufweisen, da mangels empirischer Erhebung über das Verständnis der beteiligten Verkehrskreise der „objektive Inhalt und typische Sinn" wie er „von verständigen und redlichen Vertragspartnern unter Abwägung der Interessen der normalerweise beteiligten Kreise verstanden wird" unter Berücksichtigung der „Interessen, Vorstellungen und Verständnismöglichkeiten eines rechtlich nicht vorgebildeten Durchschnittskunden des Verwenders" insbesondere dem Wortlaut der VOB/B eine entscheidende Bedeutung beizumessen ist.

Vor diesem Hintergrund ist von den Auslegungsgrundsätzen für Allgemeine Geschäftsbedingungen auszugehen. Im Anschluss werden die weiteren Argumente, auch wenn sie den Auslegungsmethoden für gesetzliche Regelungen zuzuordnen wären, dahingehend geprüft, ob die Auslegung nach den rechtsmethodischen Grundsätzen für die Auslegung von Gesetzestexten bezogen auf die Bauzeit überhaupt zu einem anderen Ergebnis käme.

cc) Wortlaut

Den dargestellten Auslegungsansätzen[568] ist es gemein, dass dem Wortlaut eine hohe Bedeutung beigemessen wird. Dieser ist somit vorrangig zu betrachten. Im Anschluss sind dann die vertretenen Auffassungen dahingehend zu untersuchen, ob sie tatsächlich zu unterschiedlichen Ergebnissen führen.

(1) „Bauentwurf" und Entwurfsplanung

Unter „Entwurf" ist nicht die Entwurfsplanung im Sinne von § 34 Abs. 3 Nr. 3 der Honorarordnung für Architekten und Ingenieure (HOAI) zu verstehen.[569] Bei der „Entwurfsplanung" handelt es um die Leistungsphase 3, die das Kernstück der Planung bildet und eine vollständig durchgearbeitete maßstabsgerechte zeichnerische Darstellung des Gesamtentwurfs enthalten muss.[570]

Gegen einen gleichen Bedeutungsinhalt von „Bauentwurf" und Entwurfsplanung spricht, dass bereits die Begrifflichkeiten „Bauentwurf" und „Entwurfsplanung" nicht vollständig deckungsgleich sind. Dogmatisch erscheint es auch nicht nachvollziehbar zur Auslegung eines Begriffs der VOB/B, die gerade das Vertragsverhältnis zum ausführenden Unternehmen und nicht zum planenden oder bauüberwachenden Architekten betrifft, eine Begrifflichkeit aus dem ausschließlich das Preisrecht für Architekten und Ingenieure regelnden Gesetzeswerk heranzuziehen. Weiter ist zu berücksichtigen, dass das in der HOAI erwähnte Leistungsbild der Entwurfsplanung die Leistungsphase 3 betrifft, während die Vergabe der Bauleistung, also der Zeitpunkt in dem der Bauvertrag, in den die VOB/B einbezogen wird, geschlossen wird, in der Systematik der Leistungsbilder der HOAI erst in Leistungsphase 7 erfolgt. Eine Bezugnahme auf den Planungsstand der „Entwurfsplanung" zur Zeit der Vergabe und des dort bereits erheblich konkretisierten Leistungsumfangs erscheint kaum nachvollziehbar, zumal dem Auftragnehmer als Vertragspartner der Planungsstand zur Leistungsphase 3 nicht zwingend bekannt sein muss[571] bzw. bei kleineren Bauvorhaben gar keine Planung im Sinne einer Entwurfsplanung erfolgt. Es ist

568 S.o. C., I., 1., b), aa).
569 BeckOK VOB/B/Wieseler, VOB/B, § 1 Abs. 3 Rn. 15.
570 Vgl. Schwenker/Wessel in: Messerschmidt/Voit, Privates Baurecht, III., B., § 34 Rn. 22.
571 Vgl. BeckOK VOB/B/Wieseler, VOB/B, § 1 Abs. 3 Rn. 15.

daher unter dem Begriff „Bauentwurf" nicht (nur) die „Entwurfsplanung" im Sinne des § 34 Abs. 3 Nr. 3 HOAI zu verstehen.[572]

Hinzu kommt weiter, dass der Begriff "Bauentwurf" bereits in der VOB/B aus dem Jahre 1926 verwendet wurde, während die HOAI erst 1971 bzw. die GOA als Vorgänger der HOAI 1950 in Kraft getreten ist. Eine Bezugnahme wäre in früheren Jahren der VOB/B somit nicht möglich gewesen. Andersherum betrachtet ist die Festlegung der Beschaffenheit des versprochenen Werks durch den Wortlaut „Bauentwurf" unproblematisch gedeckt.[573] Die Inhalte der Entwurfsplanung stellen als Beschaffenheitsbeschreibung somit einen Bestandteil des Bauentwurfs dar, füllen den Begriff jedoch nicht zwingend aus.

(2) Umfassender Bedeutungsinhalt

Über diesen Grundkonsens hinaus, ist der Begriff umfassender zu verstehen. Es werden verschiedene Definitionen bemüht, aus denen sich im Hinblick auf die Bauzeit jedoch keine großen Erkenntnisgewinne ableiten lassen:

Mit der Wendung „Bauentwurf" werde alles erfasst, was bisher inhaltlich als Leistung beim Auftragnehmer bestellt sei.[574] „Bauentwurf" im Sinne des § 1 Abs. 3 VOB/B sei die Gesamtheit aller Vorgaben für die bautechnische Leistung des Auftragnehmers. Erfasst werden damit insbesondere die Leistungsbeschreibung einschließlich Baubeschreibung und Leistungsverzeichnissen, alle Pläne, Berechnungen, Muster, Proben aber auch technische Regelungen und Anweisungen, etc.[575]

Erweiternd wird der Begriff „Bauentwurf" zum Teil auch auf die sogenannten „Bauumstände" bezogen,[576] da eine Beschränkung auf die technische Ausführung nicht interessengerecht sei.[577] Wobei auch hierbei weiter differenziert wird, ob von den Bauumständen auch die Bauzeit erfasst werde[578] oder ob diese unter die von § 1 Abs. 3 VOB/B nicht erfassten „rechtlichen Bedingung" zu zählen

572 Werner/Pastor, Der Bauprozess, Rn. 1403; Kapellmann/Schiffers, Vergütung, Nachträge, Behinderungsfolgen beim Bauvertrag, Bd. 1, Rn. 783; Keldungs in: Ingenstau/Korbion/Leupertz/von Wietersheim, VOB/B, § 1 Abs. 3 Rn. 3.

573 Vgl. von Rintelen in: Kapellmann/Messerschmidt, VOB/B, § 1 Rn. 62.

574 Werner/Pastor, Der Bauprozess, Rn. 1403.

575 Von Rintelen in: Kapellmann/Messerschmidt, VOB/B, § 1 Rn. 62.

576 Zanner/Keller, NZBau 2004, 353, 355.

577 Jansen in: Jansen/Ganten/Voit, VOB/B, § 1 Abs. 3 Rn. 35.

578 Jansen in: Ganten/Jansen/Voit, VOB/B, § 1 Abs. 3 Rn. 29 ff.; Keldungs in: Ingenstau/Korbion/Leupertz/von Wietersheim, VOB/B, § 1 Abs. 3 Rn. 3.

sei.[579] Problematisch ist hierbei, dass die Verwendung von juristisch in ihrer Bedeutung nicht festgelegten Begriffen wie „Bauumstände“ und „Bauinhalt“ beliebige Inhalte des angeblich definierten Begriffs des „Bauentwurfs“ zur Folge haben.[580]

Auch wenn der Begriff „Entwurf“ im Baubereich möglicherweise die Assoziation einer zeichnerischen Darstellung auslöst, so gibt der Wortlaut „Entwurf“ keinen eindeutigen Hinweis darauf, in welcher Form der „Bau“ dargestellt wird. Auch könnten in einer Zeichnung unterschiedliche Detaillierungsgrade abgebildet werden. Vor diesem Hintergrund ist dem weit überwiegend vertretenen Verständnis zu folgen, dass unter „Bauentwurf“ eine Darstellung der Baubeschreibung losgelöst von der Art der Darstellung zu verstehen ist.[581]

Darüberhinausgehend werden unter den „Bauentwurf“ auch – nicht unbedingt trennscharf und einheitlich in den Begrifflichkeiten – die sogenannten „Bauumstände“[582] bzw. was, wie, auf welche Weise und unter welchen Bauumständen gebaut werden soll,[583] gefasst. Daran anknüpfend wird weiter unterschiedlich differenziert, z.B. ob es ein Anordnungsrecht bezogen auf die „Bauumstände“ nur bei zwingenden Sachgründen gebe[584] und ob,[585] in welchem Umfang und bei wessen Verwendung der VOB/B[586] die „Bauzeit“ unter die „Bauumstände“ und damit unter den Begriff „Bauentwurf“ falle.

Dagegen wird angeführt, dass die Wortlautgrenze bei einer Einbeziehung der „Bauumstände“ überschritten sei.[587] Gegen eine solch erweiternde Auslegung spreche methodisch, dass sie den Begriff des Bauentwurfs nicht nur zu weit auslegt, sondern völlig auslöst.[588] Mit einer sprachwissenschaftlichen Begründung werden diese Aussagen jedoch nicht hinterlegt. Gegen diese Argumentation wird wiederum angeführt, dass bereits eine erweiternde Auslegung erfolge,

---

579 Vgl. Kniffka in: Kniffka/Koeble/Jurgeleit/Sacher, Kompendium des Baurechts, Teil 4, Rn. 169.

580 Thode, BauR 2008, 155, 156.

581 Von Rintelen in: Kapellmann/Messerschmidt, VOB/B, § 1 Rn. 62.

582 Jansen in: Ganten/Jansen/Voit, VOB/B, § 1 Abs. 3 Rn. 27 ff.; Keldungs in: Ingenstau/Korbion/Leupertz/von Wietersheim, VOB/B, § 1 Abs. 3 Rn. 3.

583 Kniffka in: Kniffka/Koeble/Jurgeleit/Sacher, Kompendium des Baurechts, Teil 4, Rn. 169.

584 Kimmich, BauR 2008, 263, 265 f.

585 Vgl. Jansen in: Ganten/Jansen/Voit, VOB/B, § 1 Rn. 26 ff.

586 Roquette/Viering/Leupertz, Handbuch Bauzeit, Rn. 702.

587 Vgl. Kapellmann, NJW 2008, 257, 258 f.

588 Vgl. von Rintelen in: Kapellmann/Messerschmidt, VOB/B, § 1 Rn. 69.

wenn über die zeichnerische Darstellung hinausgegangen wird,[589] und dann aus der Begrifflichkeit heraus auch keine Begrenzung mehr folge, den Begriff nicht auch auf die „Bauumstände“ und die „Bauzeit“ zu beziehen.[590]

(3) Differenzierter Umfang nach Art der bauzeitlichen Anordnung

Soweit § 1 Abs. 3 VOB/B ein nach Art der bauzeitlichen Anordnung differenzierendes Anordnungsrecht zugeschrieben wird,[591] wird dieses meist nicht aus dem Wortlaut entwickelt. Hierzu müsste auch auf eine andere Begrifflichkeit als die Bauzeit abgestellt und unter den Begriff „Bauentwurf“ subsumiert werden bzw. die Bauzeit differenziert nach den Arten der Bauzeitanordnung unter den Begriff “Bauentwurf“ subsumiert werden können.

Richtigerweise wird daher die gewünschte Differenzierung auch von den Vertretern dieser Ansicht nicht am Wortlaut des Begriffs „Bauentwurf“ festgemacht, sondern die Bauzeit grundsätzlich unter den „Bauentwurf“ subsumiert und die angestrebte Beschränkung auf die Fälle der Verschiebung und Verlängerung dann über andere methodische Wege hergeleitet,[592] wobei der dogmatische Ansatz in Teilen unklar bleibt. So soll beispielsweise die (vermeintlich) fehlende Vergütungsregelung für den Fall der Beschleunigung die Einschränkung des Anordnungsrechts begründen.[593]

(4) Bewertung und eigene Einordnung

Eine aus dem Wortlaut abgeleitete Begründung des Bedeutungsumfangs bleiben diese Auslegungsansätze schuldig.

Der Begriff „Bauentwurf“ setzt sich aus den Begriffen „Bau“ und „Entwurf“ zusammen. Unter „Entwurf“ werden nach dem allgemeinen Sprachgebrauch folgende Inhalte verstanden:

1. Zeichnung, nach der jemand etwas ausführt, anfertigt.
2. schriftliche Festlegung einer Sache in ihren wesentlichen Punkten.
3. (veraltet) ein Plan, Vorhaben.[594]

---

589 Zanner/Keller, NZBau 2004, 353, 355.
590 Roquette/Viering/Leupertz, Handbuch Bauzeit, Rn. 694.
591 Tomic, ZfBR 2010, 315 ff.; vgl. Wirth/Würfele, Jahrbuch Baurecht 2006, 119, 154 ff.
592 Vgl. Wirth/Würfele, Jahrbuch Baurecht 2006, 119, 157 f.
593 Tomic, ZfBR 2010, 315, 321.
594 „Entwurf“ auf Duden-Online https://www.duden.de/node/40913/revision/40942.

Wird auf die Zeichnungen abgestellt, nach denen jemand etwas ausführt, liegt es nahe, dass ein statischer Zustand abgebildet und nicht ein Prozess erfasst wird. Somit wäre auch nicht die zeitliche Komponente betroffen. Allerdings unterliegt die Art der „zeichnerischen" Darstellung einem Wandel. Während noch vor nicht allzu langer Zeit noch „gezeichnet" wurde, erfolgt die Zeichnung heute in der Regel digital. Auch wenn derzeit unter „Zeichnung" noch eher eine zwei- bzw. maximal dreidimensionale Darstellung verstanden werden dürfte, so ist nicht ausgeschlossen, dass auch eine zeitliche Komponente erfasst wird. Im Zeitalter des Building Information Modeling (BIM) wird auch die zeitliche Dimension darstellbar. Ausgeschlossen ist die zeitliche Komponente bei dieser Begriffsdefinition vom Wortlaut somit nicht.

Die „Festlegung einer Sache in ihren wesentlichen Punkten" schließt die zeitliche Komponente ebenfalls nicht aus. Die Bauzeit dürfte meist zu den wesentlichen Punkten einer Baumaßnahme zu zählen sein. Fraglich ist jedoch, ob unter „Sache" das Produkt im Sinne des Endergebnisses zu fassen ist oder auch der Entstehungsprozess erfasst wird. Gleiches gilt letztlich für den Plan bzw. das Vorhaben. Entscheidend ist auch hier, ob es nur um das Ergebnis oder auch um die Entstehung des Ergebnisses geht.

(5) Ergebnis

Aus dem Begriff „Bauentwurf" lassen sich somit keine klaren sprachlichen Grenzen dahingehend ableiten, ob bauzeitliche Änderungen erfasst werden oder nicht. Die Einbeziehung einer zeitlichen Komponente wird durch den Begriff „Bauentwurf" nicht ausgeschlossen. Der Sprachgebrauch schließt ein umfassenderes Verständnis, das auch die Bauzeit umfasst, nicht aus. Eine Differenzierung dahingehend, dass die sich aus den zeitlichen Rahmenbedingungen ergebenden Leistungsbestandteile wie z.B. Winterbaumaßnahmen erfasst werden, die gegebenenfalls auch sehr detailliert dargestellte verpflichtende Leistungszeit hingegen nicht, ist dem Wortlaut nicht zu entnehmen. Hinsichtlich des Wortlauts lässt sich somit feststellen, dass eine klare Wortlautgrenze dem Begriff „Bauentwurf" nicht zu entnehmen ist. Als Grundkonsens wird aber angenommen, dass es sich (mindestens) um eine zeichnerische oder textliche Darstellung von dem handelt, was gebaut werden soll.

Ansatzpunkte für eine im Wortlaut angelegte Differenzierungsmöglichkeit zwischen den verschiedenen bauzeitlichen Anordnungsmöglichkeiten sind nicht erkennbar.

dd) Früheres Verständnis der beteiligten Verkehrskreise

Soweit als Argument gegen eine weite Auslegung des Begriffs „Bauentwurf" angeführt wird, dass die frühere Herleitung eines bauzeitlichen Anordnungsrechts ausdrücklich außerhalb des Begriffs „Bauentwurf" in § 2 Abs. 5 VOB/B erfolgte, so ist fraglich, ob dieses im Rahmen der Auslegung von Allgemeinen Geschäftsbedingungen Berücksichtigung finden kann. Zulässig wäre es dann, wenn daraus das Verständnis der beteiligten Verkehrskreise belegt werden könnte.

Ursprünglich wurde weitgehend die Auffassung vertreten, dass sich das Änderungsrecht des Auftraggebers nach § 1 Abs. 3 VOB/B auf den bautechnischen Teil beschränke und der Auftraggeber daher nicht zu Anordnungen zum zeitlichen Ablauf befugt sei.[595] Das Änderungsrecht erstrecke sich danach nur auf den „Bauinhalt" nicht aber auf die „Bauumstände", zu denen auch die Bauzeit gehöre.[596] Von den Befürwortern eines bauzeitlichen Anordnungsrechts wurde dieses unter die „anderen Anordnungen" des § 2 Abs. 5 VOB/B subsumiert.[597] Es wurde somit das Recht zur bauzeitlichen Anordnung im Rückschluss aus § 2 Abs. 5 VOB/B hergeleitet.[598]

Ausgehend von der rechtlichen Qualifikation der „Anordnungen" im Sinne von § 1 Abs. 3 und § 1 Abs. 4 VOB/B als eine Willenserklärung erforderndes Leistungsbestimmungsrecht[599] folgte mittelbar auch die Einordnung der § 2 Abs. 5 und § 2 Abs. 6 VOB/B.[600] Die Rechtsgrundlage einer geänderten oder zusätzlichen Vergütung ist der durch das Leistungsbestimmungsrecht der § 1 Abs. 3 und § 1 Abs. 4 VOB/B geänderte oder erweiterte Vertrag.[601] § 2 Abs. 5 VOB/B stellt somit lediglich eine Rechtsfolgenregelung dar, die eine wirksame Anordnung voraussetzt und nicht selbst ein Anordnungsrecht beinhaltet.[602]

---

595 Kapellmann/Schiffers, Vergütung, Nachträge, Behinderungsfolgen beim Bauvertrag, Bd. 1, Rn. 786.

596 Von Rintelen in: Kapellmann/Messerschmidt, VOB/B, § 1 Rn. 64, 68 ff.

597 Marbach, ZfBR 1989, 2, 7; Kemper, NZBau 2001, 238, 239.

598 Marbach, ZfBR 1989, 2, 7; Kemper, NZBau 2001, 238, 239.

599 NJW-RR 1995, 79, 80; BGH NJW 1996, 1346, 1347; BGH NZBau 2004, 31, 32; BGH ZfBR 2004, 254, 256.

600 Thode, ZfBR 2004, 214, 216.

601 Thode, ZfBR 2004, 214, 216.

602 Vgl. Thode, ZfBR 2004, 214, 216 ff.; Markus in: Kapellmann/Messerschmidt, VOB/B, § 6 Rn. 59; BeckOK VOB/B/Oberhauser, VOB/B, § 6 Abs. 6 Rn. 4.

Dies führte zu einer erneuten Auseinandersetzung mit dem Begriff des „Bauentwurfs“ des § 1 Abs. 3 VOB/B und der Frage, ob bauzeitliche Anordnungen hierunter zu fassen seien.

Aus dieser Entwicklung wird gefolgert, dass die ursprüngliche Verortung des bauzeitlichen Anordnungsrechts in § 2 Abs. 5 VOB/B dazu führe, dass das Verständnis der Verkehrskreise den Begriff „Bauentwurf“ eben nicht auf die Bauzeit bezogen habe.[603] Das bauzeitliche Anordnungsrecht wurde gerade außerhalb des Begriffs „Bauentwurf“ verortet.[604]

Unabhängig davon, ob mit dieser Argumentation das frühere Verständnis der beteiligten Verkehrskreise belegt werden könnte, kann hieraus kein Rückschluss auf das heutige Verständnis der beteiligten Verkehrskreise gezogen werden. Selbst wenn diese Argumentation als zulässig im Rahmen der Auslegung Allgemeiner Geschäftsbedingungen angesehen würde, würde sich hieraus materiell kein belastbares Argument ergeben.

ee) Interessenlage

Hinsichtlich der Interessenlage kann auch für das Anordnungsrecht nach § 1 Abs. 3 VOB/B vollumfänglich auf die Ausführungen zur Interessenlage im Rahmen der Prüfung der Auslegungsmöglichkeiten von § 650 b Abs. 2 VOB/B verwiesen werden.[605] Insbesondere vor dem Hintergrund der bereits in der sonstigen Vertragsstruktur angelegten Möglichkeit des Eintritts von Bauzeitverschiebungen durch Behinderungen und bauzeitlichen Anpassungen durch mittelbare bauzeitliche Anordnungen ist hinsichtlich der Anordnung der Bauzeitverschiebung und der Bauzeitverlängerung ein Überwiegen der Anpassungsinteressen des Auftraggebers gegenüber dem Schutzinteresse des Auftragnehmers vor Eingriffen in seine Dispositionsbefugnis anzunehmen.[606]

Hinsichtlich der Bauzeitverkürzung und Vorverlegung würde jedoch ein Eingriff in die vertragliche Risikostruktur vorliegen, so dass hier die Auftragnehmerinteressen schutzwürdiger erscheinen.[607]

Auch hinsichtlich des Begriffs „Bauentwurf“ besteht im Wortlaut kein Differenzierungsansatz nach den verschiedenen Arten bauzeitlicher Anordnungen. Im Rahmen einer Gesamtbetrachtung über alle bauzeitlichen Anordnungen

---

603 Von Rintelen in: Kapellmann/Messerschmidt, VOB/B, § 1 Rn. 70.
604 Marbach, ZfBR 1989, 2, 7; Kemper, NZBau 2001, 238, 239.
605 S.o. B., V., 1., d), dd), (5), (b).
606 S.o. B., V., 1., d), dd) ,(5), (b).
607 S.o. B., V., 1., d), dd), (5), (b).

überwiegt das schutzwürdige Interesse des Auftragnehmers, keiner bauzeitverkürzenden Anordnung ausgesetzt zu sein, gegenüber dem Anpassungsinteresse des Auftraggebers.[608]

ff) Zwischenergebnis zur Auslegung des Begriffs „Bauentwurf"

Der Wortlaut von § 1 Abs. 3 VOB/B spricht eher gegen eine Einbeziehung der Bauzeit, auch wenn er die Einbeziehung der Bauzeit nicht ausschließt. Die Bauzeit wird nicht explizit erwähnt. Es folgt aus dem Begriff „Bauentwurf" aber auch kein eindeutiger Ausschluss.

Die Interessenbetrachtung führt hinsichtlich der verschiedenen bauzeitlichen Anordnungskonstellationen zu unterschiedlichen Ergebnissen. Da der Begriff „Bauentwurf" keine Differenzierung nach verschiedenen Bauzeitanordnungen zulässt, ist die Interessenlage insgesamt zu bewerten. Hierbei ist festzustellen, dass die Nachteile, die dem Auftragnehmer bei Einbeziehung der Beschleunigung und Vorverlegung drohen, schwerer wiegen, als die Nachteile des Auftraggebers, wenn gar keine bauzeitlichen Anordnungen zulässig wären. Somit wird die Bauzeit von § 1 Abs. 3 VOB/B nicht erfasst.

gg) Weitere Argumentation gegen ein bauzeitliches Anordnungsrecht

Der Vollständigkeit halber sind auch die weiteren Argumente zu betrachten, die seitens der Gegner des bauzeitlichen Anordnungsrechts aus § 1 Abs. 3 VOB/B angeführt werden, auch wenn das dargestellte Auslegungsergebnis bereits das bauzeitliche Anordnungsrecht aus § 1 Abs. 3 VOB/B ausschließt.

Als weiteres Argument gegen ein bauzeitliches Anordnungsrecht aus § 1 Abs. 3 VOB/B wird in Frage gestellt, ob § 1 Abs. 3 VOB/B eine wirksame vertragliche Regelung darstellt. Da es sich bei der VOB/B um Allgemeine Geschäftsbedingungen handelt, ist deren Wirksamkeit – neben §§ 138, 242 BGB, für deren Anwendungsbereich keine Anhaltspunkte bestehen – an den §§ 305 ff. BGB zu bewerten.

(1) Transparenzgebot

Es wird vertreten, dass einer weiten Auslegung des Begriffs „Bauentwurf" das Transparenzgebot entgegenstehe.[609] Unter Transparenzgebot wird die Regelung des § 307 Abs. 1 S. 2 BGB verstanden, wonach sich eine unangemessene

608 S.o. B., V., 1., d), ee), (3).

609 Von Rintelen in: Kapellmann/Messerschmidt, VOB/B, § 1 Rn. 72.

Benachteiligung daraus ergeben kann, dass die Bestimmung nicht klar und verständlich ist.[610] Damit handelt es sich dogmatisch nicht um eine Auslegungsregel, sondern um eine Frage der Inhaltskontrolle.[611]

(2) Inhaltskontrolle

Fraglich ist somit, ob § 1 Abs. 3 VOB/B einer Prüfung nach den §§ 307 BGB ff. standhält. Der Prüfungsmaßstab differenziert hierbei danach, gegenüber wem die VOB/B verwendet wird und ob die VOB/B „in der jeweils zum Zeitpunkt des Vertragsschlusses geltenden Fassung ohne inhaltliche Abweichungen insgesamt" einbezogen wurde (§ 310 Abs. 1 S. 3 BGB).

(a) Verbrauchermaßstab

Denkbar erscheinen nur die Konstellationen, in denen der Verbraucher auf der Auftraggeberseite auftritt, da ein Verbraucher nicht gleichzeitig Auftragnehmer eines Bauauftrags sein dürfte. Als Auftraggeber würde er als Verwendungsgegner von einer weiten Auslegung von § 1 Abs. 3 VOB/B profitieren, da seine Rechte erweitert würden. Eine unangemessene Benachteiligung kann für ihn somit nicht festgestellt werden.

(b) Kein Verbraucher

Es kann weiter danach unterschieden werden, ob die VOB/B „ohne inhaltliche Abweichung insgesamt" vereinbart wird.

(aa) VOB/B ohne inhaltliche Abweichung insgesamt

Wird die VOB/B „ohne inhaltliche Abweichung insgesamt" in der zum Zeitpunkt des Vertragsschlusses geltenden Fassung vereinbart, finden § 307 Abs. 1 und 2 sowie § 308 Nr. 1 a und 1 b BGB in Bezug auf eine Inhaltskontrolle einzelner Bestimmungen keine Anwendung. In dieser Konstellation wäre somit auch § 1 Abs. 3 VOB/B keiner Inhaltskontrolle zu unterziehen.

Es könnte sich jedoch die Frage stellen, ob die VOB/B insgesamt einer Inhaltskontrolle standhielte bzw. als unwirksam anzusehen wäre.[612] Diese Frage könnte sich sogar unabhängig davon stellen, wer Verwender der VOB/B ist, da im Vergleich zum gesetzlichen Bauvertragsrecht Abweichungen zu Gunsten und zu

610 Vgl. BGH NJW-RR 2005, 1496 (1498); MüKoBGB/Wurmnest, BGB, § 307 Rn. 56.
611 Roquette/Viering/Leupertz, Handbuch Bauzeit Rn. 696.
612 Langen, NZBau 2019, 10, 11 ff.

Lasten beider Parteien festgestellt werden könnten. Einerseits sieht beispielsweise § 1 Abs. 3 VOB/B nicht das in § 650 b BGB vorgeschaltete Einigungsverfahren vor. Eine direkte Anordnungsmöglichkeit würde grundsätzlich den Auftraggeber gegenüber der gesetzlichen Regelung begünstigen. Andererseits schränkt die VOB/B – zumindest nach bisherigem Verständnis – den Vergütungsanspruch des § 2 Abs. 5 VOB/B auf die Fortschreibung der Vertragspreise gegenüber der Regelung des § 650 c BGB gegebenenfalls ein.[613] Vor dem Hintergrund derartiger Abweichungen zwischen der VOB/B und dem Bauvertragsrecht könnte sich die Frage stellen, ob die VOB/B insgesamt nicht mehr als ausgewogenes Regelwerk zu erachten ist.

Dagegen spricht jedoch zum einen, dass der Gesetzgeber im Rahmen der Gesetzesbegründung explizit die VOB/B in Bezug nimmt und nicht zum Ausdruck bringt, dass die dortigen Regeln nicht (mehr) gelten sollen, sondern insbesondere § 1 Abs. 3 und 4 VOB/B als Beispiel qualifiziert, mit dem den Besonderheiten des Bauvertrags Rechnung getragen werde.[614] Darüber hinaus käme in Betracht, in den Regelungen der VOB/B nur insoweit eine Abweichung von § 650 b BGB zu sehen, wie sie explizit denselben Regelungsbereich betreffen. Auf § 1 Abs. 3 VOB/B könnte somit möglicherweise das Einigungsverfahren des § 650 b BGB gegebenenfalls Anwendung finden und auch § 2 Abs. 5 VOB/B könnte eine Anpassung der Vergütung auf Basis der tatsächlichen Mehrkosten umfassen.[615] Letzteres erscheint vor dem Hintergrund des Wortlauts, der von Mehr- und Minderkosten spricht und nicht zuletzt vor dem Hintergrund des eingeführten § 650 c BGB denkbar.

Jedenfalls scheinen die Abweichungen von den gesetzlichen Regelungen in der Gesamtbetrachtung nicht so gravierend, dass davon auszugehen ist, dass die VOB/B nicht insgesamt als unwirksam zu qualifizieren ist.

(bb) Isolierte Inhaltskontrolle

Wird die VOB/B nicht "ohne inhaltliche Abweichungen insgesamt" vereinbart, greift diese Privilegierung nicht. Deshalb war es bereits vor Einführung des Bauvertrags in das BGB umstritten, ob § 1 Abs. 3 VOB/B bei Verwendung der VOB/B durch den Auftraggeber einer isolierten Inhaltskontrolle standhält.[616] War

---

613 BGH NZBau, 2013, 364, 365; BGH NJW1996, 1346, 1348.

614 BT-Drs. 18/8486, S. 53.

615 KG ZfBR 2018, 670, 674 Rn. 52.

616 Vgl. zum Streitstand von Rintelen in: Kapellmann/Messerschmidt, VOB/B, § 1 Rn. 130.

hingegen der Auftragnehmer Verwender der VOB/B, würde § 1 Abs. 3 VOB/B eine den Verwendungsgegner begünstigende Norm darstellen. Eine unangemessene Benachteiligung kam dann nicht in Betracht. Bedenken im Rahmen der Inhaltskontrolle folgten insbesondere daraus, dass der Wortlaut der Regelung keine normative Begrenzung enthalte und der Rahmen lediglich durch die durch Auslegung zu ermittelnde Reichweite des Begriffs „Bauentwurf" und nicht wie § 1 Abs. 4 VOB/B durch die Anforderung der Erforderlichkeit gesetzt werde.[617] Diese weitreichende Befugnis stellte – zumindest zum bisherigen Werkvertragsrecht – eine Abweichung zu den werkvertraglichen Regelungen dar, die kein Änderungsrecht vorsahen.

Fraglich ist, inwieweit diese Argumentation vor dem Hintergrund der gesetzlichen Normierung eines Änderungsrechts in § 650 b BGB noch tragfähig ist.

Einerseits ließe sich argumentieren, dass § 1 Abs. 3 VOB/B mit § 650 b BGB eine gesetzliche Basis erhalten habe, überhaupt Änderungen vorzunehmen, was eher gegen eine Unwirksamkeit spräche.[618] Andererseits bestehen nunmehr gesetzliche Voraussetzungen für die Anordnungsmöglichkeit, die in der VOB/B nicht vorgesehen sind.

Es handelt sich im BGB um Anordnungen zur Änderung des Werkerfolgs. Der Begriff „Bauentwurf" könnte weiter zu verstehen sein als der Werkerfolg.[619] Wäre z.B. die Bauzeit im Rahmen der Auslegung einzubeziehen gewesen, könnte aus der Überschreitung des Anwendungsbereichs des § 650 b BGB die Unwirksamkeit aus dieser Abweichung resultieren.[620] Im Sinne der obigen Auslegung des Begriffs „Bauentwurf" im Hinblick auf die Bauzeit[621] erscheint jedoch eine gleichlautende Auslegung mit dem Begriff Werkerfolg zumindest möglich.

Auch sieht § 650 b BGB ein vorgeschaltetes Einigungsverfahren vor dem Anordnungsrecht vor. Demgegenüber könnte eine „direkte" Anordnungsmöglichkeit des § 1 Abs. 3 VOB/B ein Abweichen von einem wesentlichen Grundgedanken des § 650 b BGB darstellen. Im Hinblick auf die Frage der Wirksamkeit von § 1 Abs. 3 VOB/B würde sich dann ergänzend die Frage stellen, ob § 1 Abs. 3 VOB/B so zu verstehen ist, dass es keines vorherigen Einigungsverfahrens bedarf oder ob das Erfordernis des vorherigen Einigungsverfahrens des § 650 b Abs. 1 BGB auch für Anordnungen nach § 1 Abs. 3 VOB/B gelten soll.[622]

---

617 Oberhauser, BauR 2010, 308, 316; Bruns, ZfBR 2005, 525, 526 f.

618 Kniffka/Retzlaff, BauR 2017, 1747, 1795.

619 So Funke in: Nicklisch/Weick/Jansen/Seibel, VOB/B, § 1 Rn. 115.

620 BeckOGK BGB/Mundt, BGB, § 650 b Rn. 52.

621 S.o. C., I., 1., b), ff).

622 Popescu, BauR 2019, 317, 325 f.

Hier stellt sich neben der Frage, ob die VOB/B nicht ohnehin als abschließendes Regelwerk zu betrachten ist,[623] die Frage, ob selbst dann, wenn es sich nur um Ergänzungen und Modifizierungen der gesetzlichen Regelungen handelt, eine derartige Öffnung verbliebe, hinsichtlich der weiteren Verfahrensregelungen zum Anordnungsrecht des § 1 Abs. 3 VOB/B auf das gesetzliche Anordnungsrecht und die diesbezüglichen Regelungen des § 650 b Abs. 1 BGB zurückgreifen zu können. Hierbei ist zu berücksichtigen, dass die VOB/B keinen Bezug zu den gesetzlichen Regelungen herstellt. Dies ist aufgrund der zeitlichen Folge der gesetzlichen Änderung und der letzten Anpassung der VOB/B zwar nachvollziehbar, es ändert aber nichts daran, dass die VOB/B als Allgemeine Vertragsbedingung bezogen auf den Zeitpunkt ihrer Einbeziehung in den Vertrag anhand von § 307 BGB zu bewerten ist. Das Anordnungsrecht des § 650 b Abs. 2 BGB bezieht sich explizit auf die Änderungsbegehren nach Abs. 1. Die VOB/B stellt einen entsprechenden Bezug nicht her. Da es weder explizit auf das gesetzliche Anordnungsrecht noch auf das vorgeschaltete Änderungsbegehren verweist, ist es als eigenständiges Recht zu betrachten und es können nicht ergänzend Regelungen herangezogen werden, die sich auf das Regelungssystem des gesetzlichen Anordnungsrechts beziehen.[624] Auch eine Änderung des bisherigen Verständnisses zu den Regelungen der VOB/B dürfte allein durch die gesetzliche Änderung nicht eingetreten sein. Auch wird versucht, durch die Einbeziehung der VOB/B ohne inhaltliche Abweichung insgesamt die bisherige Baupraxis beizubehalten und das Einigungsverfahren zu vermeiden.[625] Auch dies spricht gegen ein entsprechendes Verständnis der Regelung.[626]

Wird das Einigungsverfahren durch Einbeziehung der VOB/B somit abbedungen,[627] stellt sich die Frage, ob daraus eine Unwirksamkeit des § 1 Abs. 3 VOB/B folgt. Die Pflicht zur Angebotserstellung wird aufgrund des Begriffs „verpflichtet" im Wortlaut des § 650 b Abs. 1 S. 2 BGB zum Teil als selbstständig einklagbare Vertragspflicht angesehen, auch wenn dies aufgrund der Kürze der Zeit keinen Sinn ergebe.[628] Zum Teil wird sie auch nur als Obliegenheit[629] bzw.

623 S.u. C., I., 1., b), hh), (2), (c), (aa).
624 Vgl. Popescu, BauR 2019, 317, 326.
625 Vgl. VHB 2017 des Bundes, Teil 1, 100_Richtlinien, Ziff. 4.2.6, (https://www.fib- bund.de/Inhalt/Vergabe/VHB/VHB_2017_Lesefassung_2019.pdf).
626 Vgl. Oberhauser, NZBau 2019, 3, 9.
627 Popescu, BauR 2019, 317, 326.
628 Langen, BauR 2019, 303, 306.
629 Popescu, BauR 2019, 317, 325.

unvollkommene Verbindlichkeit[630] eingeordnet. Unabhängig von dieser Einordnung stellt sich die Frage, ob durch den Verzicht auf das Einigungsverfahren von einem wesentlichen gesetzlichen Grundgedanken im Sinne von § 307 Abs. 2 Nr. 1 BGB abgewichen wird.

Das Ziel des Gesetzgebers, möglichst auf ein Einvernehmen der Vertragsparteien hinzuwirken, bevor der Besteller von seinem Anordnungsrecht Gebrauch macht,[631] stellt den zentralen Kernpunkt der §§ 650 b bis 650 d BGB dar.[632] Damit handelt es sich um einen wesentlichen Grundgedanken, bei dem zumindest im Falle des kompletten Ausschlusses eine unangemessene Benachteiligung anzunehmen ist.[633] Das Argument, dass § 1 Abs. 3 VOB/B weiterhin wirksam sei, da dieses unmittelbare Anordnungsrecht auch bisher nicht als AGB-widrig angesehen wurde, obwohl die frühere Gesetzeslage ein einseitiges Anordnungsrecht nicht kannte,[634] lässt die gesetzliche Änderung einschließlich des Einigungsverfahrens nebst diesbezüglicher gesetzgeberischer Ziele unberücksichtigt. § 1 Abs. 3 VOB/B dürfte somit einer isolierten Inhaltskontrolle nicht standhalten.[635]

Letztlich handelt es sich bei diesen Fragen aber nicht um Fragen, die speziell auf die Änderungen von Bauzeiten bezogen sind, sondern § 1 Abs. 3 VOB/B insgesamt betreffen. Wenn § 1 Abs. 3 VOB/B einer isolierten Inhaltskontrolle nicht standhielte, würde über § 1 Abs. 3 VOB/B auch keine bauzeitliche Anordnung möglich sein.

(3) Ergebnis

Spezifische Erkenntnisse darüber, ob § 1 Abs. 3 VOB/B die Bauzeit erfasst, lassen sich aus den weiteren – dogmatisch zwar grundsätzlich zulässigen – Argumenten materiell nicht gewinnen.

hh) Argumente aus einer gesetzlichen Auslegungsmethodik

Wie bereits dargestellt, wird für die VOB/B zum Teil vertreten, dass die Auslegungsmethoden für gesetzliche Regelungen zur Anwendung kommen sollen.

---

630 BeckOGK BGB/Mundt, BGB, § 650 b Rn. 106.

631 BT-Drs. 18/8486, S. 53.

632 Popescu, BauR 2019, 317, 324; BeckOK BGB/Voit, BGB, § 650 b Rn. 40; Oberhauser, NZBau 2019, 3, 9 f.

633 BeckOK BGB/Voit, BGB, § 650 b Rn. 41 f.; Oberhauser, NZBau 2019, 3, 9 f.

634 Vgl. Putzier, NZBau 2018, 131, 132.

635 Popescu, BauR 2019, 317, 329ff.; Orlowski, BauR 2017, 1427, 1436 f.; Vgl. BeckOK BGB/Voit, BGB, § 650 b Rn. 42; Oberhauser, NZBau 2019, 3, 9 f.

(1) Zulässigkeit

Es wurde bereits festgestellt, dass es sich bei der VOB/B um Allgemeine Geschäftsbedingungen handelt, für die die Auslegungsmethoden von Gesetzestexten keine Anwendung finden. Die darauf beruhenden Argumente sind somit bereits unzulässig. Dennoch sollen diese der Vollständigkeit halber einer materiellen Betrachtung unterzogen werden.

(2) Materielle Tragweite

Fraglich ist, ob diese Auslegungsmethoden überhaupt inhaltliche Argumente liefern, die dem bisherigen Ergebnis entgegenstehen.

(a) Systematik

Fraglich ist, ob aus der Systematik der VOB/B weitere Argumente folgen.

(aa) § 2 Abs. 5 VOB/B

Zu betrachten ist, ob die Reichweite des Begriffs „Bauentwurf" aus der weiteren Verwendung innerhalb der VOB/B abgeleitet werden kann. Der Begriff „Bauentwurf" wird nicht nur in § 1 Abs. 3 VOB/B, sondern auch in § 2 Abs. 5 VOB/B verwendet. Aus der Regelung des § 2 Abs. 5 VOB/B folgt, dass neben den „Änderungen des Bauentwurfs" auch „sonstige Anordnungen" zu Preisanpassungen führen können. Somit muss neben den Anordnungen zum „Bauentwurf" Raum für weitere Anordnungen bleiben. Hieraus könnte sich im Rückschluss folgern lassen, dass auch § 1 Abs. 3 VOB/B kein allumfassendes Anordnungsrecht darstellen kann, da noch Raum für die sonstige Anordnung bleiben müsste. Hierunter könnte die Bauzeit fallen.[636]

Mangels Definition der „anderen Anordnungen" des § 2 Abs. 5 VOB/B kann aus einem Rückschluss aber nur gefolgert werden, dass neben § 1 Abs. 3 VOB/B noch weitere Anordnungen möglich sein müssten. Eine eindeutige Aussage, ob die Bauzeit zum „Bauentwurf" und damit zum Anordnungsrecht des § 1 Abs. 3 VOB/B zu zählen ist, lässt sich hieraus nicht ableiten.

(bb) Generalklausel zur Änderung spezieller bauzeitlicher Regelungen

Würden die gesetzlichen Auslegungsregeln für zulässig erachtet, müssten auch Argumentationen in beide Richtungen betrachtet werden.

---

636 Marbach, ZfBR 1989, 2, 7; Kemper, NZBau 2001, 238, 239.

§ 1 Abs. 3 VOB/B stellt von seinem Wortlaut her ein weitreichendes Anordnungsrecht dar. Demgegenüber stellen die bauzeitlichen Anpassungsregelungen und Rechte des § 6 VOB/B sehr konkrete Regelungen dar. Würde die Bauzeit erfasst, könnte das durch die Einbeziehung der VOB/B vereinbarte Kündigungsrecht des § 6 Abs. 7 VOB/B durch das Anordnungsrecht des § 1 Abs. 3 VOB/B durch den Auftraggeber einseitig umgangen werden. Damit könnten mit einer Art Generalklausel die Detailregelungen im Falle der Behinderung und insbesondere das Kündigungsrecht umgangen werden. Anders als im Rahmen der Betrachtung des § 650 b BGB[637] hat das Anordnungsrecht des § 1 Abs. 3 VOB/B auch nicht als Spezialregelung Vorrang. Vielmehr käme den Behinderungsregelungen ein speziellerer Charakter zu.

(cc) Fazit

Aus den systematischen Betrachtungen folgt somit kein zwingender Ansatz für eine die Bauzeit umfassende Auslegung des § 1 Abs. 3 VOB/B.

(b) Historische Entwicklung

Zu prüfen ist, ob aus der Historie Argumente abgeleitet werden können.

(aa) Änderung der VOB/B 2006

Im Rahmen der Änderung der VOB/B 2006 hat der Änderungsvorschlag, ein bauzeitliches Anordnungsrecht aufzunehmen, nicht die erforderliche Dreiviertelmehrheit gefunden.[638] Daraus, dass aber dessen Aufnahme vorgeschlagen wurde, wird teilweise der Schluss gezogen, dass dieses Recht bisher nicht in der VOB/B verortet gewesen sei bzw. dies eben nicht dem bisherigen Verständnis der Verkehrskreise entsprach.[639]

Ein zwingender Schluss ist dies jedoch nicht, da die Ablehnung der expliziten Aufnahme nicht bestätigt, dass dieses Recht vorher nicht vorhanden gewesen ist.[640] Hierbei könnte es sich auch um den Wunsch nach einer Klarstellung gehandelt haben,[641] zumal das Regelungsbedürfnis im Änderungsvorschlag

637 S.o. B., VI., 3., d), (dd), (2).

638 Markus, NZBau 2006, 537, 538 f.; Kapellmann, NJW 2008, 257, 259.

639 Markus, NZBau 2006, 537, 538 f.; Kapellmann, NJW 2008, 257, 259.

640 Vgl. Roquette/Viering/Leupertz, Handbuch Bauzeit, Rn. 697; Jansen in: Ganten/Jansen/Voit, VOB/B, § 1 Rn. 34.

641 Vgl. Joussen/Schranner, BauR 2006, 1366; Roquette/Viering/Leupertz, Handbuch Bauzeit, Rn. 697.

selbst damit begründet wurde, dass der BGH über das Bestehen eines zeitlichen Anordnungsrechts nach der VOB/B bislang nicht entschieden habe.[642] Der Wunsch nach einer ausdrücklichen Aufnahme lässt somit nicht den Rückschluss zu, dass der gleiche Regelungsinhalt nicht bereits zuvor implizit gegeben war.

(bb) Abschlussbericht der Arbeitsgruppe Bauvertragsrecht

In dem Abschlussbericht der Arbeitsgruppe Bauvertragsrecht beim Bundesministerium der Justiz vom 18. Juni 2013 wurde unter engen Voraussetzungen die Aufnahme eines bauzeitlichen Anordnungsrechts in das BGB vorgeschlagen.[643] Auch hier stellt sich die Frage, ob aus dem Aufnahmevorschlag geschlossen werden kann, dass nach dem Verständnis der beteiligten Verkehrskreise kein derartiges Recht bestand.

Unabhängig davon, ob in VOB/B-Verträgen ein solches Recht existiert, würde die gesetzliche Regelung auf alle Bauverträge Anwendung finden, so dass allenfalls der Rückschluss gezogen werden könnte, dass für BGB-Bauverträge ein solches Recht vor der Gesetzesänderung nicht bestanden habe. Der Rückschluss, dass auch im Rahmen der VOB/B-Verträge ein solches Recht nicht existiere, kann nicht gezogen werden.

(cc) Einführung des § 650 b BGB

Es wird zum Teil gefolgert, dass nach der Gesetzesänderung die Auffassung, die ein bauzeitliches Anordnungsrecht aus § 1 Abs. 3 VOB/B folgere, noch schwerer vertretbar sei[644] bzw. sich erledigt habe[645], da § 1 Abs. 3 VOB/B als Allgemeine Geschäftsbedingung dann nicht nur gegen ihren Wortlaut, sondern auch gegen Gesetzesrecht ausgelegt würde. § 650 b BGB komme hier eine Leitbildfunktion zu.[646]

Diese Argumentation erfolgt jedoch vor dem Hintergrund der Auffassung, dass § 650 b BGB kein bauzeitliches Anordnungsrecht – auch nicht in analoger Anwendung – entnommen werden könne.

---

642 Beschluss Deutscher Vergabe- und Vertragsausschuss für Bauleistungen (DVA) vom 17.5.2006, S. 2.

643 Abschlussbericht der Arbeitsgruppe Bauvertragsrecht beim Bundesministerium der Justiz vom 18. Juni 2013, S. 24 (www.bmjv.de/SharedDocs/Gesetzgebungsverfahren/Dokumente/Abschlussbericht_AG_Bauvertragsrecht.html).

644 BeckOGK BGB/Mundt, BGB, § 650 b Rn. 52; a.A. Orlowski, BauR 2017, 1427, 1428.

645 Kniffka/von Rintelen, ibr-online-Kommentar Bauvertragsrecht, § 650 b Rn. 197.

646 BeckOGK BGB/Mundt, BGB, § 650 b Rn. 52; a.A. Orlowski, BauR 2017, 1427, 1428.

Diese Argumentation könnte in die gegensätzliche Richtung führen, wenn wie festgestellt § 650 b BGB (analog) ein Anordnungsrecht zur Bauzeit entnommen werden kann.

Bei dieser Argumentation werden aber zwei Fragestellungen vermengt, die dogmatisch differenziert zu betrachten sind. Zum einen ist die Ebene der Auslegung und zum anderen ist die Frage der Wirksamkeit zu betrachten. Zwar gibt es auch eine gewisse Wechselwirkung dahingehend, dass Unklarheiten gemäß § 305 c Abs. 2 BGB zu Lasten des Verwenders gehen können.[647] Dies ändert jedoch nichts daran, dass vorrangig eine Auslegung des Begriffs „Bauentwurf" erfolgen muss.

Der Wortlaut des § 1 Abs. 3 VOB/B ist auch nach der Gesetzesänderung identisch geblieben. Das Verständnis der Verkehrskreise hat sich durch die Einführung des Bauvertragsrechts nicht geändert. Gleiches gilt für die Interessenlage. Ein Ansatz, den Begriff „Bauentwurf" differenziert nach den verschiedenen Arten bauzeitlicher Anordnungen auszulegen, gab und gibt der Begriff „Bauentwurf" unabhängig von der Einführung des § 650 b BGB nicht her. Somit ist der Begriff „Bauentwurf" des § 1 Abs. 3 VOB/B unabhängig von der gesetzlichen Änderung gemäß den Auslegungsregelungen für Allgemeine Geschäftsbedingungen nicht dahingehend auslegbar, dass die Bauzeit erfasst wird.

Auch wenn für § 1 Abs. 3 VOB/B die gesetzlichen Auslegungsregelungen zulässig wären, ergäbe sich keine geänderte Auslegung des Begriffs „Bauentwurf" durch die gesetzliche Einführung des Anordnungsrechts. Die gesetzliche Regelung ist bereits nicht wortgleich mit der Regelung der VOB/B. Darüber hinaus hat auch die Auslegung der gesetzlichen Regelung nicht dazu geführt, dass die Bauzeit erfasst wird. Soweit aus einer Analogie zur gesetzlichen Regelung für die bauzeitlichen Anordnungen gefolgert wird, dass ein Teil bauzeitlicher Anordnungen erfasst wird, ist dies auf eine vertragliche Regelung in Allgemeinen Geschäftsbedingungen nicht übertragbar.

(dd) Fazit

Es sind keine tragenden Argumente festzustellen, aus denen sich aufgrund der historischen Entwicklung der VOB/B inhaltliche Argumente dafür herleiten lassen, dass unter den Begriff „Bauentwurf" auch die Bauzeit fällt.

647 S.o. C., I., 1., b), aa), (4).

(c) Sinn und Zweck

Fraglich ist, inwieweit das von den Vertretern eines bauzeitlichen Anordnungsrechts vorgetragene Argument, es sei Sinn und Zweck der VOB/B – und somit auch des § 1 Abs. 3 VOB/B – einen störungsfreien Bauablauf zu gewährleisten,[648] inhaltlich trägt und dieser Sinn und Zweck eine entsprechend weite Auslegung erfordert.

(aa) VOB/B als umfassendes Regelwerk oder Ergänzung der bestehenden gesetzlichen Regelungen

Es ist das Verhältnis der VOB/B zu den gesetzlichen Regelungen zu betrachten.

Einerseits wurde für die Gesetzeslage vor Einführung des Bauvertragsrechts vertreten, Sinn und Zweck der VOB/B sei es, umfassende Regelungen für die Abwicklung eines Bauvertrags zu schaffen, da die (bisherigen) gesetzlichen Regelungen für den Bauvertrag nicht ausreichend seien.[649]

Andererseits wurde in der VOB/B lediglich ein Regelungskanon zur Ergänzung und Modifizierung der (bisherigen) werkvertraglichen Vorschriften gesehen, der in der bauvertraglichen Praxis als besonders regelungsbedürftig erachtet werde und sich als regelungsgeeignet erwiesen habe.[650] Zudem schaffe er insgesamt einen gerechten Interessenausgleich, stelle aber kein abgeschlossenes System dar, sondern nur eine Sammlung einzelner Regelungen in Ergänzung und Abweichung zum BGB.[651]

Gegen eine reine Ergänzung der gesetzlichen Regelungen spricht, dass die gesetzlichen Regelungen teilweise inhaltsgleich wiedergegeben werden. So ist das freie Kündigungsrecht der VOB/B weitestgehend identisch mit der gesetzlichen Regelung. Eine inhaltsgleiche Regelung wäre nicht erforderlich, wenn die VOB/B die gesetzlichen Regelungen nur ergänzte.

Für eine Ergänzung der gesetzlichen Regelungen spricht hingegen, dass sich gesetzliche Regelungen, die zum Teil gerade vor dem Hintergrund eines bestehenden Bedürfnisses im Bauvertrag in das Werkvertragsrecht eingeführt wurden – wie z.B. die Bauhandwerkersicherung – sich in der VOB/B nicht wiederfinden. Bei einem abschließenden Kanon wäre zu erwarten gewesen, dass

648 Jansen in: Ganten/Jansen/Voit, VOB/B, § 1 Abs. 3 Rn. 29.

649 Vgl. Jansen in: Ganten/Jansen/Voit, VOB/B, § 1 Abs. 3 Rn. 29 ff.; Roquette/Viering/Leupertz, Handbuch Bauzeit, Rn. 699.

650 von Rintelen in: Kapellmann/Messerschmidt, VOB/B, § 1 Rn. 72; Thode in: Messerschmidt/Voit, Privates Baurecht, I. Teil, F., VI, 1. VOB/B Rn. 51.

651 von Rintelen in: Kapellmann/Messerschmidt, VOB/B, § 1 Rn. 72.

auch diese Regelung Einfluss in die VOB/B gefunden hätte. Auch verweist die VOB/B in Teilen auf die gesetzlichen Regelungen. Insoweit sprechen die besseren Argumente dafür, in der VOB/B eine Ergänzung der werkvertraglichen Regelungen zu sehen.

(bb) Folgerung für die bauzeitlichen Anordnungen

Würde der Ansicht gefolgt, die einen umfassenden Regelungskanon in der VOB/B sieht, stellte sich die Frage, ob as dieser Sichtweise eine Einbeziehung der Bauzeit in den Anwendungsbereich des § 1 Abs. 3 VOB/B abzuleiten wäre, also ob aus einem umfassenden Regelwerk sich die Notwendigkeit ergebe, auch die Bauzeit vom Anordnungsrecht zu erfassen. Hierzu käme es wiederum auf die Betrachtung der jeweiligen Interessen der Bauvertragsparteien und einen sachgerechten Interessenausgleich an. Diese Interessen wurden bereits eingehend analysiert. Im Ergebnis ist festzustellen, dass die Interessenlage eine Differenzierung nach den verschiedenen Arten der Bauzeitanordnung erfordern würde.[652] § 1 Abs. 3 VOB/B sieht jedoch kein entsprechendes Differenzierungskriterium vor. Im Rahmen einer Gesamtbetrachtung über alle Formen bauzeitlicher Anordnungen ist festzustellen, dass aus der Interessenbetrachtung insgesamt kein bauzeitliches Anordnungsrecht zu folgern ist.[653] Somit spräche der Sinne und Zweck der Regelung bezogen auf alle bauzeitlichen Anordnungen gegen eine Einbeziehung der Bauzeit.

(3) Ergebnis

Im Ergebnis ist somit festzustellen, dass auch eine Auslegung von § 1 Abs. 3 VOB/B orientiert an den Auslegungsmethoden gesetzlicher Regelungen zu keinem Ergebnis führen würde, das dem im Rahmen der Auslegung nach den Grundsätzen Allgemeiner Geschäftsbedingungen entgegenstünde. Somit ist auch nach diesen Auslegungsansätzen die Bauzeit nicht unter den Begriff „Bauentwurf" zu subsumieren.

ii) Weitere Argumente der Befürworter eines differenzierten Anordnungsrechts

Da zum Teil Auffassungen vertreten werden, dass sich die Frage der Möglichkeit einer bauzeitlichen Anordnung danach bestimmt, um welche bauzeitliche

---

652 S.o. B., V., 1., d), dd), (5), (b).
653 S.o. B., V., 1., d), ee), (3).

Anordnung es sich handele[654] oder wer Verwender der VOB/B sei[655], soll auch auf diese Argumentation eingegangen werden.

(1) Kein Ansatz für eine Differenzierung nach Art der bauzeitlichen Anordnung

Die Auffassung, die das bauzeitliche Anordnungsrecht bejaht, aber hinsichtlich der Beschleunigung und Vorverlegung wieder einschränkt, folgert diese Differenzierung nicht aus dem Begriff „Bauentwurf", denn in diesen Begriff eine derartige Differenzierung hineinzulesen, überschreitet die Grenzen der Auslegungsmöglichkeiten.

Die angeführten Begründungen, die bei grundsätzlicher Zustimmung zum Bestehen eines bauzeitlichen Änderungsrechts zu generellen Einschränkungen für die Vorverlegung oder Beschleunigung führen sollen, überzeugen jedoch ebenfalls nicht.

Der Ausschluss der Vorverlegung wird aus § 271 Abs. 2 BGB gefolgert.[656] § 271 Abs. 2 BGB sieht vor, dass, wenn eine Leistungszeit bestimmt ist, „im Zweifel" anzunehmen sei, dass der Gläubiger die Leistung nicht vor dieser Leistungszeit verlangen könne. Wenn § 1 Abs. 3 VOB/B ein bauzeitliches Änderungsrecht umfasse, stellte sich die Frage, wie sich dieses insbesondere zu der Einschränkung „im Zweifel" des § 271 Abs. 2 BGB verhält. Wenn nur „im Zweifel" anzunehmen ist, dass die Leistung nicht vorher verlangt werden könne, geht die gesetzliche Regelung gerade davon aus, dass auch anderes bestimmt sein könne.[657] Warum diese Bestimmung dann nicht durch ein entsprechendes Anordnungsrecht erfolgen können soll, ist nicht verständlich. Der Ausschluss der Vorverlegung kann darauf nicht gestützt werden.

Der Ausschluss der Beschleunigung wird aus einer „Regelungslücke" der VOB/B zu Fragen des finanziellen Ausgleichs gefolgert, die aber nicht planwidrig sei und deshalb auch nicht geschlossen werden könne.[658] Abgesehen davon, dass dieser Argumentation entgegensteht, dass auf die VOB/B als Allgemeine Geschäftsbedingungen die Rechtsfigur der Analogie zur Anwendung kommen müsste, überzeugt sie auch inhaltlich nicht. Inwieweit sich diese Konstellation von den weiteren Konstellationen bauzeitlicher Anordnungen, die grundsätzlich

654 Tomic, ZfBR 2010, 315, 319 ff.
655 Roquette/Viering/Leupertz, Handbuch Bauzeit, Rn. 702.
656 Tomic, ZfBR 2010, 315, 320.
657 MüKoBGB/Krüger, BGB, § 271 Rn. 36.
658 Tomic, BauR 2010, 315, 321.

für zulässig erachtet werden, in diesem Punkt unterscheidet, bleibt unklar. Die Vergütungsfolge einer Anordnung nach § 1 Abs. 3 VOB/B folgt aus § 2 Abs. 5 VOB/B. Damit ist grundsätzlich eine Vergütungsregelung vorhanden und es liegt auch keine Regelungslücke vor. Auch wenn die Frage, inwieweit aus § 2 Abs. 5 VOB/B für die Fälle der Beschleunigung eine sachgerechte Vergütung hergeleitet werden kann, Schwierigkeiten bereiten mag, folgt daraus keine Regelungslücke. Auch ist das Argument, da eine Regelungslücke hinsichtlich der Gegenleistung bestehe, müsse das Leistungsrecht in seinem durch Auslegung ermittelten weiten Umfang (Bauzeit insgesamt) eingeschränkt werden, dogmatisch nicht tragfähig. Zur Ausfüllung einer vermeintlichen Regelungslücke im Bereich der Gegenleistung kann nicht die Leistungspflicht eingeschränkt werden.

Darüber hinaus wird zwar zutreffend erkannt, dass ein Hinausschieben und Verlängern der Ausführungszeiträume anders als die Vorverlegung oder Beschleunigung der VOB/B nicht fremd seien.[659] Es bleibt allerdings offen, wie diese Erkenntnisse dogmatisch ein differenzierendes Anordnungsrecht im Wege der Auslegung innerhalb des Begriffs „Bauentwurf" des § 1 Abs. 3 VOB/B bezogen auf die Bauzeit zu rechtfertigen vermag.

Hinzu kommt, dass die Änderung der vertraglichen Bauzeit neben der Ausführungszeitänderung auch zu Änderungen im Bereich vertraglicher Rechte führt wie insbesondere dem Ausschluss der Kündigungsmöglichkeiten nach § 6 Abs. 7 VOB/B. Die Anordnung zur rechtsgeschäftlichen Verschiebung ist somit nicht bereits deshalb per Anordnung zulässig, weil auch eine faktische Einflussnahme auf die Ausführungszeit erfolgen könne und diese im Rahmen weiterer Regelungen der VOB/B sogar vorausgesetzt werde.[660]

Letztlich stellt auch das Argument, dass die Behinderung ein „Minus" zur Kündigung sei,[661] keine stringente Argumentation dar. Zum einen stellt sich die Frage, ob die Verortung in § 1 Abs. 3 VOB/B richtig ist oder ob nicht konsequenterweise dieses Recht direkt als „Minus" aus § 648 BGB bzw. § 8 Abs. 1 VOB/B hergeleitet werden müsste. Zum anderen ist auch die inhaltliche Schlussfolgerung nicht überzeugend. Aus der Tatsache, dass der Bauvertrag „frei" gekündigt werden kann, folgt lediglich, dass auf Seiten des Auftragnehmers kein Anspruch auf Ausführung besteht. Seinen Vergütungsanspruch behält er jedoch auch im Falle einer freien Kündigung lediglich modifiziert um seine ersparten Aufwendungen. Damit besteht bei einem Entfall seiner Leistungspflicht weiterhin sein

659 Tomic, ZfBR 2010, 315, 320 f.

660 Tomic, ZfBR 2010, 315, 320 f.

661 S.o. B., V., 1., d), dd), (1), (a), (bb), (β), (ββ).

Anspruch auf die Gegenleistung. Dies unterscheidet sich von der Konstellation, in der der Aufttragnehmer seine Leistung zu einer späteren Zeit erbringen muss, um seine Vergütung zu erhalten. Nichtleisten zu müssen, ist etwas anderes als zu einer anderen Zeit leisten zu müssen.

Soweit die Differenzierung durch das normative Kriterium der Zumutbarkeit erfolgen soll, überzeugt dies ebenfalls nicht.[662] Die Frage der Zumutbarkeit als Grenze des Leistungsbestimmungsrechts ist zum einen von dem Umfang der Anordnungsbefugnis zu trennen.[663] Zum anderen ist für die sich aus wertenden Ansätzen ergebende Grenze des Leistungsbestimmungsrechts eine Abwägung im Einzelfall erforderlich.

(2) Keine Differenzierung je nach Verwender der VOB/B

Der Auffassung, die gestützt auf die Unklarheitenregel des § 305 c Abs. 2 BGB bzw. das Restriktionsgebot eine unterschiedliche Reichweite des Begriffs zulässt, je nachdem, wer Verwender der Klausel ist,[664] ist zuzugeben, dass dies die dogmatische Konsequenz wäre, wenn eine Auslegung des Begriffs nicht möglich wäre.

Diese Ansicht setzt sich jedoch nur rudimentär mit den vorrangig zu betrachtenden Auslegungsmöglichkeiten auseinander. Das bisherige Verständnis der Verkehrskreise wird nicht weiter diskutiert. Die Interessenlage wird nur sehr pauschal dahingehend thematisiert, dass keiner der beiden Auslegungsalternativen uneingeschränkt gefolgt werden könne, ohne hierdurch eine Wertung der Rechtsordnung - entweder den Sinn und Zweck der in der zwischen den Parteien vereinbarten VOB/B oder den allgemeinen vertragsrechtlichen Einigungsgrundsatz des BGB - zu verletzen.[665] Den diesbezüglichen Ausführungen kann nicht entnommen werden, ob und in welchen Konstellationen die angenommene Interessengleichheit bestehe.

Da diese Auffassung erst zur Anwendung käme, wenn eine Auslegung nicht zu einem eindeutigen Ergebnis führte, müssen zuvor alle Auslegungsmöglichkeiten ausgeschöpft werden. Wie bereits dargestellt, ist eine Auslegung des Begriffs im dargestellten Sinne möglich.[666]

---

662 S.o. B., V., 1., d), dd), (2), (d), (bb).

663 Keldungs, BauR 2013, 1917, 1920.

664 Roquette/Viering/Leupertz, Handbuch Bauzeit, Rn. 702.

665 Roquette/Viering/Leupertz, Handbuch Bauzeit, Rn. 699.

666 S.o. C., I., 1., b), ff).

(3) Ergebnis zur differenzierten Anordnungsmöglichkeit

Im Ergebnis ist somit festzustellen, dass auch den weiteren Argumenten der Befürworter eines differenzierten Anordnungsrechts nicht zu folgen ist.

c) Ergebnis zu den Anordnungsmöglichkeiten aus § 1 Abs. 3 VOB/B

Aus § 1 Abs. 3 VOB/B folgt kein bauzeitliches Änderungsrecht. Die Auslegung des Begriffs Bauentwurf führt dazu, dass das bauzeitliche Änderungsrecht nicht erfasst wird.

2. Verlangen zusätzlicher Leistungen, § 1 Abs. 4 VOB/B

Breyer[667] vertritt die Auffassung, dass ein Recht des Auftraggebers, Anordnungen zur Bauzeit erteilen zu können, aus § 1 Abs. 4 VOB/B folge. Nach § 1 Abs. 4 VOB/B hat der Auftragnehmer nicht vereinbarte Leistungen, die zur Ausführung der vertraglichen Leistung erforderlich werden, auf Verlangen des Auftraggebers mit auszuführen, außer wenn sein Betrieb auf derartige Leistungen nicht eingerichtet ist. Breyer folgert daraus, dass bereits eine weite Auslegung des § 1 Abs. 4 VOB/B praktiziert werde, dass eine noch weitergehende Auslegung auch auf die Bauzeit nicht ausgeschlossen sei.[668] Dem Einwand, dass § 1 Abs. 4 VOB/B eine „Mehrleistung" vorsehe, die bei einer geänderten Ausführungszeit, auch bei einer Beschleunigung, nicht gegeben sei,[669] tritt diese Ansicht insbesondere für die kritischen Fälle der Bauzeitverkürzung bzw. „Beschleunigung" mit der Argumentation entgegen, dass in dem verkürzten Zeitfenster „mehr" bzw. „zusätzliche" Leistungen erbracht würden.[670] Damit sei die Tatbestandsvoraussetzung erfüllt und mit § 1 Abs. 4 VOB/B eine praktikable Lösungsmöglichkeit gegeben.[671]

§ 1 Abs. 4 VOB/B betrifft Leistungen, die zur Ausführung der vertraglich geschuldeten Leistung erforderlich werden. Aufgrund der werkvertraglichen Erfolgshaftung besteht weitestgehend Konsens darüber, dass sich der Auftragnehmer – unabhängig von den konkret beschriebenen vertraglichen Einzelleistungen – zur Erbringung eines Erfolgs verpflichtet und daher ohnehin alle Leistungen zur Erreichung dieses Erfolgs zu erbringen habe. Lediglich die Frage,

---

667 Breyer, BauR 2006, 1222 ff.

668 Breyer, BauR 2006, 1222, 1228 f.

669 Von Rintelen in: Kapellmann/Messerschmidt, VOB/B, § 1 Rn. 74.

670 Breyer, BauR 2006, 1222, 1228 f.

671 Breyer, BauR 2006, 1222, 1228 f.

ob ein zusätzlicher Vergütungsanspruch bestehe, hänge von der Frage ab, welche Leistungen von der vereinbarten Vergütung erfasst werden.[672]

Orientiert an den insoweit verwendeten Bezeichnungen „Bausoll" für den verpreisten Leistungsumfang und „Erfolgssoll" für den geschuldeten Leistungserfolg bedeutet dies, dass mit der „vertraglichen Leistung" des § 1 Abs. 4 VOB/B die für das „Erfolgssoll" erforderlichen Leistungen gemeint sind, mit den „nicht vereinbarten Leistungen" des § 1 Abs. 4 VOB/B hingegen diejenigen gemeint sind, die für das „Erfolgssoll" erforderlich sind, aber von dem verpreisten „Bausoll" nicht erfasst werden.

Da die Ausführung der für den werkvertraglichen Erfolg erforderlichen Leistungen auch ohne Anordnung des Auftraggebers eine geschuldete Leistung darstellt, erscheint für die Regelung des § 1 Abs. 4 VOB/B fraglich, welchen Regelungsgehalt sie überhaupt enthält. Wird § 1 Abs. 4 VOB/B im Zusammenhang mit § 2 Abs. 6 Nr. 1 VOB/B betrachtet, wird ein Regelungsbereich erkennbar. Die Anordnung nach § 1 Abs. 4 VOB/B führt zu einem Vergütungsanspruch des Auftragnehmers gemäß § 2 Abs. 6 VOB/B. Dieser Anspruch ist dem Auftraggeber aber vor Ausführung anzukündigen, § 2 Abs. 6 Nr. 1 S. 2 VOB/B. Damit wird dem Auftragnehmer die Pflicht auferlegt, den Auftraggeber, der eine zur Erreichung des geschuldeten Erfolgs erforderliche Leistung, also eine grundsätzlich auch ohne Anordnung geschuldete aber nicht von der bisherigen Vergütung erfasste Leistung fordert, davor zu warnen, dass eine zusätzlich zu vergütende Leistung gefordert werde und ihm damit die Möglichkeit zu geben, ein anderes Vorgehen zu wählen.

Ein weiterer Regelungsbereich kommt für § 1 Abs. 4 VOB/B in den Fällen in Betracht, in denen es um die Schnittstellen zu anderen Gewerken geht,[673] da hier gerade die Frage des geschuldeten Erfolgs des jeweiligen Gewerks schwer bestimmbar sein kann. Sodann käme auch eine Ausweitung auf den Erfolg des Gesamtgewerks über den eigentlichen Leistungsumfang und gegebenenfalls den Leistungserfolg des Einzelgewerks hinaus in Betracht.[674]

Im Hinblick auf die hier zu betrachtende Frage folgt hieraus, dass das aus § 1 Abs. 4 VOB/B folgende „Erweiterungsrecht" für den Auftraggeber kaum weiterreichende Befugnisse gegenüber der ohnehin geschuldeten Leistungspflicht begründet. Soweit Leistungsdifferenzen zwischen dem Erfolgssoll und dem Bausoll bestehen, wäre die Regelung lediglich prozessualer Natur. Ein

672 Vgl. Voit, ZfIR 2007, 157, 159 ff.
673 Vgl. Voit, ZfIR 2007, 157, 163.
674 Vgl. Voit, ZfIR 2007, 157, 163.

Änderungsrecht bezüglich der zeitlichen Komponente kann hieraus aber ebenso wenig gefolgert werden wie aus dem gegebenenfalls über das eigene Gewerk hinausgehenden Leistungsforderungsrecht.

3. Andere Anordnungen, § 2 Abs. 5 VOB/B

Zum Teil wurde ein Recht, umfassende Anordnungen u.a. auch zur Bauzeit vornehmen zu können, aus § 2 Abs. 5 VOB/B gefolgert.[675] Gemäß § 2 Abs. 5 VOB/B ist, wenn durch Änderungen des Bauentwurfs oder andere Anordnungen des Auftraggebers die Grundlagen des Preises für eine im Vertrag vorgesehene Leistung geändert werden, ein neuer Preis unter Berücksichtigung der Mehr- oder Minderkosten zu vereinbaren. Die Befürworter des bauzeitlichen Anordnungsrechts haben dies früher überwiegend aus § 2 Abs. 5 VOB/B hergeleitet, wobei die Bauzeitanordnung zumindest als „andere Anordnung" angesehen wurde.[676] Aus den „anderen Anordnungen" wurde auch die Befugnis zur Anordnung hergeleitet,[677] wobei es meist vorrangig um die Herleitung des Vergütungsanspruchs nach Ausführung aus § 2 Abs. 5 VOB/B ging. Das Anordnungsrecht, welches dann unter die „anderen Anordnungen" des § 2 Abs. 5 VOB/B subsumiert wurde, wurde zum Teil aus „faktischen Zwänge" hergeleitet.[678]

Da es sich bei § 2 Abs. 5 VOB/B aber ausschließlich um eine Rechtsfolgenregelung handelt, wird keine Befugnis gewährt, „andere Anordnungen" auszusprechen.[679] § 2 Abs. 5 VOB/B scheidet somit als Rechtsgrundlage für (bauzeitliche) Anordnungen aus.

4. Anordnungen, die zur vertragsgemäßen Ausführung der Leistung notwendig sind, § 4 Abs. 1 Nr. 3 S. 1 VOB/B

Fraglich ist, ob ein bauzeitliches Anordnungsrecht aus § 4 Abs. 1 Nr. 3 S. 1 VOB/B gefolgert werden kann.

§ 4 Abs. 1 Nr. 3 S. 1 VOB/B berechtigt zu Anordnungen, die zur vertragsgemäßen Ausführung der Leistungen notwendig sind. Damit besteht das Anordnungsrecht nur innerhalb der vertraglichen Leistungspflichten.[680] Es dient somit

675 Marbach, ZfBR 1989, 2, 5 f.
676 Marbach, ZfBR 1989, 2, 7; Kemper, NZBau 2001, 238, 239 f.
677 Kemper, NZBau 2001, 238, 239.
678 Diehr, BauR 2001, 1507, 1508.
679 Thode, ZfBR 2004, 214 ff.
680 Junghenn in: Ganten/Jansen/Voit, VOB/B, § 4 Abs. 1 Rn. 199.

nur der Konkretisierung und Sicherstellung der vertragsgemäßen Ausführung.[681] Der Auftraggeber kann hiernach somit nur Anordnungen bezüglich der Einhaltung bereits bestehender Leistungspflichten erteilen. Das heißt, er muss es nicht sehenden Auges zu einer Ausführung kommen lassen, die nicht den geschuldeten Leistungsinhalten entspricht und darf insoweit auch einen Baustopp aussprechen.[682]

Zur Änderung des Leistungsinhalts bedarf es einer vertraglichen Vereinbarung bzw. einer wirksamen Anordnung nach § 1 Abs. 3 bzw. § 1 Abs. 4 VOB/B. Deren Einhaltung, also die Einhaltung der geänderten Leistungspflicht, könnte dann wiederum nach § 4 Abs. 1 Nr. 3 S. 1 VOB/B verlangt werden.

Da über § 4 Abs. 1 Nr. 3 S. 1 VOB/B keine Änderung des Leistungsinhalts herbeigeführt werden kann, scheidet auch ein bauzeitliches Anordnungsrecht aus, das nicht nur auf die Einhaltung der vertraglichen Bauzeit abzielt.

5. Ergebnis

Aus der VOB/B kann somit kein bauzeitliches Anordnungsrecht hergeleitet werden. § 1 Abs. 3 VOB/B lässt grundsätzlich Anordnungen zu, die die geschuldeten Leistungen verändern können. Die Reichweite des Anordnungsrechts ist durch den Begriff „Bauentwurf" beschränkt. Hierunter fällt nicht die Bauzeit.

§ 1 Abs. 4 VOB/B betrifft Anordnungen, die zur Ausführung der vertraglichen Leistung erforderlich werden. Dies ist für die Bauzeit grundsätzlich nicht anzunehmen, da die geschuldete Leistung grundsätzlich auch zu einem anderen Zeitpunkt erbracht werden kann.

§ 2 Abs. 5 VOB/B regelt die Rechtsfolge einer Anordnung, stellt aber selbst kein Anordnungsrecht dar.

§ 4 Abs. 1 Nr. 3 S. 1 VOB/B dient der Konkretisierung und Sicherstellung der vertragsgemäßen Ausführung, ermöglicht aber keine Änderung des Leistungsinhalts.

II. Vertragliche Vereinbarung eines bauzeitlichen Anordnungsrechts

Da die VOB/B kein bauzeitliches Anordnungsrecht vorsieht, stellt sich die Frage, ob ein bauzeitliches Anordnungsrecht vereinbart werden kann. Da bereits ein

---

681 BGH NJW-RR 1992, 1046; Junghenn in: Ganten/Jansen/Voit, VOB/B, § 4 Abs. 1 Rn. 199.

682 Althaus in: Ganten/Jansen/Voit, VOB/B, § 5 Abs. 1 Rn. 59.

gesetzliches bauzeitliches Anordnungsrecht für die Verschiebung und Verlängerung im Wege der analogen Anwendung von § 650 b BGB hergeleitet wurde, stellt sich dieses Erfordernis insbesondere für die Fälle der Bauzeitverkürzung und Vorverlegung.

1. Individualvertragliche Vereinbarung

Individualvertraglich ergibt sich die Grenze der Privatautonomie aus dem weiten Rahmen, den §§ 138 und 242 BGB setzen. Diesen weiten Rahmen überschreitet die grundsätzliche Möglichkeit, Bauzeitänderungen auch in Form der Verkürzung und Vorverlegung vorzusehen, nicht, solange eine normative Begrenzung wie das Kriterium der Zumutbarkeit gegeben ist. Werden die Art und Weise der Änderung konkret dargelegt und Grenzen der Verschiebung genannt, werden diese Risiken explizit übernommen und können auch preislich berücksichtigt werden. Werden diese Grenzen nicht genannt, kann sich eine Begrenzung hinsichtlich extremer Ausübung aus dem Kriterium der Zumutbarkeit bzw. § 242 BGB ergeben. Die Vereinbarung entsprechender Klauseln ist individualvertraglich somit als zulässig anzusehen.

2. Bauzeitliches Anordnungsrecht in AGB

Schwieriger stellt sich die Frage dar, ob ein bauzeitliches Anordnungsrecht auch in AGB wirksam vereinbart werden kann. Da – anders als für die VOB/B ohne inhaltliche Abweichung – keine Privilegierung vorgesehen ist, stellt sich insbesondere die Frage, ob eine solche Regelung mit § 307 Abs. 1 S. 1 BGB vereinbar ist.

Hierbei soll nur die Frage der grundsätzlichen Möglichkeit und der Rahmenbedingungen betrachtet werden.

Nach dem unter B., VI., 3., e) gefundenen Ergebnis werden die bauzeitlichen Anordnungsrechte der Verschiebung und Verlängerung der Bauzeit von dem gesetzlichen Anordnungsrecht des § 650 b Abs. 2 BGB i. V. m. § 650 b Abs. 1 S. 1 Nr. 1 BGB im Wege der Analogie erfasst. Eine Vereinbarung eines auf die Verlängerung und Verschiebung reduzierten bauzeitlichen Änderungsrechts entspricht damit grundsätzlich der analogen Anwendung von § 650 b BGB und ist somit grundsätzlich möglich, zumindest solange die gleichen wesentlichen Voraussetzungen, insbesondere ein Einigungsverfahren, vorgesehen werden.

a) *Einbeziehung der Verkürzung und Vorverlegung*

Fraglich ist jedoch, ob ein explizites bauzeitliches Anordnungsrecht, welches auch Anordnungen zur Bauzeitverkürzung und Vorverlegung erfasst, in

Allgemeinen Geschäftsbedingungen zulässig ist. Gemäß § 307 Abs. 1 BGB sind AGB unwirksam, wenn sie den Vertragspartner des Verwenders entgegen den Geboten von Treu und Glauben unangemessen benachteiligen. Eine unangemessene Benachteiligung ist im Zweifel dann anzunehmen, wenn eine Bestimmung mit den wesentlichen Grundgedanken der gesetzlichen Regelung, von der abgewichen wird, nicht zu vereinbaren ist, § 307 Abs. 2 Nr. 1 BGB. Fraglich ist, ob das Anordnungsrecht des § 650 b BGB in seiner konkreten Form einen wesentlichen Grundgedanken der gesetzlichen Regelung darstellt.

Kernelement der Einführung des Bauvertragsrechts war, dass den Besonderheiten des Bauvertrags, insbesondere der Dauer und Komplexität, Rechnung getragen werden sollte.[683] Der Möglichkeit auf sich aus der Dauer und Komplexität ergebenden Änderungsbedarf reagieren zu können, soll die Regelung des § 650 b BGB dienen.[684] Das gesetzliche Anordnungsrecht in § 650 b BGB hat als elementaren Anknüpfungspunkt den Werkerfolg. Die Bauzeit gehört nicht zum Werkerfolg.[685] Die Anordnungen bauzeitlicher Verschiebung und Verlängerung werden im Wege der Analogie von § 650 b Abs. 1 S. 1 Nr. 1 BGB erfasst, so dass Anordnungen gemäß § 650 b Abs. 2 BGB insoweit zulässig sind. Diese Erweiterung des Anordnungsrechts erfasst ausschließlich die Verlängerung und die Verschiebung.[686] Anknüpfungspunkt ist, dass die von § 650 b BGB erfassten Werkerfolgsänderungen mittelbare Auswirkungen auf die Bauzeit in Form der Verschiebung und Verlängerung haben können und sich somit die Konstellation der rechtsgeschäftlichen Anpassung der (mittelbaren) Bauzeit aus § 650 b BGB ergeben kann. Diese Formen der Bauzeitverschiebung könnten darüber hinaus auch aus Behinderungskonstellationen resultieren. Somit stellt die analoge Anwendung auf diese Form der Bauzeitänderungen keine Interessenbeeinträchtigung dar, die nicht bereits mit der grundsätzlichen vertraglichen Interessen- und Risikoverteilung zu vereinbaren ist. Diese Voraussetzungen liegen für die Verkürzung oder Vorverlegung nicht vor. Eine analoge Anwendung kam insoweit nicht in Betracht.

Hieraus lässt sich folgern, dass der Bezugspunkt auf den Werkerfolg einen wesentlichen Grundgedanken des Anordnungsrechts darstellt. Eine Erweiterung des Anwendungsbereiches auch auf die Fälle der Vorverlegung und Verkürzung stünde diesem Grundgedanken entgegen und würde somit zur Unwirksamkeit

683 BT-Drs. 18/8486, S. 1 ff., S. 53 ff.
684 BT-Drs. 18/8486, S. 53 ff.
685 S.o. B., V., 1., e).
686 S.o. B., VI., 3., e).

im Rahmen einer isolierten Inhaltskontrolle führen. Eine Regelung, die explizit nur die Fälle der Verschiebung und Verlängerung erfassen würde, wäre hingegen als zulässig zu erachten.

b) Abbedingung des Einigungsverfahrens

Ein vollständiger Ausschluss des Einigungsverfahrens führt dazu, dass eine derartige Regelung einer isolierten Inhaltskontrolle nicht standhält.[687] Es erscheint jedoch denkbar, das im Detail nicht ausgestaltete Einigungsverfahren zu konkretisieren, auch wenn dadurch möglicherweise der in § 650 b BGB aufgespannte zulässige Rahmen z.B. für den Zeitraum zur Vorlage eines Angebots eingeschränkt würde.[688] § 650 b Abs. 1 BGB ist der Grundsatz zu entnehmen, dass auf das Änderungsbegehren ein Angebot zu erfolgen habe. Konkrete Vorgaben zu Form und Inhalt des Änderungsbegehrens und auch des Angebots bzw. dessen Berechnung sind dem Gesetz nicht unmittelbar zu entnehmen. Dies erscheint vor dem Hintergrund der Zielsetzung, dass die Parteien Einvernehmen über die Leistungsänderung und die Anpassung der Vergütung erzielen sollen,[689] durchaus sachgerecht. Somit wird den Parteien sowohl die Pflicht als auch der Spielraum gegeben, eine Einigung herbeizuführen. Durch die 30-Tage-Frist wird ein Endzeitpunkt definiert. Es stellt sich somit die Frage, welche Rechtsfolgen ein „Verstoß" gegen die nicht im Detail vorgegebenen Verhaltensmaßnahmen haben sollte. Diskutiert wird z.B., ob das Angebot innerhalb eines gewissen zeitlichen Rahmens, z.B. einer Woche,[690] abgegeben werden muss. Im Hinblick auf das Angebot stellt sich die Frage, ob es nur einen Endpreis enthalten braucht[691] oder ob es prüfbar sein muss[692] und ob eine Ermittlung nach den Grundsätzen des § 650 c BGB erfolgen muss[693] oder der Angebotspreis bis zur Grenze der Sittenwidrigkeit frei kalkuliert werden kann.[694]

687 S.o. C., I., 1., b), gg), (2), (b), (bb).
688 Vgl. Langen, BauR 2019, 303, 308.
689 BT-Drs. 18/8486, S. 53.
690 Langen, BauR 2019, 303, 308.
691 Kniffka/von Rintelen, ibr-online-Kommentar Bauvertragsrecht, § 650 b Rn. 91.
692 Vgl. Oberhauser, NZBau 2019, 3, 6f.;
693 Oberhauser, NZBau 2019, 3, 6f; Langen, BauR 2019, 303, 310; s.o. B., VII., 3.
694 Kniffka/von Rintelen, ibr-online-Kommentar Bauvertragsrecht, § 650 b Rn. 97; Leupertz in: Messerschmidt/Voit, Privates Baurecht, II. Teil, § 650 c Rn. 42.

Für die Möglichkeit der Anordnung dürfte es jedoch nicht darauf ankommen, in welchen Formen und Zeiten versucht wird, eine Einigung herbeizuführen, da das Gesetz als Voraussetzung nur die „Nichteinigung“ beinhaltet, ohne auf die Ursachen der Nichteinigung abzustellen. Relevant werden die Details des Angebots jedoch im Rahmen der Höhe der Abschlagszahlungen gemäß § 650 c Abs. 3 VOB/B. Hiernach können im Falle der Nichteinigung für geschuldete Abschlagszahlungen 80 % der in dem Angebot nach § 650 b Abs. 1 S. 2 BGB berechneten Mehrvergütung beansprucht werden. Aus diesem Grund muss eine Begrenzungsmöglichkeit gegeben sein. Da Ausgangspunkt des Einigungsverfahrens die aus dem Kooperationsprinzip abgeleitete Verhandlungspflicht ist, erscheint es sachgerecht, auch die einzelnen Parameter an dem Maßstab des „ernsthaften“ Verhandelns zu orientieren. Daran bemessen dürfte auch eine Ausgestaltung des Einigungsverfahrens in AGB zulässig sein. Eine unangemessene Benachteiligung läge dann vor, wenn bereits aus den Vorgaben des Verfahrens folgt, dass kein ernsthaftes Verhandeln innerhalb der Frist möglich ist, z.B., weil die Anforderungen an die Angebotsgestaltung zu hoch sind. Fraglich ist dann weiter, ob im Falle der Unwirksamkeit die gesetzliche Regel des § 650 b BGB zum Tragen käme. Dies ist grundsätzlich zu bejahen. Es stellt sich dann jedoch die Frage, ob das gestellte Änderungsbegehren für die Anordnungsmöglichkeit nach § 650 b Abs. 2 BGB wirksam gestellt wurde. Solange aus dem Änderungsbegehren selbst keine Einschränkung dahingehend folgt, dass nicht jedes im Sinne von § 650 b Abs. 1 BGB zulässige Angebot möglich ist, dürfte auch dies zu bejahen sein.

c) Abbedingung der 30-Tage-Frist

Hinsichtlich der konkreten Frist von 30 Tagen ist im ersten Schritt festzustellen, dass diese 30 Tage nichts darüber aussagen, wer in welchen Zeitabständen innerhalb dieser 30 Tage was machen muss.[695] Es beginnt mit dem Änderungsbegehren, dem gegebenenfalls die geänderten Planungen beizufügen sind. Dann muss der Unternehmer ein Angebot erstellen und es muss inklusive der weiteren möglichen Zwischenschritte, wie Prüfung des Angebots, Klärung von Einzelfragen, gegebenenfalls Überarbeitung des Angebotes etc. zur Einigung kommen.[696]

---

695 Vgl. Oberhauser, NZBau 2019, 3, 6; Putzier, NZBau 2018, 131 ff.

696 Langen, BauR 2019, 303, 308.

Vor diesem Hintergrund erscheint es sachgerecht, den konkreten Zeitraum nicht als wesentlichen Grundgedanken zu qualifizieren und ein Abweichen auch in standardisierten Vertragsbedingungen zuzulassen.[697] Dies dürfte beispielweise dann in Betracht kommen, wenn Art und Umfang des Vertrags einen Zeitraum von 30 Tagen nicht erfordern.[698] Dauert beispielsweise die Ausführung der Leistung nur wenige Stunden, dürften andere Fristen vereinbar sein. Auch wären Zwischenfristen für die einzelnen Bestandteile z.B. die Vorlage des Angebotes denkbar, solange sie für die Art des Vertragsverhältnisses angemessen sind.[699]

d) Abbedingung der Textform

§ 650 b Abs. 2 S. 1 BGB sieht vor, dass der Besteller im Falle des erfolglosen Einigungsverfahrens die begehrte Änderung in Textform anordnen kann. Die rechtliche Einordnung dieses Textformerfordernisses ist nicht eindeutig. Die Ergänzung der Textform bezüglich der Anordnungsbefugnis ist erst auf eine Empfehlung des Ausschusses für Recht und Verbraucherschutz in § 650 b Abs. 2 BGB aufgenommen worden.[700] Zur Begründung wurde einerseits angeführt, dass das Formerfordernis klarstellende Funktion habe, insbesondere der besseren Beweisbarkeit der Anordnung diene sowie den Besteller vor möglicherweise übereilten Anordnungen schützen solle.[701] Ergänzend wurde weiter ausgeführt, dass eine Anordnung, die nicht in der vorgeschriebenen Form erfolge, gemäß § 125 BGB nichtig sei.[702]

Damit wird die Textform einerseits als konstitutive Voraussetzung und andererseits als der Klarstellung bzw. dem Beweiszweck dienende Bestätigung dargestellt. Vor dem Hintergrund dieser unklaren Qualifizierung und dem Umstand, dass für die Einordnung als konstitutiver Voraussetzung keine Begründung erfolgt, erscheint es sachgerecht, in der Textform zumindest keinen wesentlichen Grundgedanken der gesetzlichen Regelung zu sehen, so dass in AGB auch auf dieses Erfordernis verzichtet werden könnte.

---

697 von Rintelen in: Messerschmidt/Voit, Privates Baurecht, II. Teil, § 650 b Rn. 124; BeckOK BGB/Voit, BGB, § 650 b Rn. 43; Abel/Schönfeld, BauR 2018, 1, 13.

698 Vgl. BeckOK Bauvertragsrecht/Leupertz, § 650 b Rn. 57 ff.

699 BeckOK BGB/Voit, BGB, § 650 b Rn. 43; Langen, BauR 2019, 303, 308.

700 BT-Drs. 18/11437, S. 2.

701 BT-Drs. 18/11437, S. 47.

702 BT-Drs. 18/11437, S. 47.

D. Gesamtergebnis und Regelungsvorschlag

I. Ergebnis der Analyse der Gesetzeslage und der Regelungen der VOB/B

Aus § 650 b Abs. 2 BGB folgt weder in Verbindung mit § 650 b Abs. 1 S. 1 Nr. 1 BGB in direkter Anwendung noch mit § 650 b Abs. 1 S. 1 Nr. 2 BGB ein isoliertes bauzeitliches Anordnungsrecht.

Die Bauzeit fällt weder unter den Begriff des Werkerfolgs des § 650 b Abs. 1 S. 1 Nr. 1 BGB noch ist eine Anordnung zur Bauzeit für die Erreichung des vereinbarten werkvertraglichen Erfolgs notwendig.

Die Auslegung des Begriffs „Werkerfolg" führt dazu, dass dieser nicht die Bauzeit erfasst. Hierbei war von dem naheliegenden Verständnis auszugehen, dass der außerhalb von § 650 b BGB im Gesetz nicht erwähnte Begriff des „Werkerfolgs" den in § 631 Abs. 2 BGB erwähnten „Erfolg" im Rahmen eines Werkvertrags in Bezug nimmt. Die Auslegung des Begriffs „Werkerfolg" hat dieses Verständnis bestätigt.

Entscheidende Bedeutung kommt hierbei der teleologischen Auslegung zu. Die Interessenbetrachtung im Rahmen der teleologischen Auslegung des Begriffs „Werkerfolg" des § 650 b BGB führte in der Einzelbetrachtung der bauzeitlichen Änderungsmöglichkeiten dazu, dass die Verschiebung und Vorverlegung eine erweiternde und die Bauzeit einbeziehende Auslegung rechtfertigen könnten. Die Interessenlagen hinsichtlich der Bauzeitverkürzung und -vorverlegung sprachen hingegen gegen eine Einbeziehung der Bauzeit. Da kein Ansatzpunkt für eine Differenzierung nach der Art der bauzeitlichen Anordnungen im Rahmen der Auslegung des Begriffs „Werkerfolg" besteht, ist die Interessenlage über alle bauzeitlichen Anordnungen insgesamt zu betrachten. Hierbei ergibt sich, dass es der Interessenlage eher entspricht, den Anpassungsinteressenten hinsichtlich bauzeitlicher Änderungsbegehren auf den Verhandlungsweg zu verweisen, als dem Unternehmer für alle bauzeitlichen Änderungsbegehren die Rolle des Anweisungsempfängers zuzuweisen. Im Wege der Auslegung des Begriffs „Werkerfolg" des § 650 b BGB ist die Bauzeit somit nicht unter den Werkerfolg des § 650 b BGB zu fassen.

Eine Besonderheit bilden die mittelbaren bauzeitlichen Anordnungen. Diese sind grundsätzlich zulässig.

Hierbei handelt es sich um Anordnungen zum Werkerfolg, die mittelbar zu bauzeitlichen Änderungen führen. Wären diese nicht möglich, würde die Möglichkeit, Anordnungen zum Werkerfolg vornehmen zu können, nahezu bedeutungslos.

Anordnungen zur Bauzeit können auch nicht im Wege des Erst-Recht-Schlusses im Verhältnis zu der Anordnungsmöglichkeit zum Werkerfolg hergeleitet werden. Auch stellen sie kein reines Minus zu den mittelbaren Bauzeitanordnungen dar.

Isolierte Bauzeitänderungen in Form der Verschiebung und Verlängerung sind jedoch in analoger Anwendung des § 650 b Abs. 2 i. V. m. Abs. 1 Nr. 1 BGB zulässig. Die Analogie zur Werkerfolgsänderung wird dabei aus der Vergleichbarkeit mit den zulässigen mittelbaren Bauzeitanordnungen gezogen, die zusammen mit den Änderungen zum Werkerfolg nach § 650 b Abs. 1 Nr. 1 BGB möglich sind. Bauzeitliche Anordnungen der Beschleunigung und Vorverlegung kommen hingegen nicht in Betracht. Insoweit besteht keine Vergleichbarkeit zu den mittelbaren Bauzeitanordnungen.

Das Ergebnis entspricht einem Mittelweg der vor Einführung des § 650 b BGB überwiegend auf § 1 Abs. 3 VOB/B bezogenen geführten Diskussion zur Zulässigkeit bauzeitlicher Anordnungen, die sich nach Einführung von § 650 b BGB bezogen auf ein gesetzliches bauzeitliches Anordnungsrecht in neuem Gewande fortsetzte. Es bestand seitens der Befürworter weitgehender inhaltlicher Konsens, dass das bauzeitliche Anordnungsrecht einer Begrenzung unterliegen müsste.[703] Seitens der Gegner des bauzeitlichen Anordnungsrechts wurde hingegen die Notwendigkeit gesehen, dass der komplexe und auf längere Zeit angelegte Bauvertrag einem Anpassungsmodus unterliegen muss.[704] Beide Sichtweisen führen im Rahmen der Interessenbetrachtung mit ihrem jeweiligen Ansatz, entweder bauzeitliche Anordnungen grundsätzlich zuzulassen oder nicht, zu Ergebnissen, die der Interessenabwägung im Hinblick auf einen Teil der bauzeitlichen Anordnungsmöglichkeiten widersprach.

Eine Differenzierungsmöglichkeit zwischen den Arten der bauzeitlichen Anordnungsmöglichkeiten im Rahmen der Auslegung des Begriffs „Bauentwurf“ bestand nicht. Richtigerweise ist der Begriff „Bauentwurf“ des § 1 Abs. 3 VOB/B dahingehend auszulegen, dass kein bauzeitliches Anordnungsrecht besteht.

703 Wirth/Würfele, Jahrbuch Baurecht 2006, 119, 160 f.

704 Vgl. von Rintelen in: Kapellmann/Messerschmidt, VOB/B, § 1 Rn. 77.

Auch aus den weiteren Regelungen der VOB/B folgt kein bauzeitliches Anordnungsrecht.

Mit der analogen Anwendung von § 650 b Abs. 2 BGB i. V. m. § 650 b Abs. 1 S. 1 Nr. 1 BGB auf die bauzeitlichen Änderungen der Verschiebung und Verlängerung werden die aufgezeigten Wertungen sachgerecht und dogmatisch begründet gelöst. Für die für den Unternehmer weniger beeinträchtigenden und in Form der Behinderung und der mittelbaren bauzeitlichen Anordnung vertraglich vorausgesetzten Änderungen der Verschiebung und Verlängerung ist das Anordnungsrecht gegeben. Für die Fälle der Vorverlegung und Beschleunigung, die einen Eingriff in die vertragliche Risikostruktur bedeuten, gilt hingegen, dass diese nicht im Wege der Anordnung durchgesetzt werden können. Für diese müsste der Besteller als Anpassungsinteressent den Verhandlungsweg beschreiten. Auf Basis der Kooperationspflicht ist der Unternehmer verpflichtet, ernsthaft über das Änderungsbegehren des Bestellers zu verhandeln.

II. Regelungsvorschlag

Es wird empfohlen, das hergeleitete Ergebnis im Gesetzestext explizit abzubilden. § 650 b Abs. 1 Satz 1 BGB sollte wie folgt ergänzt werden:

§ 650 b Abs. 1 Satz 1 BGB (ergänzender Vorschlag):

„Begehrt der Besteller

1. eine Änderung des vereinbarten Werkerfolgs (§ 631 Absatz 2), <u>eine Verlängerung der Bauzeit oder ein Verschieben der Bauzeit auf einen späteren Zeitraum</u> oder

2. eine Änderung, die zur Erreichung des vereinbarten Werkerfolgs notwendig ist,

streben die Vertragsparteien Einvernehmen über die Änderung und die infolge der Änderung zu leistende Mehr- oder Mindervergütung an. ...“

E. Zusammenfassung der wichtigsten Ergebnisse

- Vor Einführung des Bauvertrags in das BGB als Spezialform des Werkvertrags gab es keine Möglichkeit, Anordnungen zur Bauzeit treffen zu können.
  - ➢ Aus den gesetzlichen Regelungen folgte kein Anordnungsrecht. Über die aus § 242 BGB abgeleitete Kooperationspflicht waren die Bauvertragsparteien verpflichtet, über Änderungsbegehren ernsthaft zu verhandeln. Verhandelte der Unternehmer nicht ernsthaft über das Änderungsbegehren, verstieß er gegen die Kooperationspflicht.
  - ➢ Ein Verstoß gegen die Kooperationspflicht konnte den Besteller berechtigen, den Vertrag aus wichtigem Grund zu kündigen. Der Besteller konnte auf der Basis dieser Kooperationspflicht aber keine Erfüllung seines Änderungsbegehrens durchsetzen.
- Mit Einführung des § 650 b Abs. 2 S. 1 BGB wurde ein gesetzliches Anordnungsrecht geschaffen, das dem Besteller ermöglicht, nach einem erfolglosen Einigungsverfahren Anordnungen zur Änderung des vereinbarten Werkerfolgs, § 650 b Abs. 1 S. 1 Nr. 1 BGB, und Änderungsanordnungen treffen zu können, die zur Erreichung des Werkerfolgs notwendig sind, § 650 b Abs. 1 S. 1 Nr. 2 BGB.
  - ➢ Die Bauzeit zählt außer im Fall des Fixgeschäfts nicht zum Werkerfolg. Eine entsprechende Auslegung des Begriffs „Werkerfolg“ lässt sich nicht vornehmen.
    - Aus der teleologischen Auslegung folgt, dass die Bauzeitverschiebung und -verlängerung dem Sinn und Zweck des Anordnungsrechts zum Werkerfolg entsprechen, die Bauzeitverkürzung und -vorverlegung hingegen nicht.
    - Eine Differenzierung nach den Arten der Bauzeitverschiebung lässt der Begriff „Werkerfolg“ im Rahmen der Auslegung nicht zu.
    - In der Gesamtbetrachtung ist die Bauzeit nicht unter den Werkerfolg zu fassen.
  - ➢ Bauzeitliche Änderungsanordnungen sind zur Erreichung des Werkerfolgs nicht notwendig.
  - ➢ Bauzeitliche Änderungen können jedoch mittelbar durch Änderungsanordnungen zum Werkerfolg vorgenommen werden.
    - Diese mittelbaren bauzeitlichen Änderungen sind die zeitlichen Folgen bauinhaltlicher Anordnungen zum Werkerfolg.

  - Die Anordnung zum Werkerfolg ist einheitlich zu betrachten. Es ist nicht zwischen der Werkerfolgsänderung und der zeitlichen Folge zu differenzieren.
- Isolierte bauzeitliche Änderungen stellen kein reines Minus zu Werkerfolgsänderungen dar. Ein Erst-Recht-Schluss kommt somit nicht in Betracht.
- Die Bauzeitverlängerung und -verschiebung stellen im Verhältnis zu den grundsätzlich zulässigen mittelbaren Bauzeitanordnungen auch kein reines Minus dar. Ein Erst-Recht-Schluss kommt auch insoweit nicht in Betracht.
- Verlängerungen oder Verschiebungen der Bauzeit können jedoch in analoger Anwendung des § 650 b Abs. 2 S. 1 i. V. m. Abs. 1 S. 1 Nr. 1 BGB angeordnet werden.
  - ➢ Der Gesetzgeber hat weder in der gesetzlichen Regelung selbst noch in der Gesetzesbegründung eine Aussage hinsichtlich der Anordnungsmöglichkeit zur Bauzeit getroffen, so dass insoweit eine Regelungslücke besteht.
  - ➢ Diese Regelungslücke ist vor dem Hintergrund der vorausgegangenen Diskussionen gerade zur Frage eines bauzeitlichen Anordnungsrechts als planwidrig anzusehen.
  - ➢ Anordnungen der Bauzeitverlängerung und der Bauzeitverschiebung sind mit den zulässigen Fällen der mittelbaren bauzeitlichen Anordnungen vergleichbar.
    - Mittelbare bauzeitliche Anordnungen können nur in Form der Verlängerung und der Verschiebung auftreten.
    - Der Unterschied der isolierten Bauzeitanordnung in Form der Verlängerung oder der Verschiebung zu den mittelbaren Bauzeitänderungen ist die Verknüpfung mit der Werkerfolgsänderung.
    - Die Anforderungen an diese Verknüpfung sind vor dem Hintergrund der Ziele der gesetzlichen Regelung des § 650 b Abs. 2 i. V. m. Abs. 1 S. 1 Nr. 1 BGB so gering, dass eine Gleichbehandlung mit den Fällen der isolierten Bauzeitänderung in Form der Verschiebung und Verlängerung gerechtfertigt ist.
    - Besonderen Belastungen, die aus den isolierten Bauzeitanordnungen im Einzelfall resultieren können, kann über das Kriterium der Zumutbarkeit interessengerecht Rechnung getragen werden.
- Aus der VOB/B folgt kein bauzeitliches Anordnungsrecht.
  - ➢ § 1 Abs. 3 VOB/B erfasst nicht die Bauzeit, da die Bauzeit nicht unter den Begriff „Bauentwurf" fällt.
  - ➢ § 1 Abs. 4 VOB/B betrifft Anordnungen, die zur Ausführung der vertraglichen Leistung erforderlich werden. Dies ist für die Bauzeit grundsätzlich

nicht anzunehmen, da die geschuldete Leistung grundsätzlich auch zu einem anderen Zeitpunkt erbracht werden kann.

  - § 2 Abs. 5 VOB/B regelt die Rechtsfolge einer Anordnung, stellt aber selbst kein Anordnungsrecht dar.
  - § 4 Abs. 1 Nr. 3 S. 1 VOB/B dient der Konkretisierung und Sicherstellung der vertragsgemäßen Ausführung, ermöglicht aber keine Änderung des Leistungsinhalts.

- Ein bauzeitliches Anordnungsrecht, das die Bauzeitverkürzung und Vorverlegung einbezieht, kann nur individualvertraglich aber nicht in AGB wirksam vereinbart werden.
- Die Anforderungen des Anordnungsrechts nach § 650 b BGB können in AGB nicht dahingehend modifiziert werden, dass das Einigungsverfahren gänzlich entfällt. Das Einigungsverfahren kann jedoch inhaltlich konkretisiert werden.
- Die Frist von 30 Tagen kann in AGB modifiziert werden. Es muss jedoch ein Einigungsverfahren weiter möglich sein.
- Das Textformerfordernis kann in AGB abbedungen werden.

Literaturverzeichnis

Abel, Wolfgang; Schönfeld, Thomas: Das Anordnungsrecht des Bestellers nach § 650b BGB – Teil 1, BauR 2017, 1901 ff.; Teil 2, BauR 2017, 2047 ff.; Teil 3, BauR 2018, 1 ff.

Asam, Christa: VOB 2008: Plädoyer für ein zeitliches Anordnungsrecht des Auftraggebers, ibr-online 2008, 1363 ff.

Althaus, Stefan: Änderung des Bauentwurfs und nicht vereinbarte Leistungen: Überlegungen zum Verhältnis von § 1 Nr. 3 und Nr. 4 Satz 1 VOB/B, ZfBR 2007, 411 ff.

Ders.: Die Festsetzung der angemessenen Entschädigung nach § 642 BGB als richterliche Ermessensentscheidung, NZBau 2015, 67 ff.

Ders.: Gesetzgebungsverfahren zum neuen gesetzlichen Bauvertragsrecht, Anordnungsrechte und Preisanpassung, BauR 2017, 412 ff.

Armbrüster, Christian; Bickert, Elmar: Unzulängliche Mitwirkung des Auftraggebers beim Bau- und Architektenvertrag, NZBau 2006, 153 ff.

Bitter, Georg; Rauhut, Tilman: Grundzüge zivilrechtlicher Methodik – Schlüssel zu einer gelungenen Fallbearbeitung, JuS 2009, 289 ff.

Breyer, Wolfgang: Ein Lösungsvorschlag zur Behandlung von Anordnungen des Auftraggebers zur Bauzeit, BauR 2006, 1222 ff.

Bruns, Patrick: Schluss mit einseitigen Änderungen des Bauentwurfs nach § 1 Abs. 3 VOB/B?, ZfBR 2005, 525 ff.

Cramer, Stephan; Kandel, Roland; Preussner, Mathias: BeckOK VOB/B, 40. Edition, Stand: 31.07.2020 *(zitiert: BeckOK VOB/B/Bearbeiter).*

Diehr, Uwe: Zum Verhältnis von Vergütungs- und Schadensersatzanspruch des Auftragnehmers wegen Bauzeitstörungen nach der VOB/B, BauR 2001, 1507 ff.

Fuchs, Heiko: Kooperationspflichten der Bauvertragsparteien, 2003.

Ganten, Hans: Pacta sunt servanda – mit „Wunschvorbehalt" für den Auftraggeber zum Vertragsgegenstand? Architektenrecht aktuell – Verantwortung und Vergütung bei Architektenleistung, Festschrift zum 70. Geburtstag von Professor Rudolf Jochem, 2014, S. 203 ff.

Ganten, Hans; Jansen, Günther; Voit, Wolfgang: Beck´scher VOB-Kommentar, Vergabe und Vertragsordnung für Bauleistungen Teil B, 3. Auflage, 2013 *(zitiert: Bearbeiter in: Ganten/Jansen/Voit).*

Genschow, Claus: Anordnungen zur Bauzeit – Vergütungs- oder Schadensersatzansprüche des Auftragnehmers? (zugleich eine Entgegnung auf Thode, ZfBR 2004, Seite 214 ff.), ZfBR 2004, 642 ff.

Gsell, Beate; Krüger, Wolfgang; Lorenz, Stephan; Reymann, Christoph: Beck-online.Grosskommentar, BGB, Stand: 01.07.2020 *(zitiert: BeckOGK BGB/ Bearbeiter).*

Hau, Wolfgang: Vertragsanpassung und Anpassungsvertrag, 2003.

Hau, Wolfgang; Poseck, Roman: BeckOK BGB, 55. Edition, Stand: 01.08.2020 *(zitiert: BeckOK BGB/Bearbeiter, BGB).*

Heiermann, Wolfgang; Riedl, Richard; Rusam, Martin: Handkommentar zur VOB, 14. Auflage, 2014 *(zitiert: Bearbeiter in: Heiermann/Riedl/ Rusam).*

Ingenstau, Heinz; Korbion, Hermann; Leupertz, Stefan; von Wietersheim, Mark: VOB Teile A und B, 21. Auflage, 2020 *(zitiert: Bearbeiter in: Ingenstau/ Korbion/Leupertz/von Wietersheim).*

Joussen, Edgar: Bauzeitliche Anordnungen nach dem neuen Bauvertragsrecht, BauR 2018, 151 ff.

Joussen, Edgar; Schranner, Urban: VOB 2006 – Änderungen der VOB Teil B, BauR 2006, 1366 ff.

Kapellmann, Klaus D.: Die Notwendigkeit einer prognostizierbaren Auslegung der VOB/B, NJW 2008, 257 ff.

Ders.: Beschleunigungen, NZBau 2009, 538 ff.

Ders.: Die erforderliche Mitwirkung nach § 642 BGB, § 6 VI VOB/B – Vertragspflichten und keine Obliegenheiten, NZBau 2011, 193 ff.

Kapellmann, Klaus D.; Messerschmidt, Burkhard: VOB Teile A und B, 6. Auflage, 2018 *(zitiert: Bearbeiter in: Kapellmann/ Messerschmidt).*

Kapellmann, Klaus D.; Schiffers, Karl-Heinz: Vergütung, Nachträge und Behinderungsfolgen beim Bauvertrag, Band 1: Einheitspreisvertrag, 7. Auflage, 2017.

Keldungs, Karl-Heinz: Beschleunigungsvereinbarungen, Beschleunigungsanordnungen – Rechtsfolgen, BauR 2013, 1917 ff.

Kemper, Ralf: Nachträge und ihre mittelbaren Bauzeitauswirkungen – Zur rechtlichen Behandlung von Bauverzögerungen bei geänderten oder zusätzlichen Leistungen, NZBau 2001, 238 ff.

Kiedrowski, Bernhard von: Rechtfertigt jeder Mitwirkungsverzug des Bestellers eine Kündigung des Unternehmers nach §§ 643, 642 BGB?, BauR 2019, 1503 f.

Kimmich, Bernd: Beschleunigung von Bauabläufen und Anspruchsgrundlagen: Ist die Forderung nach Einhaltung der Vertragsfristen eine konkludente Beschleunigungsanordnung? BauR 2008, 263 ff.

Kniffka, Rolf: Wegfall der Geschäftsgrundlage bei Mengenänderungen und Bauablaufstörungen, BauR 2020, 329 ff.

Ders.: ibr-online-Kommentar Bauvertragsrecht, Stand: 29.09.2020 *(zitiert: Kniffka/Bearbeiter, ibr-online-Kommentar Bauvertragsrecht).*

Kniffka, Rolf; Koeble, Wolfgang; Jurgeleit, Andreas; Sacher, Dagmar: Kompendium des Baurechts, 5. Auflage, 2020, 4. Auflage, 2014 und 3. Auflage, 2008 *(zitiert: Bearbeiter in: Kniffka/Koeble/Jurgeleit/Sacher, Kompendium des Baurechts, Auflage (nur bei Bezugnahme auf frühere Auflagen).*

Kniffka, Rolf; Retzlaff, Björn: Das neue Recht nach dem Gesetz zur Reform des Bauvertragsrechts, zur Änderung der kaufrechtlichen Mängelhaftung und zur Stärkung des zivilprozessualen Rechtsschutzes (BauVG), BauR 2017, 1747 ff.

Kues, Jarl-Hendrik; Freiheit, Timm: Die vertragsrechtliche Bedeutung des Bauzeitenplanes, BauR 2019, 1671 ff.

Kühne, Ludwig-Philipp: Die Fälligkeit der Werkherstellung, insbesondere bei fehlender Zeitvereinbarung, BB 1988, 711 ff.

Langen, Werner: Änderung des Werkvertragsrechts und Einführung eines Bauvertragsrechts, Der Referentenentwurf des Bundesjustizministeriums, NZBau 2015, 658 ff.

Ders.: „Guter Preis bleibt gut, schlechter Preis wird gut": Folgen der AGB-Unwirksamkeit der VOB/B nach neuen Recht, NZBau 2019, 10 ff.

Langen, Werner; Berger, Andreas; Dauner-Lieb, Barbara: Kommentar zum Bauvertragsrecht, 2018.

Leupertz, Stefan: Der verpreiste Leistungsumfang und der geschuldete Erfolg, BauR 2010, 273 ff.

Ders.: Die Ermittlung des geschuldeten und verpreisten Leistungsumfangs durch Auslegung des Bauvertrags, BauR 2019, 409 ff.

Leupertz, Stefan; Preussner, Mathias; Sienz, Christian: BeckOK Bauvertragsrecht 10. Edition, Stand: 31.07.2020 *(zitiert: BeckOK Bauvertragsrecht/ Bearbeiter).*

Marbach, Michael: Vergütungsansprüche aus Nachträgen – ihre Geltendmachung und Abwehr, ZfBR 1989, 2 ff.

Markus, Jochen: VOB/B-Novelle 2006 - Es bleibt dabei: Keine Anordnungsbefugnis des Auftraggebers zur Bauzeit, NZBau 2006, 537 ff.

Ders.: Zeitreserven („Puffer") im gestörten Bauablauf, NZBau 2014, 92 ff.

Matz, Christoph: Die Konkretisierung des Werks durch den Besteller, 2012.

Meier, Patrick; Jocham, Felix: Rechtsfortbildung – Methodischer Balanceakt zwischen Gewaltenteilung und materieller Gerechtigkeit, JuS 2016, 392 ff.

Messerschmidt, Burkhard; Voit, Wolfgang: Privates Baurecht, 3. Auflage, 2018 *(zitiert: Bearbeiter in: Messerschmidt/ Voit).*

Möllers, Thomas: Juristische Methodenlehre, 2. Auflage, 2019.

Münchener Kommentar: Kommentar zum Bürgerlichen Gesetzbuch, Band 1: Allgemeiner Teil (§§ 1 - 240 BGB), 8. Auflage, 2018, Band 2: Schuldrecht, Allgemeiner Teil, (§§ 241 - 432 BGB), 8. Auflage, 2019, Band 6: Schuldrecht – Besonderer Teil III (§§ 631-704 BGB), 8. Auflage, 2020 *(zitiert: MüKoBGB/ Bearbeiter).*

Nicklisch, Fritz; Weick, Günter; Jansen, Arnold; Seibel, Mark: VOB Teil B: VOB/B, 5. Auflage, 2019 *(zitiert: Bearbeiter in: Nicklisch/Weick/Jansen/Seibel).*

Oberhauser, Iris: Störungen des Leistungsgefüges – durch Einwirkung der Vertragsparteien und durch sonstiges Baugeschehen, BauR 2010, 308 ff.

Dies.: § 650 b I BGB – Änderungen des Vertrages durch Einvernehmen der Parteien, NZBau 2019, 3 ff.

Orlowski, Matthias: Das neue Anordnungsrecht des Bestellers, BauR 2017, 1427 ff.

Peters, Frank: Weisungen des Bestellers nach VOB/B und BGB, NZBau 2012, 615 ff.

Pioch, Christian: Privilegierung der VOB/B – Abweichung ist nicht gleich Abweichung, NZBau 2019, 273 f.

Popescu, Paul: Die VOB/B und das neue gesetzliche Leitbild zur Anordnung und Preisanpassung, BauR, 2019, 317 ff.

Prütting, Hanns; Wegen, Gerhard; Weinreich, Gerd: Bürgerliches Gesetzbuch, 15. Auflage 2020 und 12. Auflage 2017 *(zitiert: Bearbeiter in: Prütting/Wegen/ Weinreich, BGB, Auflage (nur bei Bezugnahme auf frühere Auflage).*

Putzier, Eckart: Sofortige Änderungsanordnung unter dem Bauvertragsrecht 2018, NZBau 2018, 131 ff.

Quack, Friedrich: Theorien zur Rechtsnatur von § 1 Nr. 3 und 4 VOB/B und ihre Auswirkungen auf die Nachtragsproblematik, ZfBR 2004, 107 ff.

Rehbinder, Manfred: Einführung in die Rechtswissenschaft: Grundfragen, Grundlagen und Grundgedanken des Rechts, 8. Auflage, 1995.

Reiter, Harald: Das neue Bauvertragsrecht – Teil I: Allgemeines Werkvertragsrecht und Bauvertrag, JA 2018, 161 ff.

Roquette, Andreas J.; Viering, Markus G.; Leupertz, Stefan: Handbuch Bauzeit, 3. Auflage, 2016.

Sass, Wolfgang: Das Funktionstauglichkeitsdogma in der „Blockheizkraftwerk"-Entscheidung, NZBau 2013, 132 ff.

Schockenhoff, Martin: Der sachlich gerechtfertigte Grund, Rechtsmethodische Anmerkungen zu § 20 Abs. 1 GWB, Festschrift für Rainer Bechtold zum 65. Geburtstag, Recht und Wettbewerb, München 2006.

Schramke, Jürgen; Keilmann, Annette: Das Anordnungsrecht des Bestellers und der Streit um die Vergütung, NZBau 2016, 333 ff.

Schwenker, Hans Christian: Bauzeitänderung: Vergütungs- oder Schadensersatzanspruch? ibr-online, 2005, 4.

Sienz, Christian: Die Anwendung des § 642 BGB in der Praxis, BauR 2014, 390 ff.

Staudinger, Julius von: Kommentar zum Bürgerlichen Gesetzbuch mit Einführungsgesetz und Nebengesetzen, BGB, Buch 2: Recht der Schuldverhältnisse: §§ 315-316 (Leistungsstörungsrecht 2), 16. Auflage 2020, Recht der Schuldverhältnisse: §§ 631-651 (Werkvertragsrecht) Neubearbeitung 2019 *(zitiert: Staudinger/Bearbeiter).*

Thode, Reinhold: Änderungsbefugnis des Bauherren in § 1 Nr. 3 VOB/B, BauR 2008, 155 ff.

Ders.: Nachträge wegen gestörten Bauablaufs im VOB/B-Vertrag – Eine kritische Bestandsaufnahme, ZfBR 2004, 214 ff.

Tomic, Alexander: Recht des Auftraggebers auf Bauzeitänderung? ZfBR 2010, 315 ff.

Voit, Wolfgang: Erfolg, Leistungsbeschreibung und Vergütung im Bauvertrag, ZfIR 2007, 157 ff.

Vygen, Klaus: Bauablaufstörungen: Sachnachträge – Zeitnachträge, BauR 2006, 166 ff.

Vygen, Klaus; Joussen, Edgar; Lang, Andreas; Rasch, Dirk: Bauverzögerung und Leistungsänderung, 7. Auflage, 2015 (*zitiert: Bearbeiter in: Vygen/Joussen/Lang/Rasch).*

Werner, Ulrich; Pastor, Walter: Der Bauprozess, 17. Auflage, 2020.

Wessel, Markus: Bauzeitverzögerungen, Ausführungsfristen und „Zeitpuffer", ZfBR 2010, 527 ff.

Wiedemann, Herbert: Richterliche Rechtsfortbildung, NJW 2014, 2407 ff.

Wirth, Axel; Würfele, Falk: Bauzeitverzögerung: Mehrvergütung gemäß § 2 Nr. 5 VOB/B oder Schadensersatz gemäß § 6 Nr. 6 VOB/B?, Jahrbuch Baurecht 2006, 119 ff.

Würdinger, Markus: Ausnahmevorschriften sind analogiefähig!, JuS 2008, 949 ff.

Zanner, Christian; Keller, Natalie: Das einseitige Anordnungsrecht des Auftraggebers zu Bauzeit und Bauablauf und seine Vergütungsfolgen, NZBau 2004, 353 ff.

Zanner, Christian: Kann der AG durch Anordnung gemäß § 1 Nr. 3 VOB/B nicht nur Leistungsinhalte sondern auch die Bauzeit einseitig ändern?, BauR 2006, 177 ff.

Hinsichtlich der verwendeten Abkürzungen wird auf Hildebert Kirchner, Abkürzungsverzeichnis der Rechtssprache, 9. Auflage, Berlin 2018, verwiesen.

Kolibri 360 GmbH
Ferdinand-Jühlke-Straße 7
99095 Erfurt, Deutschland
produktsicherheit@kolibri360.de

Druck:
CPI Druckdienstleistungen GmbH
im Auftrag der
Kolibri 360 GmbH
Ferdinand-Jühlke-Str. 7
99095 Erfurt